현대사회의 다문화 선교

Multicultural Mission in Modern Society

현대사회의 다문화 선교

Multicultural Mission in Modern Society

1판 인쇄일 _ 2022년 08월 22일
1쇄 발행일 _ 2022년 08월 27일

글쓴이 _ 조귀삼
발행인 _ 김미영
발행처 _ 세계로미디어

등   록 _ 제384-2009-000001호
주   소 _ 경기도 안양시 만안구 만안로 49, 814호
T E L _ 031)445-1366   FAX. 031)446-1366
총판처 | 가나북스
경기도 파주시 파평면 율곡로 1406
TEL. 031)959-8833   FAX. 031)959-8834

ISBN 979-11-951099-7-5

값 28,000 원

현대사회의 다문화선교

MULTICULTURAL MISSION IN MODERN SOCIETY

조귀삼 지음

전국 신학대학교 선교학 교수 대부분이 추천해 주신 작품이며, 다문화인에
대한 편견과 비하 그리고 충돌의 대안으로서 다문화 선교를 제시하였다.

세계로미디어

평생 선교사와 선교학 교수로 봉사한 조귀삼 교수께서『현대사회의 다문화 선교』라는 제목으로 저서를 출간하게 된 것을 진심으로 축하합니다. 조 교수님은 복음주의 선교학회에서 다문화 훈련 프로그램의 개척자이기도 합니다. 우리 사회는 이미 다문화 사회로 들어간 지 오래되었습니다. 온 인류는 다 한 혈통에서 시작되었지만 인간의 죄악으로 다인종, 다문화 사회는 많은 갈등과 분열이 야기되고 있습니다. 이 문제는 선교학 교수들이 성경적으로 정답을 주어야 할 중요한 과제입니다. 조교수님의 저서가 다문화의 한국 사회에 기여하는 좋은 책이 되기를 바랍니다.

전호진 박사 | 전 고신대학교 총장, 현 캄보디아 장로교신학대학 총장

글로벌 시대에 다문화라는 단어가 생소하지 않은 시대를 우리는 살고 있습니다. 이 책은 바로 이런 시대를 어떻게 읽으며 적용해야 하는지를 예리하게 짚어주고 있어서 적극 추천합니다.

정흥호 박사 | 아세아연합신학대학교 총장

조귀삼 박사님의 "현대사회의 다문화 선교"의 저서는 저자의 오랫동안 가르친 경험, 현장의 경험, 무엇보다도 나그네를 사랑하라는 이주민 선교에 대한 열정의 산물입니다. 이 분야의 많은 저서들이 있지만 조박사님 책의 탁월한 점은 이론과 실제가 함께 하는 매우 균형 잡힌 저서라고 봅니다. 다문화 선교에 관심 있는 전문가, 목회자, 사역자 및 관심 있는 모든 분들에게 일독을 권합니다. 강추!!!

이병수 박사 | 고신대학교 총장

현대 사회를 글로컬사회, 현대 인종의 이동사회라 일컫기도 하고 문명과 만남, 신뢰이동의 세계라 합니다. 이러한 때 한국복음주의선교신학회 증경회장이시면서 동시에 다문화선교 위원장으로 계신 조귀삼 박사의 다문화사회 연구는 한국교회와 사회, 선교사역을 위해 비전을 가진 자들에게 귀한 자료가 될 것입니다.

장훈태 박사 | 전 백석대 교수, 현 아프리카미래협회 이사장

국가 간의 정치, 경제, 사회, 문화적 교류는 정보통신 기술의 발달과 교통의 발달로 인하여 극대화 되어 다민족, 다문화로 형성된 다원화된 사회가 되었다. 이러한 시대적 흐름 속에 조귀삼 교수님께서 이론과 실제가 겸비된 다문화 선교에 대한 전술·전략에 관한 책을 출판하게 되었다. 한국의 모든 그리스도인, 특히 신학생들이 이 책을 통해 하나님의 섭리를 발견하여 다문화권의 사람들을 존중해주고 함께 살아가는 사회

와 교회의 선교적 사명을 감당하는 계기가 되기를 희망한다.

이정서 박사 | 전 안양대학교 신학대학장

다문화의 세계화는 선교의 핵심적 과제다.

본서는 다문화의 기본을 전달하는 길라잡이다.

이 일을 통해 세계화의 다문화를 구축해, 선교의 동력을 일으키자.

박영환 박사 | 서울신대 명예교수

조귀삼 박사의 「현대사회의 다문화 선교」는 내용이 알차고, 초점이 선명하고, 리서치가 탁월해서 강추합니다. 대한민국 인구의 5% 이상이 다문화사회여서 한국교회는 이 책을 통하여 다문화인, 탈북인, 난민을 품는 보아스와 같은 신자를 많이 배출하는 기회가 되길 소망합니다.

안희열 박사 | 한국침례회신학대학교 선교학 교수, 전 한국복음주의선교신학회 회장

한국 사회는 서구와 다르게 이주자를 수용할 준비도 없이 빠른 속도로 다문화사회로 진입하면서 많은 문제점들을 보이고 있다. 이 책은 한국 사회 그리고 한국교회의 다문화정책과 사역을 위한 주요한 로드맵을 제시하고 있다.

김승호 박사 | 한국성서대학교 선교학 교수, 전 한국복음주의선교신학회 회장

이 책은 다문화 선교에 관심을 가지고 있는 모든 사람들이 반드시 읽어야 하는 책이다. 저자는 오랫동안 다문화 선교에 참여한 경험과 이론을 바탕으로 이제까지 볼 수 없었던 엄청난 대작을 출간하였다. 독자들은 이 책을 통하여 다문화 선교에 관련된 모든 이론과 실천적 방법들을 배울 수 있을 것이다.

신문철 박사 | 한세대, 조직신학 교수

다문화 시대가 급속도로 전개되고 있습니다. 하지만 오랫동안 단일 문화에 익숙했던 대한민국은 다문화 시대가 영 어색하다고 느낍니다. 교회는 더더욱 그렇습니다. 이런 상황에 조귀삼 교수님의 책은 방대한 연구를 통해 다문화 시대의 선교를 위한 탄탄한 기초와 효과적인 전략들을 제시하고 있습니다. 다문화 시대에 교회를 섬기는 모든 이들의 필독을 권하고 싶습니다.

안승오 박사 | Ph.D. 영남신학대학교 대학원장, 선교신학 교수

오늘의 시대는 이주의 시대입니다. 한국도 이주민 증가 추세가 계속되고 있습니다. 따라서 이주민 사역은 한국교회가 직면한 새로운 선교책무로 부각되고 있습니다. 이 책은 한국교회가 이주민 선교를 창의적으로 할 수 있도록 충분한 해안을 줄 것입니다. 그 이유는 저자의 오랜 이주민 사역의 경험을 토대로 이 책이 저술되었기 때문입니다.

구성모 박사 | 성결대학교 문화선교학 교수, 한국복음주의선교신학회 회장

본서는 다문화 선교의 전문가인 조귀삼 박사의 역작이다. 본서를 제외하고 다문화 선교를 논할 수 없다. 왜냐하면 저자가 한국교회에 다문화 선교를 소개한 장본인이기 때문이다. 다문화 선교를 사랑하는 독자들에게 권위 있는 안내서가 되리라 생각하여 일독을 권한다.

이희훈 박사 | 성산효대학원대학교 교수

조귀삼 교수님은 한국 다문화 선교의 선구자와 같은 분이십니다. 선교지의 경험과 학자로서의 혜안을 담은 이 책은 한국 다문화 선교에 귀하게 쓰임 받을 것입니다. 저도 교수님의 가르침을 받아 지금까지 다문화 유학생 사역을 하고 있습니다. 강의로 사용할 만한 좋은 교재가 없었는데 훌륭한 교재를 출판해 주셔서 감사합니다. 바라기는 많은 분들이 이 책을 통해 다문화 선교에 대한 도전을 받기를 소원합니다.

이충웅 | 현 김천대학교 신학대학원 주임교수, 현 열방선교회 대표

· · ·

The landscape of missions in a traditional monolithic society like Korea is fast changing. As a praxis missiologist with vast experiences in multicultural environments, Dr. Cho, Gwi-sam skillfully deals with complexities and opportunities of participating in the mission of God today. This book, Multicultural Mission in Modern Society, is timely, significant, and masterful in addressing the issues and challenges that the missional church faces in an increasingly diverse and pluralistic contexts.

Terry Casino | ThD, PhD(Professor of Missiology and Intercultural Studies School of Divinity, Gardner Webb-University North Carolina,U.S.A)

서문

한세대학교의 선교학 교수로 은퇴한 지도 상당한 시간
이 흘렀습니다. 그러나 저의 마음과 삶은 중단이 아닌 연속성의 선
교 지향적이었습니다. 교수로 재직하는 동안에 해외선교와 함께 다
문화시대를 준비하자고 강하게 주장하였고, 학문적으로는 다문화
선교라는 주제의 글을 다량으로 발제하였습니다. 그리고 직접 NGO
단체인 「세계다문화진흥원」을 창립하고 지금까지 다문화시대의 준
비를 위한 교육을 63회에 걸쳐서 1,800여명에게 실시하였습니다.

다문화선교를 부르짖었던 초창기와는 달리 지금은 다문화사회가
가진 보편성을 누구든지 감지하고, 아울러 21세기 지구촌 사회가 가
진 다문화의 특성들에 대한 이해가 높아졌습니다. 이 책에는 그동안
교수사역과 다문화 현장을 경험하면서 전문가로서 느낀 것들을 담
았습니다.

출판을 준비하면서 감사한 사건들이 많습니다. 먼저는 국내 선교
학의 대표성을 가진 귀한 분들이 마음을 담은 추천을 해 주었습니
다. 이 일은 저에게 너무나 큰 영광이고 선물입니다. 아울러 출판비
를 고민할 때에 문선비 선교사님과 친구 오재선 사장은 금일봉으로
마음을 담아 주었고, 많은 제자들이 격려를 해 주었습니다.

한걸음 더 나아가 평생 자녀들만을 위해 희생하신 김철심 권사님, 힘든 가운데도 묵묵히 남편을 뒷바라지한 김미영 박사, 결혼하여 행복한 삶으로 부모에게 큰 효심의 축복을 안겨준 홍길영·조지은, 장광재·조지현 부부와 사랑하는 현승, 현아와 함께 출판의 기쁨을 나눕니다.

이 책을 통한 기도 제목은 선교사님들을 돕는 기금이 형성되었으면 합니다. 저는 제자들을 포함한 많은 선교사님들과 국내외의 선교 사역을 나눌 때에 그분들을 효과적으로 돕지 못하는 저의 주머니 때문에 안타까운 마음을 느낄 때가 한두 번이 아니었습니다. 만약 이 책을 통해 이윤이 발생된다면 모두를 선교사역을 위해 드리고 싶습니다. 이 책을 간직한 모든 분들이 저와 같은 마음이 되기를 기도합니다.

조귀삼 교수 | 전 한세대, 현 웨스터민스터신학대학원대학교 겸임,

현 세계다문화진흥원 원장

차 례

1부 | 다문화 형성의 성경적 배경과 상황

1장 • 유대인 디아스포라의 역사적 특징과 교육의 발전

2장 • 다문화 유입

1부

다문화 형성의
성경적 배경과 상황

Multicultural Mission in Modern Society

1장 유대인 디아스포라의 역사적 특징과 교육의 발전

일반적으로 우리가 말하는 다문화의 성경적 의미는 유대 디아스포라 현상이라고 볼 수 있다. 디아스포라의 성경적 의미는 성경의 기록 민족인 유대인이 외세의 침공으로 말미암아 흩어져 살게 된 중간기 시대에서부터 시작된 말이다. 중간기라 함은 구약과 신약 사이의 기간을 말한다. 유대인들은 앗시리아(B.C 722)와 바벨론의 침공(B.C 586)으로 말미암아 포로가 되어서 삶의 터를 잃고 고국인 유대 땅을 떠나서 지중해 연안에 디아스포라(Diaspora)[1] 되어져 살았다. 이후에 로마제국의 지배지역을 중심으로 이집트, 소아시아 지역, 그리스, 이태리 등에 정착하였다.[2] 그리고 이렇게 디아스포라된 유대인의 숫자는 당시 약 400만 명으로 추산된다.[3]

I. 디아스포라의 성경적 의미

비록 중간시대를 통해서 디아스포라의 용어가 형성되었지만 구약성경의 여러 인물들을 통해서 자신의 땅을 떠나서 타 지역에 흩어져 생존했던 성경적 인물들을 찾아볼 수 있다. 대표적인 인물이 아브라함이다. 그는 고향을 떠나서 하나님과의 개인적 관계를 이루며, 제단을 세우고, 하나님의 약속에 희망을 걸고 살았다.[4] 따라서 아브라함은 구약의 디아스포라의 삶을 산 대표자라고 할 수 있다.

또한 다니엘과 세 친구의 삶을 통한 디아스포라의 사역을 볼 수 있다. 그들은 여호야김 시대에 바벨론으로 사로잡혀 가게 되었다(왕하 24:1). 다니엘은 느브갓네살 왕이 궁중에서 자신을 시중 들도록 교육하기 위해 뽑은 귀족가문 출신의 젊은 유대인이었다. 비록 포로된 몸으로 바벨론 궁정에서 노역을 감당했지만 다니엘과 세 친구들은 음식규정을 어기지 않음으로서 유대인의 정체성을 지켰다(단 1:17-20). 느브갓네살 왕은 다니엘의 지혜에 감동하여 그들이 섬기는 하나님을 "모든 신들의 신"이요 "모든 왕의 주재"(단 2:46-47)로 생각하였다. 하지만 자신의 왕권강화를 위해서 신상을 세워서 숭배(단 3:12, 14, 18, 28)하도록 명령하였다. 그러나 다니엘 일행은 온갖 유혹과 처벌경고에도 불구하고 야훼 신앙을 고수하여(단 3:8-12) 느브갓네살로 하여금 하나님을 섬기도록 허락을 받았다.

이와 같은 그의 신앙은 이방나라에 있으면서도 야훼 신앙이 어떠해야 할 것을 보여주는 중요한 사례라고 볼 수 있다.[5] 달리 말하면 이와 같은 행동은 바벨론에 포로된 생활 가운데에서도 디아스포라의 선교방식을 보여주는 사례라고 볼 수 있다.

신약성경에서 디아스포라 선교를 다루기 위해서는 가장 먼저 언급해야 할 선교사가 바울이다. 그는 유대인이면서 이방지역인 길리기아 다소에서 로마 시민권을 갖고 태어난 인물이었다. 즉 행정적으로나 법적으로나 로마의 시민이었지만 문화적으로는 그리스적 교양과 학문을 겸비한 국제적인 사람이었다.[6] 이러한 인물을 다중문화인이라고 표현한다. 왜냐하면 바울이야 말로 유대인, 로마인 그리고 헬라인으로서 살았었기 때문이었다. 따라서 그는 자신이 이방인의 사도로 문화의 벽을 넘어서 사역할

수 있었다.[7]

바나바는 구브로(Cyprus) 출신의 선교사로 사도행전 4장에 언급된다. 대부분의 사도들의 사역은 유대인 중심의 사역이었다. 이러한 가운데에서도 누가는 바나바를 레위인, 즉 유대전통에 집착하는 사람이면서도 예루살렘의 유대교에 속하지 않는 디아스포라 출신의 유대인이라는 사실을 언급하고 있다.[8] 이러한 누가의 의도를 한발 더 나아가서 생각해 볼 수 있는 것은 바나바는 예루살렘으로 상징되는 유대교의 전통에도 잘 맞을 수 있고, 이방세계와도 친화를 이룰 수 있는 두 세계와 두 문화권에 동시에 발을 딛고 있는 이중적 문화를 소유한 사역자라는 것이다. 이러한 바나바의 이중문화 소유의 능력이 바울과 함께 초대교회의 선교를 이끄는 원동력이 되었다. 아쉬운 것은 바울이 2차 선교여행을 시작할 즈음에 바나바는 조카인 마가 요한의 일로 말미암아 바울과 다툼이 있었고, 이후에 사도행전의 선교 역사에서 사라진 것이 못내 아쉽다.

디모데는 헬라인과 유대인 디아스포라 어머니 사이에서 출생한 혼혈인이었다. 바울은 그를 제자라고 불렀고 유대 전통인 할례의식을 행해 주기도 하였다. 디모데의 출현은 바나바를 대체하는 선교의 중개 역할을 하였다. 디모데는 혈통적으로는 혼혈아였지만 신앙적으로는 어머님의 신앙을 가졌고, 이방지역의 사람들로부터는 칭송을 받을 만큼(행 16:1-2) 성숙한 인격의 소유자로서 유대인과 이방인을 하나로 묶을 수 있는 태생적 조건을 가졌다.[9] 결국 디모데의 이중적 문화 소유로 말미암아 초기 기독교의 복음은 유연한 탄력을 받아서 새로운 영역에로의 확장을 꾀하게 되었다.

2. 중간기 유대 디아스포라의 역사적 특징

중간기의 성경적 교훈은 말라기에서부터 마태복음까지의 기간을 말한다. 이 시대에는 하나님께서 자신의 백성에게 선지자를 보내지도 않았고 아무런 계시도 주시지 않는 침묵의 시기였다.

그러나 이러한 침묵의 시대에도 인류 구원의 메시아이신 예수님의 초림을 준비하는 시기였다. 이러한 중간기에 이스라엘을 둘러싸고 다양한 사건들이 있었다. 즉 강대한 왕조들의 교체가 있었고 유럽의 판도가 두 세 차례나 바뀌었으며, 유럽과 아시아 국가들 사이의 국경선이 커다랗게 변모하였고, 새로운 문화들이 출현하였다.[10]

1) 중간기 유대 디아스포라의 역사

중간시대 기간에 하나님의 백성으로 선민의식을 가졌던 이스라엘을 둘러싸고 행해졌던 통치 왕조들을 살펴보면 다음과 같다.

첫째는 페르시아 시대(BC 415-332)시대이다.[11] 페르시아는 BC 538년부터 유대를 (페르시아에 예속된 하나의 주) 지배하였다. 페르시아 정치의 정책은 일반적으로 유대인에게 우호적 통치를 했다. 다리오의 통치기간에는 300만 명의 유대인들이 127개 주에 이르는 페르샤 전 지역에 흩어져 생활했음을 역사가는 기록하고 있다

둘째는 헬라시대(BC 332-323)이다.[12] 알렉산더는 헬레니즘의 사도라고 이름을 얻게 된 왕이다. 이 시대는 전 세계의 문명을 통일시킨 시대라고 말할 수 있다. 헬라시대를 통해서 주어진 업적들은 다음과 같다. 헬라문

명을 애굽과 서부 아시아에 확산시켰으며, 그리스인과 이방인 사이의 구별을 어느 정도 완화시켰고, 헬라어가 개화된 사람들이 말하고 쓰는 세계적 통용어가 되었으며, 유럽에서 인도에 이르는 바닷길이 형성되었다. 더나아가 알렉산더의 이러한 업적이 유대인에게도 적용되어 유대인들의 광범위한 분산은 그가 설립한 많은 도시들에서 (70개의 안드리아) 유대인들이 거주하도록 허락 받았다.

셋째는 애굽 왕조(BC 320-198)와 시리아 왕조(BC 198-167)의 지배시대 이다.[13] 애굽왕 시대에는 대체로 평화로운 시대이며 알렉산드리아는 유대교의 중심지가 되었다. 이 시대의 가장 큰 특징 중의 하나는 구약성경을 그 당시 보편적인 언어인 헬라어 코이네(Koine)어로 70인의 학자가 70일 동안의 작업 끝에 번역하여 헬라권역에 확산시켰다는데 큰 의미가 있었다. 한편, 시리아 왕조(BC 198-167)의 지배 때에는 그 당시의 지배자인 안디오쿠스 에피파네스는 모든 백성들에게 쥬피터 올림푸스 신을 섬길 것을 강요하였고, 이러한 과정에서 유대인들을 학대하고 유대교를 말살하려고 시도하였으며, 예루살렘을 황폐하게 만들고 성전에 돼지를 바치고 성전을 더럽혔다. 또한 성경사본을 불살라 버리는 행동과 하나님께 드리는 제사와 할례를 금지시켰다.

넷째는 독립시대(BC 167-63)이다.[14] 이스라엘의 마카비우스는 제사장 마타디아스의 아들이다. 그의 아버지 마타디아스는 이방신을 숭배하라는 안디오쿠스 에피파네스의 명령을 거절하고 흩어진 이스라엘 백성들을 이끌고 게릴라전을 펼쳐 이스라엘의 독립권의 기반을 다졌다. 그가 죽은 후 그의 다섯 아들(요나단, 시몬, 요한, 엘리아살)중 하나인 유대(마카비우스)의 투쟁을 통하여 예루살렘이 통일된 왕국으로 성장하였다.

다섯째는 로마시대(BC 63)부터 그리스도 때까지이다.[15] 당시 로마는 세계적인 제국을 건설하여 "모든 길은 로마로"라는 말대로 세계의 모든 지역을 확장해 가는 과정 속에서 폼베이 장군에 의하여 팔레스타인이 정복되고 에돔 사람 안티파텔을 유다 통치자로 임명하였고 안티파텔은 헤롯에게 왕위를 계승시켰다. 이러한 시대의 도래는 로마시민권을 가진 사도 바울의 선교팀으로 하여금 로마가 지배하고 있는 모든 땅을 활보하면서 복음을 증거하고 기독교를 세계화 하는데 일조를 하였다.

2) 중간기 유대 디아스포라의 특징

중간기는 선교적으로 구심력과 원심력 선교의 다리역할을 하는 기간이었다. 따라서 그 기간을 통해서 형성된 기관들과 신앙생활의 관습들을 통해서 세계복음화에 어떠한 의미가 있었는가를 살펴보고자 한다. 중간기 유대 민족을 통해서 나타난 특징을 살펴보면 아래와 같다.

첫째는 회당제도를 들 수 있다.[16] 회당은 유대인들의 모임 공동체로서 종교, 문화 그리고 교육의 기관이었다. 유대와 이스라엘의 멸망을 통해서 흩어진 백성들의 일부는 바벨론으로부터 귀환을 허락받아서 훼파된 예루살렘으로 일부는 돌아 왔다. 그러나 디아스포라된 유대인들, 즉 근동과 중동, 소아시아, 유럽에까지 확산된 장소에서 자신들의 종교적 유산을 보호계승하기 위하여 열 명의 남자 지도자들이 있는 곳이면 어디에나 회당을 세웠다. 이 회당은 유대인의 생활에 있어서 종교적, 사회적 생활의 중심이 되곤 했다. 안식일에 드리는 예배의 순서에는 쉐마(신6:4-5) 낭송, 기도, 성경낭독, 권면, 축도 등이 포함되었다. 그러나 회당이 성전의 대용

물이 되는 것은 결코 아니다. 회당은 일차적으로 교육기간이었으므로 지도자는 제사장이 아니라 랍비였다. 따라서 회당에서는 제사를 드릴 수 없었다. 회당은 예수님 당시에도 유대 공동체의 중요한 종교적 기능을 감당했다. 예수님께서는 회당에서 천국 비밀을 가르치셨다. 또한 회당은 바울과 선교팀이 유대 땅을 넘어서 어느 곳을 가던지 말씀 선포와 복음의 변증 장소[17] 로 사용되어졌다. 바울은 회당에서 추방당할 경우에만 다른 곳으로 이동을 하였으며(행 18:7, 19:9) 도착한 즉시 회당을 통해서 사역을 지속하였다. 결국 유대인에게는 자신의 나라를 떠나서 생활해야 하는 힘든 시간들이었지만 선교의 하나님은 그들을 통해서 문화의 벽을 넘어가는 선교전략을 우리에게 보여주고 있다.

둘째는 이스라엘 디아스포라 백성들의 철저한 신앙생활이었다.[18] 이의 대표적인 행동은 유일신(야훼)을 섬기면서 안식일을 준수하였다. 유일하신 하나님, 천지의 창조주, 내재하시며 초월적인 하나님, 권능과 자비의 하나님, 죄를 벌하시고 덕을 상주시는 유일하신 하나님을 믿었다. 그리고 하나님을 증거하고 선포함을 통해 개종자를 만들었다. 디아스포라된 유대인들은 안식일날 할례를 행한 일을 빼고는 철저히 경건하게 지키고 모든 활동을 중단하였다.(요7:22-23). 심지어 안식일에 전쟁을 하는 것보다는 차라리 수천 명이 죽음의 길을 택하기도 하였다. 이렇게 철저한 유대교의 전통신앙이 기독교 선교에의 길을 닦는 결과를 가져왔다.

셋째는 성경의 헬라어 번역이었다.[19] 유대인의 망명생활이 그들의 모국어인 히브리어를 잊어버리게 되었다. 따라서 성경을 번역하게 됨으로 헬라어 성경은 강력한 선교의 도구가 되었다. 특히 헬라인들이 회당을 통해 성경을 알게 되었고, 그들이 하나님께 돌아오게 되었다. 헬라어로 번역된 구약성경, 솔로몬의 지혜서 등은 철학적 성향이 짙은 헬라인들이 지적으로 수용할 수 있도록 만드는 일에 전념했던 필로(Philo of Alexandria) 등의 학자들에게 큰 도움을 주었다.

넷째는 종파주의의 출현이었다. 종파주의는 바리새파, 사두개파, 에세네파, 쿰란종파 및 열심당원 등으로 분류해 볼 수 있다.[20] 특히 바리새주의(Phariseeism)의 출현은 세가지 관점에서 생각해 볼 수 있다. 먼저는 철저한 율법주의의 강조에서 비롯된다. 다음으로 민족주의(Nationalism)의 요인이다. 그리고 마지막으로는 하시딤의 발현이다. 하시딤은 디아스포라로 말미암아 현지의 헬라문화에 동화되는 것을 막기 위한 조치로 해석될 수 있다. 그리고 이러한 종파주의의 바리세파 신앙이 율법이 아닌 은혜의 복음을 만들어 내는 바울신학의 기초가 되었다.

중간기 유대 디아스포라를 통해서 형성된 것들이 회당의 형성, 철저한 유일신 신앙에 따른 안식일 준수, 성경의 헬라어 번역, 바리새이즘의 확산 및 예수님의 초림에 대한 준비 기간이었음을 알 수 있다.[21]

3. 중간기 유대인 디아스포라 교육의 발전

조국을 떠나 흩어진 유대인들은 민족 보존의 중심을 신앙과 교육에서 찾고자 하였다. 여기에서 관심을 끄는 것은 회당을 통한 교육제도이다. 회당은 성전의 기능과 교육의 기능을 갖고 있는 기관이기는 하지만 유대인의 교육이 일차적인 목표였다. 따라서 회당에서의 지도자는 제사장이 아니라 랍비였다.[22] 따라서 기독교 교육사에서는 이스라엘의 민족의식

형성이 주요 관심사였던 이 시기를 '유대주의교육시대'라고 부른다.[23]

중간기의 유대인 디아스포라 시대의 교육의 중요성은 세 가지 이론을 지니고 있다. 첫째는 나라의 재난은 그 백성이 율법을 어긴 벌이라고 생각하는 신명기적 역사관이며, 둘째는 만일 지금이라도 율법을 준수하면 나라가 회복될 것이라는 희망, 그리고 세 번째는 유대인에게 하나님이 주신 사명은 다른 열방의 사람들에게 하나님이 유일하신 참된 신이심을 선포하는 데 있었다. 이러한 신념들이 유대인들로 하여금 교육적 열정을 불러 일으켜서 교육을 조직화 하고 제도화하기에 이르렀다.[24]

1) 개인교육의 차원에서 공적인 회당 교육으로 발전

성전이 없는 포로기 동안의 유대교육은 회당에서 시행되었다. 기본적으로 유대의 교육은 대부분 가정으로부터 시작되었다. 일반적으로 학생의 어머니는 교사였으며 구두 교육이 주류를 이루었다.[25] 그러나 가장인 아버지로부터 가정에서 율법의 구절들과 기도문, 노래들을 배우고 절기를 통해서 역사를 배웠다. 유대인 어린이들은 외세의 지배 및 디아스포라를 통해서 히브리어가 상용어가 아닌 주재국의 언어를 상용화 하게 되었다. 어려서부터 유대인의 교육이 절실히 필요하게 되었다. 따라서 가정을 벗어난 교육의 장소가 필요하게 되었고 자연스럽게 회당은 교육의 중심이 되었다.

회당은 예배와 교육의 집이었다. 회당에는 회당장과 하잔이 있는데 회당장은 예배와 건물처리, 말씀을 전할 자를 초대하는 직임을 담당했으며, 하잔은 예배를 보좌하고 주간동안에는 학교의 교사역할을 감당하였다.

회당에서는 안식일날 1부에는 예배를 드리고 2부 순서는 교육을 감당하였다. 교육은 주로 성경학습[26]과 해설을 하였다. 성경학습에 있어서 율법서와 예언서의 본문은 반드시 원어로 먼저 봉독하고 읽힘으로서 모국어에 대한 열정을 자극하였다. 그러나 디아스포라의 기간이 길어질수록 모국어를 잃어버린 사람들을 위해서 통역을 해주었다. 또한 교육되어진 성경구절들의 삶에의 적용을 위한 해설이 뒤따랐다. 이러한 성경봉독의 결과로 3년 정도 지나면 오경을 다 읽을 수 있고 이해할 수 있도록 체계화되었다.

2) 공식적인 교육제도의 발전과 정착

시간이 지나면서 회당은 공식교육의 모체가 되었다. 즉 회당과 회당주변의 독립된 건물에서 진행된 교육은 공식교육기관으로 자리 잡게 되면서 교육 과정에 진보를 가져오게 되었다. 교육과정을 살펴보면 다음과 같다.

(1) 초등교육 과정인 벧 하쉐퍼

초등교육과정은 벧 하쉐퍼(Beth Hassepher, 책의 집)이다. '성경의 집'이라는 의미이다. 이는 BC 74~65년에 설립되었다. 6~7세의 남아들이 10세가 되기까지 율법을 읽고 쓰도록 하여 성인이 되었을 때에 율법의 책임을 완수하도록 하는 교육 과정이다. 종교 지도자인 하잔이 교사로서 교육을 담당하며 주로 암기 위주의 교육 방법이 사용되었다. 학급의 정원은 20~25명 정도로서 학습자들은 모세 오경에서부터 예언서와 성문서를 공부하여

졸업을 할 때에는 책의 백성이라는 수료자격이 부여 되었다.[27]

이러한 제도를 도입한 사람은 두 사람의 공이 컸다. 한사람은 바리새인으로서 산헤드린 의장이었던 시몬 벤 쉐타(Simon ben-Shetach)이다. 그는 BC 103-76년에 유대를 통치했던 알렉산더 야네우스(Alexander Janneus)의 처남이었다. 시몬 벤 쉐타가 BC 75년에 발표한 칙령 중의 하나가 '어린이들은 학교에 가야한다'라는 것으로 보아 당대에 이미 초등학교가 설립되어 운영되어진 것으로 볼 수 있다. 다른 한 사람은 여호수아 벤 가말라(Joshua ben-Gamala)로서 AD 63~65년의 대제사장으로서 직임을 감당하는 동안인 64년에 칙령을 발표하였다. 그는 발표문을 통해서 동네마다 하나 이상의 학교를 설립할 것을 권장하고 있다.[28] 초등학교의 교육의 목적은 율법을 읽고 쓰도록 함으로서 성인이 되었을 때에 율법의 책임을 완수하도록 하는데 있었다. 그러나 이미 유대를 벗어나 생활하는 그들에게 히브리어는 쉬운 학습이 아니었다. 더구나 고대 히브리어는 모음이 없으므로 발음을 일일이 암기할 수밖에 없었다.

수업시간은 해가 뜨면서부터 시작하여 오전 10시경까지가 한 과정이며, 오후 3시 이후에 다른 과정으로 진행했다. 오전 10시 이후부터 3시까지는 더위 때문에 휴식을 취하였다. 교육 과정으로는 읽기, 쓰기, 셈하기를 배우고 나면 다음 구절이 적힌 양피지를 나누어 주어 학습을 시켰다. 즉 쉐마(시 6:4-9, 11:13:21; 민 15:37-41), 할렐(The Hallel-하나님을 찬양하는 시로서 시편 113-118편), 창조이야기(창 1-5장), 제사법(레위기 1-8장)이었다. 오경이 끝나고 나면 예언서를 공부하였고, 잠언과 외경 중 집회서는 도덕 및 교육을 위한 교과서로 편성되어 사용되었다.[29]

초창기의 교사는 원칙적으로 무보수 사역을 하였다. 이는 하나님께서 토라를 값없이 주셨기 때문이다. 따라서 교사는 생계유지를 위하여 상업이나 기술을 가져야 한다. 그러나 추후에는 유대 공동체를 통해서 생계가 보장되는 교사로서 자리를 잡아나가게 되었다. 이들의 삶은 유대 공동체 내에서 깊은 존경을 받았다. 왜냐하면 유대인들은 성곽을 지키는 사람은 군대가 아니라 교사라고 생각했기 때문이다. 결국 초등교육을 마친 학생은 희랍의 고전을 따로 배우지 않아도 어떤 종족의 문헌이라도 읽을 수 있는 '책의 백성'이 되었고 오경을 마음에 새겨서 공동체의 의식과 관습에 대한 기원과 의미를 다른 사람들에게 설명할 수 있게 되었다.[30]

(2) 중고등교육 과정으로서의 '벧 탈무드' 와 '벧 함미드라쉬'

중등과정의 교육은 벧 탈무드(Beth Talmud, 설명의 집)이다. 가정이나 벧 하쉐퍼(Beth Hassepher, 책의 집)에서 배운 아동들이 진학하여 율법에 대한 해석을 공부하였다. 이러한 해석은 구전을 통하여 AD 190년까지 전승되었다.[31]

고등과정의 교육은 벧 함미드라쉬(Beth Hammidrash, 연구의 집)이다. 이 과정에서는 탈무드의 연장선상에서 율법의 고등해석과 연구를 진행한다. 교육의 방법은 스승과 제자 사이의 끝없는 질문, 대답 그리고 설명과 같은 도제식 방법으로 진행된다. 여기에서 연구된 독자적 율법해석들은 장로의 유전이 되었다.[32]

초등교육이 읽기와 쓰기를 배워서 모세의 오경을 통달하는 것이 목적이라면, 연구의 집에서의 교육과정은 구전으로 된 율법(Oral Torah)을 연구하고 해석하는 것이 목적이었다. 구전을 통한 율법의 교육은 만약 재화(災禍)를 통해서 율법서가 없어지더라도 머리와 가슴에 남아있는 율법을 재생산해 낼 수 있기 때문이었다. 구전으로 된 율법서인 미쉬나(mishna)는 AD

200년경에 완성되었다.[33] 교육에 있어서 스승과 제자와의 관계는 아버지와 아들과의 관계로 표현되었다.[34]

이 과정 속에는 논리학, 수학, 천문학, 지학, 생물학도 교육이 되어졌다. 이는 학문자체로서의 연구가 아니라 토라를 더 잘 밝히 알기 위한 보조수단이었다. 이들을 가르친 교사들은 서기관들이었다. 서기관이란 '쓸 줄 아는 사람'이라는 뜻으로 재판정 및 왕실 서기에 해당했었다. 서기관은 율법을 전수하는 성스러운 임무를 맡게 되어 율법을 가르치고 해석하고 대중의 언어로 번역하고 문헌을 만들기도 하였다.[34]

(3) 대학 과정의 '신학 아카데미'

최고위의 교육은 아카데미(Academy)과정이다. 이는 박식한 학자들이 자신들의 학문에 관심을 갖고 고등연구에 전념하면서 유능한 사람들을 가르쳤던 일종의 신학교라고 할 수 있다. 랍비 후보생들이 모여서 연구를 하였으며 교육 내용은 토라였다.[36] 고등교육의 필요성은 서기관의 기능이 증가하면서 이들을 양성하기 위한 제도가 필요하게 되었다. 서기관들은 율법전수의 전문가가 되어야 함으로 피상적인 지식의 습득만으로는 되지 않았다. 율법에 대한 가능한 해석들, 해석의 방법들, 성서해석의 사례들을 많이 알아야 했다.

또한 구전들(할라카, 하가다)에 대해서도 통달해야만 하였다. 결국 이들의 양성을 위해서 대율법학자들의 자녀들이나 중등학교부터 재능이 있는 학생을 선발하여 훈련을 시켰다. 이것이 대학과 같은 학교로 등장했고 샴마이(Shammai)와 힐렐(Hillel)과 같은 대학자에 의한 학교가 설립되어 경쟁을 하게 되었다. 특히 제 2 성전이 파괴된 후 디아스포라가 된 유대인들은

아카데미를 세워서 유대주의를 존속시켰고 성경의 정경화도 이룩하였다.[37)]

유대인의 교육 중에서 특징적인 것은 아버지는 자신의 자녀들에게 조상들로부터 구전된 민족의 전승들을 강조하여 가르쳤다. 이것은 동시에 종교적인 전승들이었다.[38)] 구전들은 현인들로부터 시작되었고, 그들의 영향력은 포로 때부터였다. 이때부터 현인들이 서기관들과 혼합되고, 도덕적인 교육은 율법의 연구와 결합되었다. 모이는 모든 곳에서 현인들의 가르침을 들었다.[39)] 디아스포라를 통한 유대인들의 교육은 가정교육에서 공적 교육으로 발전하였고 회당은 교육 기관의 중심이었음을 알 수 있다.

디아스포라는 어쩌면 슬픈 용어이다.

이는 원인이 어떻든 간에 자기 땅에서 살지 못하고 타국에서 삶을 살아야 하는 것이기 때문이다. 특히 중간기의 유대인들은 앗시리아와 바벨론 침공으로 말미암아 포로가 되어서 삶의 터를 잃고 디아스포라로서 지중해 연안에 흩어져 살았다. 고국 땅과 국권을 잃어버린 그들에게는 자민족의 정체성과 종교를 유지하는 것이 참으로 어려운 과제였다. 어려움을 극복하기 위해서 흩어진 땅에서 회당을 만들고 교육과 신앙을 유지하였다. 따라서 유대인들에게 있어서의 회당은 신앙의 구심점이었고, 민족의 문화와 언어를 계승하는 기관이었다. 그들의 철저한 교육은 오늘날 유대인의 근간이 되어 많은 핍박과 어려움에도 생존할 수 있었다. 그리고 교육을 통해서 자신들의 정체성을 지켰다. 이러한 힘은 곧 신앙 교육이었다. 결국, 중간인 디아스포라 시간은 이스라엘에게는 하나님이 일하시는 축복의 시간이었다. 그리고 인류 구원의 길을 닦는 시간이었다.

1) Hebrew root words on the Old Testament concept diaspora is *Gola*(Exiles)/ *Gala*(Remove)/ *Galut*(Captivity) *Zara*(Spread/ Winnow) *Nadah*(Banish)/ *Napas*(Scatter)/ *Pus*(Disperse)/ *Pazar*(Scatter Abroad)/ *Parad*(Separete). Greek words in the New Testament for the concept of diaspora is *Dispora*(Scattered)/*Dispeiro*(Scatter). Narry F. Santos *"Exploring the major dispersion terms and realities in the Bible"* Global Diaspora Missiology Consultation meeting of November 16-18, 2006. Taylor University College & Seminary, Alberta in Canada.(Mimeographed).

2) Narry F. Santos, *"Exploring the major dispersion terms and realities in the Bible"*

3) 이 숫자는 유상현의 글에서 설명되어졌다. 유상현, "신약에 나타난 디아스포라, '하나님 경외자' 선교, 『선교와 신학』(서울: 장로회신학대학교 출판부, 2005), 38.

4) 배희숙, "구약에 나타난 디아스포라 선교" 『선교와 신학』 (서울: 장로회신학대학교 출판부, 2005), 15.

5) 배희숙, "구약에 나타난 디아스포라 선교" 『선교와 신학』 15.

6) 유상현, "신약에 나타난 디아스포라, '하나님 경외자' 선교, 『선교와 신학』 41.

7) 바울의 사역에 대해서는 필자가 출판한 『바울과 선교신학』의 13-176에서 기술해 놓았다. 조귀삼, 『바울과 선교신학』 (서울: 은성사, 1995), 123-126.

8) 유상현, "신약에 나타난 디아스포라, '하나님 경외자' 선교, 『선교와 신학』 43.

9) 유상현, "신약에 나타난 디아스포라, '하나님 경외자' 선교, 『선교와 신학』 47.

10) Raymonr F. Surburg, *Introduction to the Intertestamental Period* (St. Louis, Missouri: Concordia Publishing House, 1975), 9.

11) Raymonr F. Surburg, Introduction to the Intertestamental Period, 11-16.

12) 알렉산더 대왕은 아리스토텔레스에게서 교육을 받은 왕으로서 선생으로 부터 그리스 문학과 예술을 배우고 이해하게 되었으며 그리스 종교와 문화, 문명에 대한 대단한 존경심을 갖게 되었다. 따라서 그가 지배한 모든 도시마다 알렉산드리아를 건설하였다. Raymonr F. Surburg, *Introduction to the Intertestamental Period*, 17-21.

13) Raymonr F. Surburg, *Introduction to the Intertestamental Period*, 21-26.

14) Raymonr F. Surburg, *Introduction to the Intertestamental Period*, 33-44.

15) Raymonr F. Surburg, *Introduction to the Intertestamental Period*, 45-52.

16) J. Herbert Kane, *Christian Missions in Biblical Perspective* (Michigan: Baker Book House, 1989), 30.

17) 바울의 선교전략 가운데 하나는 그가 어느 곳을 가던지 도착하던 곳에서 유대인들을 첫 번째 개종자로 삼고 선교를 하였다. 그리고 그가 택한 장소는 '회당'이었다. 회당에는 유대인들, 개종자들 그리고 경건한 사람들이었다. 당대에 회당의 관습에 의하면 방문하는 랍비들을 초청하여 회중에게 "권면의 말씀"을 전하는 습관을 이용하여 전도하였다. J. Herbert Kane, *Christian Missions in Biblical Perspective*, 78-79.

18) 참된 하나님을 섬김으로 성스러운 가정, 율법이 있으므로 철저한 도덕생활이 개종에 일익을 담당하는 계기를 가져다주었다. 결국 유일신 사상이 메시아의 대망을 불러와서 고등종교로서 포교에 지대한 영향력을 주었다J. Herbert Kane, *Christian Missions in Biblical Perspective*, 31-32.

19) J. Herbert Kane, *Christian Missions in Biblical Perspective*, 31-32.

20) Roger E. Hedlund, *Mission to Man in the Bible* (Madras: The Diocesan Press, 1985), 148-158.

21) J. Herbert Kane, *Christian Missions in Biblical Perspective*, 29-33.

22) J. Herbert Kane, *Christian Missions in Biblical Perspective*, 31.

23) 김재은, "구약 성서시대의 종교교육』 『기독교육사』 (서울:교육목회, 1992), 30.

24) 결국 디아스포라시기를 통해서 촉진된 유대인의 교육의 양상들은 다음과 같다. 첫째는 삶의 전 영역을 지도하는 제사법전의 완성이다. 둘째는 이 제사법에 대한 국가 차원의 채택으로 율법에 대한 재인식과 백성을 하나로 묶는 계기를 마련했다. 세 번째는 율법서와 함께 잠언, 집회서 등의 방대한 성문서들이 교과서가 되었다. 넷째는 회당의 출현으로 예배와 함께 초등, 중등, 고등교육의 제도적 교육의 장을 마련하였다. 그리고 마지막 다섯 번째는 교육전문가 집단인 하잔(Hazzan)과 소페림(Soferim)이 생겼다. Fletcher H Swift, Education in Ancient Israel: From Earliest Times to 70 A.D, (Chigago: The Open Court Publishing Co., 1919), 김재은, "구약 성서시대의 종교교육』 『기독교육사』, 32- 33 재인용.

25) 이에 대한 성구는 다음과 같다(잠 1:8; 6:20, 잠 31:1). R. 드보, 『구약시대의 생활풍속』 이양구 역 (서울: 대한기독교출판부, 1993), 99.

26) 성서학습의 순서는 다음과 같다. 첫째는 첫 성경 낭독자의 기도, 둘째는 율법서 중에서 택하여 읽고 번역, 셋째는 예언서 중에서 택하여 읽고 번역, 넷째는 마지막 성경 낭독자의 기도가 있었다. 김재은, "구약 성서시대의 종교교육" 『기독교교육사』 35.

27) 윤화석, "기독교교육의 역사적 기초" 『기독교교육개론』 (서울: 대한기독교서회, 2006), 108.

28) 김재은, "구약 성서시대의 종교교육" 『기독교교육사』 37.

29) 김재은, "구약 성서시대의 종교교육" 『기독교교육사』 37.

30) 김재은, "구약 성서시대의 종교교육" 『기독교교육사』 39.

31) 윤화석, "기독교교육의 역사적 기초" 『기독교교육개론』 108.

32) 윤화석, "기독교교육의 역사적 기초" 『기독교교육개론』 108.

33) 미쉬나는 두 가지 방법으로 교육 되었다. 하나는 구전으로 된 종교적(Halakah) 법령에 관한 것들을 주제에 따라서 교사가 설명하고 암기시켜 충실하게 배운 것을 보유하게 함과 아울러 다른 사람들에게 가르칠 수 있도록 실습하게 하는 것이다. 또 하나는 종교적 법령에 관한 것만이 아닌 넓은 범위로 잠언, 전설, 전통, 역사 등을 해석하는 것이다. 이 경우 많은 토론식 교육을 실시한다. 이러한 구전으로 된 토라(Torah)가 훗날 예루살렘 탈무드와 바벨론 탈무드로 발전되어서 AD 200년과 미쉬나에 대한 주석서인 가마라(Gamara)가 AD 500년경에 편찬되었다. 김재은, "구약 성서시대의 종교교육" 『기독교교육사』 40.

34) R. 드보, 『구약시대의 생활풍속』 이양구 역, 100.

35) 김재은, "구약 성서시대의 종교교육" 『기독교교육사』 41.

36) 윤화석, "기독교교육의 역사적 기초" 『기독교교육개론』 108.

37) 김재은, "구약 성서시대의 종교교육" 『기독교교육사』 41-42.

38) R. 드보, 『구약시대의 생활풍속』 이양구 역, 99.

39) R. 드보, 『구약시대의 생활풍속』 이양구 역, 101.

2장 다문화 유입

　지구촌 시대에 인구의 유동은 피할 수 없는 추세가 되었다. 특히 일자리를 찾는 노동시장은 국경을 허물어 버렸다. 한국에서의 유입 노동자는 1980년대 후반부터 시작되었다. 이주 노동을 설명하는 용어로 보통 '끌어당기는 요소(pull factor)와 밀어내는 요소(push factor)를 사용한다. 아시아 내에서의 끌어당기는 요소는 선진개발국가(G-7), 석유 산유국(중동국가들, 특히 Gulf Cooperation Council 소속 국가들- 바레인, 쿠웨이트, 카타르, 오만, 사우디아라비아, 아랍 에미레이트 연방), 혹은 신흥공업국가(한국, 홍콩, 대만, 싱가폴)들의 노동력 필요에 의해서 나타난다. 이들 나라들은 사회 기반 시설의 공사 등 대형 프로젝트, 서비스 부분, 수출용 농작물 생산 공장 및 산업구조 조정으로 말미암아 자국인이 기피하는 3D(Difficult, Dirty, Dangerous)업종이나 자국 여성인력을 활용하기 위한 가정 내에 대체 노동력의 필요(싱가폴, 홍콩, 대만 등)에 따라 다른 나라들로부터 노동력을 불러들이고 있다.[40]

　한편, 수년간에 걸쳐 세계은행(World Bank)나 국제통화기금(International Monetary Fund: IMF)의 개발계획에 의해서 경제 구조 조정 프로그램을 진행하고 있는 개발도상국가나 저개발국가들은 외채 상환의 수단이나 자국 내의 만성실업 문제를 해결하기 위해서 적극적인 노동력 수출정책을 씀으로 '밀어내는 요소'의 이주민을 만들고 있다.[41] 결국 밀어냄과 끌어당김에 의한 노동인력, 다문화결혼을 통한 이주민, 유학이나 사업을 하는 외국인, 그리고 최근에는 탈북자나 난민들이 한국에 몰려오고 있다.

지구촌 시대의 인구 이동은 다문화간의 결혼에 의해서도 이루어진다. 한국의 경우에도 다문화인들과의 결혼이 활발히 이루어지고 있다. 이들 이주여성의 국가도 초기의 중국, 일본 그리고 필리핀 여성에서 베트남, 태국, 몽골, 우즈베키스탄, 러시아 등의 국가로 다변화됨을 볼 수 있다.

정도는 다르지만 이들 모두에게는 고향을 등지고 살아가는 아픔이 내재되어 있다. 들어내 놓고 신음소리를 낼 수없는 응어리진 상처가 있다. 마치 중간기 유대인들이 자신의 나라를 빼앗기고 지중해 연안으로 흩어짐과, AD 70년대 로마의 침공으로 황폐화 되어버린 자신의 조국을 등질 수밖에 없이 떠돌아다니다가 나치 정권의 유대인 말살 정책에 가스실에서 절규할 수밖에 없었던 '디아스포라'의 한(恨)이 우리 땅에 있음을 알아야 한다.

1. 다문화의 한국 유입 상황

한국의 다문화[42] 유입의 시초를 어디로 보느냐하는 문제는 매우 흥미있는 일이다. 다문화를 집중적으로 연구하는 학자들에 의하면 한민족의 피에는 본토인, 북방계, 남방계가 모두 섞여 있다는 유전학적 연구 결과를 내 놓고 있다. 이는 매우 흥미로운 이야기이다. 가장 먼저 생각해 볼 수 있는 것은 고조선시대 때부터라고 한다. 즉 고구려의 주몽은 주변국들의 핏줄을 받아드림으로 이방족과 피가 섞였으며, 이를 통해서 영토를 확장했다.

근대에 이르러서 구한말의 조선은 국력의 쇠퇴로 일제의 합병과 함께 피가 섞였으며, 1945년 8월 15일 해방과 함께 민족 전쟁인 6·25를 통해서 미군과 피가 섞이는 경우도 예외는 아니다. 특히 55만 여명의 전쟁미망인들 중에는 생계를 위해서 기지촌을 중심으로 생활함을 통해서 혼혈아를 출생시키기도 하였다. 현재 국내의 혼혈인은 약 3만 5천명으로 추산되고 있다. 펄벅 재단에 의하면 국내에 살고 있는 미국계 혼혈인은 약 5천 명으로 잡고 있다.[43]

한국에 거주하는 다문화인들에 대한 통계와 관리부서의 주무 기관은 법무부이다. 정확히 말하면, 한국에 입국, 거주, 그리고 출국까지를 총괄하기 때문이다. 이들을 관리하는 시스템이 이민정책이다. 이민 정책의 내용을 통해서 국내에 거주하는 이민자를 집단별로 세분화 해 보면 다음과 같다.

1) 결혼을 통한 거주

결혼 이민자 집단은 다문화인의 국제결혼으로 한국에 거주하는 사람들을 말한다. 특정 기술을 갖고 있지 않는 여성으로서의 국제결혼은 일시적인 체류가 아닌 영구적인 거주 보장과 아울러서 취업이 보장되는 장점을 갖고 있다. 오현선은

보편적으로 국제결혼이라고 표현하는 이주여성을 문화간 결혼으로 표현한다.[44] 국제결혼의 유형에는 큰 틀에서 네 가지 요인이 있다. 이를 세분화 해 보면 다음과 같다.

첫째는 정부의 미혼자 결혼시키기 운동이다.[45] 이는 지방정치 행정의 정책에 기인한다. 특히 농촌 청년들에 대한 국내 여성들의 결혼 기피 현

상은 급기야 인구감소로 이어진다. 이러한 현상은 지방 행정부로 하여금 국제결혼에 관심을 갖게 만들었다. 즉 농촌인구의 감소는 농업기반의 붕괴와 인구감소를 가져옴과 아울러 정치적 기반의 약화를 초래하였다. 결국, 지방정부에서는 국제결혼을 통해서 부부와 자녀를 농촌에 정주시킴은 물론 인구감소를 막을 방도를 찾게 되었다.

그러나 이러한 정부의 노력에도 젊은이들은 결혼을 기피하고 있다. 왜냐하면 경기침체 및 직장불안정, 결혼가치관의 변화와 초혼연령의 상승, 자녀양육비 부담, 가정과 직장의 양립을 위한 사회적 인프라 부족, 여성의 자아욕구 및 사회참여 증대, 자녀효용가치 감소, 이혼 등 가족해체의 증대, 그리고 불임부부의 증대 등인 것으로 판단된다.[46] 결국 이러한 문제를 해결하기 위해서 정부는 다문화인들과의 결혼을 통한 자녀 출산의 활성화를 기대하고 있다.

둘째는 종교적 신앙합일의 결혼이다.[47] 종교적인 요소는 다양하다. 일례로 통일교의 합동결혼식을 통한 국내 거주자의 유입을 들 수 있다. 통일교의 교리에서는 교주 문선명은 참 아버지이다. 따라서 한국인과의 결혼은 아버지의 나라 백성이 되는 것이다. 통일교의 합동결혼식은 1960년부터 시작되었다. 교리적으로는 통일교는 합동결혼식을 하면 구원을 받고 자녀들도 원죄, 혈통죄, 연대죄, 자범죄가 없어진다고 주장하고 있다.[48]이러한 교리적인 요소를 적용하면서 시작된 합동결혼식을 통해서 수없이 많은 다문화인들이 한국 땅에 거주하게 된다.

셋째는 가족의 경제적 보조를 위한 결혼이다.[49] 다문화결혼의 배경에는 자국의 경제적 약자들이 자신의 가족을 위해서 고국을 떠나는 경우가 많다. 베트남이나 캄보디아에서 시집온 여성이민의 경우 한국 남성과의 결혼 대가로 일정액의 금액을 지참금처럼 지불하는 경우가 있다.

넷째는 한류와 관계가 있다. 한류의 열풍은 자존심이 강한 일본에서도 한국인을 보는 관점이 달라지게 했다. 30대 전반의 일본 여성들 사이에서 결혼 상대자로 한국 남성의 인기가 높아지고, NHK 여론조사에서는 응답자의 26%가 한류를 통해서 한국에 대한 이미지에 변화가 있었다는 등 한국의 국가적 이미지가 상승됐다.[50]

다섯째는 남아선호 사상으로 인한 불균형의 요소도 있다. 한국은 저출산, 출산연령의 고령화, 남녀성비 불균형으로 인해서 2012년에는 여성 100명당 124명의 남성으로 조사되었다.[51] 이러한 불균형 속에서 한국의 전통적인 종족보존 사고로 말미암아 국제결혼을 하기도 한다.

2) 취업을 통한 거주

한국에서의 취업은 주로 3D(Difficulty, Dirty, Danger) 라고 분류되는 직종에 근무하는 노동력을 말한다. 국제 노동력의 이동에 관한 이론으로는 배출-흡인 이론, 비용 - 편익 분석 등의 행위 이론과 사회체계이론, 노동 시장 분절 이론 등의 구조이론, 그리고 사회 연결망 이론, 사회적 자본 이론 등의 관계이론이 있다. 이 이론 가운데 행위 이론은 행위자의 주체성을 지나치게 강조하고, 구조 이론은 사회·세계 구조만을 강조하는 한계가 있다. 설동훈은 관계이론 가운데 사회적 자본 이론을 국제 노동력의 이동에 관한 이론으로 다룬다고 주장한다. 그는 "이주노동자라는 행위 주체자와 사회적 자본을 모두 사회 속에 자리매김함으로서 양자 간의 역동적 관계를 중시할 뿐만 아니라 행위 주체와 사회적 자본이 당시의 사회적 구조, 세계적 구조에 의해 영향을 주고받는다. 사회적 자본은 사람들 사이의 접촉 행위를 하나의 투자로 본다. 물질적 연결구조, 문화·이데올로기적 연결구조, 식민지 경험, 군사적 영향(군사주둔), 해외 투자등이 송출국과 유입국 사이에 다리역할을 한다.[52]"고 언급했다. 한국은 1992년을 기점으로 자본수출이 수입을 초과하기 시작하면서, 노동력 유입이 송출을 초과하기 시작하였다. 바꾸어 말하면 국제 분업구조에서 한국은 자본의 수입국에서 수출국으로 전환하면서 노동력의 송출국으로부터 수입국으로 전환하게 되었다.

한국에 외국인 노동자가 입국하게 된 것은 1980년대 후반부터였다. 그러나 1990년대에 들어서면서 이주노동자가 급증하게 되고 미등록 노동자의 숫자가 증가하자, 정부는 1991년에 법무부 훈령 제255호 '외국인 산업 기술 연수자증 발급 등에 관한 업무 처리 지침'을 제정하여 해외에 진출한 한국기업의 현지공장 외국인 노동자로서 한국의 모기업에서 연수시킨다는 취지로 연수제도를 시작하였다. 그러나 이 제도는 중소기업인의 인력난을 해소 시킬 수는 없었다. 정부는 1992년 3D 업종인 염색, 도금, 주·단조 등 10개 업종에 외국인 연수생 도입을 허용하였다.[53]

산업기술제도가 본격적으로 시작된 것은 1994년 1월 법무부 훈령 제294호 '외국인 상업 기술 연수 협력 사업 운용 요령'에 의해서였다. 이후 고용허가제 도입 논의가 1995년에 시작되었고, 2007년 1월 1일을 기해서 산업 연수제를 폐지하고, 외국인력 제도를 외국인 고용허가제로 일원화하여 실시하였다.[54] 이제 한국은 외국인 노동력이 없으면 중소기업은 생존의 위협을 받게 된다. 내국인들은 소위 3D 업종과 농촌 지역에서는 근무하지 않으려 하기 때문이다.[55]

3) 유학생이나 사업을 통한 거주

한국의 교육은 일정 부분에서 세계 최고의 위치에 있다. 예를 들면 IT나 의학 그리고 화학 부분이다. 따라서 동남아시아에서는 물론 서구에서도 국내 대학과 연구소에 유학을 오게 된다. 유학생 유치는 외국학생들의 자발적인 경우와 함께 국내 대학들의 외국인 학생 모집을 통해서다. 학령인구가 줄어든 대학에서는 해외 유학생 입학을 서두를 수밖에 없다. 입학생 충원율이 적은 대학들은 일치감치 해외에 눈을 돌려서 학생 모집을 독려하고 있다. 그러나 최근에는 코로나 19의 영향으로 유학생의 유입이 감소되고 있다.

전문적인 학술 영역 이외에도 한류 열풍과 함께 한국어를 배우기 위한 유학생도 많은 것을 볼 수 있다.

또한 일반 노동자들과는 다른 유형의 외국인 영어 교사들이 취업을 위해서 유입되고 있다. 이들은 대학이나 중 고등학교 그리고 학원 강사로 근무하면서 한국에 장 단기적으로 거주하고 있다.[56] 이들 외에도 한국에서의 사업을 위해서 거주하는 경우도 있다. 이들은 주로 서울의 서래마을 같은 곳이나, 이태원 같은 곳에서 거주하면서 생활을 하고 있다.

4) 불법 체류 거주

법무부에서의 강제 퇴거 집단의 대상은 불법 체류자이다. 불법 체류자의 성격은, 합법적으로 입국하여 정해진 체류기간을 초과한 자, 체류자격

이외의 활동을 한 자, 밀입국자 등 출입국관리법을 위반한 자들을 가리킨다. 그들은 강제퇴거 대상자로 분류되어 있다.

대부분의 불법 체류는 다양한 양상을 띠고 있다. 불법체류자들은 입국 초기에는 관광비자나, 세미나 참여, 유학 및 단기 어학 과정 등으로 합법적인 입국을 한다. 그러나 비자 기간이 지나 귀국해야할 시점에 잠적을 통해서 불법체류를 하게 된다. 이들 대부분은 산업체 현장이나, 여성일 경우 유흥업소 등에 취업함으로 법무부에서도 파악하기가 쉽지 않다. 그렇다고 할지라도 국제법은 인도적인 차원에서 기본적인 인권보장(긴급의료, 아동 교육권 등) 프로그램을 제공하고, 국내의 민간단체들에 의해서 고충을 상담하고, 산업재해 등 노동 상담 같은 사회복지 서비스를 제공하도록 되어 있다.[57]

5) 탈북자의 국내 유입

탈북이탈 주민은 북한주민들이 국경을 넘어 남한으로 이주한 자 중에서 북한에 주소, 직계가족, 배우자, 직장을 두고 있는 자로서 북한을 벗어난 후에, 외국의 국적을 취득하지 않고 남한에 체류하고 있는 자를 뜻한다. 초기에는 그들을 '귀순자', '귀순용사'로 했지만, 1997년 1월부터는 '북한 이탈자'로, 2005년 1월 부터는 '새터민' 2008년 11월부터는 '북한이탈주민'이라고 칭했다.[58]

북한 이탈자는 한국정부에 보호 요청시, 관계부처 간에 협의 후에 해외공관 또는 주재국 임시보호시설에 수용되고 이후 신원확인 후 주재국과 입국교섭 및 국내입국이 지원된다. 이후에 국가 기관인 국정원, 경찰청을 통한 합동신문을 거쳐서 하나원으로 신병이 인도된다. 하나원을 통해서 한국사회의 적응에 필요한 사회단체에 연결된다. 탈북 이탈주민은 1998년 이후 2021년 현재까지 꾸준하게 증가 되고 있다.[59]

탈북자 집단은 한국사회에 정착하는 과정에서 많은 어려움을 겪게 된다. 남한 사회의 배타적인 태도와 사회주의 체제와 민주주의 체제가 다른 데서 오는 갈등으로 인해서 좌절을 맛보고 있다. 따라서 탈북 이후에 한국 생활에 적응하지 못하고 재입북을 시도하기도 한다.[60]

2. 다문화의 국내 거류에 따른 문제들

다문화인의 국제결혼은 많은 문제들을 내포하고 있다. 결혼 대상자들이 농촌의 노총각이나, 도시에서의 하류층 남성들과의 결혼이나, 재혼을 통해서 유입된 경우로 말미암아, 초창기 기대와는 달리 경제적 기대의 상실, 의사소통의 어려움, 언어와 문화의 차이 극복의 문제, 자녀 출산과 양육의 문제, 부부갈등과 가정폭력, 사회적 지원체계 부족, 사회의 편견과 차별, 한국사회의 법과 제도에 대한 인식의 부재 등으로 고통을 받고 있다. 그들이 갖고 있는 문제를 간단히 살펴보고자 한다.

1) 노동현장의 문제

첫째는 법적 문제를 들 수 있다. 이는 불법체류의 문제이다.[61] 불법체류의 심각성을 다룬 기사가 국내의 언론에 게제된 것을 소개하고자 한다.

불법체류자는 신분의 불안으로 극도의 정신적 스트레스를 받고 있다. 베트남 출신인 불법체류자 웬반탄(30세. 2000년 입국) 씨가 경기도 파주의 한 공장에서 자살했다. 그가 쓰러져 있던 종이 박스 위에는 한글로 "미안해요(탕)"이라고 적혀 있었다. '탕'은 공장에서 그가 불리던 이름이다. 그가 숨지기 한 달 전쯤, 근무하던 공장에서 불법체류자 단속이 실시돼 함께 일하던 외국인 노동자들이 강제추방 당했다. 웬반탄의 사망 사건을 조사한 시민단체 서울외국인노동자센터의 레황탕 씨는 "웬반 탕은 단속에 걸릴까봐 항상 두려워했다"며 "베트남으로 돌아가 봐야 직장을 구할 수도 없다고 판단해 죽음을 선택한 것 같다"고 말했다.[62]

둘째는 근로기준법의 문제이다. 2006년 1월 1일부터 고용보험의 가입 여부는 사업자와 근로자가 '외국인 근로자의 고용등에 관한 법률' 개정에 의거하여 자율적으로 결정하도록 하였다. 그러나 외국인을 고용하고 있는 작업장은 대부분 영세하기 때문에 사업주들이 외국인 근로자를 위하여 고용보험에 가입하고 있지 않는 경우가 많다. 따라서 부당해고를 당했을 경우에라도 보험의 혜택을 받을 수 없다.[63]

셋째는 산재의 문제도 들 수 있다. 산재의 문제는 금전적으로 보상을 해준다고 해도 정신적인 요소와 아울러 종교적인 문제를 안게 된다. 일례로 산재로 인해서 손을 잃을 경우이다. 이슬람 문화권에서는 신체적 절단을 통해서 손을 잃어버린다는 것은 범죄자 취급을 받는다. 따라서 손가락 없이 본국으로 귀국을 한다 해도 평생을 범죄자처럼 살아야 하는 아픔이 있다. 또한 손은 화장지가 없는 이슬람권에서는 치명적으로 생활의 불편을 갖고 산다.[64]

넷째는 여성의 경우에, 성폭행의 문제이다.[65] 여성을 성적 대상물로 여긴 몰지각한 사업주와 종업원들에 의해서 성적 학대를 받아도 체류자격의 제한성과 불안정성으로 말미암아 은폐하거나 사적으로 처리함으로서 더욱 폐쇄적인 길을 걷게 된다. 그들은 어려움이 있어도 고국에서 인력송출 과정 속에서 진 채무의 부담, 고향으로의 송금 등의 경제적 요인으로 인해서 불안하고 불평등한 조건을 수용하면서 한국에 거주하게 된다.

2) 다문화결혼자 가정의 문제

최근에, 한국 남성의 동남아 및 외국여성과의 다문화결혼이 증가하면서 양적 증가추세와 함께 사회적 관심이 높아지고 있다. 다문화 가정의 문제점은 다음과 같다.

첫째는 인권침해적인 요소이다. 여성을 돈 주고 사왔다는 개념을 갖고 있는 남성으로 말미암아 다양한 면에서 인권이 유린되고 있다. 이로 말미암아 여러 사회문제 및 국가위상 저하는 물론 국제문제와 심각한 사회통합의 장애요인이 되고 있다.

둘째는 이주여성의 문화적응의 어려움이다. 결혼으로 인하여 새롭게 유입된 이주여성들은 기존 한국사회의 문화와 언어의 적응에 어려움을 겪고 있다.

셋째는 자녀들의 문제이다. 다문화결혼이주여성과 그 자녀들은 대인관계가 매우 소극적이다. 자신의 특성이 드러나는 것을 꺼려하고, 학교수업에도 적극적으로 참여하지 않으며, 학업능력도 상대적으로 낮다. 자녀의 언어학습, 정체성 형성, 대인관계 형성의 과정이 일반 아동들에 비하여 많은 문제점을 나타내고 있다. 정부와 학교의 준비부족과 한국어나 사회제도 등을 제대로 적응하지 못한 어머니의 영향으로 인하여 문제가 더욱 심각해지고 있다. 결혼 이민 여성 자녀들이 학교나 또래 집단으로 부터 따돌림을 당한 경우가 있다. 박지영이 길강묵의 자료를 통해서 언급한 경우를 보면 따돌림을 경험한 경우가 17.6%인 것으로 조사가 되었다. 이때에 자녀가 따돌림을 당하는 이유는 '엄마가 외국인이라서가 34.1%, 의사소통이 불가능함으로가 20.7%, 태도와 행동이 달라서가 13.4%로 나타났다.[66]

이러한 문제점이 지속적으로 나타난다면 다문화사회에서 새로운 소외계층이 형성될 수 있으며, 사회양극화의 또 다른 현상으로 나타날 수 있다. 특히 2세들이 겪고 있는 문제는 성장과정에서 발생하는 격차가 누적되어 더 큰 사회문제를 유발할 수 있다. 따라서 새롭게 유입되는 이주여성과 그 자녀의 수가 점점 빠르게 증가하는 상황에서 본격적인 다문화 사회를 대비한 통합적 교육대책이 마련되어야 한다.

넷째는 다문화가족의 문제 중에서 경제적 어려움을 빼 놓을 수 없다. 박지영의 글에 의하면 "다문화 가족 중 최저생계비 이하인 저소득층이 전체 다문화 가족의 52.9%를 차지(법무부, 2007)할 정도로 심각하다" 이는 단순한 빈곤의 문제가 아니라 생활의 안정을 기대하고 다문화결혼을 결정한 결혼이주여성들에게는 심리적인 안정을 위협하는 문제가 되기도 한다.[67]

다섯째는 다문화가정들에서는 정서적인 문제도 발생된다는 점이다. 이는 부부관계, 가족관계, 지역사회의 편견 등으로 인해서 심한 우울증에 시달리기도 한다. 다문화결혼 이민여성들 중에서 가족으로부터 경험한 폭력이 언어폭력 31%, 신체적 폭력 26.5%, 성적 학대 23.1%, 여러 형태의

위협이 18.4%인 것으로 조사되었다.[68]

이상에 언급한 것 외에도 다문화 적응에서 오는 많은 문제점이 있다.

3) 종교적인 문제

종교의 한자어는 宗(종: 마루 종) 敎(교: 가르칠 교)이다. 이에 대한 뜻은 교육 가운데 최고의 위치를 뜻한다. 즉 맨 위에 있는 위치에 존재한다는 의미를 갖고 있다. 서양에서는 종교를 religion이라고 한다. 로마시대에 사용되어진 종교의 뜻인 'religio' 는 두 가지의 이론이 있다. 첫째는, 로마 철학자 키케로(Cicero, BC. 106-43)의 견해로서 re-legere는 '다시 읽는다', '삼가 경의를 표한다'는 표시로서 종교적으로 초월자에 대한 경의를 표한다. 둘째는, 기독교 학자인 락틴티우스(Lactantius, AD. 260-340)의 견해인 re-ligare는 '다시 묶는다' '다시 결합한다' 신과 인간과의 관계 속에서 죄로 끊어진 관계를 재결합한다고 정의하였다.[69]

다문화들의 국내 유입이 증대 되면서 문제가 될 수 있는 부분이 종교적인 갈등이다. 동남아권 유입자들을 통해서는 샤머니즘과 도교 그리고 불교가 유입되며 무슬림권에서는 이슬람교의 신앙을 갖고 있다.

종교학자인 말리노브스키는 트로브리안 군도에서 현존하는 원시인들의 종교의식을 연구하였다. 즉 임신, 출산, 결혼, 죽음 등의 인생의 위기에서 실시되는 종교의식은 사회통합적 기능을 수행한다고 보았다. 그들은 자신들의 전통적 가치를 성스러운 것으로 제시하고, 그 가치를 새로운 시대에 사는 자손들에게 계속적으로 심어주기 때문에 종교가 사회체제의 유지와 통합에 큰 기여를 한다고 주장하였다.[70] 다문화인들의 유입은 그들이 가진 전통종교를 거주지역인 이 땅에 확산 시키려는 의지가 있음을 알아야 하겠다. 결국 국내의 기독교인들과는 생활과정에 많은 충돌을 가져 올 것으로 예상해 볼 수 있다.

3. 다문화 국내 거주자를 위한 선교전략

예수님은 자신이 가난한 자들을 위해서 이 땅에 초림하셨다는 메시지를 가장 먼저 선포하셨다. 그분의 제자로서의 삶을 살아간다는 우리들은 이들을 외면해서는 안 된다. 따라서 몇 가지로 선교전략을 제시하고자 한다.

1) 세계관의 변화 유도를 통한 복음의 수용

세계관이란 "세상을 보는 창"이라고 말할 수 있으며, 세계관은 마치 안경처럼 우리의 몸에 밀착되어 있다. 철학이란 의도적이고 의지적으로 고수하려고 하는 그 무인 반면에 세계관은 비의도적이고 비 의지적으로 자연스럽게 형성된 것이며 전이론(前理論)적이다.[71] 따라서 이러한 무의식적으로 습득된 것이기 때문에 자신의 세계관을 상대화하지 못하고 절대화함으로서 만약 선교사가 타 문화권에 가서 사역을 할 때에는 많은 충격을 가지게 된다.

타락한 인간은(창 3장) 이성(理性)을 진리 판단의 기준으로 삼는 경향이 있다. 이성(理性)은 경험한 것을 합리화 시켜서 하나의 틀을 만들고, 이 틀 안에 들어오지 않는 것을 받아들이지 않는 속성을 갖고 있다(롬 3:11-18). 그리고 이러한 세계관의 형성은 다음과 같이 형성된다. 즉 세계라는 실재(Reality)에 대한 지도를 그리는 과정이다. 어린이는 부족한 이성(理性)과 부족한 경험으로 말미암아 개방적인 요소를 갖고 있다. 그러나 어른들은 경험과 이성(理性)의 합리화로 패쇄적 이고 수용성이 부족하여 개방적이라 기보다는 튕겨져 나오는 특성이 있다.[72]

한국에 거주하는 외국인들은 다양한 세계관을 지닌 가운데 한국에서의 문화적응을 하고 있다. 특히 동남아시아의 불교권이나 힌두교 권에서 온 외국인은 업보(業報)[73]의 개념이나 '삼야신(samnyasin)'[74]을 갖고 있다. 그리고 이슬람권에서 온 사람들은 코란을 신앙의 중심에 놓고 살아가고 있다.

우리는 각자 다른 세계관을 지니고 있는 그들에게 선교의 방법을 찾아야 할 사명을 갖고 있다. 선교의 본질은 어떤 세계관을 가진 사람이든지 그 틀을 변형시키는 작업이 곧 선교이다. 따라서 세계관의 변화를 만드는 노력 가운데에 필요한 것들을 살펴보자.

첫째는 타락한 인간을 향한 총체적 회복자가 그리스도이심을 인식시키는 작업이 선행되어야 한다. 우리는 그리스도 예수를 통해서 사죄의 확신과 함께 새생명을 얻게 되고. 이를 통해서 세상이 줄 수 없는 기쁨과 평안을 얻게 됨으로 말미암아 세상을 성공적으로 살아 갈 수 있는 능력의 축복을 받게 된다.[75]

둘째는 내적 치유를 통한 변화를 가져 오도록 해야 한다. 인간의 자아 중심주의를 통한 방법이 아닌 "하나님이 누구시냐"에 대한 통찰, 분명한 깨달음을 통해서 믿음으로 은혜를 체험함을 통한 자연적인 치유가 일어나야 한다. 즉 "치유"를 방해하는 쓴 뿌리, 상처(히 12:15) 등을 전능하신 하나님을 의지함으로 치유되는 것은 세계관의 변화 요인이라고 볼 수 있다.

셋째는 제자화를 통한 세계관의 변화를 가져오도록 해야 한다. 성경에서 제자화의 필요성을 강조한 구절은 수없이 많지만 대표적으로 마태복음 28장 18-20절이다. 이는 예수님의 지상생활을 마감하면서 우리에게 주시는 중심 메시지이기도 하다. 제자화란 성경적 지식이나, 성구를 외우는 프로그램이 아닌 예수님의 삶의 모습을 오늘날 전도의 현장에서 실제화 하는 작업이다. 즉 성경적 지식의 축척이 아니라 복음의 실용화의 현장을 통해서 신앙의 체질이 개선되는 작업이라고 볼 수 있다.

2) 포괄적 다문화의 상호이해

세계관이 문화의 중심부에 있다고 하면 문화는 세계관을 감싸고 있는 포괄적인 요소이다. 폴 히버트(Paul Hibert)는 문화에 대해서 "한 사회에서 습득된 행동과 사고의 양식들과 한 사회에 특징적인 생산품들의 종합적 시스템이다."라고 하면서 다음과 같은 요소가 있다고 하였다. 즉 문화는 정형화된 행동(patterered behavior)이며, 습득되어진 것(learned)이며, 종합적 시스템(integrated system)이며, 사고들(ideas)이며, 생산품들(예술품들)이며, 한 사회의 특징적인 요소임을 말했다. 아울러 문화란 인식적 차원, 감정적 차원 그리고 평가적 차원이 있다고 하였다.[76]

한국에 거주하는 이주민들이야 말로 오랫동안 자신의 문화권에서 생활한 나머지 사회체계와 문화 체계가 우리와는 완전히 다른 세계에서 살았다. 삶 속에서 사회체계와 문화체계는 공생관계를 이루고 있다. 둘 가운데 어느 하나가 부재하면 다른 하나도 성립될 수 없다. 일반적으로 사회

체계는 사회적 행동의 경향들이다. 문화체계는 그 행동을 해석한다. 사회는 문화를 형성하며, 또한 문화는 사회를 형성한다.

결국, 이들 다문화 이주민의 근본적인 문제는 적응의 문제이다. 자신의 지금껏 살았던 장소를 떠나서 새로운 환경에 적응하는 것은 많은 어려움이 따른다. 따라서 이들을 향한 우리의 자세는 그들을 대할 때에 배타적인 관점이 아닌 포괄적 문화 이해의 접근 방법이 필요하다.

포괄적인 문화이해를 위해서 첫째로, 문화 센타 운영을 통한 문화 이해 강좌를 개설하는 것이 유효하다. 둘째로 생각해 볼 수 있는 것은 다문화 이해를 돕기 위한 내국인에 대한 교육이 필요하다. 한국인들은 단일문화 속에서 성장하였다. 따라서 21세기의 다문화 시대를 위해서는 자신의 생각과 문화관을 교정해야할 필요가 있다. 즉 지구촌은 이미 다문화 속에서의 삶이 보편화 되었다는 것이다. 대부분 한국인은 이주민들로 하여금 한국문화와 역사를 수용하도록 강요내지 교육을 하고 있다. 그러나 본질적으로는 그들의 문화와 역사 그리고 삶을 이해하는 상호주의적 커뮤니케이션이 중요하다. 만약 예수님이 이 땅에 도성인신을 통해서 진정한 커뮤니케이션의 중요성을 일깨워 주지 않았다면 하나님과 인간간의 소통을 불가능하였을 것이다.

이러한 이론의 뒷받침은 손병돈의 "여성결혼 이민자의 한국사회 적응 결정요인" 속에서 언급되었다. 그의 조사 연구에 의하면 여성결혼 이민자의 삶의 만족도에 주는 주요한 변수는 여성결혼 이민자 가족 등 주변 인물들이 국내 유입자의 문화를 이해하려 노력하는 정도에 따라서 결혼 만족이 높게 나타남을 언급하였다.[77]

우리의 문화와 역사가 다른 자들과 하나의 신앙공동체를 이루기 위해서는 그들이 지닌 다양한 문화적, 역사적 배경과 세계관을 이해하여 그들과 의사소통을 해야 하고 신앙공동체를 이룰 수 있도록 해야 한다. 또 이주 노동자들과의 만남에는 예측 불가능한 일이 많기 때문에 성령의 사역에 열려 있어야 한다.[78]

세 번째는 국내 유입된 거류자들로 하여금 자국의 문화유입을 시도하도록 하는 것이다. 즉 그들의 도서, 영화, 음악, 예술공연 등이다. 그러나 이들의 노력이 한국에 자신들의 종교를 심어나가는 역선교[79] 가 나타나지 않도록 조심해야 할 것이다.

3) 다문화 이주자 복지를 통한 가정복음화

포괄적인 다문화 이해를 통해서 한국거주자들의 마음의 문을 열게 만든 이후에는 복지를 통해서 예수님이 그들의 삶에 들어가도록 만들어 나가는 것이 중요하다.

황흥렬은 "이주 노동자들에게는 감동을 주는 선교가 되어야 한다."[80] 고 말했다. 즉 한국의 기독교인들이 자신의 물질이나 시간을 희생하고, 가난 속에서도 헌신하는 모습을 보여줌으로서 '주는 자', '가르치는 자', '통제하는 자'가 아닌 친구로서 그들에게 다가갈 때에 그들이 감동을 받고 마음의 문을 열 것이다. 물질이 아닌 하나님의 사랑이 그들의 마음을 돌려놓을 것이다.

본질적으로 이들에 대한 선교전략은 전인구원의 방법이 필요하다. 이는 단편적인 부분에서의 접근이 아닌 종합적인 차원에서의 선교전략을 의미하는 것이다. 참고로 전인구원이란 영혼만이 구원을 받는 개념이 아닌 육신의 구원도 필요하다는 것이다. 국내 거주 다문화인을 위해서 해야 할 복지 부분을 다음과 같이 정리해 보겠다.

첫째는 한글학교 운영을 통한 적응력 향상이 필요하다. 정부에서는 이미 수준별 한국어 교육이 전문 강사에 의해서 체계적으로 실시되어 거주 외국인을 위해서 교육을 실시하고 있다.[81] 그리고 국내 몇 개 대학들을 통해서 외국인을 위한 한글교육 전문 강사를 양성하는 프로그램도 실시하고 있다.[82] 그러나 한글학교의 목적은 한글을 읽고 쓸 수 있도록 하는 것 이상이 되어야 한다. 즉 의사소통의 수단뿐만이 아니라 자신의 문화를 알리고, 자신의 의견을 말하고 주장할 수 있는 중요한 사회적 수단으로 활용할 수 있도록 지원하는 것이 필요하다.[83]

두 번째는 자녀교육의 지원전략이 필요하다. 다문화 이주 결혼 가정 자녀의 고단한 삶을 보여주는 자료가 있다. 국제결혼 가정 자녀는 10명 중 1명꼴로 초등학교에 진학하지 않거나 중퇴했으며, 중학교 미진학 및 중퇴자는 10명 중 2명 정도인 것으로 추측된다.

세 번째는 경제적 자립을 위한 기술교육을 시켜 주어야 한다. 경제적 자립은 삶의 기본 요소이다. 그리고 의식주를 위해서는 반드시 풀어야 할 과제이다. 따라서 경제적인 자립을 위해서 직업을 가질 수 있도록 교육하는 것이 필요하다. 선교 역사적 인물 가운데 월터 라우쉔부쉬(Walter Rauschenbusch)[84]가 있다. 그는 1910년대 뉴욕에서 사역하였던 인물로서 당시대에 독일의 뉴욕 이민자들을 대상으로 기술교육을 시켜서 사회에 정착하게 만든 사역을 감당했던 교회사 교수였다. 그를 통해서 사회복음이 이 땅에 태동하게 된 계기가 되었다.

네 번째는 가정단위의 복음화이다. 가정은 하나님이 인간에게 허락하신 가장 아름다운 제도 중의 하나로서 남자와 여자는 결혼이라는 절차를 통해서 가정을 이룬다. 가정은 인류가 경험한 최초의 공동체요, 또한 최소의 공동체로서 사회와 국가 그리고 교회 등, 모든 공동체의 기초가 된다. 따라서 가정이 건강하면 사회가 건강해지며 가정이 병들면 사회도 병이 든다.[85] 물론 다문화결혼이주민들 개인의 복음화도 쉽지 않지만 가정 단위의 복음화는 시급한 교회의 일이다. 가정이 복음화 되지 않는 상황에서의 사회복지는 항상 한계에 부딪칠 수밖에 없을 것이다. 최근 다문화가족교회의 출석 사항을 살펴보면 부부가 함께 출석하여 신앙생활을 하는 모습을 많이 볼 수 있다. 바람직한 일이라고 평가하고 싶다.

4) 사이버 활용의 교육과 네트웍 형성을 통한 위기대처

사이버는 제한된 공간을 최대 활용할 수 있는 곳이다. 국내 거주 노동자나 이주민들은 사회적 환경으로 인해서 자유로운 왕래가 힘들다. 따라서 1차로 사이버를 통한 커뮤니케이션은 국내 거주를 보다 안정적으로 만들어줄 것이다.

오늘날 우리 사회는 전자 문화로 인하여 매우 빠르게 변화되고 있다. 이 문화는 다양한 영역에서 우리 사회의 변화를 가져왔다. 이는 커뮤니케이션의 형태에 변화를 주었고, 산업사회에서 정보화 사회로 변화를 가져오게 되었다. 그리고 멀티미디어 사회와 정보 기술의 창조를 만들어 내었다. 컴퓨터, 인터넷, 사이버 공간, 월드 와이드 웹(the World Wide Web), 가상현실(Virtual Reality), 기술의 혁명 등 이 모두는 전자 문화와 연결되어 깊은 관계를 맺고 있다.[86]

미첼 스래터(Michael Slaughter)는 이런 전자 미디어를 통해온 전자 문화를 구텐베르그의 인쇄술의 발견으로 16세기-17세기의 개혁과 같이 21세기 "개혁"으로 역설했다.[87] 사이버 시대로 말미암아 커뮤니케이션이 활발한 이때에 우리는 사이버 영역을 선교의 영역으로 인식해야 한다.[88]

첫째는 사이버를 활용하여 정보제공 및 상담이 필요하다. 한국은 컴퓨터 네트웍킹이 잘된 나라 가운데 하나다. 따라서 컴퓨터의 네트워킹을 통한 정보교환 및 신앙의 나눔이 사이버상에서 이루어져야 한다. 또한 사이버 교육 강좌가 필요하다. 특히 선교적인 관점에서 그들에게는 기독교교육을 하여야 한다. 이들에게 실시될 교육은 한글을 포함한 의사소통과 문화이해, 상호존중의 교육, 사회적응강좌와 함께 반드시 삶을 풍요하게 만드는 복음의 제시 등이다. 특히 문화를 교육 할 때는 일방적인 우리의 문화만 주입하는 교육이 아닌 그들의 문화와 사회를 재해석하여 판단토록 하는 교육이 필요하다.

둘째는 네트워크 형성을 통해서 위기대처 능력의 향상을 가져와야 하겠다. 네크워크의 필요성에 대해서 거류민을 위한 사역자들을 중심으로 많이 논의 되어 왔다. 기독교 단체의 국제적인 네트워크를 열거해보면 다음과 같다.

1997년 세계교회협의회가 이주노동자, 난민, 국내 강제 이주자를 포함하는 '떠도는 이들과 연대하는 해'를 선포하면서 대응 방식도 다양화 하였다. 즉 교회간의 연대, 각국 교회협의회 간, 양자 간 혹은 다자간 협의회로 발전하였다. 일례로 한국-필리핀 교회협의회 간 정기 협의회에서 이주노동자 문제가 공통관심사로 제기된 것을 들 수 있다.[89]

참고로 교회가 관장하고 있는 다양한 네트워크를 소개하면 다음과 같다. 이주민을 위한 교회의 활동으로서 아시아교회협의회의 활동(Christian Conference of Asia)은 이주노동자, 난민 및 국내 강제 이주민을 위한 프로그램(Migrant Workers, Refugees and Internally Displaced Communities in Asia, MRIA)를 운영하고 있다.[90]

또한 아시아 및 국제 민간단체들 간의 연대활동이 나타났다. 즉 아시아 이주민포럼(Migrant Forum in Asia: MFA), 국제 이주에 관한 아시아 파트너십(Asia Partnership on International Migration: APIM), 여성과 국제 이주에 관한 아시아 네트워크(Aian Network on Women and International Migration: ANWIM), AIDS 및 이동에 관한 조사 연구 네트워크(Coordination of Action Research on AIDS and Mobility - Asia: CARAM_Asia), Global Alliance Against Traffic Women: GAATW) 등의 활동 네트워크 등이 있다.[91]

5) 구심력을 통한 원심력의 선교

구심력의 선교(Centripetal Mission)개념이란 타락한 인간을 구원하실 하나님의 선교의 방법으로서 자기 백성 이스라엘의 선택을 통한 열방에의 복음증거를 말한다. 창세기를 통해서 하나님의 선교의 의도를 보면 창세기 12장 이전까지의 사건 속에서 온 세상에 대한 하나님의 주권적, 보편적인 지배, 즉 보편주의(Universaliem)를 기초로 하여 다루어 왔으나, 12장은 아브라함의 소명 사건을 계기로 특수주의(Particularism)로 전환되며, 이러한 하나님의 태도는 보편주의 속에서는 하나님의 전 세계를 향한 선교의 목적에 관계되어 있으나, 특수주의는 하나님께서 그러한 목적을 성취하는 방법과 연관을 갖고 있는 것이다.[92] 이와 같은 특수주의를 요하네스 브라우는 말하기를 "하나님의 구원과 하나님에 대한 예배가 하나의 특정 민족에게 국한되어 있다는 의미에서 구약성경은 특수주의라는 점에서 의심할 여지가 없다. 그러나 이 특수주의야 말로 하나님께서 온 세상을 구원하시려는 보편적인 목적을 위한 도구이다"[93]라고 설명하고 있다.

아무튼 창세기 12장은 하나님께서 아브라함을 불러내어 그에게 책임을 맡긴 것은 인간에 대한 하나님의 태도에 있어서 일대 전환점을 이루고 계심을 볼 수 있다.[94] 열방 중에서 행하시는 하나님의 선교의 정신이 이제 나타나며 이는 하나님께서 온 세계를 다스리시기 위하여 한 민족, 이스라엘을 다스린다. "너로 인해 땅의 모든 족속이 복을 받을 것"이라는 약속이 아브라함에게 두 번(창12:3, 22:18) 주어졌다. 아브라함의 선택이 가져온 의미에 대해서 살펴보면 다음과 같다. 즉 첫째는 큰 나라 둘째는 이름 창대, 셋째는 복의 근원이 됨이다.

이스라엘 백성의 선택을 통해서 얻고자 한 것은 이스라엘 백성들이 특별한 방법으로 하나님을 섬기고 그의 영광과 주 되심을 세상에 나타내게 하려고 그들을 만민으로부터 구별한 것이다. 이를 다른 말로 표현하면 이스라엘 백성에 대한 하나님의 요구는 그들이 선교적 존재(Missionary existence)로서 살아감을 원칙으로 하고 있다는 것이다.[95]

결국 구약성경을 통해서 본 이스라엘의 위치는 구심력의 정점이었다. 여호와 하나님은 그의 백성 이스라엘을 통해서 말씀을 수령하고 보존하게 하였을 뿐만 아니라, 인류의 구원자를 그의 백성 이스라엘을 통해서 세상에 내어 보내셨다.

그러나 선택은 곧 책임을 수반한다. 이는 곧 열방에게 살아계신 하나님께서 인류를 통치하시고 구원하시기를 원하심을 알리는 선교적 삶을 살

것을 요구하신 것이다. 그러나 이스라엘은 자민족중심주의[96]에 빠짐으로 말미암아 이를 성실하게 수행하지 못했다.

구약이 구심력의 선교였다면 신약의 선교는 원심력의 선교(Centrifugal Mission)이다. 이는 초림하신 주님을 통해서 하나님나라를 시작하심이다. 이 나라의 성취를 위해서 초대교회는 바울을 비롯한 제자들을 통해서 열방에 나아가는 선교를 감당했음을 보게 된다. 초대교회로부터 현대에 이르기까지 제자들을 통해서 "지리적, 정치적, 문화적 경계를 넘어서 하나님을 알지 못하는 사람들에게 그리스도의 복음을 증거하여 제자화의 삶"[97]을 살도록 만들었다.

한국의 경제적 위상의 증대로 말미암아 많은 외국인들이 코리안 드림을 안고 한국을 찾아왔다. 구심력적인 관점의 선교로서는 우리가 이러한 호기를 잘 활용하는 지혜가 있어야 하겠다. 사실 선교사 한 사람을 파송하기 위해서는 선교사의 선발, 훈련, 파송, 사역비의 송금, 안식년 비용, 자녀 교육 문제 등 많은 비용과 노력이 필요하다. 그러나 외국인들은 이미 우리 곁에서 복음을 기다리고 있다. 이제, 단순히 그들에게 복음을 증거할 뿐만 아니라 그들을 제자화 하여 선교의 동역자로 만들어야 한다. 한걸음 더 나아가 동역자에서 선교의 지도자로서 훈련시켜서 국내에 거주하는 그들의 종족들에 대한 사역뿐만이 아니라 자국에 돌아가서 교회의 지도력을 발휘하도록 전략을 가져야 하겠다.

누구나 자신이 태어나서 자란 삶의 자리를 떠난다는 것은 참으로 슬픈 일이다. 따라서 다문화인의 아픔은 누구도 채워 줄 수 없다. 교회의 역할이 선교적 존재로서의 기구라면 우리는 그들을 외면만은 할 수 없다. 이

글을 통해서 우리 땅에 같이 숨 쉬고 있는 다문화인들의 상황을 살펴보고 이들의 신음에 대한 응답들을 제시하였다. 중간시대의 유대디아스포라의 아픔이 지중해 연안에 녹아 있듯이 오늘도 교회 밖에서 그들이 아픔을 호소하고 있다.

손을 내민 그들을 향해서 무엇을 줄 수 있는가? 그것은 본질적으로 예수 그리스도의 핵심 메시지인 생명의 복음이다. 그리고 이 복음은 십자가의 사건을 통해서 우리에게 보여 주신 것이다. 이 십자가는 공여자와 수신자의 관계가 아니라 지구촌을 함께 공유하는 공동체 속에서의 나눔이다.

5,000년의 역사 속에서 지금처럼 한국 속에서 함께 호흡하고 있는 외국인이 많았던 적이 있었던가? 이들의 세계관을 교정시켜야 한다. 더불어 비평적 상황화를 통해서 문화적응과 함께 복지를 통해서 닫힌 마음의 문을 열게 해야 한다. 그리고 그들을 복음으로 무장시켜 다시 자신의 나라로 되돌려 보내야 한다. 이와 같은 복음의 순환 구조를 통해서 선교의 역사를 이어가야 한다.

40) 김미선, "아시아 이주민 현황과 교회의 응답" 『외국인 노동자 선교와 신학』 (서울: 한들출판사, 2000), 103.

41) 김미선, "아시아 이주민 현황과 교회의 응답" 『외국인 노동자 선교와 신학』 103.

42) 김옥녀 숙명여자대학교 교수는 우리나라에서는 '다문화'를 '다문화 가족'이나 '다문화인' 등 특정한 부류나 집단을 지칭하는 용어로 사용하고 있다. 따라서 필자는 다문화인, 다문화 아동 등을 다문화라고 통칭하고자 한다. https://www.bokjitimes.com/news/articleView.html?idxno=31015 "다문화 가족, 진정한 의미의 '사회통합' 이루자" 2022년 7월 4일.

43) 김범수, "다문화사회와 사회복지" 성결대학교에서 열린 2010년 한국임상사회사업학회·성결대복지발전연구소 추계공동학술대회 발표 논문, 2010년 11월 5일(미간행 본).

44) 오현선은 그의 글 '한국사회 여성 이주민의 삶의 자리와 기독교교육적 응답'이라는 글에서 이주여성의 결혼을 국제결혼이라는 표현을 수정해야 함을 강조 하였다. 그는 국가 간의 이주가 매우 활발하게 진행 되면서 개인을 국적으로 제한하기 보다는 각 개인이 지니고 있는 고유의 문화적 특성이나 인종적 특성을 고려한 문화간(Inter-cultural marriage)으로 표현하였다. 필자도 이에 동의한다. 오현선 "한국사회 여성 이주민의 삶의 자리와 기독교교육적 응답" 『기독교교육 논총』 제15집 (2007): 251.

45) Gwi Sam Cho, "Missiological Education to Overcome the Conflict of Civilization: Multi-Cultural Immigrant Women Married to Koreans" *Journal of Christian Education & Information Technology*, Vol 20 (October 2011): 144.

46) https://www.dbpia.co.kr/Journal/articleDetail?nodeId=NODE00756954 "최근 한국사회의 출산율 변화원인과 향후" 2022년 1월 6일.

47) Gwi Sam Cho, "Missiological Education to Overcome the Conflict of Civilization: Multi-Cultural Immigrant Women Married to Koreans", 145.

48) http://daum.net/qna/view.html?category/ 2011년 5월 13일.

49) Gwi Sam Cho, "Missiological Education to Overcome the Conflict of Civilization: Multi-Cultural Immigrant Women Married to Koreans", 146.

50) 조귀삼, 『전략이 있는 선교』 (안양: 세계로미디어, 2014), 80.

51) 김범수, "다문화사회와 사회복지"

52) 설동훈, 『외국인 노동자와 한국사회』 (서울: 서울대학교출판부, 2001), 37-50.

53) 황흥렬, "고용 허가제 이후 이주 노동자 선교의 과제와 전망" 『선교와 신학』 21집 (2008): 231.

54) 황흥렬, "고용 허가제 이후 이주 노동자 선교의 과제와 전망", 233.

55) 최근 자료에 의한 국내 외국인들의 산업체 근무는 다음과 같다. 국내 57,297개의 사업장에 160,765명이 근무하고 있다. https://www.index.go.kr/potal/main/EachDtlPageDetail.do?idx_cd=1501 "고용허가제 고용동향" 2022년 1월 6일.

56) 필자가 속한 한세대학교만 보더라도 2015년에 17명의 외국인 교수가 영어 등을 가르치고 있다. 이는 전체 교수의 20% 이상을 차지한다.

57) 설동훈, "한국의 이민자 사회통합의 정책과제", 37-50.

58) 김안나, "현행 이민자 복지정책에 대한 평가 및 개선과제" 국회헌정기념관대강당에서 열린 '함께 사는 세상, 이민자 복지와 사회통합의 길'의 발표 논문, 2012년 8월 23일(미간행물)

59) 2021년 현재 탈북민은 총 33,800명이다. 이들중 남자는 9,464명이며 여성은 24,336명이다. https://www.unikorea.go.kr/unikorea/business/NKDefectorsPolicy/status/lately/ "통일부 탈북주민 현황" 2022. 1.6.

60) 2022년 1월 3일 통일부에 따르면 2010년부터 지난해까지 재입북한 탈북민은 총 30명이다. 연도별로는 2012년 7명, 2013년 7명, 2014년 3명, 2015년 3명, 2016년 4명, 2017년 4명, 2019년 1명, 2020년 1명 등이다. 그러나 이는 북한 매체 보도나 추가 조사 등을 통해 확인된 수치여서 실제로는 이보다 더 많을 것으로 보인다. https://m.khan.co.kr/politics/north-korea/article/ "철책 월북자는 탈북민…2010년 이후 재입북자 30명으로 파악돼" 2022년 1월 6일.

61) 2002년 27만명에 이르던 불법체류자 수는 2003년 15만명으로 줄었다가 2006년 21만명, 2007년 22만명, 올해 초 23만명으로 늘어나는 추세다. 현재 불법체류자 중에는 2004년 8월 이전 시행됐던 산업연수제도에 따라 입국한 사람들이 8만2000명, 관광비자 등으로 입국했다가 불법체류자가 된 사람이 8만6000명이다. http://news.chosun.com/site/data/html_dir/2008/07/09/2008070900048.html

62) http://news.chosun.com/site/data/html_dir/2008/07/09/2008070900048.html

63) 김해성, "외국 이주민 실태와 이주민 정책에 대한 제안" 『경기도 다문화가족 지원과 지역 네트워크 구축 전략』 (경기: 평택대학교 다문화 가족센타, 2008), 61.

64) 김해성, "외국 이주민 실태와 이주민 정책에 대한 제안", 60.

65) 오현선 "한국사회 여성 이주민의 삶의 자리와 기독교교육적 응답", 255.

66) 박지영, "다문화가족 인권의 실제와 우리의 대안적 선택" 『경기도 다문화가족 지원과 지역 네트워크 구축 전략』 (경기: 평택대학교 다문화 가족센타, 2008), 85.

67) 박지영, "다문화가족 인권의 실제와 우리의 대안적 선택", 85.

68) 박지영, "다문화가족 인권의 실제와 우리의 대안적 선택", 85.

69) 최정만, 『비교종교학 개론』 (서울: 이레서원, 2003), 31-32.

70) Bronislaw Maalinowski, *Magic, Science and Religion*(Garden City, NY: Doubleday, 1954), 37-41, 최정만, 『비교종교학 개론』 38 재인용.

71) 안점식, 『세계관을 분별하라』 (서울: 죠이선교회출판부, 1998), 17-18.

72) 안점식, 『세계관을 분별하라』 21-44

73) 이 용어는 산스크리트 언어로 '카르마(Karma)'라고 부른다. 즉 좋은 업을 쌓으면 좋은 곳에서 태어나고 나쁜 업을 쌓으면 나쁜 곳에서 태어난다는 것이다. 이는 삶에 있어서 선을 쌓을 것을 주창하고 있는 이론이다. 안점식, 『세계관을 분별하라』 20-21

74) 이 용어의 뜻은 '모든 것을 포기 한다'는 의미를 갖고 있다. 따라서 구도의 과정 속에서 걸식하는 것은 비난이 아니라 존경의 대상이 되는 이론이다. 안점식, 『세계관을 분별하라』 22.

75) Bill Bright, *Ten Basic Steps Toward Christian Matulity and the Handbook Christian Maturity*, (California: Campus Crusare for Christ, 1989), 24-64.

76) 폴히버트는 문화의 인식적 차원은 지식, 정보, 논리, 지혜가 없으면 의사소통이 불가능한 것으로 보았고, 문화의 정서적 차원은 미적 감각, 성난 표현을 통한 것(문화 집단에 따라서 정서적 차이가 다르다고 보았고, 문화의 평가적 차원은 그 문화가 갖고 있는 가치 평가에 따라서 좌우된다고 보았다. 폴 히버트, 『선교와 문화 인류학』 김동화 외 3인 역 (서울: 죠이선교회출판부, 2001), 40-48.

77) 손병동, "여성 이민자의 한국사회 적응 결정요인: 삶의 만족도를 중심으로" 『경기도 다문화 가족 지원과 지역 네트워크 구축전략』 (경기: 평택대학교 다문화 가족센터, 2008), 49.

78) 로저 그린웨이. "도시선교 사역에로의 여정", 『선교와 신학』 제 10집 (2002) 120-141.

79) 필자가 말한 '역 선교'의 용어는 이슬람 선교사들이 한국을 이슬람종교화 하기 위해서 교회나 사회 각층에 침투해 들어오는 것을 나타내는 말이다.

80) 황흥렬, "고용 허가제 이후 노동자 선교의 전망과 과제", 235.

81) 정미자, 강정복, "여성결혼이민자의 삶의 만족도를 중심으로 한 한국사회 적응 결정오인 토론문" 『경기도 다문화가족 지원과 지역 네트워크 구축 전략』 (경기: 평택대학교 다문화 가족센타, 2008), 138.

82) 예를 들면 숙명여대, 경기대 성결대학 등을 들 수 있다.

83) 박지영, "다문화가족 인권의 실제와 우리의 대안적 선택", 90.

84) 라우쉔 부쉬(1861-1918)는 독일계 이주민의 경건주의적인 부모사이에서 1861년 뉴욕의 로체스터에서 태어났다. 1886년 로체스터신학교를 졸업하고 1886-1897년까지 뉴욕시의 제 2 독일교회를 사역하였다. 그후 로체스터신학교의 교회사 교수로 재직하였다. 그는 1907년에는 "Christianity and the Social Crisis", 1910년에 "Prayers of the Social Awakening", 1912년에 "Christianizing the Social Order", 1917년에는 "A Theology for the Social Gospel"의 저서를 남겼다. Mark A Noll, *History of Christianity United States and Canada*, (Michigan: William B. Eerdmans Publishing Company, 1992), 306.

85) 김영근, "가정과 갈등" 『복음주의 가정 상담학』 (서울: CLC, 2006), 113.

86) 전석재, "사이버 문화와 N 세대 전도전략" 『제 37차 한국복음주의 선교신학회 발표』 침례신학대학교 발표 논문, 2004년 11월 27일.

87) Michael Slaughter, *Out on the Edge*, (Nashville,TN: Abingdon Press, 1998), 25.

88) 기독교 커뮤니케이션엮음, 『기독교 커뮤니케이션』 (서울: 예영 커뮤니케이션, 2004), 67.

89) 김미선, "아시아 이주민 현황과 교회의 응답" 『외국인 노동자 선교와 신학』 123.

90) 이 프로그램은 1996년 5월 14-15일까지 캄보디아 프놈펜에서 열린 MRIA 실무 그룹의 결과 및 1995년 스리랑카 콜롬

보에서 열린 아시아교회협의회 총회에서 제안된 '기초 가이드라인'을 고려하여 고안된 것이다. 그동안 MRIA에서 진행된 주요 프로그램으로는 성경공부 자료 "이방인과 함께 하는 교회"를 비롯한 현지 교회들을 위한 다양한 내용의 교육자료 개발과 각국 이주 노동자 지원 단체 주소록을 발간하였다. 1995년부터 매년 이주노동자(1995년 10월), 강제 이주 공동체(1996년 5월), 난민(1997년 10월)등 각각의 주제를 갖고 월샾을 조직하기도 하였다. 김미선, "아시아 이주민 현황과 교회의 응답", 118.

91) 김미선, "아시아 이주민 현황과 교회의 응답"『외국인 노동자 선교와 신학』119-122.

92) J. Herbert Kane, *Christian Missions in Biblical Perspective*, 22.

93) J. Herbert Kane, *Christian Missions in Biblical Perspective*, 22.

94) Roger E. Hedlund, *Mission to Man in the Bible*, 17.

95) Roger E. Hedlund, *Mission to Man in the Bible,* 26.

96) 자민족 중심주의란 자신의 민족만이 특수하며 다른 민족은 열등하다는 의식을 말한다. 구약의 대표적인 인물은 요나를 들 수 있다. 그가 니느웨 백성에게 가지 않으려 한 것은 성스러운 하나님의 복음을 원수되고 열등한 민족인 그들이 받을 수 없다는 사고의 집산물이었다. 조귀삼,『복음주의 선교신학』안양: 세계로미디어, 2014), 82.

97) 조귀삼,『복음주의 선교신학』13.

3장 다문화 중국인의 국내 거주

　세계는 이제 누구도 중국이 가진 엄청난 힘을 무시할 수 없다. 2011년에는 GDP 부분에서 일본을 제치고 미국 다음으로 세계경제규모 2위국이 됨으로써 명실상부한 '경제 G2'의 위상을 굳혔다. 이러한 중국의 힘은 2020~2025년쯤에는 경제총량에서 미국을 따라잡을 것이라는 예단을 낳기도 한다.[98]

　많은 다른 국가들이 중국의 전례 없는 경제성장을 이미 느끼고 있는 바이며, 중국 상품들이 세계시장에 범람하고 있고 중국 경제 촉수(觸手)들이 실제로 세계의 모든 지역과 나라에 이르고 있다. 이와 같은 경제적인 힘을 바탕으로 중국은 이제 군사력의 대국화는 물론 모든 영역에서 미국과 당당히 견줄 수 있는 정도에까지 이르러 있다. 이러한 자신감은 중국인들로 하여금 세계 속에서 활동하도록 내몰고 있다.

　동서양의 냉전 시대가 끝남과 아울러 중국은 개방의 길로 들어섰다. 그 결과 세계의 모든 나라들과 교류가 빈번해지면서 한국과도 수교를 하게 되었다. 한중 수교로 그동안 중국의 변방에서 숨죽이면서 살았던 재중 한인 다문화인들이 고국을 찾게 되면서 자유로운 왕래가 전개되었다. 이러한 교류는 발전한 한국에로의 유입을 가져왔으며, 시간이 지나면서 중국의 한족도 한국의 경제적 위상으로 인해서 취업과 결혼 그리고 유학 등의 명분과 함께 한국에 거주하는 이들이 많아지게 되었다. 이제 한국교회는 이들을 선교 자원화해야 할 필요성을 갖기에 이르렀다.

1. 중화 디아스포라의 발생원인

중국인 해외 이주는 역사적으로 한(漢), 당(唐) 시대부터 시작되었다. 당, 송 시대에는 해외에 거주하는 중국인에 대한 명칭이 없었다. 이후 원대(元代)에 왕대연(汪大淵)은 1330년과 1337년에 두 차례 상선을 따라 먼 항해 길에 올랐으며, 현재의 일본, 동남아 각국과 남아시아 대륙의 연안 각국, 아랍 반도를 거쳐 아프리카의 동해안에 도착하였다. 귀국한 후 자신이 보고 들은 바를 『도이지략』(島夷志略)이라는 책으로 완성하였다. 여기에서는 중국인을 당인(唐人)이라 불렀다.[99]

현대 중화 다문화인의 특징은 중국의 국력 신장과 함께 세 개의 주요한 그룹들로 나눌 수 있다. 즉, 학자들, 상인들, 그리고 노동자들이다. 이를 근거로 하여 세계에서 활동하고 있는 중화 다문화인의 확산 원인을 살펴보고자 한다.

1) 글로벌 경제의 영향

오늘날 중국은 세계에서 가장 중요한 경제 주자들 중 하나가 되었으며, 세계적인 주요 회사들을 손에 넣고 국제적인 사업 공동체에서 규칙적으로 방송뉴스의 주요 제목을 차지하고 있다.[100] 중국의 경제적 영향의 존재는 의류로부터 가정용품에 이르기까지, 그리고 전기제품으로부터 전자제품에 이르기까지, 중국산 제품의 양이 증가함에 따라, 미국, 유럽연합과 다른 나라들의 슈퍼마켓과 소매점의 선반에서 쉽게 목격될 수 있다.

중국은 현재 미국 다음으로 세계에서 두 번째 전자제품 생산국가로서 일본을 앞서고 있다. 'Made in China'는 이미 값싼 가정용품에서 질 높은 최첨단 제품으로 발전해 왔다. 중국은 또한 의류, 가죽제품, 수하물가방, 장난감, 텔레비전, 시계, 개인용 컴퓨터, 휴대전화, 일회용 라이터의 세계 제1의 대량 생산국이다. 중국의 해안지역은 세계시장의 필수품을 생산하는 '세계 공장'이 되었다.

결국 중국은 세계 최대 제조국이 되었고, 따라서 세계 전체 생산에서 중국이 차지하는 몫이 커질수록 천연자원에 대한 중국의 갈증도 더 심해질 것이다. 중국이 필요로 하는 천연자원은 석유, 가스, 구리, 아연, 목재, 면화 등 끝이 없다. 그래서 중국은 천연자원을 확보하고자 고유의 전략을 개발하고 있다.[101] 즉, 자원 확보를 위해서 아프리카와 남미 등에 막대한 자금을 원조하기도 한다.

중국 경제의 글로벌화에 상징적인 기업은 알리바마이다. 세계적인 다국적 기업으로 육성된 알리바마의 창업자 잭 마(1964년 9월 10일 ~)는 알리바바 그룹의 창시자 겸 회장이다. 본명은 마윈(중국어: 馬雲, 병음: Mǎ Yún)이다. 1992년에 하이보(海博)라는 통역회사를 차려 처음 기업경영에 나섰다. 1999년 3월에는 항저우에서 알리바바를 설립했다. 2014년 12월 현재, 마윈의 자산은 283억 달러(약 31조 1498억 원)로 아시아 최대 자산가가 되었다. 2015년 4월 4일에는 모교인 항저우 사범대학에 1억 위안(약 180억 원)을 기부하기도 하였다.[102] 그러나 잘 나가던 마윈도 현재는 중국 당국에 의해서 많은 재제를 받고 있다.

중국 경제의 글로벌은 시진핑 주석이 주도적으로 움직였던 아시아인프라은행(AIIB:Asian Infrastructure Investment Bank)의 설립을 통한 자신감의 표출이다. 2013년 10월 시진핑 중국 국가주석이 아시아 국가들의 사회간접자본 확충을 위해 설립을 제안했다. 2014년 5월 카자흐스탄에서 열린 아시아개발은행(ADB, Asian Development Bank) 연차 총회에서 자본금 규모와 중국의 분담 비율 등의 계획을 밝혔다. 2014년 10월 베이징에서 참여를 희망하는 21개국이 모여 양해각서(MOU)를 체결하고 2015년 말 아시아인프라은행의 설립을 공식 선언하고 출범하였다. 창립회원국은 가입국들 보다 많은 발언권이 주어진다.

  총 자본금 한도는 1000억 달러로 예정되어 있다. 이는 아시아개발은행의 자본금 2/3에 달하는 액수로, 중국은 초기 자본금에 해당하는 500억 달러의 대부분을 부담했다. 나머지 500억 달러는 각국의 국내총생산(GDP) 비중에 따라 분배 예정이다. 가입국들은 자본의 일정 지분을 보태는 대신에 사회기반시설 확충 프로젝트를 위해 아시아인프라은행의 투자를 받을 수 있다. 설립 후 추진 첫 프로젝트는 신(新) 실크로드(silkroad) 사업을 시행하였다. 이를 통해 중국 동부 연안과 동남아시아 국가를 연결해 대규모 경제협력지대를 구축할 계획이다.

  한국은 2015년 3월 26일 아시아인프라은행의 참여를 결정했으며, 4월 11일 창립 회원국(Founding members)으로 확정되었다. 2015년 5월 25일 한국은 아시아인프라은행에서 3.5%의 지분율을 확보했다. 가장 많은 지분을 확보한 나라는 중국으로 25% 이상의 지분을 확보해 거부권(비토권, Veto)을 행사할 수 있다. 다만 중국은 유럽 주요국을 아시아인프라은행에 유치하는 과정에서 주요 의사결정에 거부권을 포기하겠다고 제안한 바 있다. 한국의 지분율은 인도, 러시아, 독일에 이어 전체 5위이다.[103] 최근 급속도로 확대된 중국에 위협을 느낀 미국은 자국의 우방국들로 하여금 중국을 견제하도록 하는 정책을 수립하고 있다.

그러나 현재 거대한 공룡이 된 중국은 경제력을 앞세워 세계의 자원 시장은 물론 자본시장에서의 역할을 극대화하고 있으며, 이러한 힘을 바탕으로 세계의 모든 지역에 중국인을 진출시키고 있다.

2) 국제정치적 위상의 영향

중국 공산당은 동서 냉전 속에서 소련과 함께 중심축을 이루었다. 그러나 소련은 해체되었고 중국만이 독자적인 힘을 갖고 살아남았다. 중국대륙에서 공산당 창설은 2011년 90주년을 맞이하였다. 황제 제도를 대체한 공산당은 지금은 거시경제의 조타수 역할을 수행하고 있다. 문화혁명 전까지만 해도 마오쩌둥은 중국을 이끌어 가는 조타수로 떠받들어 졌다.

그러나 오늘날 중국은 일인독재가 아닌 중국의 핵심 권력 기관인 공산당중앙위원회의 정치국 상무위원으로 구성된 집단지도체제를 이루고 있다. 이후 1978년 11기 3중 전회에서 덩샤오핑이 선포한 개혁개방 선언은 중국 현대사에서 공산당 창당 이래 또 하나의 천지개벽을 이루는 사건이었다. 개혁개방을 이끌어내었던 덩의 이론은 '생산력 향상과 전체 국력 향상, 인민 생활 수준의 향상, 사회주의 현대화'로 요약된다.[104]

1980년대 후반의 냉전의 종식 이후로, 다국간 공동정책과 국제협력을 주창하는 신흥 강대국으로서의 중국 대(對) 미국 중심의 주도권과 중재와 함께, 국제 정치현장은 양극화로부터 다극화로 변화했다.[105] 중국은 2001년에 상하이 협력 기구(SCO 또는 상하이 정상회담으로 더 잘 알려져 있다)를 발족했으며, 이것은 점차적으로 특별한 정치, 경제적 지역을 창출하고 있으며, 러시아와 중국의 국경을 접하고 있는 네 개의 중앙아시아 공화국들과 함께 중국에 의해 주도되고 있다. 이란, 몽골, 파키스탄은 대 테러의 구실로 정기적인 군사합동훈련을 개최하는 이 단체에 가입할 계획이다.

주도자인 중국과 함께, SOG는 중앙아시아에서 미국의 영향을 상쇄하기 시작했다. 동남아시아에서, 중국은 모든 ASEAN(동남아시아 국가연합) 국가들과 함께 가장 큰 무역 파트너가 됨으로써, 그리고 중국의 'Guangxi(광시)' 지역의 'Nanning(난닝)'에 영구적인 아세안 무역 엑스포센터를 건설함으로써, 중국은 실제적으로 아세안 경제적 지도 목표를 설정해 놓았다.[106]

현재, 중국은 유엔의 안전보장이사회의 상임이사로서, 국제적 사건에서 군사적 수단보다는 정치적 수단을 사용하도록 하는 유엔의 결정에 효율적으로 영향을 미쳤다. 중국은 또한 유엔의 깃발 아래에 아이티와 수단에 평화유지군을 보냈다. 2005년 9월, 중국은 한반도의 6자회담에서 협정을 협상하여 지금까지 성공적으로 한국의 핵위기를 희석시켰다. 중국이 이란의 유사한 위기를 해결하는 데 도움을 주었다는 견해가 있다.

이러한 현상은 현재와 미래의 시대에도 세계의 정치질서를 형성하는 데 강한 영향을 미치는 주요한 정치 강대국으로서 중국의 부상을 의미하는 것이다. 오늘날 중국은 국제사회의 중요한 구성원의 위치를 차지하고 있다. 몇몇 전문가들은 중국은 새로운 야심찬 제국이 되거나, 많은 사람들에 의해 암시되는 '용(龍)의 시대'(a Century of the Dragon)를 통해서 영국과 미국의 발자취를 따를 것이라고 고찰하고 있다.

현재 중국을 이끌고 있는 지도자는 시진핑이다. 오영호는 시진핑시대의 권력구조의 판세를 세 가지로 예단하고 있다. 첫째는 '약한 리더십과 강한 계파'의 시나리오이다. 둘째는 '약한 정부와 강한 이익집단' 시나리오이다. 셋째는 '약한 공산당과 강한 국가'의 시나리오이다. 이들 세 시나리오들이 앞으로 개별적으로 올 수도 있고, 복합적으로 현실화될 수 있다고 진단하였다.[107] 이상의 시나리오 가운데 어느 것이 전개될지는 정치권력의 구조 속에 나타날 것이지만 부패척결을 통해서 내치를 평정한 시진핑의 시대는 국제적으로 높아진 위상에 걸맞게 세계를 움직일 것이다. 최근 중국은 제 3기 시진핑 시대를 열어서 집권하게 만듦으로서 모택동, 덩샤오핑의 위치에 올려놓고자 노력하고 있다.

한편 중국의 국제 의상의 변화는 미국을 자극하였다. 미국과 중국은 중국의 남중국해 인공섬 건설을 놓고 군사적 충돌 가능성마저 거론되는 상황이 되고 있다. 결국 이러한 상황은 중국의 세계에 대한 지도력의 향상이 가져온 패권 경쟁의 결과임이 자명하다. 앞으로 중국은 갈등과 화평의 두 전략을 통해서 세계 속에 중화인 들의 역량을 증대할 것이다.

3) 인구증가에 따른 해외 확장

중국 인구는 자료들마다 차이를 지닌다. 따라서 자료들에 의한 인구 통계를 보면 13억 명에서 16억 명 사이로 추정할 수 있다. 사실 중국은 오랫동안 한 자녀 낳기 운동을 전개하여 왔다. 그러나 동양에서는 전통적으로 남아선호 사상으로 인해 여아의 출산은 호적에 등재하지 않는 경우가 많아서 이런 경우를 상정할 때에는 인구측정이 사실상 불가능하다고 볼 수 있다.

중국의 인구 팽창은 자연스럽게 해외 중화인 디아스포라를 형성하게 된다. 중국의 상품분만 아니라 중국인 역시 점점 세계적 존재로 부상하고 있으며, 이와 함께 디아스포라 중국인 전체수는 1985년 2,200만 명에서 1999년 말에는 3,300만 명으로 증가했다.[108] 최근 타이완정부의 화교사무위원회를 통해 수집된 중화디아스포라인은 4,134만 명으로 집계되었다. 이는 타이완, 홍콩, 마카오 인구는 제외된 경우이다.[109]

중국의 디아스포라 현상은 1970년대 초에 중국이 문호를 개방한 이후 보편화되었다. 현재 세계의 구석구석에 흩어짐과 함께 심지어 아프가니스탄에서 짐바브웨에 이르기까지 세계의 모든 나라에 거주하고 있다. 이들은 공장, 가게를 개업하거나 농장을 운영하고 있고, 많은 사람들이 상인으로서 일하고 있거나 식당을 운영하고 있으며, 더욱더 적극적으로 기반시설 프로젝트나 산업단지의 건물을 짓는 데 참여하고 있다.

중국의 해외 진출은 경제력의 증대와 함께 관광으로 나타난다. 2004년 2,300만 이상의 중국인들이 개인적인 이유로 중국 밖으로 여행을 갔으며, 그 숫자는 2005년에 3,100만으로 급부상했다.[110] 중국인들의 더 많은 수가 중산층에 합류함에 따라, 태국, 싱가포르, 홍콩과 같은 동남아시아 관광명소에 중국인 관광객들이 몰려가고 있다. 이러한 나라들이나 지역에 방문하는 관광객의 가장 큰 단체로서 중국관광객들은 일본 또는 서구관광객들을 이미 대체했다. 2004년 9월 이후 24개의 유럽연합 국가들은 중국관광객들을 위해 개방되어 있으며, 앞으로 유럽에는 중국관광객들의 범람이 있을 것으로 예상된다.

한국만 보더라도 중국인 관광객으로 불리는 "유커"가 일본과 여타 국가들을 앞지른 바 있다. 서울의 명동과 제주도의 상권은 이들이 아니면 버틸 수 없을 만큼 중요한 위치를 차지하고 있다. 이들이 면세점에서 지갑을 열게 됨으로써 한국경제는 목숨을 유지하고 있다고들 말한다. 확산일로의 한국 방문객의 숫자는 경북 성주군 소성리 사드(THAAD·고고도미사일방어체계)기지를 건설함으로 인해서 급감하게 되었고, 세계적인 전염병인 코로나19로 인해서 여행이 전면적으로 금지되었다.

4) 해외 거주자에 대한 종교적 무간섭 원칙

중화 디아스포라의 원인 가운데 하나는 종교적 요인이다. 해외에 거주하는 중국인들에게는 내국의 종교법을 적용하지 않는다는 원칙이 있다. 정치적인 면에서, 종교에 대한 중국 정부 정책은 중국의 정치적 경계 내에서 종교적인 업무에 대한 정부의 통제를 유지하는 것이다. 따라서 중화 디아스포라들이 외국에서 신앙을 유지할 때에는 간섭하지 않는다.

즉 중국으로부터 다른 나라들로 종교의 확장에 관한 어떤 토론이나 정책은 없다. 그러므로 선교활동이 중국 국경을 넘어서는 한, 중국 당국은 어떤 사법권도 갖고 있지 않으며, 따라서 그것에 대한 아무 권한도 없는 것이다.

중국이 해외 중국인에 대해 갖는 기본적인 정책은 그들로 하여금 그 지역 당국에 따르도록 권하고 있으며, 가능하다면 중국 시민권을 포기하고 주재국에 동화시키는 것이다.[111] 중국의 이러한 정책은 해외 중화 디아스포라들에게 불행스러운 결과를 초래하였다.

예를 들면 1998년 인도네시아에서 반기독교폭동과 같은 경우, 수천 명의 중국 가정들이 불에 탔고, 수백 명의 중국 여성들이 집단적으로 강간을 당했으며, 수백 명이 살아있는 채로 불에 태워 죽임을 당했다. 그런데 그곳의 중국인들이 지역 당국의 박해를 당했을 때조차도, 중국정부는 구두상의 항의 외에는 어떤 다른 취하지 않는 것은 자치국의 내정간섭이 될 것이라고 간주하여 정치적인 입장에서 판단했기 때문이다.

2. 재한 중화 다문화의 유입 동향

중국으로부터 유럽, 일본, 한국, 북미로 가는 불분명하고 불규칙적인 이주자들이 있다. 한국에서만 약 백만명의 불규칙적인 중국 이민자들이 있는 것으로 추정된다.[112] 그러나 이러한 중국의 이주자들은 1993년 뉴욕 해안의 골든 벤처(Golden Venture)로부터 2004년 스코틀랜드 모어캠미(Morecambe) 만의 비극, 그리고 최근 스페인과 스웨덴에서 불규칙적인 이주자 작전 주도자의 체포에 이르기까지 이미 국제적인 주요 이슈가 되었다. 이러한 불규칙적인 중국이민자들의 계속적인 증가는 분명히 앞으로 언론에 더 많은 머리기사가 될 것이다.[113]

한국으로의 이주는 이미 언급한 다문화인들의 한국 유입과 유사하다고 볼 수 있다. 그러나 더 깊이 세분화 하여 중국인들의 국내 거주 유형을 살펴보면 다음과 같다.

1) 취업과 금전 취득

다문화인들의 국제간 이동 요인 중에는 취업을 위해 고국을 떠나는 현상이 두드러지고 있다. 1990년대 중반을 넘기면서 중국 국적을 가진 사람들이 들어오게 된 것은 한국 경제력의 성장에 기인한다고 볼 수 있다. 한국의 산업 현장은 소위 3D(Difficulty, Dirty, Danger)로 분류되는 직종에 인력이 필요했기 때문이다. 비록 열악한 일자리이지만 외국인들에게는 코리안 드림이 되었다. [114]

국제적 인력 시장의 문제는 경제적 부를 수탈하는 선진국에 그 원인을 두기도 한다. 선진국은 외국 노동력을 끌어들여 저임금 노동력을 생산해 냄으로써 악순환의 문제를 야기하고 있다. 이런 경우에는 자국에서 노동 생산력을 잃어버린 이주노동자는 생계를 위해서 국경을 넘게 된다. [115]

초기 재한 중화 다문화인들 가운데에는 소위 중국 본토에서 온 동포들이 많았다. 이들은 한국 문화와 언어를 갖고 있기 때문에 식당을 비롯한 단순 직종이나 노동현장의 근로자로서 빠르게 적응할 수 있었다. 이후 순수 한족들이 뒤를 이어 건설 현장 등 단순 노동의 일자리를 얻기 위해서 급거 모여들게 됨을 볼 수 있었다. 취업을 통한 노동의 거주자들은 때로는 많은 사회적 문제를 야기하기도 한다. 대표적으로 오원춘과 박춘봉으로 대변되는 살인사건이다. 이들의 잘못된 행위는 재한 중국인 다문화인들의 존립기반을 흔들기도 한다. [116]

2) 결혼과 국적 취득

재한 중화 다문화인의 한국인과의 결혼은 초기에는 조선족과의 결합을 통해 이루어졌다. 이러한 결합은 자연스럽게 한국 국적 취득으로 이어지면서 사회 보장에 따른 다양한 혜택도 누리게 하였다. 조선족과의 결합은 큰 틀에서는 문화적 이질감이 다른 다문화인들보다는 덜했다. 그러함에도 불구하고 오랫동안 사회주의 체제 가운데에서 생활했던 습관으로 말미암아 한국사회 속에 동화되기가 힘든 경우도 있음을 부인할 수 없다.

결혼이주여성은 다양한 동기들 속에서 기대를 갖고 한국남성과의 결혼을 선택하게 된다. 국내 유입의 목적 가운데 하나는 국적 취득도 있다. 실제로 특정 기술을 갖고 있지 않는 여성인 경우 국제결혼은 일시적인 체류가 아닌 영구적인 거주 보장과 아울러 취업이 보장되는 장점을 갖고 있다. 그러나 이들 결혼은 많은 문제를 내포하고 있다. 농촌 노총각이나 도시에서의 하류층 남성들과의 결혼이나 재혼을 통해서 유입된 경우, 초창기 기대와는 달리 경제적 기대의 상실, 의사소통의 어려움, 언어와 문화의 차이로 인한 갈등, 자녀 출산과 양육의 문제, 부부갈등과 가정폭력, 사회적 지원체계 부족, 사회의 편견과 차별, 한국사회의 법과 제도에 대한 인식 부재 등으로 고통을 받고 있다.[117] 다문화 이주 결혼은 여성들이 눈물을 흘릴 때가 많다. 다문화인의 결혼 가운데에는 미국 하와이에서 행해졌던 한인 다문화인들의 결혼 사례를 기억할 만하다. 선교사들에 의해서 19세기 말 하와이에 농장 취업을 위해서 떠났던 한인 총각들이 고국에서 보내온 결혼 상대자의 사진만 보고 결혼 약속을 하는 경우가 있었다. 몇 개월 후 하와이 부두에 도착한 처녀들이 검게 타고 노인이 된 듯한 남편의 얼굴을 보고 통곡을 하는 경우도 있었다.[118]

결혼이주여성과 한국인 남성의 결혼이 시작된 초창기에는 양측 모두 미혼 상태의 결합이 이루어졌으나 최근에는 재혼을 통해서 결합이 이루어지는 양상이 많이 나타나고 있다. 이에 대해 이성순은, '이주여성의 결혼 형태'는 초혼일 경우 한국인 남성의 연령은 30대이며 상대는 20대로 나타나며, 재혼일 경우 한국인 남성은 40대이며 여성은 30대라고 언급하고 있다.[119] 여기에서 주목할 사항은 중국인들과의 재혼일 경우에는 상대

방 배우자가 낳아서 기르던 자녀들을 중도 입국시키는 경우도 있다.[120]

또 다른 측면에서 생각해 볼 수 있는 사항은 종교적인 요소로서 대표적인 경우는 통일교의 합동결혼을 통해서 유입된다. 그리고 한류에 편승한 기대감 속에서 한국인 배우자를 찾아오게 되는 경우도 있다.

3) 유학생 생활을 통한 기술과 지식습득

중국의 유학생들은 세계의 주요한 대학들에서 외국학생의 많은 비중을 차지하고 있다. 최근 인터넷 자료에 의하면 미국 대학에서 공부하는 중국 유학생 수가 26만 5천여 명으로 나타났다. 관영 신화(新华) 통신은 미국 국무부와 미국 국제교육학회가 공동 발표한 '문호개방' 연간 보고서를 인용해 2012~2013년에 약 82만 명의 유학생들이 미국 대학에 진학해 전년 보다 7.2% 증가했다.[121]

한국에 거주하는 유학생은 2013년 10월을 기준으로 8만 7,278명에 이른다. 이들 중에 5만 9,793명이 중국인으로 여기는 한국어를 배우고자 찾아온 어학연수생도 포함되어 있다. 연수생 대부분은 한국어가 되지 않아서 소통에 어려움을 겪고 있다. 따라서 한동안 문밖출입에 어려움을 겪기도 한다.[122] 한국에로의 유학생은 해마다 수를 더하고 있다. 중국유학생들이 한국에서의 IT, 디자인, 그리고 신학 분야의 학문을 공부하기 위해 한국에 거주하는 모습을 많이 볼 수 있다. 최근에는 한류 열풍과 함께 한국어를 배우기 위한 유학생도 많다.

이러한 중화 디아스포라를 위해서 기업에서도 특별한 시간을 갖고 관계를 갖기 위해 홍보하고 있다. 외환은행은 을지로 외환은행 본점에서 국내 거주 중국인 유학생들의 한국 문화에 대한 올바른 이해를 돕고 성공적인 유학생활 및 국내 기업 취업 정보 등 유익한 생활정보와 금융우대서비스 제공을 위해 한국관광공사와 함께 "제4회 국내 중국인 유학생 초청 Talk Concert(2015년 5월)"를 개최하였다.

토크 콘서트에는 약 400여 명의 중국인 유학생들이 참석하였으며, '내일로, 기차로'의 저자인 권다현 작가의 한국 기차여행을 주제로 한 강연을 시작으로 외환은행 아시아나항공 등 한국기업에 취업 중인 중국인 선배들과 해당 기업 인사담당자의 취업 특강이 이어졌다. 또한 토크 콘서트에서는 금융상담 코너 및 뷰티·스타일링 강연이 마련되어 참석한 중국인 유학생으로부터 많은 호평을 받았다.[123]

4) 사업 목적

중국과의 국경을 맞대고 있는 우리로서는 중화 다문화인의 유입을 당연한 것으로 받아들였다. 남북분단 이후에 이념의 갈등과 함께 국내에 거주한 중화 디스포라들의 삶의 터는 중화요리 같은 식당 사업이 주를 이루었다. 대부분의 한국인들은 중화요리 가운데에서도 주로 '짜장면'을 즐겨 먹었다. 짜장면은 한국토양에서 토착화된 중국 음식으로 자리 잡고 있다.

최근에는 그동안 소규모의 음식점을 통한 거주 유형을 벗어나서 기업적인 차원에서 한국에 접근하는 형태를 볼 수 있다. 중화다문화인의 한국 투자는 제주도 땅을 매입하는 데서도 알 수 있다. 이와 같은 투자는 자연스럽게 국내 거주를 위한 비자 발급으로 이어진다. 부동산 투자이민제도를 통해 국내 거주권(F-2)을 얻은 외국인은 1,101명으로 나타났다. 이 가운데 98.5%(1,084명)가 중국인이다. 이는 합법적으로 국내 거주하면서 사업을 하고자 하는 목적이 있다.

중국인들의 세계 경영은 역사성을 갖고 있다. 웬초우인들은 순회하는 상인들로서, 사업 기회가 있는 곳은 어디든지 가는 오래된 전통을 갖고 있다. 중국에 있는 모든 대도시에서 웬초우인들을 발견할 수 있을 뿐만 아니라, 그들은 현재 적어도 140개국에서 사업을 세워가고 있다. 이 750만 명의 웬초우인들 중에서 150만 명의 웬초우인들이 지앙수(浙江)와 같은 부유한 중국의 해안 지대로부터 티벳과 같은 거친 평원에 이르기까지 흩어져 있다. 또 다른 50만 명이 모로코에서부터 몬테네로에 이르기까지 전세계에 걸쳐 140개국 이상의 나라에서 사업을 하고 있다. 그들이 중국의 유대인이라고 불리어지는 것은 당연하다. 동시에, 웬초우에서 웬초우인들이 운영하는 공장에서 일하는 이주노동자들이 적어도 350만 명이 있다.[124]

3. 재한 중화 다문화를 통한 역-환 상황화 모델의 선교

장한업은 중화 다문화인 통한 선교 모델을 제시하고 있다. 순환적 기능의 환(環)-상황화(Recycling-Contextualization)와 역기능의 역(逆)-상황화(Reversal-Contextualization)를 상호 통합함으로써 총체적 기능을 발휘하는 "역(逆)-환(環) 상황화 통합모델"을 적용하여 선교해야 함을 주장하였다. 그가 주장하는 이 모델의 특성과 신학적 의미를 서술하면 다음과 같다.[125]

첫 번째 역(逆)-상황화(Reversal-Contextualization)는 중화 디아스포라들이 개

인이나 단체적으로 자국을 떠나서 공동체를 이루어 현지에서의 문화와 언어 그리고 신앙의 기초를 다지면서 존재하는 상황화의 현상이다. 이를 재한 중화디아스포라들에게 적용해 보면 한국에 머무는 동안에 기독교 신앙으로 훈련 받아 생활함으로써 자신들이 지녔던 세계관과 가치체계, 그리고 행동양식을 교정하는 상태를 말한다. 두 번째 생각할 수 있는 현상은 환(環)-상황화(Recycling-Contextualization)이다. 이는 훈련받고 신앙으로 무장한 사람이 흩어져서 사역으로 재생산해내는 현상을 들 수 있다. 결국 장한업은 중화 디다문화인의 선교를 위해서는 이 둘이 순환적으로 기능을 발휘해야 한다는 이론을 만들어내었다.[126] 이를 성경적 선교신학에서 구심력과 원심력의 순환적 관계라고 볼 수 있다. 이와 같은 선교 방법은 단회적인 사건으로 끝난 것이 아니라 지속적으로 반복되는 순환 구조를 통해서 강화된다고 볼 수 있다.

1) 신학교육을 통한 지도자 양성

가장 먼저 복음주의 신학을 재한 중화 다문화인들에게 가르쳐야 하겠다. 한국에서의 신학교육이 중요한 의미를 갖는 이유는 신학 교육의 질이 아직도 중국보다는 높다는 것이다. 뿐만 아니라 대부분의 신학 수업들이 복음주의적 관점에서 행해지고 있다.

그러나 불행스럽게도 한국에 거주하는 중화 다문화인들은 이단들의 표적이 되어 있다.『현대종교』2014년 11월호의 '이주민을 미혹하는 이단들'에 의하면 안식일교의 SDA 교육센터에서는 안산에 '다문화가족행복 나눔센터'를, 통일교는 '다문화 체험축제'를, 박옥수의 IYF는 월드문화캠프 같은 행사를 통해서 한국에 거주하는 재한 다문화인들을 유혹하고 있다.[127] 만약 우리가 이들을 방치한다면 향후 중국 본토에서의 선교사역도 크나큰 위험에 처할 수밖에 없다.

따라서 한국에서 중화 다문화인들을 위한 사역기관을 소개하고자 한다. EATS(East Asia Theological Seminary, 东亚细亚神学院, 동아시아신학원 [구 CTSS])은 한국 내 중국인 목회자 양성 기관이다. 신학교육이 자유롭지 않은 중국 내부의 상황을 고려하여 광대한 중국 교회를 섬길 젊은 교회 지도자를 양성하고 있다. 학비는 전액 장학금이며, 평택대학교 신학대학원과의 교학협력에 의거하여 정식 학위인 석사(M.A)와 목회학 석사(M.Div) 를 제공한다.

이 교육기관의 주장에 의하면 과거와는 달리 중국도 건실한 신학적 배경을 가진 목회자를 요청하고 있다. 따라서 "건강한 신학이 중국의 건강한 교회를 세운다는 마음으로 교육을 하고 있다"고 주장한다. 신입생은 (중국인만) 건강진단서, 고등학교 및 대학교 졸업증명, 일정 수준의 영어 실력 증명서와 재정보증 등이 필요하고 심층 면접을 거쳐 선발한다. 졸업생은 영어 강의를 제공하는 한국의 기타 신학교에 지원하여 신학석사 및 신학박사, 철학박사까지 공부할 수 있다. 모든 강의는 중국어 혹은 중국어 통역으로 진행되며, 국내외 교수, 강사진이 선교의 마인드를 갖고 전임과 파트로 섬기고 있다. 이 교육기관은 아시아신학교연합인 ATA (Asia Theological Association)의 정식 회원 학교이며 대만, 홍콩의 신학교와도 교학협력을 하고 있다.[128]

한국의 신학교육 현장에서 외국인 유학생을 오랫동안 교육해온 기관들이 있다. 예를 들면 아신대(ACTS), 횃불트리니티대학원대학교 및 기타 유수한 신학대학교에서 외국 학생들을 유치하여 신학교육을 시키지만 동아시아신학원은 중국인들을 전문적으로 교육한다는 것이 특징이다.

2) 교회사역을 통한 전도훈련

경기도 오산과 평택 사이에 자리잡고 있는 남부전원교회는 재한 중화다문화인의 사역을 잘 진행하고 있는 모범적 교회이다. 이 교회 사이트에는 다음과 같이 자신의 사역을 소개하고 있다.

"원씬즈찌아'(溫馨之家)는 남부전원교회에 소속되어 중국선교 사역을 위해 설립된 기관이다(2001년 10월 5일 창립). '원씬즈찌아'라는 단어는 한국인들에게 낯설지만, 중국인들에게는 매우 친숙한 의미를 지닌 단어로서, "따뜻한 향기가 나는 집"이라는 뜻이다. 고후 2장 15절에 "우리는 구원을 얻는 자들에게나 망하는 자들에게나 하나님 앞에서 그리스도의 향기니…"라고 바울 사도는 말하고 있다. 이런 그리스도의 향기를 갖고 '원씬즈찌아'는 평택, 오산, 화성, 안성 등 관내 중국인들을 대상으로 예수 그리스도의 제자와 일꾼을 배가시켜 한국 및 장차 중국에서 그리스도의 지상사명을 성취하는 일을 목표로 매진하고 있다.[129]

중국어예배를 매주 오후에 드리고 있다. 또한 내국인을 대상으로 중국에 대한 이해 증진과 실제적인 전도와 필요를 위해서 중국어반을 운용하고 있다. 이 교회에서 초창기부터 사역의 핵심 프로세스를 필요를 채움, 관계형성, 복음전도, 제자화, 일꾼 양성으로 나아가고 있다. 먼저 필요를 채우기 위해서 우리은행을 통해서 중국에 송금하는 일을 돕고, 재능의 발전을 위해서 컴퓨터와 피아노, 한글 등을 교육하고 있으며, 사회단체와 연계하여 인권상담을 통해서 불이익이 없도록 하며, 의료선교를 통해서

건강을 챙겨 주고 있다.[130]

이 교회의 중국 사역의 특징은 남부전원 교회에서 훈련시킨 사역자를 본국으로 파송하여 교회와 신학교를 세운 다음 그곳에서 공부한 사역자를 남부교회에서 선교사로 받아서 재한 중화다문화인들을 목회하게 하는 독특한 구조를 지니고 있다. 이를 뒷받침하기 위해서 북경의 원씬교회에 벧엘신학교를 세워 2008년부터 신학생을 양성하고 있다. 북경의 원씬교회는 칭촨의 청두연합교회, 우한의 푸저우관투교회와 협력사역을 하도록 지도하고 있다. 앞으로 역-환 상황화이론을 적용하여 국내에서는 이주노동자에서 유학생으로 확대시킨 선교를 하며, 중국에서는 60개의 소수민족을 주요 선교지로 확대시키는 사역을 감당하고자 한다는 비전을 갖고 있다.[131]

초창기에는 교회의 지도자들과 성도들이 배타적인 태도를 갖고 곱지 않는 시선으로 그들을 바라보았지만 지금은 함께 어울려 식사를 할 만큼 상호 성숙된 신앙으로 선교를 감당하고 있었다.

3) 유학생 제자화 사역

중국의 하이구이(海歸)파는 해외에서 유학을 마치고 중국으로 돌아온 지식인들을 의미한다. 이들은 '서구 귀국학자 협회'라는 자체조직까지 결성을 하였다.[132] 역-환 상황화 모델의 선교적용을 위해서 재한 중화다문화인들 가운데 유학생을 주목해야 할 필요가 있다. 유학생들은 한국에서 발전된 기술과 학업을 통해서 자신의 국가로 돌아갈 때는 지도자로서 역량을 갖추게 된다. 이들에게 복음의 능력만 주어진다면 중국 복음화에 크나

큰 자원이 될 것이다.

일례로 한세대학교에서는 중국어 예배를 통한 제자반 운영을 하고 있다. 한세대학의 국제교류원에서는 한국에 유학중인 학생들을 위한 예배를 매주 토요일 신학관 5층의 영산홀에서 진행하고 있다. 이들 학생들은 신학을 비롯한 디자인, IT, 경영학, 관광학을 전공하면서 공부하고 있다. 그뿐만 아니라 한국어를 배우기 위해서 1년 정도를 머물면서 학습을 하기도 한다.

헤럴드 경제 기자로서 복경에서 근무했던 최헌규는 자신의 북경대 캠퍼스에서의 경험을 다음과 같이 기록하고 있다. 북경대학교 교정에서 자신에게 복음을 증거하는 중국 여인의 신상을 물었다고 한다. 그때에 그녀는 자신이 스물네 살 나이로 영국 런던의 옥스퍼드 대학교로 영문학을 공부하러 갔는데 그곳에서 복음을 받고 전도자가 되어 고국인 중국으로 돌아와 사역자가 되었다는 고백을 들었다고 한다.[133]

사실, 중국 당국은 종교인에게 중요한 소명 중 하나인 전도 행위도 원칙적으로 철저히 금지하고 있다. 많은 한국인 사역자들이 중국 각지에서 선교하고 있지만 실정법상으로는 모두 위법이다. 당국에서는 이러한 전도 행위를 세밀히 파악하고 있지만 불온한 행위가 없을 경우에는 적당히 묵인하고 넘어간다. 체제 안정에 위협이 되지 않는 한 심하게 탄압도 하지 않고 그렇다고 권장도 하지 않는 것이 중국공산당의 종교 정책이다.[134] 그러나 최근에는 이러한 선교사들조차도 추방을 시킴으로서 선교사들이 주변국인 대만, 미안마 등으로 피함과 함께 국내로 귀국하고 있다.

한국교회는 캠퍼스 사역을 통해서 재한 중화 다문화인들을 제자화해서 파송하는 단계의 차원 높은 사역을 감당해야 하겠다. 이를 몇몇 선교단체에만 책임을 지울 것이 아니라 모든 교회가 해외 선교를 향하는 마음을 갖고 접근하여 성취해야 할 과제라고 본다. 왜냐하면 현재 중국 선교사들은 중국의 종교 정책에 의해서 추방되는 추세에 있고, 따라서 자국인들로 하여금 복음을 증거하게 만드는 최선의 길이 유학생 제자화를 통한 복음의 확산에 있기 때문이다.

4) 전인구원의 복지선교

선교에 있어서 복지를 강조하는 것은 이제 보편적인 전략이 되었다. 재한 중화다문화인들을 위한 복지를 강화해야 한다.

전인구원의 복지선교가 갖는 선교신학적 배경도 중요한 의미를 갖는다. 사실 선교의 유형도 시간에 따라서 변천하고 있다. 그동안 복음주의 진영에서 끈질기게 주장되었던 '전도의 우선성'의 문제는 2010년의 남아공 로잔대회를 지나면서 많이 약화된 느낌을 준다. 이에 대해서 박보경은 다음과 같이 주장하고 있다. 케이프타운에서 열린 로잔 3차 대회는 로잔진영이 '전도의 우선성'으로부터 총체적 선교로 전환하고 있음을 보여주고 있다. 이러한 변화는 2004년부터 나타나기 시작하였는데, 로잔 진영 안에 있는 교회의 사회적 책임을 강조하는 그룹들이 시대가 지나면서 그 목소리가 점차 강화됨으로써 이러한 변화가 명백해졌다고 주장하였다.[135] 이러한 의미에서 재한 중화 다문화인들의 삶과 신앙을 위해서 교회의 역량을 모아서 감당해야 할 것이다.

재한중화다문화인과 한국의 관계는 중국의 개방과 함께 한중 수교가 결정적인 역할을 하였다. 재중 한인 다문화인들은 조선족이라는 이름 아래 그동안 중국의 주변부인 연변과 같은 지역에서 소수 민족의 한(恨)을 안고 살 수밖에 없었다. 그러나 한 중 수교 이후에는 자유롭게 한국을 드나들면서 친족과의 교류를 강화, 한국에 거주하게 되었다. 그들은 취업과 결혼, 사업을 통해서 삶의 자리를 마련하게 되었다. 이어서 한족들과 유학생들이 한류와 함께 한국을 찾음으로써 교류의 폭이 확대되었다.

서구 국가에서는 자신들의 국가에 오는 중화 다문화인들 중에서 학자들을 집중하여 복음화하는 전략을 구사하고 있다. 학자들은 캠퍼스와 중국인 공동체에서 선교 단체의 대상으로 분류하여 높은 개종율을 유도하고 있다. 새로운 중국인 기독교인들 사이에 공통된 특징은, 그들 중 많은 사람들이 그들의 고국에서 획득한 높은 학위를 갖고 있어서 주로 고등 교육을 받은 사람들이라는 점이다. 그들 중 대부분은 중국을 벗어나 해외에 있는 동안에 기독교에 관하여 배운다. 이제 그들은 해외 주재국에 정착해 있으면서도 중국에 있는 가족, 동료들, 또는 사업 활동과 밀접하게 연결되어 기독교 신앙을 전파하기도 한다.

한국 교회는 재한 중화 다문화인들이 입국하여 거주하는 동안을 복음 선교에 좋은 기회로 활용하는 선교의 지혜가 필요한 시기가 되었다. 이를 위해서 역(逆)-환(環)상황화 모델의 선교를 적용해야 한다.

98) 최헌규, 『차이나 키워드』 (서울: 더난출판, 2011), 31.

99) 그 이후 '당인'(唐人) 또는 '당산인'(唐山人), 그리고 '화인'(華人)과 '중화인'(中華人)으로 불렀다. 명(明), 청(淸) 시대에 항로가 개척됨으로써 점차 그 범위가 넓어졌고, 해외 이민도 날로 증가하였다. 장한업, "아세아방한성회를 통한 중화디아스포라 선교모델연구" (선교신학 박사학위논문, 한세대학교 대학원, 2014), 28.

100) http://www.economist.com/displayStory.cfm?Story_id=4127399. "Chinese Companies Aboard," Economist, 2005년 6월 30일. Kim-Kwong Chan, "Missiological Implication on Chinese Christian in Diaspora," Global Diaspora Missiology Consultation, Taylor University College & Seminary (Edmonton, Alberta, 2006, Nov.), 15-18, 재인용.

101) 존 나이스비트, 『메가트랜드 차이나』 안기순 역 (서울: 비즈니스북스, 2012), 263.

102) http://ko.wikipedia.org/wiki/%EC%9E%AD_%EB%A7%88, "잭 마", 2015년 5월 25일.

103) http://100.daum.net/encyclopedia/view/47XXXXXXXXd2, "아시아개발은행" (ADB, Asian Development Bank) 2015년 5월 25일.

104) 최헌규, 『차이나 키워드』 39-53.

105) http://www.mfa.gov.cn/chn/zxxx/t212365.htm. See the address of President Hu Jiantao at the UN 60th Anniversary Summit 2005년 9월 15일. Kim-Kwong Chan, "Missiological Implication on Chinese Christian in Diaspora," 15-18 재인용.

106) Kim-Kwong Chan, "Missiological Implication on Chinese Christian in Diaspora," 15-18.

107) 오영호, 『미래의 중국과 통하라』 (서울: 매디치미디어, 2012), 39-40.

108) 현재 신뢰할 만한 통계는 없지만 그 수는 증가하고 있다고 모두가 동의한다. Kim-Kwong Chan, "Missiological Implication on Chinese Christian in Diaspora," 15-18.

109) 장한업, "아세아방한성회를 통한 중화디아스포라 선교모델연구", 35.

110) http://www.china-outbound.com/cop.htm. "COP (China Outbound Tourism Research Project) Press Release" 2006년 5월 3일. Kim-Kwong Chan, "Missiological Implication on Chinese Christian in Diaspora," 15-18 재인용.

111) Kim-Kwong Chan, "Missiological Implication on Chinese Christian in Diaspora," 15-18.

112) www.gospelpost.com.hk/template/news_view.htm?code=mis&id=196, "Short Term Mission To Korea," 2005년 7월 5일. Kim-Kwong Chan, "Missiological Implication on Chinese Christian in Diaspora," 15-18 재인용.

113) Kim-Kwong Chan, "Missiological Implication on Chinese Christian in Diaspora," 15-18.

114) 조귀삼, 『복음주의 선교신학』, 361.

115) 정노화, "한국의 다문화 현실과 선교," 『다문화사회와 이주자선교』 (서울: 기독교산업사회연구소 출판사, 2009), 121.

116) http://thinkdifferent.tistory.com/8186, "수원토막살인사건," 2015년 5월 28일.

117) 조귀삼, 『복음주의 선교신학』 342.

118) Cho, Gwi Sam, "Mission of Korean Diaspora," 『복음과 선교』 제11집 (2009.12.), 288.

119) 이성순, "이주여성의 사회적응 지원과 교회의 역할," 『다문화사회와 이주자선교』 (서울: 기독교산업사회연구소 출판사, 2009), 276.

120) 중도입국 청소년을 세분화하여 열거하면 다음과 같다. 첫째는 한국인 배우자와 재혼한 후 본국의 자녀를 한국에 데려오는 경우, 둘째는 국제결혼 자녀 중에서 외국인 부모의 본국에서 성장하다가 청소년기에 재입국한 경우, 셋째는 외국인 부모와 함께 동반 입국한 경우, 넷째는 근로 및 학업을 목적으로 청소년기에 입국한 외국인 무연고 청소년의 경우, 다섯 번째는 북한 이탈주민이 외국인과 제 3국에서 출생한 자녀를 데려온 경우이다. 여기에 더 보태자면, 국적 회복을 위한 해외의 우리 동포 1세의 3세가 2세 부모를 따라서 입국하는 경우이다. 조귀삼, "다문화 청소년을 위한 복지선교 연구," 『복음과 선교』 제27집 (2014. 9), 155.

121) http://blog.naver.com/PostView.nhn?blogId=dasolsys01&logNo=20 199518820, "미국내, 중국유학생 26만 5천 명으로 가장 많아," 2015년 5월 30일.

122) 이바울, "다문화사역을 통한 선교적 교회 모델 연구" (선교신학 박사학위논문, 한세대학교 대학원, 2013), 150.

123) http://blog.naver.com/PostView.nhn?blogId=global_keb&logNo=13 0167174506, "외환은행, '제4회 국내 중국인 유학생 초청 Talk Concert' 개최," 2015년 5월 28일.

124) Kim-Kwong Chan, "Missiological Implication on Chinese Christian in Diaspora," 15-18.

125) 장한업, "아세아방한성회를 통한 중화디아스포라 선교모델연구," 195-196.

126) 첫째, 역(逆)-환(環) 상황화 통합모델은 자국의 사회와 문화를 초월하여 하나님의 은혜를 체험하는 초월적 상황화 개념을 내포한다. 복음의 능력은 문화와 사회를 넘어서 역사하여 하나님의 나라를 역동적으로 확장시켰다. 둘째, 역(逆)-환(環) 상황화 통합모델은 이성적 인간문화의 결실이 아니라, 하나님 자신의 사역 결실이다. 셋째, 역(逆)-환(環) 상황화 통합모델은 중화 디아스포라의 구속의 역사를 점진적으로 발전시키는 원동력이다. 장한업, "아세아방한성회를 통한 중화 디아스포라 선교모델연구", 195-196.

127) http://blog.daum.net/joobara/6688, "국내 체류 외국인 116만… 이단들의 집중표적," 2015년 5월 28일.

128) https://www.facebook.com/CTSS2004/info?tab=page_info, EATS (East Asia Theological Seminary) 东亚细亚神学院 동아시아신학원 (구 CTSS), 2015년 5월 25일.

129) http://www.nambooch.or.kr/sub.html?code=9300, "남부전원교회 선교사역," 2015년 5월 25일.

130) 최남규, "다문화 사역과 해외선교의 연계 모델(시례발표)," 평택대학교에서 '교회의 시대적 사면: 다문화사역과 기독교 교육' 주제로 열린 아카데미 교재, 2010년 8월 13-14일.

131) 최남규, "다문화 사역과 해외선교의 연계 모델(시례발표)".

132) 존 나이스비트, 『메가트랜드 차이나』 안기순 역, (서울: 비즈니스북스, 2012), 223.

133) 최헌규, 『차이나 키워드』 227.

134) 최헌규, 『차이나 키워드』 229.

135) 박보경, "로잔운동에 나타난 전도와 사회적 책임의 관계," 『복음과 선교』 제24집 (2013. 6), 37.

4장 다문화의 세계관

세계관이란 "세상을 보는 창문이다."라고 말할 수 있다. 따라서 창문에 어떠한 색이 칠해져 있느냐에 따라서 실체가 달리 보일 수 있다. 선교학자 폴 G 히버트에 의하면 "어떤 문화의 신앙과 행동 이면에 있는 실재에 대한 기본적 가정이며, 인간문화의 가장 깊은 곳에 세계관이 자리 잡고 있다"고 말했다. 즉 세계관을 통해서 가치체계가 형성되며, 가치체계는 곧 행동양식으로 나타난다는 것이다. 따라서 인간의 진정한 회심은 기독교세계관이 형성 될 때에 비로서 그리스도인이라고 볼 수 있다.

1. 세계관의 정의

선교는 엄밀히 말해서 사람들의 문화 속에서 함께 생활하면서 그들을 주님의 말씀으로 변화시키는 것이다. 따라서 사람들이 실재를 바라보는 방식인 문화의 깊숙한 부분에 자리 잡고 있는 세계관을 이해한다는 것은 참으로 중요한 것이다.

세계관에 대한 논의는 학자들 사이에 다양하게 주장되었다. 데이비드 헤셀 그레이브는 "사람들이 실재를 바라보는 방식"을 그들의 세계관이라고 했다. 로버트 레드필드(Robert Redfield)에 의하면 "문화가 인류학자에게 한 종족이 어떤 식으로 보이는가를 추정하는 것이라면, 세계관은 만물이 한 종족에게 어떤 식으로 보이는가, 즉 현존하는 것들이 하나의 총체로서 어떤 구도를 갖는가를 추정하는 것이다"라고 말했다. 또한 마이클 커니(Michael Kearney)는 "한 종족의 세계관은 그들이 실재를 바라보는 방식이다. 세계관은 기본적인 가정들과 꼭 정확한 것은 아니지만, 세계에 대한 어느 정도 일치된 사고방식을 제공하는 이미지들로 구성된다." 라고 말했다. 폴 히버트(Paul Hibert)는 "어떤 문화의 신앙과 행동 이면에 있는 실재에 대한 기본적 가정이라고 묘사하였다."[136]

또 다른 선교학자인 찰스 크레프트는 "세계관은 사람들이 실재에 대한 인식들과 그러한 인식들에 대해 반응할 때, 그것이 기초가 되는 문화적으로 구조화된 가정들, 가치들 그리고 그러한 것들에 대한 위임 또는 헌신들을 일컫는 용어"로 정의하였다.[137] 이는 문화와는 별개의 것이 아니라 인간의 삶을 유지하는데 기초가 되는 깊은 차원에 존재하는 전제들의 구조로서, 문화에 포함되는 것이다. 따라서 크레프트는 문화 속에서 인간이 행동하기 위해서 필요로 하는 문화적 구조의 일부를 세 가지 관점에서 세계관이 제공한다고 말하고 있다. 첫째는 세계관은 문화적으로 구조화 되어 있다. 둘째로 세계관은 가정들(심상들을 포함하는)로 구성되어 있다. 셋째는 이러한 가정들은 실재에 대한 사람들의 인식과, 이에 대해 사람들이 반응하는 것을 기초로 이룬다.[138]

결국 세계관이란 삶의 현장을 바라보는 관점을 자신이 성장한 문화 속에서 어떻게 형성하였는가에 대한 질문에 응답해야 하는 것이라고 볼 수 있다.

2. 다문화결혼이주여성 세계관의 범주

다문화이주여성 세계관의 범주 특징은 베트남, 중국, 일본, 필리핀 그리고 캄보디아의 국가로 한정한다. 이는 한국에 유입된 이주여성의 국가 중에서 주요 5개국이 큰 비중을 차지하고 있기 때문이다. 이들 5개국의 종교적 현황을 살펴보면 다음과 같다. 베트남은 불교가 70%이며, 중국은 도교 및 불교 그리고 기독교 순서로 표기 되어 있다. 일본은 신도 49%와 불교 45% 이다. 캄보디아는 95%가 소승불교이다.[139] 이들 국가들의 종교를 몇 가지 범주로 나누어 그들이 지닌 세계관을 설명하고자 한다.

1) 자연주의 세계관

자연주의세계관은 무신론, 세속주의, 과학주의, 인본주의 그리고 자기중심주의 등 모든 것이 기본적으로 이 범주에 속하는 것이다. 물론 공산주의 역시 이 범주에 속한다.[140] 사실 자연주의 세계관은 일종의 깊은 비관주의, 절망, 무의미라는 결과를 낳았다. 과학은 우리를 멸망으로 위협한다. 교육은 가치를 배제한다. 소비에트 혁명과 그 이상(理想)이 낳은 모든 것은 가장 비인간적이며 야만적인 통치였다.[141] 자연주의 세계관 속에서는 진리의 하나님을 만날 수 없다.

2) 부족적 세계관

부족적 세계관은 종종 서구 사고의 한 부분을 차지하고 있는 신적인 것과 세속적인 것의 구분을 초월한다. 그것은 하나이며 동시에 거룩하기도 하고 세속적이기도 하다. 그것은 제신과 영, 귀신에 집착하지만 대부분의 경우에 인간중심적이다. 이 세계관은 자연과 초자연이 서로 심각하게 혼합되어 있다. 또한 공간과 시간이 서로 헤어나올 수 없을 만큼 혼합되어 있다. 이 세상과 저 세상이 하나의 체계로 얽혀 있다.[142] 스티븐 니일에 의하면 세계인구의 40%가 이 부족적 세계관을 갖고 있으며, 흔히 "민족 종교"로 일컬어지기도 한다고 추정한다.[143] 지금도 다른 세계와 분리된 지역에서 사는 사람들은 전통적으로 전래되고 있는 부족적 세계관을 지니고 생활하고 있음을 발견하게 된다.

3) 불교와 힌두교의 세계관

불교의 인간관은 세계는 단순한 인간관계가 아니라, 무수한 원인들과 조건들의 결과로서 존재한다. 동시에 세계는 그 결과에 영향을 미치는 원인이며 그 미래를 구성하도록 돕는다. 현재의 세계는 이전 원인의 결과이다. 미래의 세계는 현재 세계의 결과이다.[144]

힌두교와 불교가 가진 일원론적 세계관은 다음과 같다. 첫째, 초자연은 모든 것이 발산되는 근원이며 지향해 나가는 목표이다. 둘째, 자연은 독창적 창조물이 아니라 절대적 존재로서 기인한 것이다. 셋째, 인간은 궁극적인 의미에서 개별적 존재자가 아니다. 따라서 절대자로부터 나와서 절대자에게로 돌아간다. 네 번째 시간의 개념은 순환적이다.[145] 지금도 인도를 중심으로 네팔과 캄보디아 그리고 태국과 같은 나라들은 이러한 세계관 속에 있음을 알 수 있다.

4) 중화권의 세계관

중국은 고대 세계관에서 신을 이해하는데 세 가지 범주가 있다. 즉 상제(上帝), 하늘님, 신(神)이라는 용어에 담겨 있다. 이후에 도(道) 사상은 후일 음양오행으로 발전하게 된다. 이러한 고전적 사상들 이후에 발전된 세계관이 노자와 공자의 지론이다. 노자는 자연 속에서 드러나 있는 도를 강조하였으며, 공자는 인간성과 사회적 관계를 강조하였다.

공리적인 사회개혁가인 공자는 종교적 의식을 집행하였다. 돌아가신 부모를 위하여 자녀들이 3년 동안 애곡하도록 격려하였으며, 부모에 대한 자식의 효를 다한 신화적 통치자인 우(禹) 황제를 찬양하였다.[146] 따라서 중국인들에 있어서 효 사상은 가이 종교성을 띠고 있다고 보아야 한다.

노자와 공자의 인간이해를 살펴보면 다음과 같다. 노자는 자연을 강조하였기 때문에 인간은 자연 환경으로 돌아가서 도를 배우고 실천해야 한다고 말했다. 공자는 사회 속에의 인간을 강조하여, 인간은 사회조류 속에서 머물면서 진리로 교육을 받아야 한다고 강조하였다.[147]

중국은 중화사상(中華思想)을 갖고 있다. 자신들이 세계의 중심이라는 세계관 속에서 모든 것들을 융합해 버리는 요소를 지니고 있다. 공산주의사상이 강할 때에는 문화 혁명이라는 구실로 전통적인 사상들을 매도했지만 지금은 고전적인 사상들의 복고되고 있다.

5) 무슬림의 세계관

무슬림의 세계관은 이슬람 종교의 사람이라는 단순한 차원 보다는 더 넓은 차원에서 그들의 삶을 이해해야 한다. 즉 그들의 민족적, 언어적, 지형적, 문화적 다양성 가운데 형성된 것이기 때문이다. 여기에서 필 파샬 (Phil parshall)이 분석한 무슬림과 서방의 세계관 분석의 비교 틀을 소개하고자 한다.[148]

무슬림과 서구의 세계관 비교

개념	무슬림	서구인
연합	삶의 모든 영역에서 연합을 강조	실제적인 가치가 있을 때에만 연합을 강조
시간	과거와 전통을 매우 중시	미래를 강조
가족	결속	개인성 강조
평화	조화, 통합, 전체적인 삶의 방식, 내적 및 외적 특성	민족, 단편적인 삶, 내적 특성
명예	중요하게 여김	높은 우선순위를 차지함
신분	부, 가족, 이름, 연령과 관련된 것	성취의 결과
개인주의	개인보다 그룹을 강조하며 이에 종속됨	독립을 매우 높게 생각함
세속주의	완전히 받아드릴 수 없는 풍조로 여김	대개 받아드림
변화	하고 싶지 않음	매우 바람직함
효율성	거의 없거나 신경 쓰지 않음	절박하게 필요함

3. 다문화의 세계관 분석과 복음

핸드릭 크레머는 선교에 있어서 가장 위대한 접촉점은 선교사 자신이라고 말했다. 다문화이주여성의 세계관을 변화시키기 위해서 최우선시 되는 전략은 그들과 격의 없이 접촉하는 것이다. 접촉을 통한 커뮤니케이션의 활용은 세계관 변혁의 시발점임을 알아야 한다.

전호진은 선교 접촉점에 대해서 몇 가지 대안을 제시하였다. 첫째, 인간이 공통적으로 갖고 있는 신(神)의식을 접촉점으로 해야 한다. 둘째, 인간에게 주신 일반 은총을 통한 접촉이다. 셋째, 타종교의 개념과 언어 및 문화를 활용하여 접촉점을 찾는 것이다. 넷째, 인간이 갖고 있는 공통 관심사를 통해서 접촉점을 찾는 것이다. 다섯째, 선교사를 통한 접촉점의 활용이다.[149] 이상의 언급한 접촉점들을 분석하여 다문화 이주민들에 대한 선교를 위한 세계관을 살펴보면 다음과 같다.

1) 사회주의 유물론의 세계관

사회주의권 이주여성의 대표적인 국가는 중국이다. 중국은 우리와 국경을 맞대고 있기 때문에 문화적으로 비슷한 면이 있다. 특히 한국의 경제 발전과 함께 조선족의 유입은 한국의 청년들이 가장 선호하는 신붓감이다. 최근까지 가장 많은 이주여성이 중국으로부터 건너 왔다.

현대 중국인들에게는 고대의 세계관에 일대 수정을 가한 사건들이 존재하였다. 즉 공산주의의 출현이다. 공산주의는 본질적으로 유물론 사상이

주류를 이룬다. 그들에게서는 과거의 황금시대는 없으며, 조상숭배는 진보를 가로막는 행위이며, 최고의 법칙이 신비스런 도의 법칙이 될 수 없다고 본다. 음양을 정과 반으로 변화시켰으며, 인간과 세계를 계속해서 긍정해 나간다. 이렇게 하여 정치적인 통치의 영역 에서는 공산주의자를 만들고, 세계관 속에는 유물론자로 만들게 된다.[150]

유물론에 뿌리를 박고 있는 세계관은 물질만이 삶의 진정한 기초인 것처럼 유혹함으로서 황금만능을 인생의 절대 가치로 여기고 사는 삶이다.[151] 유물론의 기저에는 유신론이 배제 된다. 이러한 사상적 발단은 1949년 중국이 공산화됨에 따라서 1950년에는 서양의 선교사들이 철수하게 되고, 공산당 정부에 협조하지 않는 교회 지도자인 왕명도 목사는 감옥 속에서 순교적 고통을 이겨 내기도 하였다. 공식적인 삼자교회가 아닌 일명 지하교회는 문화혁명으로 말미암아 신자들이 반혁명분자로 몰려서 거리에 끌려나와 모욕과 학살을 당하기도 하였다. 그러나 1976년 모택동 사망과 함께 교회는 소생의 기회를 얻게 되었고 1979년 덩샤오핑의 개방정책과 함께 사회의 분위기를 일신시켰다.[152] 비록 개방화된 중국이지만 그동안 공산주의 사상 속에서 훈련 받은 이주민들의 한국 유입은 유물론 사상을 소유하고 한국으로 유입되었다는 사실을 아무도 부인할 수 없다.

사회주의의 또 다른 축은 베트남 이주여성이라고 볼 수 있다. 베트남은 1887년 프랑스의 식민지가 되었고, 1. 2차 세계대전을 거치면서 1945년 독립을 선언하였다. 그러나 북베트남은 공산주의 공화국임을 선포하게 되었고 1954년 제네바 협정에 의해서 통일을 준비하던 중에 미국의 개입으로 남과 북이 나누어지게 되었다. 이후 베트남 전쟁으로 끊임없이 전쟁의 소용돌이 속에 있던 중에 1975년 북쪽의 승리로 공산화가 되었다. 사실 베트남이 공산주의 국가로서 존재하게 된 배경에는 프랑스 식민지 때에 호지명이 지닌 레닌 사상인 "민족 및 식민지 문제에 관한 테제"에 동조하였기 때문이다.[153]

이러한 정치체제가 1986년 제 6차 공산당 전당대회를 통해서 사유재산을 부분적으로 허용하면서 경제적 개방정책을 시도하였고 지금은 외국 자본의 유입이 급속히 늘어나면서 무역이 활발히 증대되고 있다. 한국의 기업인 삼성전자도 베트남에 진출하여 현지의 호평과 사회발전에 크게 기여하고 있다.

사회주의 국가인 중국과 베트남에서 이주해온 다문화인들은 유물론의 체계를 갖고 성장했다. 엄밀히 말하면 유물론 속에는 하나님의 섭리 같은 신앙이 존재하지 않는다. 현세적인 풍요를 추구하는 사고들은 영생의 문제 같은 기독교 신앙에 대해서 전혀 이해하지 못할 수 있다. 물질이 삶의 최우선 순위에 놓일 때에는 풍요와 다산 같은 바알신앙의 세계관을 갖게 된다. 또한 유물론의 세계관은 인간의 원죄 같은 신학적인 문제들에 대해서 전혀 무지하다.

그러면 유물론의 세계관을 지닌 이주여성들에게 복음의 접촉점을 위한 커뮤니케이션의 방법은 무엇인가? 웨버는 유물론적 세계관을 지닌 자들에게 일차적인 과업은 참된 들음을 통해서 앎과 순종으로 이어지도록 해야 함을 말했다. 즉 하나님을 알고, 그와 우리의 관계, 그리고 그의 세상과 우리의 관계를 알게 되면, 자연히 순종하고 싶은 욕구가 생긴다.[154] 사실 기독교의 세계관은 말씀에의 순종 안에서 형성된다. 결국 진실한 커뮤니케이션을 통해서 유물론의 한계를 인식하게 함과 아울러 성경의 진리를 진지하게 소개하여 그들이 갖고 있는 무신론의 벽을 허물게 만들어야 하겠다.

2) 조상숭배의 세계관

조상숭배의 관습과 신앙은 아시아와 아프리카[155] 대부분의 나라들이 갖고 있는 문화적 산물이다. 유교권에서는 제의(祭儀)가 효(孝)와 조상숭배는 뗄 수 없이 연합하여 있다. 둘 중에 하나만을 기호대로 선택할 수 없다는 데 있다. 실제로 유교 제례의 숭배 대상은 영혼 불멸론과 관련된 사령(死靈)이다.[156] 조상숭배의 근원은 먼저 유교적 가르침에 의해서 전래 되어졌다고 보아야 한다. 논어의 "예기. 제통"편에는 효자가 부모를 섬기는 세 가지 방법을 설명해 주고 있다. 즉, 살아 계셨을 때에는 공손히 봉양하고, 돌아가셨을 때에는 슬퍼하여 상을 입으며, 상이 끝나면 제사를 지낸다.[157] 이러한 제사는 죽은 자에 대한 애경(愛敬)을 다하는 것으로서 제의(祭儀)를 갖추므로 효의 연장이라고 생각한다. 조상제사의 종류는 크게 여덟 가지가 진행된다. 우제(초우, 재우, 삼우, 졸곡, 부재), 소상, 대상, 담제, 시제, 차례, 기제, 묘제 등이다.[158] 이러한 제사법은 단순한 윤리적인 규범을 넘어서 하나의 종교적인 기능을 담당하고 있다.

동양의 상황에 있어서 제의 문제는 참으로 해결하기 쉬운 문제가 아니다. 심지어 가톨릭 선교의 예수회의 토착화 신앙 속에 나타난 조상숭배의 용인과 현대 바디칸의 교황청에서도 제사를 효성으로 평가하였다.

그러면 조상숭배의 세계관을 지닌 국내의 이주여성 다문화인들에게는 어떠한 선교전략이 필한가? 데이비드 헤셀 그레이브는 "중국인들에게 복음 증거를 감당할 선교사는 개인과 사회적 윤리를 뛰어넘는 순전함과 선한 행위가 중요하다고 말했다. 아울러 자신의 문화가 아닌 그리스도를 나타내어야 한다. 또한 성경을 진정 알 뿐만이 아니라 종교적 사실들에 대해서도 철저한 공부가 필요하다."[159] 그리고 선교 메시지의 내용은 신학적 정의들에 대해서 분명한 해석이 뒤 따라야 한다. 예를 들면 하나님, 천국, 법, 의무, 권리, 영혼, 영들, 희생 등과 같은 부분들에 대해서 정확한 개념정립이 필요하다. 아울러 효에 관한 주제를 잘 다루어야 함을 주장하였다.[160]

조상에게 제사를 지내는 것은 분명하게 잘못된 신앙행위이다. 왜냐하면 범죄한 인생들에게서 유일하게 경배와 찬양을 받으셔야 할 분은 하나님이시기 때문이다. 더구나 조상제사는 죽은 혼(魂)을 부르는 일종의 초혼(招魂)행위이며 기복(祈福)행위이다. 사실 죽은 사람은 살아있는 사람이 부른다고 오는 존재가 아니다. 다만 타락한 천사들이 사단의 무리화를 이루어 사람들을 영적으로 구속하고 속박하게 만든다. 사실 귀신들은 죽지도 않을 뿐만이 아니라 광범위한 조직망에 의해서 엄청난 정보를 갖고 있는 영적 실체라고 할 수 있다.[161]

3) 다신숭배의 혼합주의 세계관

다신숭배의 대표적인 지역은 일본이다. 일본의 대표적인 종교는 신도(神道)와 불교이다. 일본의 신도수는 약 1억7백만명이며, 이들 중 불교도는 8천9백만이다. 특이한 것은 일본의 불교 신자는 대부분 자신을 동시에 신도의 신자라고 말한다.[162]

불교는 동양의 대부분 국가에 분포되어 있지만 신도는 일본 특유의 종교이다. 신도는 창시자도, 교주도, 교리도 없는 일본제 종교이다. 그 핵심은 일본은 태양신이 세운 선민의 나라라는 것이다. 일본의 천황은 태양신인 아마테라스 오오카미의 후손이기에 성(姓)이 없는 신의 가족이다. 이를 기초로 하여 신도는 일본 국가의 정체성을 제공하고 천황 제도를 신성화하는 정치 종교이다.[163]

후나츠 노부나리는 일본인에게 신은 어떠한 존재인가? 라는 질문에 다음과 같이 대답하였다. "그것은 인간이 살아있는 인격자이신 신과 커뮤니케이션하는 것이 아니다. 그들은 '지벌신'을 달랜다고 하는 자세를 갖고 있다. 즉 인간에게 해(害)를 주는 존재로서의 신을 신앙하고 있다. 따라서 신은 공포의 존재이며 위협이 잠재되어 있다. 그들의 신관에는 하나님의 자비, 사랑과 같은 개념은 존재하지 않는다."라는 것이다.[164]

결국 일본인의 종교관은 다신숭배의 혼합주의임을 알 수 있다. 이와 같은 종교 세계관은 신흥종교의 부흥으로 이어진다. 따라서 일본은 신흥종교가 우후죽순처럼 번창해 가고 있다. 예를 들면 대본교, 천리교, 영우회, 일정선교회, 세계메시아교, 창가학회, 옴 진리교 등이다.[165]

이러한 세계관을 지닌 일본 이주 다문화인들의 한국 유입은 대부분 통일교의 합동결혼식을 통해서 유입되고 있다. 초창기 유입된 이주여성이 일본인이 많은 이유는 그들의 종교성과 무관할 수 없다. 통일교의 합동결혼식은 매년 수천쌍이 참여한다. 이 같은 결혼식을 통해서 일본으로 부터 많은 다문화인들이 한국 땅에 거주하게 된다.

통일교의 신앙으로 무장한 일본인 이주 다문화인의 경우 복음을 증거하기가 쉽지 않다. 이미 자신들의 종교로 무장되어 있기 때문에 세계관이

고착되었다고 보아야 한다. 그러나 통일교의 한계는 이미 시작되었다고 판단된다. 그들의 교주인 문선명은 이미 유명을 달리했다. 그의 자녀들은 리더십 싸움으로 사회적인 비난을 받고 있다. 이는 그동안 철저한 고립주의에 균열이 생김과 아울러 실체를 드러내는 기회를 맞이하였다. 우리가 그들에게 전할 선교의 메시지 내용은 하나님의 거룩하심과 자기희생, 삼위일체가 지닌 인류 구원의 역사성, 성령의 역사 등을 정확히 설명하고 인식시키는 작업이 선행 되어야 한다.

4) 공(空)의 세계관

대부분의 결혼 이주 다문화인들은 동남아시아에서 유입된 인구가 주류를 이루고 있다는 것을 이미 밝혔다. 따라서 이들 대부분은 불교의 세계관을 갖고 있다. 이들 중에는 특이하게도 소승불교가 가장 많은 나라는 캄보디아이다. 불교의 사상적 대표성은 공의 사상이다. 즉 자신을 비움으로서 득도(得道) 하여 열반에 이른다는 의미이다.

불교는 크게 나누어서 소승불교와 대승불교로 나누어져 있다. 승(乘) 이란 어원적으로는 수레라는 뜻이다. 이는 물건을 싣고 운반한다는 의미이다. 그러므로 소승은 작은 수레로, 대승은 큰 수레로 많은 사람을 운반 한다는 것을 담고 있다. 소승은 출가(승려) 본위로 불교의 이상인 열반은 아무나 쉽사리 얻을 수 없는 것이므로 출가 수도하는 수도승이 아니면 얻기 어렵다고 보면서 자신의 득도가 중생으로 이해한다. 이에 반해서 대승불교는 해탈을 하거나 구원을 얻기가 비교적 쉽다고 여겼다.[166] 불교의 기본 교리는 사성제, 팔정도, 무상(無常), 윤회, 카르마 그리고 열반으로 대별해 볼 수 있다.

불교도들의 세계관을 바꾸도록 유도하는 것은 엘렝틱스를 유발하도록 하는 것이다. "엘렝틱스"는 신약 성경에서 어떤 사람에게 그의 죄를 보여 주어 그로 하여금 회개하게 하는 것을 의미한다. 선교학자 바빙크도 "엘렝틱스는 무엇보다도 관심의 대상이 되는 종교의 본질에 대한 정확하고도 냉정한 지식으로부터 시작"라고 말했다.[167] 따라서 결국은 자신들이 갖고 생활했던 종교가 하나님에 반하는 인간의 모습이라는 것을 스스로 깨닫게 만드는 작업이다.

5) 선행을 통한 구원의 세계관

선행이 구원의 조건이 되는 종교는 가톨릭이다. 필리핀에서 유입된 이주 다문화인들은 대부분 가톨릭 신자들이다. 왜냐하면 필리핀의 국가 종교는 가톨릭이기 때문이다. 그들은 소위 모태 신앙으로서 가톨릭 속에서 모든 생활이 엮여 있다.

가톨릭의 구원관은 선한 행위, 믿음, 전통, 예전이 종합적으로 신앙 행위 속에서 나타나야 함을 강조하고 있다. 이에 반해서 개신 교회는 1517년 마틴 루터의 종교개혁 이래로 믿음과 은혜의 구원을 주장한다. 신약 교회는 마가의 다락방에서 120명의 성도들이 성령충만을 경험함으로서 시작되었다. 로마가 세계를 지배하는 상황 가운데 AD 325년 니케아 공의회를 통해서 예수님이 하나님이심을 인정하는 기독론의 신앙, 이후 삼위일체론을 확정하면서 기독교는 로마의 국교가 되었다. 이후 공교회인 가톨릭은 세계의 종교로서 정치와 종교가 하나가 되는 엄청난 힘을 갖고 유럽을 지배하였다.

종교개혁이 시작될 즈음의 가톨릭은 도덕적 지위를 잃었으며, 종교적 열심도 잃었고, 성자숭배 같은 사상의 증가로 기독교의 바른 교리를 소멸시켰다. 면죄부의 판매량의 증가는 바티칸 성당의 건축과 아울러 성직자의 부패를 가져왔다.[168] 결국 민족국가주의의 대두와 과학문명의 여명에 의한 세계 확장은 교회를 투명하게 쳐다 볼 수 있게 만들었다.[169] 특히 인쇄술의 발전은 마틴 루터가 가톨릭과 교리 논쟁에서 민중들의 마음을 얻을 수 있는 결정적인 수단이 되어 종교개혁의 기틀을 놓았다.

선행을 통한 구원의 세계관은 이슬람교의 교리에서 발견된다. 그들의 신앙 가운데 자선을 통한 구원의 요소이다. 즉 가난한 자, 궁핍한 자, 빚진 자, 노예, 여행자, 거지에 대한 자발적인 선물이나 선한 행위[170]를 할 경우에 사후에 그 공적에 따라서 천국에 갈 수 있다고 가르치고 있다.

4. 다문화의 세계관 변화를 위한 선교 커뮤니케이션

장훈태는 서로 다른 사회에 소속되어 있는 사람들이 접촉하게 되었을 때에 나타나는 문제들 가운데, 가장 어려운 문제들은 세계관의 차이 때문에 발생하는 문제들임을 말했다.[171] 이러한 어려운 문제들을 해결해 가면서 선교 커뮤니케이션을 이룬다는 것은 결코 간단한 문제가 아니다. 이제 한국 속에서 다문화인과 내국인의 통합을 이룰 수 있는 세계관 변혁의 커뮤니케이션 요소들을 기술하고자 한다.

1) 진리 복음의 수용성

　다문화이주여성들의 근본적인 문제는 기독교의 핵심진리를 전혀 알지 못함에 있다. 그들은 기독교가 주장하는 신앙 근간인 하나님의 세상창조, 인간의 타락, 예수 그리스도의 구속에 관한 진리를 모르고 한국 땅에 유입된다. 타종교의 배경을 가진 그들은 사단이 인간에게 준 최초의 거짓말을 진리로 착각하고 있다. 이를 안점식은 최초의 네 가지 거짓말이라고 표현하였다. 즉 창세기 3:4-5을 들어서, 불사 영생술, 이성주의와 합리주의 및 과학주의, 도덕과 율법주의 그리고 범신론적 신비주의이다.[172] 사실 다문화이주여성은 안점식의 논리 속에 포함된 세계관을 지니고 있다. 결국 이들의 세계관을 해체시키는 작업이 선행되어야 한다. 그리고 인간을 변화시키는 최고의 무기는 성경임을 알고서 활용되어야 한다.

　로버트 E 웨버는 성경적 커뮤니케이션을 위해서 문화의 가교를 강조하였다. 그는 "성경적 진리에 기초하여 다리를 건립해야함을 강조하고, 부분적인 신앙이나 단순한 신앙해석만을 소통하지 않도록 주의를 주어야 하며, 더 나아가서 우리를 혼합주의에 빠지지 않도록 보호해 주어야 한다"[173]라고 역설하였다.

　세계관은 삶의 실제이다. 그리고 삶의 방향을 결정 짓는 것은 진리인 복음이다. 그러나 인간의 타락은 삶의 실제에 있어서 판단 능력을 상실하여 방향 능력을 잃고 있다. 따라서 복음의 능력으로 인간은 회복 되어야 한다.

　다문화이주여성들에게 복음의 커뮤니케이션이 원활이 증대되면 인식적인 차원에서 영적인 회복이 일어날 것이다. 사실 총체적 회복의 역사는 예수 그리스도의 복음으로 가능하게 된다. 이러한 회복을 안점식은 세 가지 부분에서 인간이 회복된다고 주장하고 있다. 첫째, 존재의 회복이다. 인간은 하나님과 인간 자신과 사물에 대한 인식 능력과 지식들을 회복하게 될 것이다(사 11:9, 잠 9:10). 둘째, 도덕적 능력도 회복되어서 부당한 욕구들이 없어질 것이다. 성화의 삶을 그리스도를 통해서 얻을 수 있음과 아울러 언젠가는 영화로운 몸으로서 죄와는 상관없는 삶을 살게 될 것이다(고전 15:51-54). 세 번째는 자연계의 회복으로 새 하늘과 새 땅에서 천국 문화로 완성될 것이다(사 60:3-4).[174]

복음을 통해서 세계관 변혁의 커뮤니케이션은 간단한 작업이 아니다. 이는 초문화적인 요소가 내재되어 있기 때문이다. 인간이 지닌 세계관을 변화 시킨다는 것은 초자연적인 능력의 사역이 요구된다. 즉 인간의 지혜나 말솜씨가 아니고(행 17:18), 하나님의 능력을 통해서 가능하다(고전 2:2-5). 우리가 다문화이주여성들에게 복음의 진리를 통해서 확실한 커뮤니케이션이 이루어지지 않는다면 그들의 신앙은 교회의 주변을 맴도는 명목적인 신자나 아니면 혼합주의적 신앙을 갖게 됨으로 향후 한국의 기독교계의 진리성을 모호하게 만들게 될 것이다.

2) 비평적 상황화 적용

다문화이주여성의 세계관 변혁의 작업을 위해서 가져야 할 전략은 비평적 상황화의 모델의 적용을 검토해야 한다. 상황화에 대한 인식은 1972년 세계교회협의회 안의 '신학 교육 기금'의 책임자인 쇼키 코와 아론 삽세지안에 의해서 저술된『상황 속에서의 사역』이 소개 되면서 신학계에 논의되기 시작하였다. 이는 일반적으로 토착화라는 용어의 범주를 벗어난 세속화의 과정 및 2/3 세계의 인류 정의 및 투쟁과 같은 영역을 속에서 기독교의 메시지 적용을 강조하였다.[175)]

선교에 있어서 상황화의 문제는 매우 중요하다. 역사적으로 볼 때에 상황화 이전에 토착화가 있었다. 1938년 마드라스 회의는 다음과 같은 정의를 채택하였다. "토착화된 교회는 새론운 교회이든 오래된 교회이든 동양에 있는 교회이든 서양에 있는 교회이든, 그리스도에 대한 뿌리를 박는 교회로서 자체의 환경에 자연스럽고 친숙한 사고의 형식들과 행동양식들을 자발적으로 사용한다"[176)]라고 언급하고 있다. 이후에 선교의 상황화에 대한 논의가 본격적으로 대두되기 시작하였다. 상황화란 토착화의 의미를 담고 있는 광범위한 개념이다.

상황화를 간단히 정의해 보면, '성경적 진리의 타문화적 전달(Contextualiz -ation is cross-cultural commnunication of Biblical Truth)이라고 말할 수 있다. 상황화 신학은, 각각의 독특한 문화적 상황속에 있는 사람들에게 효과적으로 기독교신앙을 전달하고, 기독교 신앙으로 삶을 변화 시키고, 그들의 문화적 정서에 맞는 교회를 이루어 나가고자 하는 해석학적 작업이라고 할 수 있다.[177)] 따라서 상황화 속에는 말씀(tex)과 상황(context)의 관계가 나오는데, 복음적 상황화 신학이란 'text가 context를 주도하게 되며, 진보적 상황화 신학은 context 가 text를 주도하는 관점으로 변화 된다.

선교현장에서 상황화의 문제는 당연한 이슈가 되었다. 따라서 다문화이주여성의 세계관 교정의 커뮤니케이션 현장에도 상황화의 접근은 중요한 전략으로 자리 잡을 수 있다. 그러나 상황화만을 다룰 때에는 상황 속에 내재된 모든 문화적 요소들을 상대적으로 수용해 버림으로서 기독교적 상황화에 한계가 있다. 따라서 비판적 상황화의 문제가 중요한 대안이 되었다.

폴 히버트 교수는 비판적 상황화의 과정들이 네 가지로 연속적으로 진행되어 지는 것으로 보았다. 첫째 단계는, 문화에 대한 석의(the exegesis of culture)이다. 석의의 단계에서는 비판이나 판단을 유보한 채 교회의 구성원들이 문화에 대한 자료를 모으고 그리고 분석하는 단계를 말한다. 예를 들면 그들의 결혼식, 장례식, 노래, 춤 등의 자료들이다. 둘째 단계는, 성경을 석의하고 해석적 다리를 놓는 단계(exegesis of Scripture and the hermeneutical bridge)이다. 이 단계를 주관하는 지도자들(목사, 선교사 등의 성경적 전문성이 요구된 자들)은 자신의 문화를 넘어서 다른 문화와 비교할 수 있는 초문화적 안목을 갖고 있어야만 한다. 세 번째 단계는, 비평적 반응(critical response)의 단계이다. 이 단계는 교회가 함께 새로운 성경적 안목으로 전통 문화에 대한 평가를 내리는 단계이다. 평가의 결과는 다음과 같은 것들이 있다. 계속 유지를 할 것인가? 아니면 거부해 버릴 것인가? 그것도 아니면 의미의 수정을 통해서 수용할 것인가?를 결정해야 한다. 마지막 네 번째 단계는 비평을 통해서 얻어진 평가를 적용해야 하는 것이다. 이는 각 교회가 성도들로 하여금 삶의 현장에서 자리 잡도록 적용해야 함을 말한다.

우리는 다문화이주여성들이 갖고 온 다양한 문화를 비평적 관점에서 분석하고 연구하여 선교 커뮤니케이션의 다리를 놓는 작업을 해야 한다. 이러한 일련의 과정을 통해서 그들이 가진 세계관의 잘못된 인식들을 스스로 극복해 가는 작업이 선행 되어 기독교적 세계관으로 바뀌어 지도록 해야 하겠다.

3) 예수 제자화 운동

세계관 변혁의 커뮤니케이션의 전제는 예수는 커뮤니케이션을 회복시킬 수 있는 유일한 위치에 있다는 것이다. 왜냐하면 예수님만이 완전한 신이요. 완전한 인간이시기 때문이다.

동남아시아의 불교권이나 힌두교 권에서 온 다문화이주여성은 업보(業報)[178]의 개념이나 '삼야신(samnyasin)'[179]을 갖고 있다. 다양한 세계관을 지닌 다문화인들에게 세계관의 교정을 통한 제자화의 전략을 가질 필요가 있다. 선교의 본질은 어떤 세계관을 가진 사람이든지 그 틀을 변형시키는 작업이 곧 선교이다.[180] 세계관의 변혁을 위한 작업 가운데는 제자화의 전략이 절대적이다. 즉 다문화이주여성이 갖고 있는 문화적인 전 이해를 예수 제자화 운동을 통해서 서서히 교정함과 아울러 복음이 확고하게 자리 잡아서 흔들리지 않는 믿음을 갖게 해야 한다.

다문화이주여성들을 예수님의 제자로 만들어야 한다. 제자란 예수님께 헌신하여 따르는 사람이며, 순종하는 종이며, 배우는 학생이다. 따라서 제자란 자신을 통해서 그리스도께서 사시도록 맡긴 그리스도인을 말한다. 또한 제자 훈련은 예수님의 지상명령이다. 제자훈련이란 의식을 단순히 따르는 것이나, 프로그램을 실행하는 것이나, 관례를 자세히 가르치는 것이나, 규정된 규칙에 순종하는 것이나, 정규 커리큘럼을 가르치는 것이 아니다. 결국 제자훈련이란 구주(Saviour) 되시고, 주님(Lord) 되시고, 선생(Teacher) 되신 그리스도와의 올바른 관계성을 의미한다. 따라서 주님에 대해서는 의심 없는 추종(follower)자가 되어야 하며, 주인에 대해서는 자신의 유익을 구하지 않는 종의 자세가 필요하며, 훌륭한 스승의 가르침에 대해서는 행함으로 배우는 도제(apprentice)의 관계가 되어야 한다.

교회는 전문적인 제자화 사역을 통해서 다문화인들의 세계관을 교정해야 한다. 전문적인 제자화 사역이란, 한 개인이나 소수의 사람들을 영적으로 성숙시키고 지도력을 개발하기 위해 집중적인 관심을 기울이는 것을 말한다.[181]

다문화이주여성의 세계관을 바꿔서 기독교의 세계관으로 바꾸기 위한 제자훈련의 조건(눅 14:25-35)은 무엇인가? 첫째는 자기를 부인하고 그리스도를 좇는 자. 둘째는 사람에 대한 관계보다 그리스도에 대한 관계를 우선순위로 두는 자. 셋째는 세상 것들로부터 자신을 구별하는 자이다.

예수님께서 제자를 삼으시는 방법은 다음과 같다. 미래의 교회에 지도자들이 될 몇몇 사람들을 선택하여 그들을 훈련시키는데 주력하셨다.[182] 하나님은 모든 족속으로 제자를 삼으라고 명령하셨다. 그러면 우리를 제자로 부르심의 목적은 무엇인가? 이는 사람을 낚는 어부가 되게 하며(마 4:19), 다른 사람을 제자로 재생산하게 하며(딤후 2:1-2), 주님과 선생 되신 그리스도를 닮게 하려는 것이다(눅 6:40).

결국 다문화이주여성들의 세계관 변화를 위한 일련의 과정은 제자훈련을 통해서 진리의 복음을 이성적으로 발견하고, 신앙 속에서 경험되어지며, 성경공부와 함께 현장의 실제적인 체험을 지속하게 해야 하겠다. 이렇게 함으로서 그들이 갖고 있던 세계관의 체질을 변화시킴과 아울러 멘토로 부터 끊임없는 가르침과 말씀을 옳게 분변하는 기독교 신앙을 갖도록 해야한다. 제자화를 통한 가르침을 철저히 지키게 함과 아울러 행동하게 함으로서 견고한 신앙을 통해서 그들이 가진 세계관을 변화시켜서 기독교의 세계관으로 자리 잡게 만들어 나아가야 한다. 이렇게 됨으로서 온전한 그리스도인이 되었다고 확증할 수 있다.

4) 영적 전쟁을 통한 내적치유 체험

다문화이주여성의 영적 상태는 기독교에 적대적일 수밖에 없다. 이는 진리와 비진리가 인간의 내면세계에서 공존할 수 없기 때문 된다. 이러한 과정을 영적대결이라고 한다.[183] 닐 앤더슨(Neil Anderson)은 상담자, 협조자가 한 개인과 함께 사역하여 그 개인으로 하여금 스스로 진리를 깨닫게 해서 그 진리를 통해서 자신을 악의 영으로부터 해방 받도록 하는 모델을 개발했다. 이것을 진리의 대결(Truth encounter)모델이라고 부른다.[184]

이것은 상담을 받는 사람이 궁극적으로 자기 속에 귀신의 세력을 떠나도록 명하는 모델이다. 능력대결(Power encounter)은 우리가 귀신을 쫓아내는 것만으로 국한시키기가 쉬운데 그와는 달리 티모씨 워너는 영적대결의 본질은 구원에 관한 진리의 문제라고 말했다.[185]

다문화이주여성들이 자신의 고향땅에서 믿었던 정령숭배의 신앙이나 자연과의 접촉을 통해서 사단의 지배 아래 놓인 삶을 유지 한 채로 한국에 유입하는 경우가 많다. 주술은 비인격적인 힘을 조절하는데 관심이 있는 반면, 정령 신앙은 인격적인 영들 및 신성과 상호 교류하는 주술적인 사고의 원리를 이용한 형태이다. 결국 모방과 접촉의 원리는 영적 능력의 활동을 설명하게 되고 영들과 그 능력을 조절하는 데 이용되고 있는 것이다. 여기에서 모방과 접촉의 원리에 의한 사단의 지배는 물체의 접촉을 통한 귀신들림, 다른 사람의 저주를 통한 귀신들림, 유전적인 전이를 통

한 귀신들림, 지역적인 위치 때문에 귀신에 노출되는 경우를 말한다.[186]

우리는 다문화이주여성에 대한 능력 대결을 통해서 그들의 세계관을 교정해야 한다. 그렇게 하려면 기도와 함께 성령님을 의지하여 강력한 복음의 능력을 증거해야 한다. 티모시 워너는 전도는 "항상 일종의 능력대결이 된다. 그것은 하나의 능력의 영역으로부터 다른 영역의 능력으로 옮기는 것, 즉 사단의 영역으로부터 하나님의 영역으로 옮기는 것이다"라고 말했다.[187] 전도를 통해서 진정한 회심이 나온다. 회심이란 어두운 마귀의 왕국에서 진리와 빛의 왕국으로 옮기는 것이다. 회심은 항상 영적 능력이 관계되므로 사단의 영토를 공격하기 위한 영적 대비를 미리 점검해야 할 것이다.

다음으로 생각해 볼 수 있는 것은 다문화이주여성이 가진 쓴 뿌리 같은 심령을 내적 치유를 통해서 세계관을 교정해야 한다. 인간의 자아 중심주의를 통한 방법이 아닌 "하나님이 누구시냐" 분명한 깨달음을 통해서 믿음으로 은혜를 체험함을 통한 자연적인 치유가 일어나야 한다. 즉 "치유"를 방해하는 쓴 뿌리, 상처(히 12:15) 등을 전능하신 하나님을 의지함으로 치유되는 것은 세계관의 변화 요인이라고 볼 수 있다.

다문화이주여성이야말로 자기 땅에 살지 못하고 경제적인 이유나 혹은 부모님의 강권으로 인하여 강제 이주의 삶을 살고 있다. 따라서 당연히 가질 수 있는 것이 고향에 대한 향수와 부모와 형제 그리고 친척들과에 대한 그리움이다. 그들은 한국 생활 속에서 복잡한 가정환경과 폭력 그리고 갈등으로 인해서 원망으로 가득 찰 수 있다. 따라서 이들에게 복음을 통한 내적 치유가 절대적으로 필요하다.

5) 성화된 삶의 모범을 통한 감동 부여

다문화이주여성들이 한국에 유입되어 가장 먼저 경험하게 된 것이 십자가의 형상일 것이다. 이는 대부분의 나라에서 경험하지 못한 종교적인 현상이라고 보아야 한다. 그렇기 때문에 기독교 신앙을 가진 성도들과 자연스럽게 커뮤니케이션이 이루어진다. 이러한 과정 가운데 성도들의 삶이 성화된 모습을 보여주지 못한다면 그들에게 전도하는 것은 불가능하며 마음을 열고 대화하는 커뮤니케이션은 요원할 것이다.

성화는 거룩한 삶이다. 성화에 대한 교리는 교단의 교리에 따라서 견해를 달리한다. 즉 감리교, 개혁주의, 오순절, 케직파 그리고 어거스틴의 입장이 각각 다르다.[188] 그러나 공통점은 첫째는 성화는 과거와 현재와 미래의 세 단계를 가르친다는 것이다. 둘째는 저자들은 성화의 과정에서 신자들이, 자신이 경험한 하나님의 사랑을 나타내도록 규율을 힘써야 한다는 것이다. 세 번째는 신자들이 자신의 죄와 맞서 싸우는 과정에서 매일 악을 버리고 하나님의 의의 길을 택하는 어려운 결단을 해야 한다는 것이다.[189]

다문화이주여성들이 가져온 것은 보편적인 종교들이다. 즉 자신의 신념들을 신앙화하여 자력 구원을 위한 도구로 삼는 신앙이다. 따라서 그들에게는 종교 생활에서 오는 내적 평안, 소망, 사죄의 확신과 성령 안에서의 능력 있는 삶이란 존재하지 않는다. 어쩌면 너무나 체계화된 종교성 때문에 바울이 고백한 "오호라 나는 곤고한 사람이로다. 이 사망의 몸에서 누가 나를 건져 내랴?"를 내부적으로 반복할 수밖에 없다. 이러한 비참한 내적 갈등을 우리의 참된 신앙의 삶을 보여주는 것이 그들의 내적 변화를 유도하는데 중요한 기회를 마련 할 수 있음을 알아야 하겠다.

우리는 거룩한 삶의 모습을 그들에게 보여줌과 아울러 그들의 삶에 실제적인 도움이 되는 봉사를 감당해야 하겠다. 예를 들면 한글학교, 컴퓨터 교실 그리고 음식 나누기 등을 통해서 참여한 다문화 이주자들이 한국인들에 대해서 자연적인 친밀감을 갖도록 한 다음에 복음을 증거 해야 하겠다. 이러한 전략은 단 기간의 프로젝트가 아닌 오랜 기간의 나눔과 친목 그리고 진정한 마음의 교류가 이루어진 다음에 복음을 소개 할 수 있는 특징이 있다. 상호 신뢰의 과정 중에 어려움을 느낄 때도 있지만 그리스도의 사랑의 위대함이 그들을 감복 시킬 때에 마음의 문을 열게 됨을 볼 수 있다.

다문화인들의 세계관을 변화시키는 선교전략이야 말로 한국 교회가 해야 할 당연한 과업이라고 판단된다. 따라서 다문화이주여성들에게 형성된 세계관을 분석함과 아울러 선교적 대안의 하나로서 선교 커뮤니케이션을 찾아보고자 하였다.

이를 위해서 다문화이주여성의 한국 유입을 다섯 국가에 한정하여 살펴보았다. 이들 다섯 국가인, 베트남, 중국, 일본, 필리핀 그리고 캄보디아의 국가는 지난해 한국 유입의 국가별 순위와 관계가 있다. 이들 다문화 국가들의 유입은 한국 거주와 함께 세계관의 충돌은 피할 수 없다. 왜냐하면 그들의 세계관은 자연주의. 부족주의, 불교와 힌두교 및 중화권의 세계관을 지니고 입국하였기 때문이다.

이들 다문화이주여성 속에서 사회주의 유물론 이주여성의 세계관, 조상숭배의 세계관, 다신 숭배에 따른 혼합주의 세계관 그리고 공(空)의 세계관이 존재함을 논증하였다. 아울러 이들의 세계관을 변혁 시켜서 복음화하는 효과적인 커뮤니케이션 전략을 제언하였다. 이를 보면 진리의 복음 수용성, 비평적 상황화의 적용, 예수 제자화 운동, 영적 전쟁을 통한 내적 치유 체험, 성화된 삶의 모범을 통한 감동 부여를 통한 세계관을 변혁시키는 커뮤니케이션을 제언하였다.

　다양한 세계관을 지닌 다문화인들이 한국의 기독교인들과 진실한 커뮤니케이션을 통해서 기독교 세계관으로 자리 잡을 뿐만이 아니라 복음의 능력을 체험하여 평생 주님을 위해 헌신하는 삶을 살 수 있기를 기대해 본다.

136) 데이비드 헤셀그레이브,『선교 커뮤니케이션론』강승삼역 (서울: 생명의말씀사, 2008), 204-205.

137) 찰스 H. 크래프트『기독교 문화 인류학』안영권·이대현 역 (서울: CLC, 2005), 125.

138) 찰스 H. 크래프트『기독교 문화 인류학』125-126.

139) http://search.daum.net/search?w=tot&DA=UMEF&t__nil_searchbox=suggest&sug=&q=%EC%9D%BC%EB%B3%B8, "해외정보" 2012년 11월 9일.

140) 데이비드 헤셀그레이브,『선교 커뮤니케이션론』222.

141) 데이비드 헤셀그레이브,『선교 커뮤니케이션론』225.

142) 데이비드 헤셀그레이브,『선교 커뮤니케이션론』231.

143) 데이비드 헤셀그레이브,『선교 커뮤니케이션론』232.

144) 데이비드 헤셀그레이브,『선교 커뮤니케이션론』252.

145) 데이비드 헤셀그레이브,『선교 커뮤니케이션론』255-256.

146) 데이비드 헤셀그레이브,『선교 커뮤니케이션론』272.

147) 데이비드 헤셀그레이브,『선교 커뮤니케이션론』274.

148) 필 파샬은 구약의 히브리인과 무슬림 사이의 세계관을 거의 동일시 하였다. 필 파샬,『무슬림 전도의 새로운 방향』채슬기 역 (서울: 예루살렘, 2003), 94-95.

149) 전호진,『선교학』(서울: 개혁주의신행협회,2000), 200-209.

150) 데이비드 헤셀그레이브,『선교 커뮤니케이션론』276-277.

151) 로버트 E. 웨버,『그리스도교 커뮤니케이션』정장복 역 (서울:대한기독교출판사, 1996), 54.

152) 전호진,『아시아 기독교와 선교전략』134.

153) 전호진,『아시아 기독교와 선교전략』260.

154) 로버트 E. 웨버,『그리스도교 커뮤니케이션』55.

155) 므비티의 연구에 의하면 아프리카 종교를 대할 때에 조상숭배라고 부르는 현상은 결코 숭배하는 것이 아니라고 주장한다. 조상의 영에게 음식을 제공하는 행위는 공동체, 교제, 기념의 상징이다. 이런 방식으로 죽은 자를 기념하고 따르지 않는 경우에는, 그들을 제명하는 것이고, 그들에게서 실존을 위해 필요한 또 다른 하나를 빼앗은 것이다. 그러나 조상숭배의 의식에 참여하는 것은 죽은 자들을 신격화시키는 것은 아니다. 데이비드 헤셀그레이브,『선교 커뮤니케이션론』235.

156) 이동주,『아시아 종교와 기독교』(서울: 기독교문서선교회, 1998), 233.

157) 공자,『논어』도광순 역 (서울:문예출판사,1977), 14-15.

158) 첫 번째, 虞祭를 보다더 살펴 보면 다음과 같이 제사가 진행된다. 初虞는 장례를 지낸 날 중 가지는 제사 이다. 再虞는 초우 뒤 柔日을 골라서 아침에 지낸다. 여기에서 유일이란 十干의 優藪의 날을 말한다. 三虞란 재우를 지내고 다시 剛日 이란 십간 중의 奇藪의 날을 잡아 아침에 지낸다. 졸곡(卒哭)이란 삼우가 지난후 석달만에 강일을 가려 지낸다. 부재(祔祭)란 졸곡 제사를 지낸 다음날 망인의 할아버지 신위와 망인의 신위 앞에 상을 같이 놓고 지내는 제사이다. 둘째, 小祥이란 초상을 치른지 1년이 되는 날 지내는 제사로 하루전에 날이 밝으면 진설과 곡을 하는 제사이다. 大祥이란 사망후 2년이 되는 기일에 행하는 제사이다. 네 번째는 담제(禫祭)로서 대상으로부터 삼개월 만에 지내는 제사로서 삼년상을 무사히 마치고 자손된 마음이 담담하고 평안하여 지내는 제사로서 담제 일자는 석달째 되는 丁日 이나 亥日로 정한다. 다섯 번째는, 시제(時祭)로서 철을 따라 일년에 네 번 종묘에 지내던 제사였으나 현재는 1년에 한 번 가을에 지내는 경향이 있다. 여섯 번째, 차례(茶醴)로서 정월 1일(年始祭)와 추석절 아침에 지내는 절사(節祠)가 있다. 일곱 번째 기제(忌祭)로서, 이는 돌아가신날 지내는 제사로서 오늘날 보통 불리우는 제사라고 한다. 마지막 여덟 번째는 묘제(墓祭)로서, 이는 시조로부터 모든 조상들의 묘소에 가서 지내는 제사로 한식이나 시월에 날자를 정하고 지낸다. 일중당 편집부,『가정의례 대보감』(서울: 일중당,1988) 55-92.

159) 데이비드 헤셀그레이브,『선교 커뮤니케이션론』277.

160) 데이비드 헤셀그레이브,『선교 커뮤니케이션론』276-279.

161) 안점식,『세계관을 분별하라』(서울: 죠이선교회출판부, 1998), 266.

162) 기타노 코이치, "조은제 님의 '시기오놋' 기도: 일본선교의 돌파구를 찾아서 논평" 제 4 회 한일사회문화이해국제학술대회 강원대학교 법학대학원 대회의실, (2010.10): 156..

163) 전호진,『아시아 기독교와 선교전략』(서울:영문, 1995), 145-146.

164) 후나츠 노부나리, "일본에 있어서, 기도와 교회성장의 현재와 미래" 제 4 회 한일사회문화이해국제학술대회 강원대학교 법학대학원 대회의실, (2010.10):15.

165) 전호진, 『아시아 기독교와 선교전략』 148.

166) 김은수, 『비교종교학 개론』 (서울:대한기독교서회, 2006), 148.

167) 홍성철, "태국 불교인도 "엘렝틱스"를 경험할 수 있는가?" 『불교권 선교신학과 방법』 (서울: 기독교대한 성결교회 출판부, 1993), 137.

168) 루이스 W. 스피츠, 『종교개혁사』 (서울:기독교문서선교회, 1997), 22-35.

169) 이형기, 『종교개혁신학사상』 (서울:장로회신학대학출판부, 1995), 3-12.

170) 조귀삼, 『복음주의 선교신학』 (안양:세계로미디어, 2014), 260.

171) 장훈태, "세계관 이해" 『선교를 위한 문화 인류학』 (서울: 이레서원, 2001), 182.

172) 안점식, 『세계관을 분별하라』 91-123.

173) 로버트 E. 웨버, 『그리스도교 커뮤니케이션』 44.

174) 안점식, 『세계관을 분별하라』 79-80.

175) 상황화에 관한 저술은 복음주의선교학자들 간에 많이 출간되었다. 즉 김승호, 『선교와 상황화』, 이수환, 『상황화 선교신학』, 이들 대부분이 위에 언급한 내용에 동의한다. 정흥호, 『상황화 선교신학』, (서울: 한국로고스연구원, 1996), 23.

176) J. Herbert Kane, Understanding Christian Missions, Michigan: Baker Book House, 1986, 351.

177) 조귀삼, "선교의 상황화" 한세대학교 "선교학 개론" 교재, 2008년, 29.

178) 이 용어는 산스크리트 언어로 '카르마(Karma)'라고 부른다. 즉 좋은 업을 쌓으면 좋은 곳에서 태어나고 나쁜 업을 쌓으면 나쁜 곳에서 태어난다는 것이다. 이는 삶에 있어서 선을 쌓을 것을 주창하고 있는 이론이다. 안점식, 『세계관을 분별하라』 20-21

179) 이 용어의 뜻은 '모든 것을 포기한다'는 의미를 갖고 있다. 따라서 구도의 과정 속에서 걸식하는 것은 비난이 아니라 존경의 대상이 되는 이론이다. 안점식, 『세계관을 분별하라』 22.

180) 이 이론은 필자의 견해를 정미경에 의해서 다시 주장하게 되었다. 정미경, "다문화사회를 향한 한국기독교의 이주민선교" 『복음과 선교』 28.

181) 론 젠슨. 짐 스티븐스, 『생동하는 교회 성장』 금병달 역 (서울: 순출판사, 1999), 214.

182) 론 젠슨. 짐 스티븐스, 『생동하는 교회 성장』 214.

183) 한국선교정보연구센터, "영적전쟁" 『현대선교 제6호』, (서울: 도서출판 한국해외선교회 출판부, 1994), 8.

184) 이수환은 닐 앤더슨의 이론을 빌려서 영적 전쟁을 설명했다. 이수환, 『선교와 영적 전쟁』 (경기 파주: 한국학술정보, 2006), 65.

185) 안점식, 『세계관과 영적전쟁』 (서울: 죠이선교회출판부, 1995) 365.

186) 로버트 J. 프리스트. 토마스 캠벨. 브래드포드 A. 몰랜, "선교학적 혼합주의: 새로운 정령신앙적 패러다임" 『영적 능력과 선교』 (서울: 목양, 1997), 25-41.

187) Timothy M. Warner, 『영적 전투』 안점식 역 (서울: 죠이선교출판부, 1998), 136.

188) Melvin E. Dieter, Anthony A. Hoekerma, Stanley M. Horton, J. Robertson McQuikin, John F. Walvoord, 『성화에 대한 다섯가지 견해』 김원주 역 (서울: IVP, 1997), 이 책은 성화에 대한 다양한 견해들을 소개하고 있다.

189) Melvin E. Dieter, Anthony A. Hoekerma, Stanley M. Horton, J. Robertson McQuikin, John F. Walvoord, 『성화에 대한 다섯가지 견해』 7-8.

2부

다문화 선교의
영역별 전략

5장 다문화 가정

가정의 기초 단위인 부부는 하나님의 창조물이다. 하나님께서는 "복을 주시며 그들에게 이르시되 생육하고 번성하여 땅에 충만하라, 땅을 정복하라, 바다의 고기와 공중의 새와 땅에 움직이는 모든 생물을 다스리라 하시니라."고 말씀하셨다.[190] 이로 보아 가족은 인류의 시작과 함께 가장 먼저 시작된 제도로서 사회를 존속시키는 기본 단위이다.

사회의 발전은 가족의 정상적인 기능의 수행에 크게 의존하고 있다. 즉 가정이 수행하는 기능들은 노동력의 재생산, 가정 성원의 보호와 사회적 통제 그리고 국가 활동에 참여할 수 있도록 가족 성원을 사회화 시켜야 하는 국가의 요구와도 부합되는 것이다. 따라서 이러한 요구가 충족되지 않으면 사회 전체는 존속해 나갈 수가 없다.[191]

가족은 시대에 따라서 변화하고 문화에 따라서 다양할 뿐만 아니라 동일한 나라 안에서도 사회적·경제적 변화에 따라 다양한 양상으로 나타난다.[192] 다문화가정은 서로 다른 문화적 배경을 가진 사람들로 구성된 단위를 지칭한다. 즉 한국인 남성과 결혼한 이주여성 가정, 한국인 여성과 결혼한 이주남성가정, 이주민가정(노동자, 유학생)을 포함한다. 더불어 소위 '혼혈아'로 불리던 한국인과 결혼한 이주자 가정의 자녀들에 대해서도 다문화가정의 자녀로 부르는 것이 바람직하다. 이뿐만이 아니라 최근 전쟁과 내전으로 인해서 한국으로 피신해 오는 난민들의 가정도 포함이 된다.

다문화결혼 가정은 다양한 경로를 통해서 형상된다. 이는 결혼 적령기인 청년의 때에 정상적인 남녀 교제와 숙려 기간을 거친 다음에 이루어진 것이 아닐 경우가 많다. 즉 국제결혼중개업을 통한 경우가 대부분을 차지하고 있다. 그렇기 때문에 결혼 초창기인 신혼 때부터 다양한 문제들이 나타나기 시작한다. 결국 다문화부부가 가정을 이루고 한국 땅에서 성공적인 삶을 살기 위해서는 다음과 같은 요건들이 갖추어 져야 한다.

1. 가족의 기능

기족의 기능이란 가족체계 내에서 개인 성원의 위치와 역할을, 가족 체계 밖의 관계성에서는 가족의 응집성과 적응성을 갖고 있다. 따라서 가족의 기능은 가족구성원 개인으로나 전체 가족으로서의 정체성과 관계성을 동시에 보여주는 계념이다. 결국 가족은 가족구성원 개개인의 성장과 발달뿐 아니라 가족이 포함되어 있는 사회의 유지·발전을 위해 다양한 기능을 수행한다.

일반적으로 가족의 기능은 가족 내의 기능과 대외적 기능으로 구분해 볼 수 있다. 대내적 기능으로는 성 및 자녀출산의 기능, 자녀 양육과 교육의 기능, 경제적 기능, 휴식·오락, 그리고 종교적 기능이 있다. 대외적 기능에서는 성을 통제하는 기능, 사회구성원을 충족시키는 기능, 노동력을 제공하고 경제 질서를 유지하는 기능, 사회전통과 문화를 계승하는 기능, 사회를 안정시키는 기능이 있다.[193] 위에 언급한 다양한 기능 가운데에서 다문화 가정을 효과적으로 유지 발전시키는 가족의 내적 기능을 언급하고자 한다.

1) 부부의 애정

사랑이란 인간의 생존과 관계를 유지하도록 이끄는 힘이다. 사랑은 어떤 대상을 아끼고 소중히 여기는 마음이며 서로 돕고 이해하는 따뜻한 감정이다. 김미영은 몇 사람의 학자들의 견해를 언급하면서 다문화부부사이에서 사랑의 필요성에 대해서 언급하고 있다. 프롬(Erich Fromm)은 사랑한다는 것은 사랑을 만들어내는 힘이며, 상대방의 잠재력을 키워주는 동기가 된다고 했다. 펙(Morgan Scott Peck)은 진정한 사랑은 감정적이기보다는 오히려 의지적인 것이라고 보았다. 그는 욕구로서만 존재하는 사랑은 사랑이 아니며, 의지로 표출되는 사랑만을 사랑이라고 보았다. 즉 사랑의 마음을 길러주면 상대방의 잠재능력이 개발되며, 동시에 자신의 능력도 향상되고 강한 의지도 가지게 된다. 이같이 사랑은 사람들이 살아가는 사회의 근본일 뿐만 아니라 사랑을 바탕으로 연인이 되고 관계를 맺고 가족을 구성한다.[194]

다문화부부 관계에 있어서 성적 기능은 중요하다. 가족은 남녀가 사랑을 기초로 형성된 관계인만큼 부부가 애정과 성생활을 영위함으로서 성적 욕구를 충족시키는 기능이 있고, 대외적으로는 사회의 성적 통제를 통하여 성윤리 질서를 유지시켜나가는 기능을 갖고 있다.[195] 인간은 성적 관계성을 가진 존재이다. 성이란 남성과 여성으로 태어난 독립된 인간을 의미한다. 우리말의 성(性)은 마음(心)과 몸(生)이 결합된 것을 의미하는데, 이는 정신과 육체를 총칭하는 이른바 전인적 인간을 말한다. 성(性) 정체성은 한 사람의 정체성을 구성하는 요소 중의 하나로 문화, 민족성, 성(性)

그리고 개인적인 특성 등 다른 많은 요소들과 함께 복합체의 한 결정체라고 할 수 있다. 이러한 성정체성은 한 사람이 다른 사람에게 느끼는 감정적, 낭만적, 호의적, 혹은 애정적, 색정적, 성적인 이끌림에서 알 수 있으며 연속적으로 일어남과 아울러 유연하며 복잡하고 다면적이라 할 수 있다.

2) 자녀출산과 양육

부부는 자녀를 출산하여 자녀를 생산하고 종족을 보존하게 만든다. 가족의 생식 기능은 대외적으로는 사회구성원을 충원하여 사회의 유지와 발전, 인류의 존속에 기여한다.[196] 따라서 이주여성이 임신을 했을 경우에는 태교의 교육이 중요하다. 태교는 태어날 아기를 귀중하게 생각하는 임산부의 마음가짐이며, 출산 후에도 아기를 정성스럽게 기를 수 있는 준비과정이다. 태교가 중요한 것은 임신상태에서 말과 행동이 태아에게 영향을 끼친다는 것이다. 임산부의 질병과 영양상태는 태아의 지적발달에 결정적인 영향을 주게 된다. 특히, 칼슘과 단백질, 철분, 비타민은 임산부의 건강 뿐 아니라 태아의 성장, 발육에 필수적이므로 충분히 섭취해야 한다. 또한 임산부의 정서상태는 태아에게 매우 중요하다. 임산부가 긴장이나 불안을 겪지 않도록 세심한 배려와 함께 편안하게 해주어야 하며, 태아의 정상적인 성장을 위해서 임산부의 충분한 영양섭취와 태아의 정서와 성격 형성을 위해 좋은 태교가 이루어져야 한다.

인간발달 과정의 개념은 크게 성장, 성숙, 학습, 사회화 단계로 구분할 수 있는데, 성장은 신체의 크기나 근육의 생성 등과 같이 신체의 양적인 변화를 말하고, 성숙은 신체의 다양한 부분의 기능의 변화, 학습은 지식·

기술·태도·정서·가치 등이 발달할 수 있도록 하는 것을 말하고, 사회화는 사회의 한 구성원으로 되어가는 일반적인 과정을 말한다. 이러한 발달 과정 가운데 다문화 자녀들의 경우 양육 과정 가운데 주기별로 다양한 역할이 요구된다.

김미영은 인간의 발달 단계에서 부모가 감당해야할 부분을 다음과 같이 언급하고 있다.

첫째는 영아기의 발달과 부모역할은 영아기에 급속히 이루어지는 신체발달, 감각과 지각의 발달, 인지발달, 언어발달, 사회정서발달, 애착의 발달을 위해 노력해야 하며, 특히 부모역할에 대한 신중한 적응, 양육자의 역할, 기본적 신뢰감과 자율감의 발달, 그리고 풍부한 감각 자극을 위한 다양한 준비가 필요하다.

둘째는 유아기의 발달과 부모역할은 신체 운동기능의 발달, 인지발달, 의사소통 기술의 발달, 사회정서발달, 놀이와 성역할발달, 사회화 발달을 위해 노력해야 하며, 특히 보호자의 역할, 훈육자로서의 역할, 대화 및 지적 자극의 제공을 위한 부모역할이 필요하다.

셋째는 아동기의 발달과 부모역할로는 자녀의 건강한 신체적 성장과 운동기능의 발달, 논리적 사고를 위한 인지발달, 언어의 유능성을 위해 읽기와 쓰기, 어휘와 문법, 의사소통 기술 능력을 획득할 수 있도록 지지해야 하며, 사회정서 발달을 위해 학교생활, 또래관계, 도덕성발달의 내면화하는 가정교육이 필요하다. 특히 근면성 발달을 촉진시키고, 문제행동 예방차원에서 학교생활을 잘 수행할 수 있도록 지도해야 한다.

넷째는 청년기의 부모역할로는 스트레스가 가장 많고 혼란스러운 시기에 처해 있는 자녀들을 위해 신체적 변화에 따른 심리적 적응, 양적 질적

인지발달, 정체감발달이 잘 확립될 수 있도록 노력해야 한다. 또한 정상적인 인격형성을 도모할 수 있도록 이성교제와 성 정체감에 대한 관심을 갖는 것이 중요하며, 청년과 부모와의 갈등을 낮추고, 효율적인 의사소통을 통한 질적 관계를 잘 형성해야 한다.[197]

3) 경제적 안정

가족의 경제적 기능은 생산기능과 소비기능으로 나누어지며, 이를 통하여 가족은 의식주를 해결하고 신체적·정서적 안정을 도모하며, 문화생활을 영위한다. 또한 가족은 대외적으로는 노동력을 제공하고 건전하고 합리적인 소비활동과 구매 활동을 함으로서 사회의 경제 질서 유지에 기여한다. 따라서 경제적 기능은 한 가족이 생존을 위하여 물적자원을 확보하고 관리하는 기본적인 기능으로서 현대사회에서 더욱 중요시 되고 있다.[198]

다문화가정의 경제적 기능이 비교적 열악한 상황으로 내몰리는 것은 사회구조적인 요소도 존재한다. 빈곤가족의 형성 원인을 학자들은 세 가지로 연결시킨다. 첫째는 개인이 유급노동에 참여하는 경우에도 소득이 적은 경우를 들 수 있다. 둘째는 신자유주의 경향으로 인해서 국가의 구조적 경제제도의 문제로 말미암아 개인이 스스로 통제할 수 없는 경우가 발생되기 때문이다. 셋째는 공공부조를 받은 빈곤계층은 근로 윤리가 부재하여 복지에 의존하는 성향 때문이라고 하였다.[199]

다문화가정이 행복한 가정을 유지하는 일환으로 맞벌이를 택한 경우도 있다. 특히 동남아시아에서 이주해온 이주여성의 경우에는 본국에 있는 가족을 위해서 한국에서의 직장을 다녀야 하는 경우가 많다. 이는 한국에서 직장을 얻어서 수입된 자금을 고국의 가족에게 송금을 하는 경우이다. 남편과 아내가 동시에 직업을 가짐으로써 자아실현의 욕구충족, 사회적 지위확보, 가정경제 기여 등 자아만족과 행복감을 경험하는 새로운 가족 형태가 증가하고 있다.[200]

2. 다문화 가정의 갈등

다문화 가정을 둘러싸고 있는 다양한 문제들을 효과적으로 대처해 나가야 한다. 몇 가지의 제목들을 살펴보면 다음과 같다.

1) 가정폭력

과거에는 가정폭력을 흔히 신체적 폭력에 초점을 두고 접근을 하였다. 하지만 오늘날에는 신체적 학대 외에도 성학대, 정서적 학대, 심리적 학대 그리고 경제적 학대까지도 논의 되고 있다. 이원숙은 미국의 여성폭력국(Office on Violence Against Women)에서의 가정폭력을 소개하고 있다.

가정폭력은 인종, 연령, 성적 성향, 종교 혹은 성에 상관없이 누구에게나 발생할 수 있고, 이성과 동성 관계에서 모두 발생하며, 결혼 혹은 동거, 심지어 데이트하는 파트너에게서도 발생할 수 있다. 따라서 가정폭력은 어떠한 관계에서든 한 파트너가 친밀한 다른 파트너에 대한 권력을 얻거나 유지하기 위하여 그리고 다른 파트너를 통제하기 위해서 사용되는 학대

적 행동의 패턴으로 정의 하였다.[201]

가정폭력은 1970년대에 와서야 사회적 관심을 모으기 시작하였다. 가정폭력이라는 용어는 여성이 평화롭고 안정되게 살아야 하는 가내 영역에서 발생하는 폭력에 대한 대중적 관심을 모으기 위해 사용되어졌다.[202]

다문화이주여성에 대한 폭력이 행사되는 원인은 결혼 초기에는 의사소통의 장애와 성격 차이 그리고 생활방식에서 오는 경우가 다반사였다. 일례로 중국에서는 집안의 모든 일을 남녀가 공히 거들어서 처리하지만, 가부장적인 한국 사회에서는 그러한 문화적 요인들을 간과해 버리는 데서 오는 다툼과 갈등이 종래에는 폭력으로 나타나게 된다.

만약 남편이 성격장애나 알콜 중독 그리고 나이차이가 많을 경우가 있다. 그럴 경우 젊은 아내에 대한 위기감으로 아내가 가출할 수 있다는 강박관념이 폭력을 불러 오기도 한다. 조사 기관의 다문화가정에 대한 연구에 의하면 언어폭력이 31%, 신체적 폭력이 14%이다. 특히 별거하거나 이혼한 이민 여성의 경우에는 언어폭력이 70 ~ 80%, 신체적 폭력은 50%. 남편으로 부터의 원치 않는 성행위 강요는 40% 이상이 경험한 것으로 나타났다.[203]

2) 자녀의 부적응과 학습 부진

한국의 자녀교육은 세계의 모범이 될 만큼 중시하는 경향이 있다. 일례로 미국의 전 대통령인 오바마도 기회가 있을 때마다 한국의 교육에 대해서 언급하곤 하였다. 이러한 분위기 속에서 다문화 가정에서도 자녀교육에 대해서 많은 관심을 갖고 있다. 하지만 이민자 어머니의 한국생활의 불안정으로 인해서 효과적으로 자녀교육이 이루어지지 못하는 경우가 많다.

첫째로 유아기의 자녀교육의 문제점은 어머니의 언어 미숙이다. 결혼이주여성의 경우 한국어 사용에 많은 문제점을 안고 있다. 유아기 때에 자녀의 언어 형성의 미완성은 물론 관습까지도 어머니의 영향을 받게 된다. 어머니의 입장에서는 모국어가 편하게 사용될 수도 있다. 이에 대한 장점은 어느 시점에 이르면 가족 구성원들이 모국의 가족과도 의사소통이 이루어 질 수 있다.[204] 그러나 단점은 자녀교육을 효과적으로 지도하지 못함에 있다.

둘째는 아동기에는 학교생활 적응 문제의 어려움이다. 학교의 생활 가운데 가장 치명적인 요인은 왕따 문제라고 해야 하겠다.[205] Olweus에 의하면 왕따는 주로 가해자와 희생자 간의 힘의 불균형(imbalance of power)으로 발생하는 경우가 많다.[206] 다문화아동의 경우에는 학교에 입학 전 기초교육이 미흡한 경우와 아울러 외모의 차이에서 발생한다. 이럴 경우 집단으로부터 소외 되는 경우가 두드러진다.

세 번째 청년기에는 사회의 부적응 속에서 오는 스트레스와 함께 사회에 대한 불만 요인이 싹트게 된다. 적극적인 불만의 분출로는 방화라든지, 살인의 경우도 발생된다.

3) 사회적 제도권 배제

먼저는 사회보장체계에서의 배제를 말할 수 있다. 국제결혼 가정은 한국사회가 보장하고 있는 최저생활조차 유지할 수 없는 경우가 발생하여 사회의 안정망에 심각한 문제가 있다는 것을 보여주고 있다. 첫째는 국민 기초생활보장 제도가 국제결혼이주여성가구의 배제, 외국인이라는 이유 때문에, 조건이 충족되지 않는 등의 이유로 수급대상에서 배제되는 경우가 많다.[207]

둘째는 의료 보험제도의 활용에 대해서는 홍보가 부족하든지, 이주여성이 병원 이용에 대해서 이해를 못했던지, 치료비 부담이 걱정 되어서 였든지 아니면 농촌 지역의 경우에는 병원의 접근성 문제로 인해서 의료 보험 제도를 원활하게 활용하지 못한 경우가 있다.

셋째는 인권의 문제도 있다. 이주여성의 경우 20%가 낙태를 경험한 것으로 조사 되었다. 낙태의 경우 남편과 가족의 출산 반대가 12%, 혼혈아의 걱정 때문에 18.6%로 나타났다.[208] 이는 인류가 가진 보편적 권리인 모성 본능을 빼앗는 경우이다.

이주여성이 임신과 출산 과정에서 차별을 당한 또 다른 경우는 음식의 문제이다. 일례로 한국은 전통적으로 출산 이후에 미역국을 먹는 것이 보편화 되어 있다. 그러나 베트남인의 경우 돼지 족발을 먹는다. 이 문제로 시어머니와 출산 이주여성간의 심각한 갈등을 가져오는 경우도 종종 있다.

3. 다문화가정 복지

1) 가정폭력 범죄의 법적 예방

다문화가정에 대한 일차적인 복지는 폭력 예방과 인간다운 삶의 법률적 보장이다. 따라서 가정폭력으로부터 피해를 입은 여성의 경우 국가나 지방자치 단체로부터 보호·지원을 받을 수 있음을 알아야 한다. 첫째는 다문화가족의 지원센터의 전문 인력과 또는 '결혼중개업의 관리에 관한 법률'에 따른 국제결혼중계업자와 그 종사자는 직무를 수행하면서 가정폭력범죄를 알게 될 경우에는 정당한 사유가 없으면 즉시 수사기관에 신고를 해야 한다.[209]

둘째는 결혼이민자 등은 가정폭력으로 혼인관계를 종료하는 경우 의사소통의 어려움과 법률 체계 등에 관한 정보의 부족 등으로 불리한 입장에 놓이지 않도록 의견진술 및 사실 확인 등에 있어서 언어통역, 법률 상담 및 행정지원 등 필요한 서비스를 제공 받을 수 있다.[210]

셋째는 가해자에 대한 고소를 할 수 있다. 가정폭력피해자 또는 법정 대리인은 가정폭력행위자를 고소할 수 있다. 또한 피해자는 가정폭력행위자가 자기 또는 배우자의 직계존속인 경우에도 고소를 할 수 있다. 만약 피해자에게 고소할 법정대리인이나 친족이 없을 경우에 이해관계인이 신청하면 검사는 10일 이내에 고소할 수 있는 사람을 지정해야 한다.[211]

위에서 언급한 몇 가지 요인들을 잘 살펴서 정부로부터 공식적인 보호를 받을 수 있도록 안내하고 신고해야 하겠다.

2) 다문화부부의 삶의 질 향상

부부 적응은 결혼생활의 삶의 질을 나타내는 개념이다. 가령, 결혼의 질이 높다면 당사자들이 결혼생활에서 고도의 만족감이나 행복감을 느끼게 되며 안정된 결혼생활을 지속할 수 있게 된다. 즉 결혼의 질이란 부부 간의 상호작용이나 결혼생활의 기능적 특성을 의미하는 것으로서 당사자들이 부부관계에서 느끼는 주관적인 평가와 관련 된다.

인격적 적응에 대해서 심리학자 고트만은 성공적인 결혼생활을 하는 부부는 '정서적 지능(Emotional Intellgence)'의 개념을 사용한다는 것이다. 즉 정서적 지능이 풍부한 부부는 상호이해가 깊고 상대방의 위신을 세워주고 서로 존경함으로써 행복한 결혼생활을 한다는 것이다. 이같이 부부의 인격적 적응을 위해서는 우선 각 개인의 인격적 성숙과 정서적 안정감이 선행되어야 한다. 이같이 배우자 간에 잘 적응하는 부부는 자주 상호작용 과정을 통해 부부간의 문제를 만족스럽게 해결하고 솔직하게 서로 대화한다. 부부가 상호유사성을 느끼고 공통된 가치관을 가지며, 상대방에 대하여 긍정적인 느낌을 가질수록 부부 적응과 만족도가 높다. 또한 함께 보내는 시간이 많을수록, 감정노출이 많을수록, 언어표현정도가 높을수록 부부 적응이 높게 이루어질 수 있다.

결혼이주여성 가정의 부부는 문화적 차이와 제한된 언어로 결혼생활을 시작하는 만큼 부부관계의 질과 과정에 있어 안정된 출발이 아니다. 따라서 이들의 부부 적응은 역경과 어려움을 안고 시작하는 결혼생활에 잘 대처하고 적응하는 것이 결혼생활의 성공과 행복을 가져다줄 수 있게 된다. 결국 결혼이주여성 가정의 행복을 위하여 부부 적응은 필요한 과업이며, 성역할 태도, 가정경제수준, 의사소통, 부부갈등, 육아부담이 원활한 부부관계에도 중요한 영향력을 미치는 것임을 알아야 하겠다.

3) 다문화부부관계의 향상성

부부관계 향상이란 부부간에 서로를 보다 잘 이해하고, 더 개방적으로

의사소통하며, 부부간에 배우자가 진실하고 긍정적인 생각을 갖도록 조력하는 것이다. 이는 자신과 부부 상호간의 이해를 바탕으로 수용하며, 부부간의 개인이 가진 잠재력을 개발하여 더욱 행복한 결혼 생활을 하도록 조력하기 위한 교육적 성장, 발달 지향적, 상호지향적인 활동이라고 볼 수 있다. 또한 부부관계 향상의 기본적인 전제는 부부의 성장 잠재력을 갖고 있어서, 이것들을 개발하도록 도와주고 기술을 습득하도록 하여 개인의 성장과 아울러 부부도 함께 성장할 수 있는 폭넓은 의미를 지닌다. 이는 부부간의 결혼 생활에서 자기 개발과 인격적인 성장 그리고 이러한 변화의 성장 가능성의 근거를 두고 부부관계의 질을 향상시키려는 것이다.[212]

사실 문화와 언어 그리고 사회적 상황이 다른 한국 사회에 적응해 가는 이주여성의 스트레스 요인은 많은 반면에 역할 모델은 적은 편이다. 이들이 갖고 있는 내적·외적 자원도 매우 빈약하다. 따라서 새로운 사회에서 삶을 향상시키기 위해서는 다양한 부부관계의 교육 프로그램이 필요하다. 다문화부부관계의 강화를 위한 프로그램의 세 단계에 대해서 기술하면 다음과 같다.

첫째는 결혼 전에 실시되는 교육이다. 국제결혼 상황 속에서 예측된 상황과 어려움에 대해서 정보를 제공하고, 긍정적 관계형성을 위한 태도, 가치 그리고 행동을 교육함으로써 결혼 정착과정에서 발생할 수 있는 문제들을 예방할 수 있다.

둘째는 결혼 이후에 실시하는 교육이다. 이를 세분화 해보면 의사소통, 의사결정, 원가족과의 관계 설정, 출산과 자녀 양육, 폭력의 방지 및 처리이다. 또한 외국인 배우자가 한국사회에 적응하는데 필요한 다양한 생존

기술이다. 이는 언어, 문화, 지역사회정보, 법적 보호 장치 등이다. 다음으로는 가정폭력이나 가족관계의 어려움으로 인해서 치료적 개입이 필요한 가정을 위한 개인이나 부부 상담의 교육이다. 마지막으로는 만약 결혼이 해체된 후 또는 가정폭력으로 인하여 쉼터에 있는 여성의 정착지원과 관련된 서비스이다. 또한 취업 훈련과 장기적 주거 서비스, 자녀 양육 기술이나 보육지원 등의 교육이다.

셋째는 자녀교육이나 부부관계와 같은 가족관계에 관한 진단교육 프로그램뿐만이 아니라 가정의 문제가 있을 수 있을 경우에 이를 위해 개별적 교육 서비스를 제공하여야 한다.[213)]

부부관계 집단 프로그램으로는 부부 의사소통 훈련(Minnesota Couple Communication Program), ME 프로그램(Marriage Encounter Program), 부부관계강화 프로그램, 부부관계증진 프로그램이다. 이 같은 프로그램은 집단 부부간의 상호작용 속에서 수용과 이해를 통해서 치료적 경험을 하게 되고, 심리적·정서적 표현을 통해 효과적으로 자기의 가치를 재발견 할 수 있다.[214)] 결혼이주여성의 부부관계 향상은 이들 부부들로 하여금 국제결혼을 통한 가정생활에서 인격적인 성장과 자신들의 이해를 촉진시켜 부부관계의 삶의 질을 향상시켜줄 수 있다.

4) 다문화가정의 경제 안정

인간의 삶의 질에 대한 평가에서 경제적 요인은 매우 중요한 위치를 차지하고 있다. 실제 생활에서 개인적으로는 심리적·주관적 안녕감을 바탕으로 삶에 대해서 느끼는 주관적인 평가가 삶의 만족을 준다고 강조할지라도, 만약 개인의 경제적 수준이 어느 정도 충족되지 않는다면 삶의 질이 높아 질 수 없다고 말한다.[215]

인간은 태어나서 죽을 때 까지 상호작용을 하며 살아가고, 보다 효율적인 생산과 소비를 위해 경제활동을 한다. 개인은 생산자로서 또는 소비자로서의 모습으로 항상 경제문제 속에서 살아가기 때문에 경제교육은 개인뿐만 아니라 국가차원에서도 극히 중요하다 할 수 있다.

경제개념(economic concepts)은 개인이 일상생활에서 경험하는 다양한 경제적 문제와 상황에서 필요한 합리적 사고의 기초가 되는 기본 개념을 말한다. 또한 기본적인 경제문제 영역에 해당하는 지식적 내용을 말하는 것으로서 경제 시스템의 존재 이유를 이해하는 데 필요한 것이다.

최근 우리나라는 고도의 경제성장으로 인한 물질적인 풍요로움 속에서 빈익빈 부익부의 불평등, 자원의 무분별한 낭비, 지나친 과소비 등으로 인해 합리적인 경제기본개념을 제대로 형성하지 못하여 효율적인 경제활동을 위한 경제생활습관을 잘못 형성시켜 왔다. 경제생활습관은 재화나 서비스를 구매, 사용, 처분하는 행동 모두를 포함하는 개념을 의미하며 기본 생활의 덕목 중 '절제'에 중점을 두고 아껴 쓰기, 자기 조절하기, 적절히 쓰기 등을 포함하는 기본생활습관, 개인생활, 가정생활, 사회현상과 환경과 연관된다.

다문화이주여성을 위한 경제적 교육을 실시함에 있어서 직업 교육은 매우 중요하다. 이는 경제적 상태에 중요한 영향을 주어 인간의 태도와 활동을 주도하는 상당히 큰 역할을 하기 때문이다. 인간이 직업을 갖고 생활하면서 얻어진 수익을 통해서 소득이 늘어갈 때에 삶의 행복지수와 만족도는 높게 나타나고 있다.[216]

결혼이주여성을 대상으로 경제교육을 실시함에 있어서 경제개념에 대한 교육은 무엇보다 중요하다. 경제개념의 이해를 통해 경제생활에 대한 이해를 도울 수 있고, 다양한 경제 문제를 인식하는 데 도움이 되기 때문이다. 경제개념에 대한 이해가 없다면 실생활 속에서 접하는 수많은 경제 관련 현상을 바르게 이해할 수 없으며 생활 속에서 발생하는 경제 문제를 합리적으로 대처해 나갈 수 없다. 가정경제교육은 결혼이주여성들이 능숙하고 현명한 소비자·생산자가 되고 책임감을 지닌 한국 시민으로서 성장하는 중요한 기초가 되는데 도움이 될 수 있다

다문화이주여성에 대한 경제교육은 소득을 위한 직업교육뿐 만이 아니라 소비자 교육도 실시해야 한다. 소비자교육을 아홉 가지로 구분할 수 있다. 즉 금전관리, 저축하기, 물자절약, 상품구입 요령, 물건 관리 및 간수, 소비자로서 갖는 권리, 구입한 물건에 대한 불만 처리 및 피해 해결, 환경을 보호하는 소비생활, 물품의 생산과정 및 시장의 기능으로 구분하고 수돗물, 전기, 가스 등을 절약하기, 물건 구입 후 영수증 받기, 쓰레기 양 줄이기 등이다.

5) 다문화자녀 양육의 역할 증대

다문화이주여성의 출산율은 매우 높게 나타나고 있다. 이는 한국의 인구감소현상이 증대되는 상황에서 매우 바람직한 일이다. 사실 현대사회는 가족에 대한 가치관의 변화, 핵가족화로 인해 젊은 세대들은 자녀 양육의 경험을 접할 기회가 절대적으로 부족하다. 이에 자녀양육에 대한 자신감도 없으며, 부모역할에 대한 만족감도 낮게 나타나고 있다, 여성취업

률의 증가는 전통적으로 양육자의 역할을 수행하던 여성을 사회적인 역할로 수용되어 이로 인한 결과는 자녀양육자의 부재현상을 초래하게 되었다. 또한 자녀양육에 있어서 아버지 역할의 중요성이 제기되어 아버지교육의 필요성이 대두되었다. 이는 아버지의 공감적인 양육태도가 자녀에게 미치는 영향이 새롭게 인식되었으나, 자녀양육의 가장 기초가 되는 아버지의 양육태도와 자녀와의 관계를 위한 방법 등의 교육은 미비한 실정이다.

다문화이주여성의 임신과 출산을 위해서 다양한 교육과 상담이 필요하다. 따라서 그들에게 예비부모교육이 필요하다. 이는 결혼한 신혼부부의 사람에게 미리 부모교육을 실시하여 부모가 되었을 때에 시행착오를 미연에 방지할 수 있도록 하는 예방차원의 교육이다. 예비부모교육의 목표는 올바른 부모됨의 준비와 자녀의 성장과정이나 양육방법에 대해 전문적인 지식이나 정보를 제공해주는 것이다. 이는 부모가 되었을 때, 자신의 신념에 대해 여러 가지 문제들에 대한 해결능력을 증진시켜 효율적인 부모역할을 수행하는데 도움이 될 수 있다.

이러한 교육 가운데 태교가 필요하다. 한국은 전통적으로 태교 제도가 존속하였다. 아기에게 좋은 영향을 줄 수 있는 태교에는 음식태교, 태담태교, 음악태교, 시각태교 등이 있다. 태교는 과거로부터 현대에 이르기까지 임산부의 행동 조심과 정서 상태를 중요시하는 것이며, 유산이나 조산의 위험을 예방하고 가족모두에게 새로운 생명의 소중함을 일깨워주는 가치관을 형성하는 초석이 된다.[217]

임신 초기에는 어머니의 약물복용도 신중해야 한다. 약물복용은 태반을 통해 태아에게 전달되므로 매우 심각하게 영향을 미칠 수 있다. 즉 비타민A의 과다사용, 아스피린, 헤로인 등과 같은 습관성 약물, 카페인 등은 태아의 안전을 위해서 자제하는 것이 바람직하다. 또한 임산부의 흡연은 유산이나 사산 혹은 출생 직후 사망하는 신생아를 낳을 가능성을 증가시킬 수 있고, 간접흡연도 태아에게는 유해하다. 임산부가 알코올 중독인 경우는 태아에게서도 알코올중독증과 같은 현상이 나타난다.[218]

프로이드, 에릭슨, 피아제, 아들러, 보울비 등의 학자들은 인간발달에 있어서 초기 영유아기의 경험이 중요하다고 하였다. 이 시기에 아이는 부모와 가장 많은 시간을 보내며 직접 접촉하고, 신뢰감, 애착 등의 정서-심리적인 기본 바탕을 내재화하기 때문에 자녀의 건강한 성장과 발달을 위해서 예비부모교육을 시행할 필요가 있다.[219]

Persons와 Bales는 부모역할의 특성으로 전통적인 부모의 역할을 도구적인 역할(instrumental role)과 표현적인 역할(expressive role)로 구분하였다. 이러한 구분은 아버지가 가정의 대표자나 생계유지자로서 도구적인 역할을 수행하고 어머니가 가족원들의 정서적인 욕구를 충족시켜주는 표현적인 역할을 수행할 때 가족은 가장 기능적이라는 것이다. 즉 어머니의 역할은 자녀와의 신뢰적인 애착을 기반으로 자녀의 신체발달이나 정서발달, 사회성발달에 지대한 영향을 미치며, 아버지의 역할은 자녀발달에 숨은 공로자로서 성역할발달과 사회성발달에 영향을 주는 중심인물로 강조된다. 많은 연구들에서는 부모역할에서 어머니 역할의 우월성을 강조하고 있는데, 여성은 임신과 출산기간을 통해 다양한 호르몬의 변화를 경험하며 이러한 변화는 모성행동을 촉진시켜준다는 것이다.[220]

4. 다문화 가정 선교

다문화인 가정의 복음화를 위해서 한국교회의 성도들은 예수님의 마음[221]으로 전도해야 하겠다. 그리고 그들이 건전한 기독교 가정으로 살아가도록 해야 하겠다. 도로레스 쿠란은 500여명의 저명한 전문가들에게 건강한 가정의 특징을 조사했더니 다음과 같은 결과가 나왔다. 필자는 이를 '건강한 기독가정 10계명'이라고 명명한다.

첫째, 가족이 모두 하나님을 믿는 신앙을 갖고 생활하는 가정, 둘째, 모두 함께 대화하는 기회를 자주 갖고 자발적으로 진솔하게 대화하는 가정, 셋째, 서로 신뢰하고 인정하고 지지해 주는 가정, 넷째는 유머와 센스를 갖고 생활하면서 어울리는 가정, 다섯째, 윤리와 도덕을 가르치고 실천하는 가정, 여섯째, 서로 다른 점을 존중하고 개성을 인정해 주는 가정, 일곱째, 동일한 전통과 풍습을 공유하고 긴밀한 유대감을 유지하는 가정, 여덟째, 이웃과 인류에 대한 봉사에 대한 중요성을 가르치고 실천하는 가정, 아홉째, 저마다 책임과 공동책임을 자각하고 감당하는 가정, 열째, 그들의 문제나 결점을 이해하고 필요하면 도움을 청할 만큼 개방적인 가정들이다.[222]

이러한 가정을 만들기 위해서 성경적 원리를 찾아야 한다. 성경적 가정이 갖는 세 가지의 요소는 다음과 같다.

1) 가정은 복음의 체험장

생활현장 속에서 하나님의 복음을 체험할 때에 사람은 엄청난 변화를 겪게 된다.[223] 가정이 성경적 가정의 체험장이 되기 위해서는 우선 부부부터 사랑의 대화가 필요하다. 사랑의 대화는 좋은 결혼생활을 넘어 풍성한 결혼 생활로 나아가는 길이다. 사랑의 대화는 또한 대화에 있어서 남자와 여자의 근본적인 차이점을 아는 것이 중요하다.

즉 남자는 분석적이고, 여자는 감정적으로 동정하는 경향이 있음을 인지해야 한다. 또한 부부는 대화를 중단할 때를 알아야 한다. 생소하게 들릴지 모르지만, 부부가 입을 다물어야할 때를 아는 것이 중요하다.[224]

효과적인 대화는 적극적인 경청에서 시작한다. 경청은 전달되는 단어들을 듣는 것 이상을 요구한다. 그 속에 있는 의미를 발견하고 이해해야 한다. 결국 의미는 말 속에 있는 것이 아니라 사람들 안에 있다. 레스 & 레슬리 패럿은 경청을 위해서 몇 가지를 주문하고 있다. 먼저는 귀를 열어야 한다. 경청을 방해 하는 요소들을 제거하라고 요구한다.

즉 주의산만, 자기방어, 닫힌 마음, 투사, 억측, 교만과 같은 것이다. 다음은 이해하기 위해서 들으라고 말한다. 대부분의 의사소통의 근본문제는 사람들이 이해하기 위해서 듣는 것이 아니라 대답하기 위해서 듣는다는 것이다. 그러나 사람들은 자신이 이해받고 있음을 아는 순간 당신의 관점을 이해하려는 마음이 더 커지게 된다. 마지막으로는 감정에 귀를 기울여야 한다. 즉 메시지의 내용, 메시지 배우에 있는 생각, 메시지 배후에 있는 느낌을 잘 인지해야 한다. 결국 경청을 통해서 감정을 읽게 되고, 두려움을 없애 줌과 동시에 부부의 성장을 돕게 된다.[225]

2) 거듭남의 체험을 통한 풍성한 삶

거듭남의 비밀에 대해서는 신약성경 요한복음 3장[226)]에 구체적으로 언급되어 있다. 인간의 타락은 죄를 불러왔고 하나님과의 관계가 끊어지게 되었다. 여기에서 관계는 영적인 죽음을 말한다. 하나님과의 올바른 관계를 위해서는 거듭남의 체험이 중요하게 된다. 거듭남의 비밀은 예수 그리스도의 십자가 사건을 통해 인간에게 주어진 은혜를 믿음으로 받는 것이다. 웨슬리는 이러한 사건을 통해서 얻어지는 열매는 내적인 변화라고 말했다.[227)] 거듭난 사람의 특징 가운데 하나는 삶에 있어서 활력과 기쁨의 회복이다. 과거의 죄로부터 해방되고, 영원한 형벌에 대한 두려움으로부터 벗어나게 된다. 결국 하나님에 대한 소망을 갖게 되었으며, 하나님의 자녀가 되었다는 확신을 갖게 된다.

자연인(고전 2:14)으로 태어난 인간이 갖고 있는 부패성은 명예롭지 못한 삶이요, 영혼을 해치는 독이 가득한 삶이며, 모든 불행의 원인이 된다. 하나님이 허락한 낙원에서의 추방으로 인해서 즐거움이 상실되어 버렸으며, 헛된 것을 추구함으로 하나님의 진노 아래 있고, 사탄의 독재아래 놓이게 되었다. 그러나 하나님의 은혜 안에서 거듭난 자들에게는 다음과 같은 증거들이 나타나게 된다. 첫째는 삶에 있어서 그리스도가 중심에 놓이게 된다. 두 번째는 사랑과 믿음의 형성이다.[228)] 그리고 세 번째는 영적인 일에 흥미와 관심이 생기게 된다.[229)] 이러한 결과는 깊은 우울증이나 돌발적인 감정을 억제하여 가정에 속 깊은 대화와 화목을 가져오게 된다.

결국 거듭난 자들은 하나님의 은혜 안에서 새로운 삶을 살게 된다. 하나님의 호의는 이제 하나님을 아버지(Father)라고 부를 수 있으며, 인간 타락의 결과 받았던 죄인된 신분에서 양자(the spirit of adoption)의 영을 받은자로 신분이 바뀌게 된다. 이러한 결과는 생활 속에서 많은 변화가 나타나게 된다. 날마다 하나님의 은혜를 깨닫고 살아가게 되며, 죄책과 두려움으로부터 진정한 자유를 체험하게 되며, 죄를 이기는 권세를 갖게 된다. 결국 다문화 가정 속에서는 믿음과 소망과 사랑이 풍성한 삶의 결과를 갖게 된다.

3) 갈등을 치유하고 화평한 삶의 유지

다문화가족 생활 부부 주기의 변화는 부부 응집성, 부부 적응성, 부부 의사소통과 부부 구조와 역할에 대한 새로운 균형을 요구한다. 부부가 가족 생활 주기에 어떻게 적응하느냐에 따라서 갈등을 겪는 부부가 되든지 아니면 건강한 부부로 관계를 유지하여 삶의 질이 높아지든지 하게 된다. 또한 각 단계에서 다음 단계로 넘어가는 과도기의 변화가 새로운 적응을 부부에게 요구하며 갈등을 가져온다.[230] 따라서 다문화부부는 생활주기의 변화에 효과적으로 대처하는 지혜가 필요하다.

가정에서는 세대 간의 갈등도 나타난다. 세대 갈등은 단순하게 연령 뿐 아니라 가족생활주기와 밀접하게 연관 되어 있고, 의식적 공감대의 단절로 인한 경우도 포함되어 있다.[231]

다문화가정의 갈등을 위한 치료자의 자세는 어떠해야 하는가? 우선 치료자는 하나님께서 우리의 깨어진 관계를 치료해 주시고 구원해 주신다는 확신을 갖고서 가족에게 접근해야 한다. 우리는 기술과 통찰력에서 나타나는 인간적인 한계가 있음을 인정해야하며, 인간이 가진 한계를 뛰어넘는 초월적인 어떠한 힘에 의해서 강화될 수 있음을 믿어야 한다. 하나님께서 우리의 유한한 능력을 수용해 주시고 향상시켜 주심을 믿고 기도로 도전할 때에, 우리는 그분과의 교제에 들어갈 수 있고, 치료받은 가족들과의 확신 있는 만남으로 들어갈 수 있다.[232]

가족은 삶의 기초가 된다. 고사 성어에 가화만사성(家和萬事成)이라는 말이 있다. 이 말의 뜻은 가정이 평안하면 모든 일이 잘 풀린다는 뜻이다. 그러나 이러한 화목한 가정을 이루기 위해서는 다양한 환경이 잘 갖추어져야 한다.

다문화가정은 형성 과정에 수 없이 많은 난관이 존재한다. 사랑이 전재되어야 할 결혼과정은 결혼 중개소가 개입됨으로 기계적인 결합의 경우가 많다. 결혼이주여성의 경우 국내에 유입되는 과정은 물론 이국땅에서 생활하는 동안에도 커뮤니케이션의 부재, 새로운 환경의 적응 문제, 경제적인 문제, 자녀교육의 문제 등으로 많은 어려움을 겪게 된다.

이들 부부가 한국 땅에서 좋은 가정을 이룰 수 있도록 유관 기관의 적극적인 개입이 필요하다. 특히 교회는 사랑의 공동체 속에서 그들이 활동할 수 있도록 열린 공간의 장을 제공해야 하겠다.

190) 하나님이 자기 형상 곧 하나님의 형상대로 사람을 창조하시되 남자와 여자를 창조하시고 하나님이 그들에게 복을 주시 며 그들에게 이르시되 생육하고 번성하여 땅에 충만하라, 땅을 정복하라, 바다의 고기와 공중의 새와 땅에 움직이는 모든 생물을 다스리라 하시니라(창 1:27-28)

191) 손석원·김오복, 『현대 사회복지선교의 이해』 (군포: 잠언, 2000), 212.

192) 이영주 외 4인, 『가족복지론』 (서울: 양서원, 2019), 11.

193) 이영주 외 4인, 『가족복지론』, 14.

194) 김미영, "결혼이주여성의 삶의 질, 자기효능감, 생활만족도를 위한 가정생활 교육 프로그램 개발" (사회복지학 박사학 위 논문, 서울한영대학교 대학원, 2017), 106.

195) 이영주 외 4인, 『가족복지론』, 15.

196) 이영주 외 4인, 『가족복지론』, 16.

197) 김미영, "결혼이주여성의 삶의 질, 자기효능감, 생활만족도를 위한 가정생활 교육 프로그램 개발" 113-114.

198) 이영주 외 4인, 『가족복지론』, 16.

199) 이영주 외 4인, 『가족복지론』, 121.

200) 이영주 외 4인, 『가족복지론』, 248.

201) 이원숙, 『가족복지론』 (서울: 학지사, 2012), 246.

202) 이원숙, 『가족복지론』 246.

203) 이 조사는 2005년 보건복지부와 2006년 전라남도의 자료이다. 김민경, 『다문화가족의 이해』 (서울: 이담, 2000), 111.

204) 이원숙, 『가족복지론』 395.

205) 왕따는 영어로는 mobbing, bullying, social exclusion and harassment 등의 용어 이다. 한국어로서 집단따돌림, 집단 괴롭힘 등이 있다. 한국에서 이러한 용어가 본격적으로 활용된 것은 일본의 이지메란 용어가 소개되면서부터였다. 문성진 외 3인, 『다문화 가정의 이해』 (서울: 이담, 2000), 158.

206) 문성진 외 3인, 『다문화 가정의 이해』 (서울: 이담, 2000), 158.

207) 김민경 『다문화 가정의 이해』 (서울: 이담, 2000), 132.

208) 김민경 『다문화 가정의 이해』 (서울: 이담, 2000), 133.

209) 만약 가정폭력범죄를 알게된 경우에도 신고를 하지 않으면 300만원 이하의 과태료가 부과된다.(가정폭력범죄의 처벌 등에 관한 특례법 제 66조) 김창수 『다문화가정과 다문화사회를 위한 법률생활 길잡이』 (경기:로앤비즈, 2014), 48.

210) 김창수 『다문화가정과 다문화사회를 위한 법률생활 길잡이』 (경기: 로앤비즈, 2014), 48.

211) 김창수 『다문화가정과 다문화사회를 위한 법률생활 길잡이』 48.

212) 김미영, "결혼이주여성의 삶의 질, 자기효능감, 생활만족도를 위한 가정생활 교육 프로그램 개발", 98.

213) 최현미 외 5명, 『다문화가족복지론』 (서울: 양서원, 2012), 243-244.

214) 김미영, "결혼이주여성의 삶의 질, 자기효능감, 생활만족도를 위한 가정생활 교육 프로그램 개발" 99.

215) 김미영, "결혼이주여성의 삶의 질, 자기효능감, 생활만족도를 위한 가정생활 교육 프로그램 개발" 34.

216) 김미영, "결혼이주여성의 삶의 질, 자기효능감, 생활만족도를 위한 가정생활 교육 프로그램 개발" 34.

217) 김미영, "결혼이주여성의 삶의 질, 자기효능감, 생활만족도를 위한 가정생활 교육 프로그램 개발" 117.

218) 김미영, "결혼이주여성의 삶의 질, 자기효능감, 생활만족도를 위한 가정생활 교육 프로그램 개발" 117.

219) 김미영, "결혼이주여성의 삶의 질, 자기효능감, 생활만족도를 위한 가정생활 교육 프로그램 개발" 114.

220) 김미영, "결혼이주여성의 삶의 질, 자기효능감, 생활만족도를 위한 가정생활 교육 프로그램 개발" 112-113.

221) 장경문, 『날마다 111 전도』 (서울: 두란노, 2018), 106. 장경문 장로는 온누리교회 장로이며, 내과병원 원장으로 일하면서 하루에 한 명 이상에게 유리하신 예수님을 전도하는 일에 전념하고 있다. 그는 예수님의 마음은 겸손의 표본이라고 말했다. 즉 '하나님은 겸손한 자를 좋아하신다. 전도 대상자 역시 겸손한 자에게 마음의 문을 열어준다. 그러므로 하나님 앞에서나 전도대상자 앞에서나 겸손하며 낮아져야 한다"라고 주장했다.

222) 손석원·김오복 『현대 사회복지선교의 이해』 235-236.

223) 추부길, 『Family Ministry』 (서울: 한국가정상담연구소, 2005), 46.

224) 레스 & 레슬리 패럿, 『행복한 가정을 세우는 결혼생활 멘토링』 유정희 역 (서울: 디모데, 2009), 251.

225) 레스 & 레슬리 패럿, 『행복한 가정을 세우는 결혼생활 멘토링』 177-186.

226) 예수께서 대답하여 가라사대 진실로 진실로 네게 이르노니 사람이 거듭나지 아니하면 하나님 나라를 볼 수 없느니라. 니고데모가 가로되 사람이 늙으면 어떻게 날 수 있삽나이까 두번째 모태에 들어갔다가 날 수 있삽나이까. 예수께서 대답하시되 진실로 진실로 네게 이르노니 사람이 물과 성령으로 나지 아니하면 하나님 나라에 들어갈 수 없느니라. 육으로 난 것은 육이요 성령으로 난 것은 영이니, 내가 네게 거듭나야 하겠다 하는 말을 기이히 여기지 말라. 바람이 임의로 불매 네가 그 소리를 들어도 어디서 오며 어디로 가는지 알지 못하나니 성령으로 난 사람은 다 이러하니라(요 3:3-8).

227) 존 웨슬리, 『중생』 박명수 역 (부천: 서울신학대학교 성결교회 역사연구소, 2009), 17.

228) 스테판 차녹, 『거듭남의 본질』 손성은 역 (서울: 지평서원 2012), 30-31.

229) 마틴 로이드 존스, 『요한복음 3장 강해』 정상윤 역 (서울: 복있는 사람, 2016), 82.

230) 홍인종, 『결혼과 가족』 (서울: 도서출판 하늘향, 2014), 203.

231) 홍인종, 『결혼과 가족』 306.

232) Charles Wynn, 『가족치료와 목회사역』 (서울: 솔로몬, 1998), 162.

6장 다문화 아동

　　다문화결혼이주가 갖는 문제 중에서 대표적인 것이 자녀들의 학습부적응이다. 이제 다문화가정 자녀들의 학습부적응에 따른 교육의 하향 문제는 방치할 수 없는 국가적 과제가 되었다. 이러한 현실이 선교의 기회를 가져 온다. 그들에게 복음을 증거하여 하나님 나라의 백성으로 만들어 사회통합을 이루어야할 사명을 교회가 부여 받았다.

1. 다문화아동의 학업적응 갈등요인

　　다문화아동의 학습 후원자인 부모의 경제적 열악성과 낮은 사회적 지위 그리고 편견들로 둘러싸인 한국사회 속에서 열악한 교육 환경으로 인해서 학업적응에 갈등 요인이 있는 것은 당연한 결과이다. 이러한 갈등을 해소하는 문제에 대한 담론이 학계에서도 활발히 전개되고 있다.[233]

　　대부분의 학자들이 말한 다문화아동 교육의 문제점은 '학습결손'과 '편견과 차별로 인한 학교부적응'이다. 이러한 현상은 다문화 가족의 자녀들은 부모의 낮은 경제적 여건, 낮은 사회적 지위, 어머니의 언어와 문화 그리고 교육 방식의 차이에서 오는 방관적 자세라고 볼 수 있다. 이와 같은 아동들의 문제를 종합하여 네 가지 관점에서 살펴보고자 한다. 필자는 그동안 사회단체인 세계다문화진흥원의 원장으로서, 경기도 교육청의 다문화전문위원의 자격으로[234] 많은 다문화교육 정책들을 다루어 왔다. 그동안의 경험과 연구되어진 자료들은 통해서 다문화아동들이 갖고 있는 갈등의 요인들을 새로운 관점에서 살펴보고자 한다.

1) 기초학습이 낮음

국제결혼으로 말미암아 다문화아동들은 한국말이 서투른 어머니의 영향으로 한국말을 인지하지 못할 뿐만이 아니라 한국어에 대한 기초교육의 기회도 상실하였다. 기초지식이란 기초적인 문해 교육이라고 볼 수 있다. 대부분의 이주여성 가족의 자녀는 한국어를 잘 하지 못하기 때문에 한국어 과정의 학습과 함께 연계된 다른 분야의 학습도 뒤처지게 된다.[235] 다문화자녀교육 실태의 연구에 의하면 자녀들은 일상적인 의사소통에는 크게 문제는 없으나, 독해와 어휘력, 쓰기 작문능력이 현저히 떨어지는 것으로 나타났다.

한국정부에서는 다문화결혼이주민을 대상으로 한국어 교육을 지역 다문화 센터를 중심으로 다양한 기관을 통해서 교육하고 있다. 또한 이주여성들의 한국어 능력을 향상시키기 위해서 도입된 한국어교사 교육과정을 신설하여 총 10회 정도가 진행되며, 일 회에 2 교시로 운영된다. 한 교시에 90분정도의 시간이 소요됨으로 총 30시간 정도를 이수하여 자격을 갖추도록 함과 아울러 소속 기관에 배치되어 다문화이주여성들의 한국어 교육을 조력하고 있다.[236] 이러한 정부의 노력에도 결혼이주여성들이 한국어를 단시일 내에 습득하여 자녀들의 교육에 활용하기란 결코 쉬운 일이 아니다.

정미경은 결혼이주여성에게 한국어를 가르쳐야 할 다문화전문가 훈련을 위한 교육 참가자들의 이주민들의 언어에 대한 연구 경험에 대해 조사를 하였다. 이 조사에서 연구경험이 '매우 많다'라고 응답한 비율은 8.2%인데 반하여, '보통'이 35.3% 그리고 '없다'는 대답이 30.4%로 나타났다.[237] 이와 같은 현상은 한글을 지도하는 자나, 한글을 공부하는 결혼이주여성이나 커뮤니케이션이 원활히 이루어 질수 없음을 알 수 있다. 결국 이러한 모순으로 인하여 결혼이주민 어머니가 자녀에게 학습에 필요한 기초교육을 효과적으로 실시하기란 결코 쉽지 않다고 볼 수 있다.

헤비거스트(Robert Havighurst)는 인간의 발달과정을 연구한 학자다. 그는 학령기의 어린이가 꼭 달성해야할 과업으로는 읽기, 쓰기, 계산하기 등의 초등학교 교과내용과 친구들과 어울리는 법, 스스로 씻기, 준비물 챙기기, 방 정리 등의 독립심이라고 설명하였다.[238] 그러나 다문화아동들은 어머니의 준비되지 않는 교육 환경으로 인해서 기초학습이 부진할 수밖에 없다. 결국 다문화아동들은 인지나 행동의 발달이 늦어짐으로서 학교에 입학하여 국내의 정규 교육을 따라 가기가 쉽지 않다.

2) 언어발달 지체 현상과 문화 부적응

언어의 발달은 유아기 때에는 부모로부터 배우게 되는 것이 일반적이다. 그러나 아동기에 접어들면 생활의 중심이동이 학교로 옮겨지게 된다. 학교생활을 통해서 다양한 사회적 관계를 형성하게 됨과 아울러 또래 집단을 통해서 언어와 학습의 진보가 있게 된다.

이영탁은 해비거스트의 아동발달 과업을 여러 가지로 함축하여 설명하고 있다. 이들 중에는 "읽기, 쓰기, 계산하기 등의 기본기를 발달시키는 것은 초등학교 교육의 기본 목적이다. 이 시기에는 부모를 비롯한 주위 인물들의 행동을 관찰하고 모방함으로서 적절한 성역할을 익힌다"라고 말했다.[239] 따라서 교육의 적절성이 중요한 과업이 된다. 그러나 다문화 아동의 어머니가 지닌 언어의 한계는 결국 자신이 경험하고 인지해야 문화적인 현상과 한국의 교육과정을 이해하지 못하게 된다.

　다문화인들에 대한 언어정책은 나라들마다 다양한 방향으로 전개 된다. 한국은 결혼이주민들이 한국사회에 적응하는데 있어서 언어 동화주의정책을 실시하고 있다. 다인종, 다민족사회에서의 언어정책은 크게 동화주의와 다원주의로 구분된다. 동화주의는 한 사회의 다수집단이 자신의 언어를 국어 또는 공용어로 정하고 소수집단으로 하여금 그 언어를 배우고 사용하도록 하는 것이다. 한편 다원주의 정책은 한 인종, 한 민족 집단이 인구 규모나 정치권력에서 패권적인 지위를 확보하지 못할 때에 실시하고 있다.[240] 각국마다 어떠한 정책을 실시하던지 간에 언어발달이 늦을 경우에는 자신이 속한 사회현상을 이해하는데 지장이 있을 뿐만이 아니라 문화 속에 깊이 자리 잡고 있는 세계관도 알지 못하여 고립되고 패쇄적인 환경에 빠지게 된다.

3) 정체성의 혼란

　에릭슨에 의하면 정체성이란 안정적이며 일관되며 통합된 자기감(sense of self)을 유지하는 개인의 능력이라고 했다. 즉 부모와 부모의 흥미, 가치, 도덕성에 대한 긍정적이거나 부정적 동일시는 개인적 정체성 발달을 돕는다고 말했다. 정체성의 형성을 논할 때에 자기지각은(self-perception)은 민족성과 민족적 지위집단(ethnic group status)에 관련이 있다. 가장 높은 수준의 민족 정체성을 획득하는 것은 심리적 고통을 덜어주고 긍정적인 자기상을 촉진하게 만든다.[241]

다문화아동들은 부모 중에 한사람이 일반적인 사회 구성원들과의 언어와 피부색이 다를 때에 정체성의 혼란을 겪게 된다. 정체성의 혼란은 좌절감과 무력감을 동반하게 된다. 만약 성인들의 권위나 훈련이 없이 방임이나 무제한적인 경우에는 자녀들은 공격성이 발달하게 된다.[242]

우리나라는 다문화 사회의 초입에 진입하였다. 그동안 사회 문화적으로 배달민족이라는 용어가 말해 주듯이 타문화권 속에서 일어나고 있는 현상들을 전혀 감지하지 못하고 지냈다. 그러나 인종이나 민족의 정체성을 논할 때에 수많은 소수민족들이 그들의 피부색 때문에 다양한 영역(정치, 교육, 경제)의 사회적 조건에서 편견에 찬 폄하(degradation)를 경험해 본적이 있음을 이해하는 것이 중요하다. 소수민족이 견뎌온 사회적 인종주의 경험은 인종이나 민족 정체성 발달에 건강하지 못한 영향을 미친다.[243] 결국 다문화아동들이 자신들의 성장과정에서 느끼는 정체성의 위기는 극복해야할 과제를 남겨두게 된다.

4) 사회적 편견에 따른 왕따

고전적인 의미에서 편견은 개인이 속한 집단에 대해 갖고 있는 일반화에 근거하여 그 개인에 대해 갖는 강한 부정적 감정이다. 이러한 유형의 편견이란 정서적 요소를 나타내 준다. 인간이란 내집단(in group) 또는 외집단(out group)에 대해 부정적이거나 긍정적인 편견을 가질 수 있다. 다른 한 편으로 편견은 태도로 나타난다. 즉 인지적으로는 외집단에 대한 적대감을 드러낸 신념을 갖게 되며, 정서적으로는 분노와 같은 갈등이 있으며, 행동적으로는 적대적 행동의 요소를 갖고 있는 것으로 간주된다.[244]

오스캠프(Oskamp)는 편견을 일으키는 요인으로 네 가지를 열거하였다. "첫째, 유전적 요인이다. 둘째, 사회적, 조직적, 집단 간 접촉양식과 집단 간 관계에 대한 규범에 의해서다. 셋째, 집단과 대인 간 상호작용에 작용하는 사회적 영향력의 기제이다. 넷째, 편견적 태도와 행동에 대한 민감성, 그리고 특정한 대인간 태도에 대한 비수용성에의 개인차에 의해서다"[245]라고 말했다. 집단 간의 관계는 일반적으로 규범과 개인적 요인에 의해 영향을 받는다.

아동이 매우 어린 연령에서부터 고정관념과 가치관에 노출되게 되면, 그것은 이어서 고정관념과 편견의 내재화에 영향을 미치게 된다. 이러한 현상은 결국 부정적인 외집단에 대한 지각을 일으킨다. 분명히 아동은 부모가 외집단 차이에 대해 훨씬 수용적이라 할지라도 아동에게 영향을 미칠 다른 사람들로부터 자신의 편견을 발달시킬 수 있다.[246] 가령, 한국에서 태어나서 혼혈아로 살고 있는 유명한 가수 박일준은 24살 연예계에 데뷔해 '오! 진아' 등으로 히트를 치며 승승장구했지만 흑인이 TV에 나온다는 항의가 들어오자 방송국에서도 하얗게 분칠을 하라는 사회적 편견의 피해를 고백하고 있다.[247]

2. 다문화아동의 학업적응 교육의 필요성

2006년도에 미국의 미식축구 MVP를 수상한 하인즈 워즈의 방한이 계기가 되어서 혼혈인들에 대한 관심을 고조시키는 계기가 되었다. 이에 교육인적자원부에서는 2006년 5월 1일자로 '다문화가정 자녀교육지원 대책'을 발표하였다. 이 대책의 후속조치로 2006년 5월 26일 법무부, 행정자치부, 보건복지부, 여성가족부와 공동으로 '다문화가정지원 실천사례 나눔 대회'를 개최하였다. 더 나아가 2006년 11월에는 교사의 '다문화 이해'를 돕기 위해『교과서 지도 보완자료』를 발간하였다.

이후 2007년 2월 28일자로 고시된 '2007 개정교육과정'에서는 35개의 범교과 학습 주제 중 하나로 '다문화교육'이라는 주제가 초중등 학교 교육교과 과정 총론에 포함되었다. 더 나아가 2007년 6월 6일자로 '2007 다문화가정 자녀교육지원 계획'을 발표하였다.[248] 다문화아동의 학업적응을 위한 교육의 필요성을 언급함에 있어서, 이미 실시되고 있는 서구의 다문화 교육정책을 함께 소개함이 타당할 것으로 보인다.

1) 서구 국가들의 다문화 교육 정책

미국의 다문화교육정책은 인종, 문화, 사회계층, 언어적으로 다양한 아이들을 교육하기 위해 다문화교육이 강조되면서 다문화교육을 실시하기 위한 교사교육을 통해 교사들의 역량강화에 지속적인 관심이 대두 되어왔다. 교사교육은 이론 중심의 접근이 아니라 실습과 같은 현장경험의 중요성을 강조하였다. 문화적 차이와 다양성에 대한 교사 자신의 의식과 태도를 높이기 위해 반성적 자기분석을 할 수 있는 교사교육 프로그램을 개발하는 등 다문화시대가 요구하는 교사 자신의 다문화에 대한 지식, 기술 등의 가시적인 부분뿐만이 아니라 교사의 태도 등과 같은 비가시적인 부분을 위한 교사 교육연구들이 활발히 진행되고 있다.[249]

호주에서의 다문화교육은 연방정부의 다문화정책에 맞추어서 각 주별로 실시하고 있다. 이들은 공교육을 중심으로 모든 학생들이 다양한 사회에서 성공적으로 참여하는데 필요한 지식과 기능, 가치를 갖출 수 있도록 학교를 개혁하는 프로그램을 중심으로 추진되었다. 따라서 학생들의 모국어 유지와 발달을 위한 이중 언어 교육 프로그램 개발과 모국어 교육, 그리고 다양한 배경을 가진 학부모의 학교 참여를 지원하는 데 중점을 두는 한편, 편견과 인종차별주의 및 고정관념에 대한 대치전략 발달을 위한 학교 공동체 프로젝트도 지원하고 있다.[250]

독일은 직업교육이 강한 나라이다. 독일의 다문화 가정 자녀들의 1/3은 고등학교를 마치지 않고 사회로 나가고 있다. 졸업을 하더라도 직업교육 고등학교를 졸업함으로서 대학진학률이 낮다. 외국인 2, 3세에 대한 지원 방안은 이들에게 균등한 교육기회를 주어서 종족적 하층민을 구성하지 않도록 하고 있다. 국가 통합계획서는 이민자들에 대한 독일어와 독일문화교육을 600시간에서 900시간으로 늘리고 여성과 청소년에 대한 특별한 조치를 시행하기로 하였다. 특히 외국인 비율이 높은 학교에 대한 정부 지원을 강화하여 이민자 출신 교사를 더 많이 배치하는 계획도 포함되어 있다.[251]

이상의 세 나라에서 볼 수 있듯이 다문화아동에 대한 교육정책이 나름대로 체계를 갖추고 있음을 볼 수 있다.

2) 한국의 다문화교육 정책

다문화사회에서 이루어지는 교육의 딜레마는 궁극적으로 문화적 단일성을 강조할 것인가 아니면 문화적 다양성을 강조할 것인가 하는 교육이념상의 갈등을 표출한다. 교육인적자원부는 2006년 5월 1일자의 '다문화가정 자녀교육 지원 대책'을 발표하면서, '2007년 개정 교과과정'에서 종래 단일민족의 교과서와 교육 과정을 재검토 하겠다고 공포하였다. 이후, 2006년 12월에는 관련 교과과정 개정 시안 연구개발과 개정 시안 수정보완 연구에서, 기존 교과서의 한 민족, 한 핏줄, 한겨레 등의 용어가 삭제가 검토되었고, 2009년도부터 년 차적으로 시행될 것을 말하고 있다.

이처럼 다문화교육의 필요성을 강조한 가운데 교과과정에서 민족주의 관련 부분을 삭제할 필요가 있다고 했다. 그 배경에는 다문화교육과 민족정체성 교육이 갈등을 일으킨다는 가정을 전재하고 있기 때문이다. 그리고 다국적 출신의 국제결혼자나 외국 노동자 그리고 탈북민의 자녀들의 급증으로 인하여 단일민족주의 이념을 약화시킬 필요성이 있다는 인식이 널리 받아드려지고 있기 때문이다.[252]

양영자의 연구에 의하면 한국의 다문화 교육에 있어서 교육내용 측면에서는 크게 네 가지로 구분하여 소개하였다. 첫째, 소수자 적응교육이다.[253] 둘째, 소수자 정체성 교육이다.[254] 셋째, 소수자 공동체 교육이다.[255] 넷째, 다수자 대상의 소수자 이해 교육이다.[256] 이러한 이론은 의미 있는 말이라고 평가한다.

양영자가 언급한 이론들 이외에도 교육단위 편성에 의한 다문화교육은 분리형 교육이 진행되고 있다. 이러한 경우가 최근에 가수 인순이 씨가 후원을 하여 개교한 '국제다문화학교'이다. 이는 일반 학교에서 공부하기를 꺼리는 다문화 학생들이 함께 모여서 자유롭게 학습하는 교육 시스템이다. 그러나 다문화 부모들의 생각은 통합형 교육으로 전개되기를 희망하고 있다. 왜냐하면 교육 이후에 그들은 한국 사회에 적응하면서 살아야 하기 때문이다. 사실, 대부분의 국제결혼자 자녀들은 외모만 주류 한국인과 다른 경우가 있을 뿐이며 그나마도 외모로 구분할 수 없는 경우가 많다.

양영자는 통합교육의 필요성에 대해서 "분리교육은 이탈과 부적응이 심각하거나 동화나 적응 교육이 필요한 이주 초기단계에서 이루어져야 한다. 분리교육이 실시된다고 하더라도 궁극적으로는 학교교육이 사회체제 내에서 이루어져야 한다는 점에서 단계적으로는 통합교육으로 전환될 필요가 있음을 주장하고 있다. 즉 앞으로 다문화교육의 프로그램은 프로그램 수준의 통합, 협력학교그룹 수준의 통합, 문화적 소수자들의 대안학교와 일반학교의 통합교류, 나아가 국가수준의 다문학교교육 과정속에서 통합교육을 모색하는 방법이 필요하다"[257]라고 말하고 있다.

3) 한국 다문화교육의 특성과 개념 규정의 고려사항

다문화교육은 자국의 역사적 맥락 속에서 발생하였으며 발전과정을 거쳐 온 독특한 교육기회이다. 따라서 다문화교육은 먼저 다문화교육이 도출된 특정한 맥락을 이해하고 국가 내에 존재하는 이질 집단과 이질 문화의 실체를 추출해내는 등 특정 맥락을 고려하는 방식이 중요하다.[258] 결국 한국의 다문화교육의 상황 점검을 위해서 두 가지 고려해야할 사항이 있다.

첫째는 한국의 특수 상황 고려이다. 한국의 다문화교육이 분단-다문화시대에 형성되고 있다는 사실을 고려해야 한다. 현재는 남한 사회만이 다문화사회로 진입하고 있으나 북한의 특별한 상황이 존재함으로 통일-다문화시대의 상황도 종합적으로 준비해야 한다. 그리고 교육 대상이 특정한 국가(중국, 일본, 베트남, 캄보디아, 몽골 등) 위주로 되어있어서 특정 국가에 편중되어 있는 것이 현실이다.

둘째는 국제이해교육과의 구분 고려이다. 국제이해교육[259]은 세계적인 시각을 증진시키는 동시에 동일사회내의 다른 계층에 대한 이해(빈곤층, 여성, 아동, 소수민족 등)도 포함되어 있다. '다문화이해(Intercultural understanding)'로서의 국제이해교육은 다른 나라의 문화이해(International understanding) 뿐만이 아니라, 한 국가에서 다양한 문화이해(Inter-cultural understanding)을 함의하는 것이다.

이 프로그램의 주체는 유네스코 한국위원회에서 주관하고 있다. Christine E. Sleeter & Carl A. Grant,가 쓴 글에서 다문화교육은 교육자들이 보편적으로 사용하는 단어로서, 이는 성, 인종, 장애, 계층과 같은 인간의 차이와 유사함을 인지하고, 인정하고, 확인하는 교육적 정책과 그 실제를 의미한다.[260] 고 하였다. 지구촌 시대에 다문화현상은 어쩔 수 없다. 결국 다문화특수성의 요소를 받아드린 교육이 실시되어야 하겠다.

3. 다문화아동의 학업증진을 위한 선교 케어

국제결혼이 급증하면서 기존의 혼혈아(성인이 되어서도 아동), 튀기 등의 인종차별적 용어를 극복하고자 일부 현장에서는 '코시안'이라는 용어를 고안하여 사용하였다. 그러나 이 역시 강자의 횡포라는 비판을 받기도 하였다. 최근에는 외국인근로자 자녀와 국제결혼자 자녀를 '외국인가정의 자녀'등으로 부르다가 교육인적자원부에서 발표한 교육지원 대책으로서 이들을 '다문화가정자녀'로 명명한 후에 이 용어가 널리 사용되어지기 시작하였다.[261]

대상별 다문화가정 자녀교육의 현황을 살펴보면 다음과 같다.

첫째는 외국인근로자와 자녀대상이다. 이 교육은 주로 NGO 단체에서 담당하고 있다. 일례로 방과 후 학교로서 '지구촌학교', 경기도 안산시 이주센터의 '코시안의 집' 같은 예이다.

둘째는 국제결혼자와 자녀교육이다. 이를 위해서 전북교육청에서는 2005년에 '온누리안' 플랜을 통해서 일본어, 영어, 중국어, 베트남어를 구사할 수 있는 교육전담팀을 구성하여 도내의 교원과 전문직을 중심으로 국제이해교육연구회를 만들기도 하였다.

셋째는 새터민과 아동 청소년의 교육이다. 이들 아동들에 대해서는 한성 하나원 본원의 인근에 위치한 삼죽초등학교와 2006년 3월에 개교한 한겨레 중고등학교에서 새터민 아동과 청소년교육을 담당하고 있으며, 우리들학교[262]도 탈북민의 자녀들을 대상으로 기독교적인 세계관을 교육지침으로 운영하고 있다. 이러한 교육 기관은 정부의 후원을 입은 특수기관이나 종교 후원을 입고 있는 경우가 대부분이다.

이들 특수한 교육 기관 이외에 선교적인 차원에서 한국교회가 다문화아동들의 학습증진에 관심을 갖고 임할 교육 방법을 몇 가지로 함축하여 제언하고자 한다.

1) 교회학교를 통한 취학 전 한글교육

다문화아동을 위한 한글교육을 교회를 활용하여 교육시키는 방법이 좋은 대안이 될 수 있을 것이다. 강용원은 "한글교육에 있어서 글쓰기는 자기표현을 통해서 자신의 생각을 정리하는 유용한 도구이며, 중요한 정보를 보존하고 저장하는 도구가 된다"라고 기술하였다.[263] 다문화아동이 교회라는 공간을 통해서 기초 문해인 한글을 익힘으로서 인지발달과 신앙발달을 동시에 경험하게 만듦으로서 한국 사회 속에서 주류 아동들과 어깨를 동등하게 학습하는 계기를 만들 수 있을 것이다. 특히 다문화아동이 신앙교육 가운데에서 한국 적응을 효과적으로 이루기 위해서는 종교적 판단발달의 논리가 적용되어져야 한다.

인간이 발달하는 것은 선천적인가 아니면 후천적인가에 대한 논쟁이 끊임없이 있어왔다. 유전론은 발달의 기제를 본성(nature), 성숙(maturation), 생득(nativism)으로 보지만[264], 환경론은 양육(nurture), 학습(learning), 경험(experience)로 본다. 환경론 이론에 근거하여 다문화아동의 교육을 살펴보자면 학습 환경의 조성이 매우 중요한 위치를 차지하게 된다. 즉 다문화아동의 발달에 있어서 개인을 둘러싸고 경험할 수 있는 내외적인 모든 환경이 중요하다. 심리적 환경, 영양이나 의료시설 혜택 등의 물리적 환경은 물론 가족, 친구, 학교, 문화 등의 사회적 환경이다. 다문화 어린아이가 초등학교 입학 전부터 교회학교 수업을 통해서 입학과 동시에 학교 수업을 따라갈 수 있는 능력을 갖추도록 능력을 길러 주어야 한다고 본다. 그렇게 될 때에 공적 교육의 혜택을 통해서 자신의 진로를 개척할 수 있게 된다.

오저(Fritz K. Oser)는 종교적 판단(Religious judgement)은 신앙적이거나 신학적인 분석이 아니라 사회과학적 지식의 수용을 근거로 발달심리학의 관점을 규정하였다. 즉 오저는 삐아제(Piaget)의 발생론적 인식론(the genetic epistemology), 골드만(Goldman)의 종교적 사고발달(Religious thinking), 콜버그(Koheberg)의 도덕발달(Moral development)에 기초하여 각 개인의 신앙의 판단 상태를 단계화 하고 교육하는 이론을 제시하였다.[265]

또한 교육의 현장에서 기독교적 앎의 지식만을 전수시키기보다는 삶 속에서 부딪히는 신앙적 다양한 현상들의 딜레마를 통하여, 부여된 종교적 갈등 상황 속에서 신앙적 해결책을 모색하여 기독교적 앎과 실천적 삶의 조화를 이루도록 교육하는 경험중심의 협동학습적인 신앙교육의 특성을 갖고 있다는 이론을 제시하였다.[266]

루이스(Lewis), 크램(Ronald H. Cram) 그리고 마이클 리(James Michael Lee)는 사도행전(10:1~11:18)에 서술된 베드로와 고넬료 사이에 이루어진 서로 다른 문화 사이의 만남을 통해서 다문화 교육의 모형을 제시하였다.[267] 이는 종교, 문화가 다른 사람들과의 커뮤니케이션을 통해서 인류의 구원 문제에 대해서 어떠한 결과를 만들어 내었는가를 제시한 이론이다.

다문화아동들이 교회라는 공간을 통해서 기초 문해인 한글을 습득함과 아울러 그리스도를 알아가는 삶을 습득할 때에 어머니로부터 학습된 이질 문화와 종교 그리고 유전적인 요소를 극복할 수 있다고 판단된다. 이렇게 될 때에 장차 주류사회의 일원으로서 성장하여 사회적 역할 뿐만 아니라 훌륭한 기독교 리더자로서 성장할 수 있다고 본다.

2) 교회의 방과 후 학교 운영을 통한 학습증진

교회교육은 다문화자녀에게 인지발달, 사회 심리적 발달, 윤리적 발달, 신앙 발달을 가져오게 되어 장차 주류사회의 일원으로서 훌륭하게 성장할 수 있다.[268] 방과 후 학교 프로그램은 아동복지적인 측면에서 사회복지 교육기관에서 실시하고 있다. 차상위 계층의 자녀나 결손 자녀일 경우 학교를 마치고 귀가를 하여도 돌봐줄 사람이 없을 경우 사회적 문제를 일으킬 수 있으므로 그들을 케어 하는 프로그램이다. 지방자치 단체에서는 그 기관에 돌봐야할 학생 수 만큼의 식품비나 간식비 그리고 교육 수당을 지급함으로 부모의 역할을 대신해 준다. 이렇게 함으로서 다문화아동들과 일반 주류사회의 아동들 간에 고착화 될 수 있는 계층을 완화시키는 효과를 가져올 수 있다.

손문은 Wilkerson의 견해를 빌려서 다문화 속에서 기독교 교육의 중요성을 "주류 문화와 비주류 문화, 세대와 남녀평등 사이의 갈등과 긴장이 내재되어 있는 다문화 사회속의 기독교 교육은 전통에 대한 이해를 바탕으로 기독교 신앙의 가치와 의미를 파악하여 신앙적으로 건강한 삶을 향유할 뿐 아니라 다른 문화와 종교의 지식과 태도, 그리고 가치와 기술에 대한 이해를 바탕으로 보다 생동감 있는 기독교신앙을 학습하는 과정으로 이해 될 수 있다"[269]라고 주장하고 있다.

한국교회는 교회건물의 막대한 건축비와 유지비에 비해서 효용성이 뒤

떨어진다고 말할 수 있겠다. 효용성이란 일종의 활용도이다. 일주일에 몇 번씩만 교회 문을 열어서 예배하는 것 외에는 대부분은 사용하지 않는 경우가 대부분이다. 따라서 비교적 활용도가 약한 교육관을 활용하여 다문화아동들을 위한 방과 후 학교로 사용할 경우 사회적인 공헌은 물론 주님의 선교적 명령도 수행하는 일석이조의 효과가 있다고 본다. 예수님은 지상사역을 시작하실 때에 이사야서를 언급하면서 "가난한 자들을 위한 복음"에 대해서 분명히 말씀하셨다.[270] 이제 교회는 가난한 자인 다문화아동들의 학습증진을 위해서 굳게 잠근 문을 열어서 선교적 교육을 실시해야할 것이다.

3) 자존감의 회복을 돕는 성경교육

다문화가정의 경우, 결혼이주로 인한 문화와 생활 적응이라는 심리적 공항으로 인한 스트레스가 자녀에게 전달될 요인이 크다. 따라서 다문화가족 아동들이 또래그룹, 학교와 지역사회에서 긍정적인 상호작용을 하지 못하여 자존감이 파괴되거나 낮아져서 학업에 적응하지 못하는 경우가 많이 나타난다.

최옥순은 다문화 가족 아동의 심리사회적 적응문제에 대한 연구에서 고학년이 될수록 어휘부족, 이해력 부족 등으로 학습부진을 보이며 일상생활과 학교생활에서 적응이 떨어진다고 하였다. 이뿐만 아니라 다문화아동은 일반 아동에 비해서 자신의 외모가 다른 사람과 많이 다르다고 느낄수록, 한국어 구사 능력이 떨어질수록, 자아정체감 발달이 낮았다고 말하고 있다.[271]

다문화결혼으로 인한 자녀들의 낮은 자존감 회복을 위한 선교 방법론은 무엇인가? 일반적으로 사회과학적으로 다양한 방법들이 논의 될 수 있을 것이다. 예를 들면 교육심리학자들은 교육의 전문성을 주장한다.[272] 그러나 본질적이고 원초적인 자존감의 회복은 성경에 있다. 따라서 성경교육을 통한 자존감의 회복이야 말로 우리가 추구해야할 최우선의 방법이다. 기독교교육은 하나님과 그분을 아는 지식이 교육과정의 핵심이다. 즉 하나님과 그분의 말씀인 성경을 교육과정 중심에 자리하게 하여 하나님과 말씀이 모든 과정의 기원이자 정의, 그리고 목적이 된다. 이에 대한 이론적 작업을 완성하신 분이 게랄딘 스틴스마(Geraldine Steensma)와 하로 반 브루멜렌(Harro Van Brummelen)이다. 그들은 동심원적 성격이 학문의 모든 영역에서 어떻게 하나님의 중심성을 인식하고 허용하는지를 구성하였다. 성경을 중심축에 두고 기독교의 세계관 속에서 삶을 구성하고, 이를 토대로 사회과학이나 자연과학 그리고 심미학으로 나아가서 실용학문으로 접근하는 축을 만들었다.[273]

기독교교육을 연구한 윤춘식은 C. B. Eavey의 이론인 가르치고 배우는 교육 과정은 계시된 하나님의 말씀에 초점을 둔다는 이론을 전개시키고 있다. 즉 "기독교교육은 단순히 인간의 노력의 한계에 머물지 않고 보혜사(요 14:26)가 오셔서 가르치시고 가르침을 받은 교훈들을 생각나게 해 주신다는 약속 위에 존재한다"고 말했다.[274] 결국 성경교육이야말로 다문화아동들의 자존심을 지켜 주는 역할을 충실히 해 낼 것이다.

4) 다문화상담사의 교육상담

상담은 자신의 문제를 다룰 수 있는 새로운 방법을 발견하도록 도와줄 수 있으며, 자신 있는 분위기로 용기를 북돋워 주며, 지지하며, 신선한 아이디어를 제공한다.[275] 다문화아동을 위해서 훈련된 다문화 상담사가 필요한 시기가 되었다.

말티니스(Martines)는 다문화 학생들은 상담하면서 자신들이 겪고 있는 정체성의 혼란으로 인해서 심리적 고통을 겪고 있음을 호소한다고 한다. 몇 가지 증상을 살펴보면 다음과 같다.

"첫째, 가족의 인종이나 민족의 정체성을 수용하기를 꺼리면서 그에 대한 불안과 죄책감에 시달린다. 둘째, 청소년이 자신의 인종이나 민족 집단으로부터 떨어져 나감으로써 가족 갈등이 생겨난다. 셋째, 민족적 가치관의 상실과 지배적 민족 집단과의 지나친 동일시에 대한 가족의 반대로 인해 가정에서 행동문제가 나타난다".[276]

이러한 다양한 증상은 학습에 지장을 준다. 심지어는 지나친 비하로 인하여 학습의욕을 잃고 학교를 자퇴하여 교육을 포기하는 경우도 있다.

상담에서 중요한 문화적 접근은 자민족우월주의를 배제하는 것이다. 자민족중심주의는 '우리 의식'과 민족 정체성을 앞세워 다른 민족에 대해 경계를 긋고 민족 사이의 다름과 차이를 인정하기보다 우열의 심리기제를 만들어 낸다. 그 결과 자신이 속한 집단에 우월감과 특권을 부여하면서 상대방을 배제하고 차별하는 논리와 억압구조를 형성하고, 심지어 민족 분쟁과 전쟁의 빌미가 된다.[277]

수년전에 있었던 노르웨이 총기 사건의 테러자인 브레이비크는 극단적 자민족우월주의자였다. 그는 유럽의 다문화주의와 이슬람 유입을 증오하면서 청소년 캠프에서 수없이 많은 사람을 총으로 살해했던 모습을 보았다. 이를 타산지석으로 삼는 지혜가 필요하다.

다문화상담은 더 적극적으로 맨토링을 해 주어야 할 필요가 있다. 맨토링이란 넓은 의미로서는 "다른 사람의 삶에 영향을 미치는 것"이라고 하거나 "사람을 세우는 일"이라고 본다. 또한 좁은 의미로서는 "경험이나 스킬이 많은 사람을 더 적은 사람과 의도적으로 짝을 지워, 합의된 목표에 따라 특정 역량을 키우고 개발하는 것"이라고 볼 수 있다.[278]

맨토링이야말로 하나님 나라 확장을 위한 제자화의 기회가 됨을 우리는 인지해야 하겠다.

다문화아동의 학업증진을 위한 선교적 담론을 기술하였다. 결혼이주민 가족 속에서 자란 아동들은 부모들의 열악한 경제적 지위와 학습 욕구의 저하로 인해서 학업적응에 많은 갈등 요인이 생기게 된다. 이로 인해서 기초학습이 낮고, 언어 발달 지체로 말미암아 문화의 부적응은 사회에서 또래 공동체의 아웃사이더로서 존재하게 만들게 된다. 정체성에 혼란을 느끼고 사회적 편견은 왕따 같은 경험을 하게 됨으로 사회에 대한 정상적인 견해를 갖지 못하게 만들에 된다.

서구의 여러 나라들인 미국과 독일 그리고 호주 같은 나라들은 다문화 사회가 갖는 문제들을 해소하기 위해서 다문화 교육에 다양한 이론들을 축적하고 정책에 반영하고 있다. 다행히 한국 정부에서도 몇 년 전부터 사회통합이라는 명제아래 다양한 지원정책을 세워서 실행하고 있다. 그러나 이러한 정책들이 성공을 거두기 위해서는 인간의 삶을 움직일 수 있는 정신적인 요소들에 대한 확실한 케어가 중요하다.

233) 김현숙은 "다문화교육 담론과 기독교 교육"에서 다문화교육에 나타난 문제 제기를 세가지로 제기하였다. 첫째는 다문화교육은 소수 인종과 문화를 소개하고 배려함으로써 소수 인종을 위한 교육적 모형을 제공하는 것인가 아니면 사람들을 대상으로 하는 교육인가? 둘째는 학습자들로 하여금 기독교적 자아정체감을 형성하면서 동시에 자신의 고유한 문화를 유지할 수 있도록 돕는 기독교교육은 과연 어떠한 형태이어야 하는가? 셋째는 성경적이며 신학적인 기반 위에서 현대사회의 다양한 변화에 적절하게 대응할 수 있는 기독교교육의 모형은 과연 어떠한 형태로 제시되어야 하는가? 김현숙, "다문화주의 담론과 기독교 교육" 『한국 기독교 신학 논총』 제 86집 (2013, 4): 270.

234) 연구자는 경기도 교육청의 "2012년 경기 북부 다문화교육센터 선정의 심사위원"으로 활동하면서 경기도 관내 다문화 아동들의 교육 현장을 살펴 볼 수 있었다.

235) 구정화, 박윤경, 설규주 『다문화교육의 이해와 실천』 (서울: 동문사, 2010), 102.

236) Cho, Gwi Sam, "Missiological Education to Overcome the Conflict of Civilization: Multi-Cultural Immigrant Women Married to Koreans" *Journal of Christian Education & Information Technology*, 20(October, 2011), 155-156.

237) 정미경, "다문화사회를 향한 한국 기독교 이주민선교의 방향과 과제"(선교학 박사학위 논문, 성결대학교, 2010), 190.

238) 이영탁, 『아동선교』 (서울: 양서원, 2009) 37.

239) 이영탁, 『아동선교』 40.

240) 소수집단은 자신의 전통어(heritage language)를 사적 영역에서 사용할 수 있으나 정치, 경제, 행정, 교육 등의 공식 영역에서는 사용할 수 없게 된다. 동화주의 언어정책을 실시하는 대표적인 국가는 프랑스, 태국, 터키 그리고 라틴 아메리카 등이다. 다원주의 언어정책은 다시 둘로 나눌 수 있다. 먼저는 "공식적 다중언어주의(official multilingualism)"와 "무동화 단일언어주의(uniligualism without assimilation)"이다. 예를 들면 말레이시아는 무동화 단일언어주의를 실시하고 있으며 케나다 같은 국가는 이중 언어주의를 실시하고 있다. 조선경, "특수목적 한국어 교육 연구" (국어국문학과 박사학위 논문, 이화여자대학교 대학원, 2007), 28.

241) Danielle Martines, 『다문화사회의 학교심리학』 신현숙, 이승연, 이동형 공역 (서울: 학지사, 2011), 507.

242) 최옥순, "다문화가족 아동의 자기표현 및 자아존중감 증진을 위한 집단미술치료 프로그램 개발 및 효과" (사회복지학 박사학위논문, 대전대학교 대학원, 2008), 18.

243) Danielle Martines, 『다문화사회의 학교심리학』 508.

244) Danielle Martines, 『다문화사회의 학교심리학』 502.

245) Danielle Martines, 『다문화사회의 학교심리학』 503.

246) Danielle Martines, 『다문화사회의 학교심리학』 505.

247) 어린 시절 혼혈이라는 이유로 사람들의 따가운 시선을 받아야 했던 박일준. 그는 괴로움을 잊기 위해 15살 때부터 술을 마셨다고. 24살 연예계에 데뷔해 '오! 진아' 등으로 히트를 치며 승승장구했지만 흑인이 TV에 나온다는 항의가 들어오자 방송국에서도 하얗게 분칠을 하라는 등 그를 괴롭혔다. 그는 괴로움을 잊고자 매일같이 하루 2짝의 소주를 마셨다고 고백했다. 박일준은 "결국 그는 복수가 차올랐고 피를 토하고 쓰러져 병원에 갔더니 간경변 진단을 받았다"고 말했다. 당시 간경변으로 인해 식도 정맥이 8개가 파열돼 생존가능성 50% 진단을 받았다. "http://news.chosun.com/site/data/html_dir "혼혈가수 박일준, "흑인이 TV 나온다며..알콜중독 죽을뻔" 2012년 6월 6일.

248) 양영자, "한국 다문화교육의 개념 정립과 교육과정 개발 방향 탐색" (교육학 박사학위 논문, 이화여자대학교 대학원, 2008), 69-71.

249) 박찬옥 외 6인, 『유아 다문화 교육』 (서울: 창지사, 2011), 29-30.

250) 박찬옥 외 6인, 『유아 다문화 교육』 30-31.

251) 박찬옥 외 6인, 『유아 다문화 교육』 31-32.

252) 양영자, "한국 다문화교육의 개념 정립과 교육과정 개발 방향 탐색", 73-74.

253) 이는 기존 주류사회가 새로운 이주자를 받아드리는 첫 단계로서 '사회통합'을 위해서 가장 보편적으로 행해지고 있는 동화주의의 요소이다. 소수자 적응교육은 한국어와 문화에 능통하고 한국에서 성공하는 것이 공통 희망인 이주자들에게 이 욕구를 충족시킬 수 있는 교육이다. 이는 한국의 교육체제에 성공적으로 편입을 시도하는 필수적 코스이다. 양영자, "한국 다문화교육의 개념 정립과 교육과정 개발 방향 탐색" 75.

254) 이는 다문화주의자(multiculturalist)의 관점에 기초하고 있다. 소수자의 정체성 함양에 초점을 맞추어서 이들이 자존감을 회복하고 자신이 속한 문화집단에 자부심을 가지도록 하는 것이다.양영자, "한국 다문화교육의 개념 정립과 교육과정 개발 방향 탐색", 77.

255) 이는 두 가지 측면에서 생각해 볼 수 있다. 먼저는 소수자들의 정서적 지지를 위한 지원망 확보에 초점이 있다. 다른 하

나는 소수 인종 문화 간, 혹은 소수 집단 내에 갈등이 생길 때에 갈등을 경감시키고 이들의 집단 간 사고의 지평을 확장 시켜 주는데 초점이 있다. 양영자, "한국 다문화교육의 개념 정립과 교육과정 개발 방향 탐색", 79.

256) 이는 다수자를 대상으로 소수자에 대한 차별과 편견의식을 극복하고자 하는 데 초점을 맞추는 것이다. 양영자, "한국 다문화교육의 개념 정립과 교육과정 개발 방향 탐색", 83.

257) 양영자, "한국 다문화교육의 개념 정립과 교육과정 개발 방향 탐색", 85-86.

258) 양영자, "한국 다문화교육의 개념 정립과 교육과정 개발 방향 탐색", 50.

259) 국제교육이해(Education for international understanding)이라는 용어는 자체도 국제교육, 세계교육, 문화간 교육, 평화교육, 환경교육, 인권교육, 개발교육 등의 교육개념과 광범위하게 혼용하여 사용되고 있다. 미국에서는 이를 '세계교육(global education)'이라는 용어로 수용되는 경향이 있다.

260) Christine E. Sleeter & Carl A. Grant, 『다문화교육의 탐구: 다섯 가지 방법들 6판』 문승호, 김영천, 정정훈 역(서울: 아카데미프레스, 2009) 237.

261) 양영자, "한국 다문화교육의 개념 정립과 교육과정 개발 방향 탐색", 58-59.

262) 우리들학교는 윤동주 이사장(교장)에 의해서 2010년 7월에 설립하고 2017년 6월 통일부에서 법인으로 승격 받은 기관이다. http://wooridulschool.org/"우리들학교" 2022년 5월 22일.

263) 강용원, 『기독교교육 방법론』 (서울:기독학교, 2008), 271.

264) 유전론은 생득적인 원천으로 정해진 순서에 의해 아동이 발달한다고 가정하는 이론이다. 장화선, 김난예, 『기독교 아동교육』 (서울: 한국기독교교육학회, 2011), 67.

265) 장화선, 김난예, 『기독교 아동교육』 120.

266) 장화선, 김난예, 『기독교 아동교육』 120.

267) 이들이 제시한 모형은 다음과 같다. 첫째 단계는 개인적 전망(incomplete personal vision)의 단계로서, 각기 다른 지리적, 문화적, 종교적 간격을 지닌 고넬료와 베드로가 개인적인 기도 가운데 하나님의 계시를 받는 단계이다. 두 번째는 하나님의 의도를 이해하기 위해 문화적 경계를 넘어 다문화적 만남을 시도하는 단계이다. 이 단계에서는 이방인과 종교적 법을 넘어서 문화적 타자에 대한 개방적 태도(openness to cultural other)를 습득하게 되는 특징을 보인다. 세 번째 단계는 직접적인 대화의 만남(face-to face encounters)이 일어나는 단계이다. 네 번째는 다양한 경험과 관점의 공유를 통해서 다면적 관점(multiple perspectives)이 형성되는 단계이다. 다섯째는 갈등과 공적토론(conflict and public discussion of differences)의 단계이다. 마지막 단계로는 상호적 환대(reciprocal hospitality)로서, 서로 다른 문화 사이의 환대와 밥상교제는 처음에는 도전과 갈등의 요소로 작용하나 점차 다문화 기독교교육의 중요한 한 부분을 차지한다는 것이 중요한 특징이다. Lewis, Cram, and Michael Lee, "Curriculum and Multicultural Religious Education" Multicultural Religious Education, Edited by Barbara Wilkerson, 323-391. 김현숙, "다문화주의 담론과 기독교교육" 『한국기독교신학논총』 Vol 86, 2013. 재인용.

268) Cho, Gwi Sam, "Missiological Education to Overcome the Conflict of Civilization: Multi-Cultural Immigrant Women Married to Koreans" Journal of Christian Education & Information Technology, 20(October, 2011), 166.

269) 손문, "다문화 사회와 기독교 대학의 교양 교육" 『기독교교육 논총』 23집 (2009): 330.

270) 보쉬는 누가복음 4:18 에서 예수님의 이사야 선지자의 말씀(사 61:1)의 인용은 일종의 선언서라고 표현하였다. David J. Bosch, Transforming Mission, (New York: Orbis Books, 2005), 100.

271) 최옥순, "다문화가족 아동의 자기표현 및 자아존중감 증진을 위한 집단미술치료 프로그램 개발 및 효과" (사회복지학 박사학위논문, 대전대학교 대학원, 2008), 21.

272) 교육의 전문성은 크게 네 가지로 분류하여 설명하였다. 이는 학습자에 대한 헌신, 의사결정, 반성적 실행 그리고 전문지식을 갖추어야 한다고 주문하였다. Paul Eggen & Don Kauchak, 『교육심리학』 신동호 외 6인 공역 (서울: 피어슨 에듀케이션 코리아, 학지사, 1995), 26.

273) 이 모형에 관해서는 Richard J. Edlin, 『기독교교육의 기초』 기독교학문연구회 교육학 분과 역 (서울: 그리심, 2009), 199쪽을 보라. 여기에는 스틴스마(Geraldine Steensma)와 반 브루멜렌(Harro Van Brummelen)이 그려 놓은 기독교교육 모형이 자세히 그려져 있다.

274) 윤춘식, 『현대교회와 선교교육』 (서울:영문, 2000), 36.

275) 데이빗 헤셀 그레이브, 『타문화 상담과 선교』 장훈태 역 (천안: 헤본, 2004), 138.

276) Danielle Martines, 『다문화사회의 학교심리학』 509.

277) 임희숙, 『기독교 근본주의와 교육』 (서울: 동연, 2011), 211.

278) 이석철, 『교육으로 목회를 보다』 (대전:침례신학대학교출판부, 2012), 265.

7장 다문화 청소년

　세계화라는 언어가 사회의 다양한 분야에서 적용되고 있다. 세계화는 경제적인 관점에서 미국주도의 세계경제 체제를 일컫는 말로 이해되기도 하지만 교통과 통신의 발달로 국가나 문화 간에 경계가 없어지고 지구촌이라는 개념 아래 살아가는 이 시대의 한 국면으로 주로 이해된다.[279]

　세계화(Globalization)의 물결 속에서 한국으로 유입되는 다문화인의 숫자가 날로 늘어나고 있다. 이는 과학 기술의 발전으로 인한 교통과 통신의 발달이 한 몫을 감당하고 있다.[280] 정부와 민간단체는 한국에 유입되는 다문화인들의 처리문제를 놓고 사회통합이나 복지적 관점에서 다양한 정책을 입안하여 프로그램화하고 있으며, 지식집단인 학계에서도 이들에 대한 활발한 연구가 진행되고 있다.

　다문화 유입은, 우리보다 앞선 경험을 가진 서구 유럽에서 볼 수 있듯이, 사회적 갈등과 심지어 종교적 충돌로 이어지는 경우가 적지 않다.[281] 따라서 다문화인들의 한국 유입은 부정적인 측면에서 본다면 정치와 경제 그리고 문화의 이질화로 말미암아 많은 문제들을 가져온다고 볼 수 있다. 특히 다문화 가족 속의 청소년들은 사회적 부적응으로 인해 소외 문제와 함께 다양한 갈등을 일으켜서 사회 안정의 저해 요인을 가져오기도 한다.[282] 그러나 긍정적인 측면으로 보자면, 인구의 증가율을 높임으로써 국가의 미래에 기여할 수 있는 동력을 갖게 만든다. 현재 한국은 출생율의 저하로 인한 총인구의 급감으로 먼 미래에는 국호가 소멸될 수도 있다는 보고

서가 나오기도 한다. 이러한 때에 다문화인의 유입을 통한 총 인구의 증가는 산업 현장은 물론 경제 전반에 활력을 불어넣는 계기를 가져올 수 있다.

한국의 다문화인 거주자는 점점 늘어나고 있다. 그러나 대부분의 다문화 가정 자녀들은 부모들의 취약한 경제난으로 인한 학습결여로 말미암아 정상적인 교육 과정에서 소외되는 경우가 많다. 아동기의 교육 부재는 청소년기에 이르면서 사회와 가정에 대해 불만세력으로 자리 잡아 사회 문제를 야기할 수 있는 집단이 되기 쉽다. 따라서 다문화 청소년의 문제는 우리 사회가 다루어야 할 중요한 과제가 되었다. 예를 들면 중도입국 자녀들을 포함한 다문화 청소년들은 학교에서 정규 수업을 따라가지 못할 뿐만 아니라 사회의 낙오자로 살아간다. 이러한 계층의 다문화 청소년들은 부모는 물론 사회에 반항을 표출함과 아울러 감수성이 예민하고 불쾌감을 느끼며 살아간다. 결국 현실에 비판적 태도를 갖게 된 그들은 기성세대의 제도와 관습을 강요하게 되면 일탈행동과 함께 자신이 설정한 세계로 나간다. 더 나아가 다문화 청소년들은 성적(性的)으로는 매우 개방적이어서 전통 윤리를 퇴색하게 만들 뿐만 아니라 쾌락추구의 삶을 살게되기 쉽다. 이러한 문제점을 안고 살아가는 다문화청소년들을 위해 사회적 관점에서 바람직한 대안을 갖지 않으면 안 된다. 특히 교회는 이들이 갖고 있는 아픔을 함께 나누면서 치유하는 대책이 절실하다.

1. 다문화 청소년의 한국 거주 유형

"삶의 자리"는 대단히 중요하다. 미국은 세계의 모든 젊은이들이 부러

워하는 나라이지만, 뉴욕의 할렘 가를 두고 바람직한 삶의 터라고 말할 수는 없을 것이다. 따라서 다문화 청소년들의 삶의 자리인 환경이야말로 삶의 질을 향상시키는 복지에 중요한 요소라고 할 수 있다. 그러나 다문화 청소년의 교육 복지는 열악한 환경을 드러내고 있다.[283]

이는 비단 교육적인 문제뿐만이 아니라 주거를 포함한 삶의 전반적인 환경이 정상적이 아니라는 반증이다.

1) 다문화결혼을 통한 출산과 성장 거주

한국인들은 단일민족 신화와 순혈주의에 대한 신념이 강하다. 그렇기 때문에 국제결혼에 있어서도 피부색이 완전히 다른 혼혈인보다는 비교적 한국인과 유사한 결혼이민자를 선호한다.[284] 따라서 대부분의 결혼이주여성의 국가들 분포를 보면 동남아시아 국가들에서 시집을 오는 경우가 많다. 그러함에도 이들과 결혼하여 낳은 2세들에 대한 편견이 항상 존재한다.

다문화가정의 경우 저수입으로 인한 열악한 경제생활을 할 경우가 많다. 다문화이주여성의 경우 한국생활에 적응하려고 최선을 다하지만 식당 등의 일용직, 다문화가족지원센터의 통번역사나 시간제 외국어 강사 등으로 대부분 저임금의 단순 노동직으로 한정되어 있다. 따라서 그들은 언어와 문화 차이, 자녀교육 문제, 사회적 편견 등으로 어려움을 겪으면서 힘겨운 삶을 살아가고 있다.[285] 이처럼 힘든 노동과 함께 열악한 환경 속의 부모님으로 부터 성장한 청소년들은 자존감은 물론 유해 환경에 노출되어 생활하는 경우가 많다.

특히 다문화청소년들은 또래 집단으로부터의 왕따나 사회적 비하를 경험하게 될 경우에는 자신의 출생 배경을 비관함으로써 잘못된 세계관의 형성과 함께 사회적 불만세력으로 자리 잡게 된다.

2) 중도입국을 통한 거주

중도입국 자녀들이란 다문화결혼시에 상대가 자녀를 갖고 있음으로써 한국 국적 취득과 아울러 발생된 자녀를 의미한다. 중국의 조선족, 탈북자 등을 포함한 동남아시아의 경우가 대부분이다. 부부 중 한사람이 본국에서 이미 결혼하였으나 남편을 사별하거나 이혼하여 홀로 지내던 중에 한국의 남편 혹은 아내와 재혼함으로써 귀국하게 되는데, 이때 이미 자녀를 갖고 있을 때에는 자녀도 함께 한국에 들어와서 정착을 하는 경우가 발생한다. 이렇게 하여 엄마와 함께 귀국한 자녀가 새로운 아빠 또는 엄마와 함께 거주하게 되는 것이다.

오경석은 중도입국을 통해서 한국에 거주하게 되는 청소년은 다양한 분야에서 혼란을 겪게 된다고 강조한다. 특히 재혼한 부(혹은)모와 시차를 두고 재결합(부 혹은 모가 먼저 한국에 정착하는 경우)하는 경우, 친부모와 떨어져 있었기에 서로 간에 적응이 필요한 동시에 새로운 문화에 대한 낯설음과 함께 새로운 부모 자체에 대해 낯설음을 경험하게 된다. 따라서 친어머니가 한국의 아버지와 재혼하여 입양의 형태로 입국을 할 경우에는, 장기간 떨어져서 살았던 어머니와 새로운 아버지에 대한 낯설음, 그리고 한국에서의 문화 차이로 인한 낯설음으로, 중도입국청소년들에게는 말할 수 없는 혼란과 고통이 뒤따른다.[286]

그뿐만 아니라 방문동거비자(F1)를 가진 중도입국청소년은 때로는 법적인 문제로 고통을 당한다. 같은 다문화 청소년이라고 할지라도 한국에서 나고 자란 다문화 청소년은 거주와 직업을 얻고 살아가는 데 별다른 문제가 없지만, 방문동거비자를 가진 청소년이 만약 파트타임 잡(part time job)을 갖고 생활하던 중 경찰에 체포될 경우에는 고액의 벌금을 납부해야 하는 어려운 경험도 하게 된다.[287]

사실 중도입국청소년들의 거주는 한국에서 생활하는 것이 자신들의 선택사항이 아니다. 철저히 재혼한 부모에 의해 어쩔 수 없이 그렇게 된 경우가 많다. 그렇기 때문에 같은 다문화 청소년이라도 중도입국청소년들은 사회적응에 더 많은 혼란을 겪게 된다.

3) 북한 이탈을 통한 거주

북한을 이탈하고자 한 동기는 1990년대 중반에서 2000년대 초반까지는 경제적 요인과 기아에서 벗어나고 싶은 욕구에서가 대부분이었다. 그러나 우리는 어느 때부터인가 '꽃제비들'이라는 말을 들었다. 소년들이 끼니를 해결할 수 없음으로 남의 집을 구걸하다가 종래는 중국에 스며들게 된다. 선교사들의 도움으로 결국에는 중국을 거쳐서 한국에 귀국하게 된다.[288]

탈북 요인 중 하나는 북한과 국경을 접하고 있는 중국과 러시아의 개방이다. 북한 이탈주민의 숫자는 2014년 6월 기준으로 26,854명이다. 연령별 입국 분포를 보면 20세부터 39세 이하가 15,229명으로서 58%를 차지하고 있다. 이들의 직업별 현황을 살펴보면, 노동자와 무직부양자가

22,700명으로서 86%를 차지한다. 거주지를 살펴보면 서울, 경기, 인천의 수도권에 거주하는 인구가 전체 인구수 24,671명 대비 15,890명으로서 64%에 해당한다.[289] 학력을 보면 대학 이상을 졸업한 사람은 1,840명으로서 전체의 7% 정도밖에 되지 않는다. 특이한 것은, 이들 자녀 중에 학업의 중도탈락률은 2013년 말 기준으로 3.46%에 해당한다.

이러한 중도탈락률은, 남북 간의 교과 내용의 이질감에서 수업을 이해하지 못한 경우도 있지만 취학 이후에 갖게 되는 소외감과 따돌림 같은 심리적 요인과 함께 부모님들의 경제적 요인도 함께 작용했을 것으로 판단된다. 이를 해결하고자 뜻있는 사람들에 의해서 대안학교가 설립되어 운영되는 경우도 있다.

최근 북한이탈은 과거 김정일 정권 때보다 더 어려워진 것 같다. 김정은 정권이 들어서면서 북한과 인접한 국가들에 대한 국경을 더욱 강화하면서 탈출자를 막고 있는 느낌이다. 탈북 과정의 어려움을 극복하고 남한에 정착한 그들이지만 현실이 녹록하지 않음으로 말미암아 최근에는 재입북하는 경우도 늘고 있다.

4) 난민과 불법체류를 통한 거주

21세기의 지구촌 시대가 갖는 특징적인 요소는, 자국을 탈출하여 국경을 넘는 이동의 자유로움이다. 그러나 이런 행동은 국가별로 환영과 배척이 공존하고 있다. 이주노동자들은 고용국들의 경제 성장기에는 환영을 받지만, 거시경제가 위기에 봉착할 때에는 기업에서 해고의 제일순위가 그들이다. 이런 예는 들면 서구인 독일, 프랑스, 영국 등의 사례에서 찾아볼 수 있다.[290] 이들 국가들은 식민지주의, 2차 세계대전 이후 산업인력의 충원과 함께 노동력 유입을 통해 경제부흥을 이루었지만, 지금은 복지 충원과 종교 갈등으로 몸살을 앓고 있다. 특히 난민들이 입국하여 장기간 국내에 거주할 경우 자녀들의 교육 문제가 크게 대두된다.

한국에서의 다문화 불법체류 인원은 항상 상황에 따라서 가변성이 있다.[291] 2013년부터 외국인 고용 사업장 등에 불법고용 방지 사전계도를 실시하고 2개 이상의 사무소가 참여하는 광역단속 방식으로 단속방식을 다변화하여 단속에 대한 저항을 감소시킴으로써 단속과정에서의 안전을 확보하고 외국의 불법고용을 예방, 불법체류 외국인들이 스스로 출국하도록 유도하는 데 중점을 두었다. 정부의 이러한 정책에도 불구하고 앞으로도 불법체류자는 증대될 것으로 보인다. 왜냐하면 경제적으로 산업화를 이룬 한국은 노동현장에서 끊임없이 저임금의 인력이 필요하기 때문이다.

한 가지 분명한 사실은, 불법체류자라 하더라도 국제법적으로 그들의 자녀들에게 교육을 시킬 의무가 있다는 점이다. 따라서 안산지역 같은 다문화 지역의 교육 현장을 보면 불법체류자의 자녀들이 공교육의 현장에서 자유롭게 교육을 받고 있는 경우를 보게 된다.

2. 다문화청소년의 한국 적응의 문제점

다문화청소년들이 한국에 거주하는 데는 정서적, 법률적, 가정의 경제적 요인들이 겹치면서 어려운 문제점들이 발생한다. 학업 적령기의 청소년들은 학업에서 오는 스트레스와 함께 미래에 대한 두려움 속에서 자살을 선택하기도 한다. 청소년문제에 대해서 연구한 김현진은, 청소년의 현실 이해 가운데 학업 스트레스를 통한 자살, 인터넷 중독, 사이코패스와 전두엽 장애, 음주와 흡연, 이성과 성의 문제, 폭력의 문제, 가족(부모와의 갈등)의 문제를 들었다.[292) 또한 천정웅은 청소년 중기(중학교 말부터 고등학교까지)에는 자아의식이 높아지면서 독선적이고 우월을 과시하며 현실을 부정하고 혐오하는 경향을 강하게 보인다고 진단하였다.[293)

청소년기에는 순수함을 간직하고 있지만 외부에서 오는 충격을 감당하기 버거운 시기이다. 꼭 같은 청소년기라도 다문화청소년들은 가정환경과 사회적 부적응, 그리고 문화적 갈등으로 인해 많은 분야에서 어려움을 당하고 있다. 몇 가지 관점에서 다문화청소년들이 안고 있는 문제점을 열거하면 다음과 같다.

1) 학력 저하에서 오는 자존감의 결여

한국 사회는 유난히 학력 인플레이션이 심한 사회이다. 그렇기 때문에 적성에 관계없이 어떻게든 대학을 가고 보자는 식의 교육이 행해지고 있다. 이 같은 현상은 교육 격차에서 오는 상대적 박탈감이 상존한다는 의미를 가진다.

다문화 가정의 부모들이 학력이 높은 편은 아니다. 물론 전문지식을 갖춘 다문화 가정도 없는 것은 아니다. 그러나 특수한 경우를 제외하면, 농어촌 청년, 도시빈민들과 같은 차상위 계층의 다문화가정일 경우 부모들이 고학력을 갖추지 못한 경우가 많다. 특히 다문화이주여성일 경우, 본국에서의 교육은 물론 한국에서는 더욱 더 교육을 받을 기회가 없다. 다문화부모의 학력 저하가 가져온 교육 부재는, 자녀에게 교육의 중요성을 인식시키지 못한다. 사실 한국의 교육은 전통적으로 태교에서부터 시작된다. 따라서 이런 분위기를 감지하지 못한 다문화 가정들은 유아교육이 유난히 강한 한국사회 분위기를 기회로 활용하지 못하게 된다.

다문화자녀들이 공교육현장인 초, 중, 고교에서 동급의 급우들에게 뒤쳐질 경우에는 자연스럽게 자존감의 결여로 나타나기 쉽다. 더구나 부모의 경제적 위치가 취약할 경우에는 학업을 포기하고 생활전선에 투입 되는 경우로 나타난다. 학업중단의 개인적 요인은 가정의 경제적 지위, 가족구조, 가족의 역할기능이다. 즉 가정의 경제 상황이 어려운 청소년들이 그렇지 않은 청소년 보다 두배 높은 학업중단 확률을 보이고 있으며, 부모의 사망, 이혼, 별거, 재혼 등으로 가족 구조에 결손이 있을 때, 특히 편부모 가정일 경우 그 위험성이 높다.[294]

대부분의 학자들이 말한 다문화아동 교육의 문제점은 '학습 결손'과 '편견과 차별로 인한 학교 부적응'이다. 이러한 현상은 다문화 가족의 자녀들은 부모의 낮은 경제적 여건, 낮은 사회적 지위, 어머니의 언어와 문화, 그리고 교육 방식의 차이에서 오는 방관적 자세가 주요 요인이라고 볼 수 있다. 연구자는 그동안 사회단체인 세계다문화진흥원의 원장으로서, 경기도 교육청의 다문화 전문위원의 자격으로[295] 다문화정책들을 다루어 왔다. 다문화교육 현장에서 직접 교육을 담당하는 교장선생님과 다문화를 전문적으로 취급하는 교육 관료들이 전문위원으로서 회의에 참석한다. 그들의 교육경험을 통한 보고를 통해 다양한 이야기를 경청할 수 있었다. 다문화 부모들의 낮은 사회적 위치와 배우지 못한 데서 오는 자존감의 결여가 아동과 청소년에게 전이되어 교육 현장에 나타나고 있음을 알게 되었다.

2) 중도입국청소년의 공교육 기회 상실

중도입국청소년이 생기는 경우를 세분화하여 열거하면 다음과 같다. 첫째, 한국인 배우자와 재혼한 후 본국의 자녀를 한국에 데려오는 경우, 둘째, 국제결혼 자녀 중에서 외국인 부모의 본국에서 성장하다가 청소년기에 재입국한 경우, 셋째, 외국인 부모와 함께 동반 입국한 경우, 넷째, 근로 및 학업을 목적으로 청소년기에 입국한 외국인 무연고 청소년, 다섯째, 북한 이탈주민이 외국인과 제 3국에서 출생한 자녀를 데려온 경우이다. 여기에 더 보태자면, 국적 회복을 위해 해외 동포 1세의 3세가 2세 부모를 따라 입국하는 경우이다.[296)]

심각한 상황은 이들 가운데 미등록 청소년일 경우 공교육에 진입 자체가 거부되고 있다는 점이다. 학령기의 청소년들이 입국하였으나, 미등록자로 거주할 경우에는 교육적으로 방임 상태가 된다. 대부분의 중도입국 자녀들은 한국어를 모르기 때문에 극히 혼란스럽고 부적응 상황에 노출된다. 이들은 밖으로 나가기를 두려워한다. 부모는 생활을 위해 일터로 나가야 하고, 청소년들은 집에 남아서 컴퓨터 게임이나 TV 시청으로 소일한다.

특히 친어머니가 한국의 아버지와 재혼을 하여 자녀가 한국에 입국한 경우에는, 어머니가 새로운 가정을 꾸미는데서 오는 낯선 환경, 새로운 아버지에 대한 두려움, 그리고 문화가 다른 데서 오는 어려움이 가중되는 것이 현실이다. 이런 가운데 자녀와 새아빠 사이에 문제가 발생하면, 엄마는 매우 불안한 상태에서 갈등과 동요를 경험하게 된다. 이런 과정을 지켜보는 자녀 역시 심한 정신적 공황을 느끼게 된다.[297]

  중도입국청소년들은 설령 공교육에 진입한다고 해도 '외국인'으로서 겪어야 할 불평등과 차별 속에서 교육을 받아야 하고, 따돌림 현상을 경험하기도 한다. 한국의 공교육 현장에서 집단 따돌림이 발생하는 이유는 다음과 같이 말할 수 있다. 첫째, 사회적 전염이다. 둘째, 따돌림 행위에 대한 통제와 적극적 대응의 부재이다. 셋째, 따돌림 행위에 대한 책임 전가이다.[298] 다문화청소년들이 집단따돌림의 피해에 노출될 경우, 학업 중단으로 이어지기 쉽다. 학교에서 학업이 뒤떨어지거나 학교생활이 재미없다고 느낄 때, 좋지 않는 또래 관계, 교사의 차별대우 등으로 인한 교사와의 관계 악화, 교사 폭력에 대한 대처 능력의 부족 등이 학교 중단의 원인이 된다.[299]

  일반적으로 학업중단은 청소년들에게 필요한 교육 기회를 상실하게 만듦으로서 청소년 시기에 필요한 적절한 진로 개발과 선택, 사회적 기술의 발달 등 발달과업의 성취를 어렵게 할뿐더러, 장기적으로도 안정적인 생활 유지를 하는 데 많은 어려움을 겪게 만드는 직접적인 원인이 되고 있다.[300] 이주 청소년은 다문화사회의 주역임에도 불구하고 다중적인 인권 침해 및 사회적 차별에 노출되어 있는 셈이다. 따라서 이주 청소년 집단을 제도적 · 사회적 · 문화적으로 포용하고 공정하고 평등한 선택지를 제공하는 것은, 다문화 사회로의 전환을 모색하는 우리 사회의 긴급한 과제가 아닐 수 없다.[301] 더 나아가 교육의 현장에는 사회통합적인 교육이 선행되어야 한다.

중도입국청소년들의 학교생활 부적응은 학교 이탈을 반복하여 가정폭력으로 이어지면서 급기야 가출을 통해서 사회부적응 내지 사회에 대한 반감으로 나타나게 된다.

3) 문화충격을 통한 사회 심리적 스트레스

문화는 문화적응을 거쳐야 비로소 동화된다. 문화는 인식적인 차원, 감정적인 차원, 그리고 평가적인 차원이 있다.[302] 이 중에 인식적인 차원에서 보면, 지적인 능력이 없으면 사회의 구성원들에 의해서 공유된 지식이 전달되지 않는다. 일반적으로 그렇듯이, 다문화인들도 한국문화를 접할 때에 인식능력의 결여로 말미암아 심한 충격을 받게 된다. 이러한 충격을 흡수하기 위해서 상대방 문화에 대한 수용 능력과 적응 능력을 높이는 교육이 필요하다.

엘머는 한국의 다문화사회를 진단하는 의견을 피력하였다. "역사적 · 정치적 이유로 다양한 인종들이 한데 어울려 살게 된 이래 수많은 혼란과 갈등을 겪으면서도 바야흐로 다문화 정책의 틀을 일구어 낸 서구의 나라들이나 다양한 소수민족을 중화사상으로 품어왔던 중국, 그리고 섬나라로서 일찍 문호를 개방하여 외세와의 화합을 꾀해 왔던 일본에 비하면, 21세기와 더불어 이제 막 다문화사회로 접어든 한국이 걸어가야 할 길은 멀기만 하다"라고 말했다.[303]

이제, 막 다문화사회로 진입하는 한국인들도 전철 속의 다문화인들을 볼 때에는 혼란스러운 마음을 감출 수 없다. 더 나아가 우리 땅에 시집 온 결혼이주여성은 한국의 문화적응에 더욱 많은 어려움을 겪게 된다. 한국은 전통적으로 단일 문화의 사회를 이루며 생존해 왔다. 폴 G. 히버트의 이론에 의하면, 문화란 "관념과 감정과 가치의 통합적 체계 및 이와 연관된 행위의 형태와 그들이 생각하고 느끼며 행동하는 것을 조직하고 규칙화하는 사람들의 집단에 의하여 공유된 산물"이다.[304]

따라서 한국의 단일문화를 접하고 생활하는 다문화결혼이주자들은 그동안 자라면서 경험한 문화적 환경과의 다름에서 충격을 받게 된다. 그리고 심한 정서적 갈등과 우울증에 시달리게 된다. 이러한 현상 속에서 출산된 다문화 자녀들도 성장하면서 비슷한 갈등과 충격을 받게 됨은 당연한 일이다.

본국에서 성장하여 한국에 입국한 중도입국청소년들은, 본국과는 다른 문화적 관습 때문에 적응에 많은 어려움을 겪게 된다. 예를 들면 노인을 예우하는 문화는 한국에는 있지만 몽골에서는 없기 때문에, 한국 청소년들이 대중교통을 이용하는 현장 속에서 노인들에게 좌석을 양보하는 것을 목격하면 몹시 당황하게 된다.

한국의 문화는 특히 다문화 가정에게 스트레스를 받게 만드는 경우가 많다. 청소년들과 달리 부모들은 자녀교육과 관련하여 한국의 지나친 경쟁문화로 인한 학업 스트레스를 받게 된다.[305] 심한 스트레스는 결국 자살과 같은 극단적인 선택으로 이어지는 악순환의 길로 접어들게 된다.

4) 가정폭력으로 인한 일탈 행동

다문화 가정 속에서 일어나고 있는 폭력은 자연스럽게 가출로 이어진다. 가출의 특징을 살펴보면 다음과 같다. 부모들의 의견 불일치로 말미암은 폭력과 갈등, 부자간의 반목으로 인한 갈등은 다문화 청소년들에게는 견딜 수 없는 스트레스로 발전된다. 가출 청소년들의 특징을 보면, 부모의 무관심으로 인한 심리적·정서적 방임으로 인한 낮은 자아존중감, 자신감의 결여, 열등감, 비판적이고 공격적인 태도, 부정적인 자아상, 쉽게 좌절하고 실망하고 포기하는 태도, 좌절과 분노처리의 미흡, 대인관계에서의 근본적인 신뢰 형성의 어려움 등이다.[306]

가출에 이어 자연스럽게 진행되는 현상은 청소년 비행이다. 청소년과 관련된 일탈행위를 열거해 보면 다음과 같다. 유흥가 배회하기, 부모에게 거짓말하기, 물건 훔치기, 본드 흡입하기, 오토바이 훔치기, 시비 걸어 싸움하기, 학교수업 배먹기, 담배 피우기 등을 들 수 있다.[307] 홍봉선은 코헨(Cohen)의 이론을 빌어서, 다문화 청소년들의 비행에 대한 이론의 접목을 위해서 '비행하위문화론'(Theory of delinquent subcultures)을 소개하고 있다.

코헨은 사회계급과 비행 행위 사이의 가치관이라는 매개변수를 도입하여 사회계급은 가치관의 매개변수를 통하여 비행행위와 연결된다고 보고 있다. 특히 코헨은, 사회에는 각계각층의 성원들이 공유하고 있는 문화가 있는데, 중산층을 중심으로 형성된 중심문화와 하위계급자인 노동자의 자녀들이 갖고 있는 문화 간에 중대한 갈등이 있다고 하면서, 이러한 갈등이 비행과 연결된다고 보았다.[308]

청소년의 비행은 학교에서 정상적인 수업을 받지 못할 경우 밖으로 탈출하면서 시작된다. 사회의 어두운 구석에는 이러한 청소년들을 끌어당기는 요인이 적지 않다. 유흥과 향락문화는 청소년들에게 일시적인 즐거움을 제공하고, 일자리를 제공함으로써 가출과 비행 그리고 학업중단을 가져온다.[309]

필자는 경기도 부교육감과 나눈 대화에서 "다문화청소년이 학업을 중단할 경우 조폭들이 가장 환영한다"는 이야기를 들었다. 조폭들은 가출한 다문화청소년을 범죄 집단에 끌어들여 이용하고자 하는 속셈을 지니고 있는 것으로 판단된다.

다문화청소년은 자신들이 처한 상황인 하류계층의 인식으로 말미암아, 중산계급의 척도에 의해서 평가되는 모든 제도가 불리하다고 느끼게 된다. 따라서 이들은 사회구조적으로 조성된 이러한 적응문제를 해결하기 위해서 하류계급의 청소년 나름대로의 사회 구성에 힘쓰게 된다. 지위와 사회적 인정, 자아존중의 새로운 기준을 중산계층이 아닌 하위계층에 바탕을 두게 된다. 이러한 기준에 의해 형성된 비행집단은 중산층으로 대별되는 사회에 불만을 품고 폭력화하는 세력으로 자리 잡을 수 있다.

3. 다문화청소년 복지선교

위에서 언급한 문제점들을 극복할 수 있도록 돕는 것이 다문화 청소년 복지의 목표라고 볼 수 있다. 청소년은 미래의 국가와 교회의 동력이다. 따라서 이들에 대한 복지선교 수행은 한국교회와 성도들이 간과할 수 없는 과제임이 분명하다.

학문적인 의미에서는 '청소년'이라는 용어는 미국의 심리학자 홀(Hall)이 1904년에 발간한 저서『청소년기』(Adolescence)를 통해 처음 등장하였다. 이들 용어 가운데 청소년복지학과 관련된 용어는 주로 adolescent와 youth가 사용된다. 전자인 adolescent는 심리학적 접근으로서, 인간발달론적 관점, 생리학적 발달 국면 강조, 과도기적 특성 강조, 유보된 시민권 강조의 개념을 갖고 있다. 또한 youth는 사회심리적 관점으로서, 고유한 청소년기 특성을 강조하며, 청소년의 인권과 책임을 강조하는 데 사용하기도 한다.[310]

'청소년 복지'의 정의는 무엇인가? 한국에서 청소년정책과 관련된 기본 법제인 청소년 기본법 제 3조 제 4호에서 "청소년복지라 함은 청소년이 정상적인 삶을 영위할 수 있는 기본적인 여건을 조성하고 조화롭게 성장 · 발달할 수 있도록 제공되는 사회적 · 경제적 지원을 말한다"라고 규정하고 있다. 사실 청소년복지에 접근하는 방법은 다양하다.

최근 들어 사회의 일부 소외된 계층의 청소년들을 심리 · 사회적 및 경제적으로 도와준다는 개념은 청소년 복지의 일부분에 지나지 않는 것이다. 청소년 복지는 모든 청소년들의 복지를 추구하는 것이며, 기본 욕구충족을 넘어서서 주체적인 삶을 위해 청소년의 발달과 기능을 최적으로 촉진하고 발휘할 수 있도록 보장하는 것이다.[311]

정부의 청소년 복지가 웰빙에 초점이 맞추어져 있다면, 교회는 한 걸음 더 나아가 전인구원의 입장에서 접근해야 할 것이다. 물론 21세기 복지의 다원화 시대에 단순히 교회의 사명과 열정만으로 개인, 사회 및 국가의 문제를 해결할 수 있는 것은 아니다.

교회는 '사회사업의 어머니'[312]였으며, 사회복지학이 기독교의 역사와 함께하였고 학문으로 정립되어 가는 가운데 탈기독교화 하였고,[313] 사회사업 교육자들이 사회사업 학문의 취약성을 과학주의로 포장하면서 전문 학문의 위치를 확보하는 과정에서 종교계의 사회복지 활동을 전적으로 외면하고 있다고 하여,[314] 사랑의 실천을 존재의 중심자리에 두어야 하는 교회가 사회복지 활동을 외면할 수는 없는 것이다. 교회는 다문화청소년을 위한 복지선교야말로 교회의 사명임을 자각해야 한다.

1) 자존감 향상의 케어 선교

다문화 청소년복지를 통한 선교를 위해서 시급하게 다루어야 할 분야가 '자존감의 회복'이라고 판단된다. 그들은 일반 청소년들에 비해서 자존감이 낮기 때문이다. 그리고 자존감의 향상은 분명히 영적 사역이 수행되어져야 가능해진다.

자아정체성이란, 자신에 대한 규정과 긍정적 평가, 소속 집단에 대한 애착, 애정, 민족에 대한 관심과 지식, 소속 집단에 대한 동일한 움직임과 참여도, 즉 언어나 인종, 관습과 역사 등의 다양하고 포괄적인 요소로 버무려져 있다. 이는 한 사람이 자신의 가족과 관련된 인종적 또는 문화적 집단에 소속되어 있다고 느끼는 감정의 정도라고 할 수 있다.[315]

김현진은 "모든 청소년들은 외적 위험에 직면하게 되는데, 개인 내면의 반응에 따라서 문제가 되는 자극이나 압력을 극복하기도 하고 수렁 속에 빠지기도 하는데, 내면의 반응을 주도할 수 있는 요소는 자아존중감이다"라고 언급하고 있다."[316] 이어서 자존감이 낮은 청소년의 치유에 대해서 김현진은 열두 가지의 방안을 우리에게 주고 있다.

첫째는 부모와의 관계 속에서 어떻게 자신이 낮은 자존감을 갖게 되었는지를 파악하라. 둘째는 부모와의 관계 속에서 정서적으로 억압된 부분을 발견하여, 그 영역에서 정서적으로 분리(detach)할 수 있도록 도우라. 셋째는 부모의 지나친 기대와 애착으로부터 자기 자신을 개별화시킬 수 있도록 도우라. 넷째는 거짓 자아를 버리도록 도우라. 다섯째는 또래 집단 상담이나 집단 경험을 하게 함으로써 자아 존중감의 수준을 높여 주라. 여섯째는 하나님 아버지에 대한 시각을 재구성하도록 도우라. 일곱째는 영적인 삶을 개발하도록 도우라. 여덟째는 수치심, 죄책감, 부끄러움, 쓸모없다고 느끼는 감정이 담긴 그릇을 비우고, 그 그릇 속에 사랑을 담도록 하라. 아홉째는 하나님의 독특한 걸작품이라는 것을 지각하도록 도우라. 열 번째는 가슴 속에 있는 것을 솔직하게 이야기할 수 있도록 도우라. 열한 번째는 서로를 존중하는 가족 내의 의사소통은 가족 멤버들의 자아 존중감 형성에 영향을 미친다. 열두 번째는 부모들이 건강한 자아 존중감을 갖도록 돕는 것은 그들의 자녀가 자아 존중감을 회복하는 데에 있어서 매우 중요하다. [317]

여기에서 우리가 살펴볼 사실은 자존감의 회복이 세속적인 심리학적인 방법으로 가능하느냐의 문제이다. 이에 대해서 닐 엔더슨은 "나는 아담의 타락 이후 인간이 지닌 문제는 자존감 결여라는 데 동의한다. 세속적인 심리학자들은 자아(自我)를 격려하고 우리가 일을 더 잘 하도록 격려함으로써 잃어버린 자존감을 회복 할 수 있다고 말한다. 그러나 그들이 제시한 해답에는 찬성하지 않는다."라고 말하면서 "자기 가치에 대한 평가는 자신이 누구인지를 바르게 아는 데서 시작된다. 곧 자신이 하나님의 자녀라는 사실을 알 때인 것이다."라고 주장한다. [318]

결국 다문화청소년들이 그리스도 안에서 신분이 바뀌었다고 고백할 때에만이 진정한 자존감의 회복이 이루어질 수 있음을 알아야 한다. 이를 위해서 교회는 선교를 통해서 그들이 하나님을 만나고, 성령 안에서 생활하면서 스스로 자존감의 회복을 기할 수 있도록 노력해야 하겠다.

2) 지역사회의 교회공동체 편입 선교

지역사회란 영어로는 Community로서 공동소유, 공동체, 공동운명체의 뜻을 지니고 있다. 지역사회 주민들은 일정한 지역적 범위 안에서 동질적인 직업, 체험, 습관, 전통 등에 의해 공동체의식을 갖게 된다. 따라서 다문화청소년들의 복지를 위해서는 지역사회가 갖는 공동체 속에서 상호 관계성을 돈독히 해 나아가야 할 필요가 있다.

선교신학자들은 한결같이 교회의 사명은 선교라고 언급한다. 보쉬는 "기독교 교회는 그 본성이 선교적이다 … 그러므로 기독교 신앙은 선교적인 신앙이거나 그렇지 않으면 아무 신앙도 아닌 정체성을 교회와 세상에 보여주어야 한다."라고 하면서, "선교는 이 세상을 새롭게 하는 성령님의 사역에 교회가 참여하는 것이다. 또한 선교는 계층과 대면하여 인간의 존엄성을 갖게 하고, 모든 시민을 동등하게 대하거나 혹은 소외된 사람들에게 관심을 가지며 그리스도의 왕국을 선포하는 것을 의미한다"라고 말했다.[319] 그러면 이 시대 속에서 우리가 관심을 갖고 선교해야 할 대상은 누군가? 그리고 어디에서부터 시작해야 하는가? 결국 시대적 상황이 낳은 다문화 청소년들이 그 대상이요, 그들을 지역사회공동체로 편입하여 더불어 사는 복지를 이루어야 할 당위성이 교회에 존재한다.

장훈태는 지역사회 선교의 방안은 정상화, 탈시설화, 사회통합, 주민참여, 네트워크라고 말했다. 여기에서 지역사회 통합은 교회의 사역을 통해서 계층 간 격차를 줄이고 사회의 전반적인 불평등을 감소시켜 신앙공동체로서 삶의 질을 높이는 데 있다고 주장한다.[320] 더 나아가, 지역사회 선교실천에 어려움이 있을 때 주민들의 필요를 읽는 것이 중요하다. 선교사가 주민들의 감성을 자극하는 것도 지역사회 선교의 한 단면이다. '지역사회에 신경을 쓰고 사회에 대한 동정심을 보여주는 교회라면 내게 진정한 혜택을 주지 않더라도 그냥 좋다'라는 인식이 요즈음의 평가다. 그는 이런 지역사회 선교를 위해 "품성과 진정성, 그리고 배려하는 마음을 조직의 DNA로 삼아야 한다."[321]고 주장하였다.

찰스 반 엔겐(Charles Van Engen)도 지역사회와의 관계에 있어서 교회의 위치, 곧 교회는 '하나의 세계 내의 존재 또는 세상 내의 활동체'로서 세계에 대하여 해석만 하고 있는 게 아니라 세상을 변혁하기 위하여 하나님의 선교에 참여하는 것이라고 하였다. 따라서 교회는 지역사회를 떠나서는 어떠한 거점도 있을 수 없으며, 지역사회에 봉사하지 않는 교회는 교회의 참 사명을 망각한 교회라고 했다.[322]

이정서는 기능주의적 관점에서 지역사회 선교를 접근하고 있다. 기능주의적 관점이란 지역사회의 목적 또는 기능, 그리고 지역사회가 그 목적을 성취하기 위한 노력을 어떻게 지속하고 있는지를 주시하는 것이다. 지역사회가 기능적이 되기 위해서는 어떤 공통된 관심사, 즉 복지, 교육, 종교, 보건 같은 관심사를 공유하는 사람들의 집단으로 구성되어 있어야 한다. 그는 교회가 사회참여를 통해서 부정적인 인식으로 상실 이미지를 회복시키기 위해서 노력해야 함을 주장한다.[323]

다문화청소년들이 자신이 거주하고 있는 삶의 터에서 뿌리를 내릴 수 있도록 돕는 선교는 참으로 중요하다. 이를 위해서 교회는 사회통합의 공동체적 일익을 담당해야 한다. 다문화청소년들을 상담을 통해 마음의 문을 열게 하고, 그들이 필요한 것들 찾아내어 채워주며, 더 나아가 영적으로 거듭남의 비밀을 통해서, 그들과 함께 동고동락하는 주춧돌이 지역교회임을 인식시킬 때 진정한 복지가 이루어질 수 있음을 자각해야 한다.

3) 상급학교 진학을 위한 학업증진의 교육 선교

다문화 청소년들에게 교회가 해야 할 일은 교육이다. 왜냐하면 교육이 없이는 인간이 발전할 수 없기 때문이다. 그러나 다문화 청소년들을 위한 선교교육은 쉽지 않다.[324] 다문화 가정 자녀의 교육 실태 및 문제점으로는 언어발달 지체로 말미암아 독해, 어휘력, 쓰기, 작문 능력이 취약하고, 그로 인한 집단 따돌림 등 정서적인 문제, 높은 사교육비와 상급학교 진학과정에서의 중도 탈락 등이 현존한다.[325] 따라서 김현숙은 변형적 접근 방법을 통해서 교육을 실시해 볼 필요가 있다고 제안하고 있다. 변형적 접근(transformation approach)이란 교육과정의 기본 목적, 구조, 본질을 변형시켜 다양한 문화적·인종적 집단의 관점에서 개념, 사건, 문제점 들을 볼 수 있도록 도와주는 유형이다. 이는 학습자로 하여금 한 가지 이상의 관점을 활용해 개념과 이슈를 평가하도록 격려하고, 더 나아가 사회적 구성원으로서 지식을 형성하도록 돕는 것이다.[326]

다문화 청소년의 복지를 위한 교육이 이루어지기 위해 교육 주체인 교회는 해산의 수고를 아끼지 않아야 한다. 장훈태는 한 영혼을 위한 지속적인 관찰이 교회의 선교가 됨을 말했다. 이를 위해서는, 이상적인 장소인 아이들의 생활주변, 아파트나 동네 어귀에서부터 그들과 함께 걸어 보면서 이야기를 경청할 것을 제시한다.[327] 사실 다문화 청소년들은 공교육을 받기 이전 단계인 취학 전 시기에 가정에서 이루어지는 교육이 제대

로 형성되지 않으면 이후의 학교생활 적응에 어려움을 겪을 수 있다.[328]

정부에서도 다문화가정 자녀들을 위한 교육 정책을 강화하고 있다. 2008년 교육과학기술부는 '다문화 가정 학생 교육 및 지원 방안'을 발표했다. 첫째, 다문화 가정 자녀를 위한 방과후 프로그램, 둘째, 다문화 가정 자녀들이 대학생으로부터 멘토링을 받을 수 있도록 지원, 셋째, 다문화 가정 자녀에 대한 교사의 관심을 제고하고, 이들을 지도할 수 있는 역량을 강화하고, 넷째, 우리사회의 전통적인 단일민족주의 교육에 대한 방향을 재설정하여 초·중·고등학교의 교과서 수정·보완하며, 다섯째, 지역 인적 자원 개발 사업을 통해서 다문화 가정에 대한 지방자치단체의 관심을 촉구하고 이들을 위한 지원 프로그램을 마련하도록 예산을 지원, 여섯째, 외국인 근로자 자녀의 교육권 보호를 위한 부처 간에 협의를 활성화한다.[329]

이러한 정부의 노력은 거시적인 차원에서 바람직한 방향으로 판단된다. 그러나 이와는 별도로 '학교부적응 다문화가정 청소년을 위한 공부하기 프로그램'이 필요하다. 다문화가정 청소년들이 가진 공통적인 문제는 학습결손 및 편견과 차별로 인한 학교 부적응이다. 한국청소년정책연구원의 조사에 의하면, 다문화가정 청소년들의 39.7%가 공부·학업문제를 현재 자신의 가장 큰 고민 또는 걱정이라고 응답하였다.[330]

또 한 가지, 다문화 청소년 복지차원의 교육 중에서 간과할 수 없는 것은 불법체류자의 자녀들이다. 결혼 이민자 가정의 자녀나 합법적인 이주노동자 자녀의 경우 공교육을 통해 교육을 받을 수 있지만 불법체류 이주노동자 자녀의 경우에는 의무 교육인 중학교 과정을 마치고 고등학교 진학을 하려고 해도 비자가 없어서 배움을 중단하는 경우가 있다.[331]

4) 직업교육을 통한 전인구원의 복지선교

청소년들에게 진로를 탐색하게 하여 직업을 선택하게 만드는 작업은 참으로 귀한 일이다. 특히 다문화청소년들이 한국사회가 갖는 경쟁 체제를 이해하고 자신의 직업을 통해서 삶의 자리를 확보하게 되는 것은, 장래가 보장되는 중요한 선택이 된다.

직업교육이란 "개인이 일의 세계를 탐색하여 자기의 적성, 흥미, 능력에 맞는 일을 선택하고, 그 일에서 필요로 하는 지식, 기능, 태도, 이해 및 판단력과 일에 대한 습관 등을 개발하는 형식 또는 비형식 교육"을 말한다.[332]

김희수는 미래의 유망 성장산업을, "첫째는 공정혁신 및 정보 통신 네트워크와 관련된 산업이다. 둘째는 자원 환경 관련 산업이다. 셋째는 노동력 부족 관련 산업이다"라고 세 가지로 소개하고 있다.[333] 이러한 유망 직종을 다문화청소년들이 선택하도록 동기를 부여해야 할 것이다.

사실 국가적으로는 청년 실업이 증가하고 있다. 또한 무위도식하면서 취업활동도 하지 않는 이른바 '비구직 청년 무직업자' 일명 니트족(NEET: Not in Education, Employment, or Training)까지 포함하면 젊은 청소년의 직장은 국가적 과제로 남을 수밖에 없다.[334] 이러한 환경에서 다문화청소년들이 직장을 구하기란 더욱 좁은 문일 수밖에 없다. 구은미는 그렇기 때문에 '여러 지원들이 보상적 배려에 그치는 것이 아니라 그들의 특성 가운데 장점을 살리는 교육과정을 통하여 사회적 이익을 추구할 수 있어야 하고, 다문화 이해교육을 확산시키고 아울러 시민의식을 형성하기 위한 교육이 필요하다'[335])고 주장한다.

다문화청소년을 위한 직업교육 기관으로서 여의도순복음교회의 엘림 직업학교를 찾아볼 수 있다. 여의도순복음교회에서는 다문화와 탈북자의 한국정착을 위해서 직업을 가르치고 있다. 탈북자들에게 남한사회에서 기본적인 생활을 하는 방법부터 자립할 수 있는 창업교육까지 시켜주는 학교 사역이다.[336]) 이처럼 다문화청소년들에게 삶의 방법을 가르치고 활용하게 하는 것은 전인적 선교의 모델이 된다고 판단된다. 결국 단순한 영적 구원의 메시지만이 아닌 실생활을 스스로 개척해 가게 만드는 것이야말로 바람직한 선교 전략일 것이다.

세계화가 진행되는 과정에서 국경을 초월하여 거주하는 이주자가 늘어나고 있는 추세이다. 한국에로의 인력 유입은 단순히 산업체 속의 3D에 국한되지 않고 결혼 이민자, 북한 이탈자 등으로 확산되었다. 결국 다문화인들의 한국 유입은 자연히 가정 형성과 아울러 자녀를 낳게 되었다. 이들에 속한 자녀들은 개인적인 차원에서는 열악한 경제적 요인과 가정교육의 한계성 속에서 문제점을 드러내어 사회에 적응하는데 어려움을 보이게 되었다. 특히 한부모를 따라서 한국에 온 중도입국자 자녀들은 국내 공교육을 받는 데 많은 문제점들을 노출하였다. 이로 말미암아 청소년기의 다문화자녀들은 사회의 일탈 집단으로 전락하게 될 위험이 있다. 실제적으로 다문화청소년들의 상급학교 진학률이 떨어진 것만 보더라도 그들의 문제점을 여실히 드러내고 있다.

이들을 방치할 경우 몇 년이 못 되어 한국사회는 많은 대가를 지불해야 할 위험에 처해 있다. 서구인 독일과 프랑스, 영국에서 일어나고 있는 다문화사회의 갈등이 이를 증명해 주고 있다. 이 같은 갈등을 해결하고자 당국에서는 부처별로 다양한 프로그램을 통해서 사회통합과 복지를 추구하여 근본 문제를 해소해 보려고 노력하고 있는 것이 사실이다. 그러나 이러한 노력은 한계를 지니고 있다고 평가할 수밖에 없다. 왜냐하면 사랑이 담겨지지 않는 제도적인 프로그램은 한계가 있기 때문이다.

　이러한 문제들을 해결해야 할 주체는 교회가 되어야 한다. 이는 결국 다문화 청소년 복지 선교의 실현이기 때문이다. 다문화 청소년 복지 선교를 위해서 다시 한 번 한국교회의 성장이 이루어지기를 기대해 본다.

279) Jeremiah J. Sulivan, *The Future of Corporate Globalization: From the Extended Order to the Global*, West Port, CT: Quorum Books, 2002), 235. 최윤정, "이민교회 청소년의 다문화이해교육," The Journal of Immigrant Theology, 제2집 (2010.11): 408–409에서 재인용.

280) 정미경, "다문화시대를 향한 한국기독교의 이주민 선교," 『복음과 선교』 제16집 (2011. 12): 17.

281) 조귀삼, "유럽과 한국의 다문화인 유입에 따른 종교 갈등의 비교와 선교전략 연구," 『복음과 선교』 제17집 (2012. 4): 178.

282) Gwi Sam Cho, "Missiological Education to Overcome the Conflict of Civilization: Multi-Cultural Immigrant Women Married to Koreans," *Journal of Christian Education & Information Technology*, Vol. 20 (October 2011)을 보라.

283) 2009년 5월의 자료에 의하면 만 18세 미만의 이주 청소년은 총 체류 외국인의 9.7%에 해당하는 107,689명에 달한다. 이는 2008년의 49,682명에 비해 무려 85.6%가 증가한 규모이다. 이러한 규모 가운데 문제가 되는 것은 중등 연령 이주 청소년의 50%, 고등 청소년의 경우 12%만이 학교에 재학 중이라는 점이다. 오경석, "입국초기 이주 청소년의 경험과 다문화 사회 복지의 과제," 『다문화 사회와 사회복지』, 성결대학교 기념관 4층 국제 회의실에서 있었던 2010 한국 임상사회사업학회 · 성결대 복지발전 연구소 추계학술대회, 2010년 11월 5일. 미간행물.

284) 정미경, "다문화시대를 향한 한국기독교의 이주민 선교" 『복음과 선교』 21.

285) 안전행정부가 지난해 발표한 '2013년 지방자치단체 외국인주민 현황'에 따르면, 국내에 거주하는 외국인 주민(결혼이민자, 외국인근로자, 귀화자 등)은 144만 5631명, 특히 오랜 기간 거주할 가능성이 높은 결혼 이주 여성과 그 자녀수는 각각 28만여 명과 19만여 명인 것으로 파악되었다. 다문화결혼현황(2014년 5월 18일, 조선일보)

286) 오경석, "입국초기 이주 청소년의 경험과 다문화 사회 복지의 과제."

287) 오경석, "입국초기 이주 청소년의 경험과 다문화 사회 복지의 과제."

288) 한 소년의 고백이다. 자신은 북한의 단천시에서 부모와 함께 살았다. 어느날 부모는 식량배급도 못받고, 식량도 없어 굶어 죽게 되자 자기 동생과 자신을 나두고 돈벌어 온다고 집을 나갔다. 이후 자신을 굶주린 배를 움켜 쥐고 동생과 함께 걸식하다가 중국으로 건너와서 선교사님들의 도움으로 구사일생이 되었다고 했다. 박다니엘, 『꽃제비들의 아바 아버지』(인천: 쥬빌리, 2020), 93~97.

289) http://www.unikorea.go.kr/2013uni/include/sprint.jsp, "북한이탈주민현황" 2014년 8월 7일.

290) 영국이나 프랑스는 다문화인들의 유입이 식민지와 관련되어 있다. 식민지에서 유입된 다문화인들을 통해서 노동력을 대체하는 효과도 있었다. 특히 독일은 2차 세계대전 이후에 노동력의 충원을 위해 터키 등에서 많은 인력을 유입시켰다. 이와 같은 다문화 유입은 경제부흥을 이룰 시기에는 국가에 도움이 되었지만 지금은 종교적 갈등으로 인해 서구사회가 몸살을 앓고 있다. 조귀삼, "유럽과 한국의 다문화인 유입에 따른 종교 갈등의 비교와 선교전략 연구," 177-192. 참조 요망.

291) 2008년 8월 말 22만 2천여 명이나 되었다. 이후 정부의 끊임없는 감소정책을 통하여 2013년에는 18만 763명이 되었다. 법무부 출입국 · 외국인정책본부, 『2013. 출입국 · 외국인정책 연감』(서울: 법무부, 2014), 62.

292) 김현진, "청소년 문제와 자아 존중감의 관계, 그리고 치유적 접근," 『개혁주의 교회성장』 제2집 (2007. 2): 88-95.

293) 천정웅 외 3인 공저, 『청소년복지론』(서울: 신정, 2012), 25-30.

294) 구은미 · 박성혜 · 이영미 · 이혜경, 『21세기 아동 · 청소년복지』(서울: 학지사, 2009), 211.

295) 연구자는 경기도 교육청의 "2012년 경기 북부 다문화교육센터 선정의 심사위원"으로 활동하면서 경기도 관내 다문화 아동들의 교육 현장을 살펴 볼 수 있었다.

296) 이현정, 『미래의 우리를 만드는 다문화교안』(파주: 한국학술정보, 2011), 224.

297) 오경석, "입국초기 이주 청소년의 경험과 다문화 사회 복지의 과제."

298) 홍봉선 · 남미애, 『청소년복지론』(고양: 공동체, 2013), 416.

299) 구은미 · 박성혜 · 이영미 · 이혜경, 『21세기 아동 · 청소년복지』212.

300) 구은미 · 박성혜 · 이영미 · 이혜경, 『21세기 아동 · 청소년복지』209.

301) 오경석, "입국초기 이주 청소년의 경험과 다문화 사회 복지의 과제."

302) Paul G. Hibert and Eloise Hibert Meneses, *Incarnational Ministry* (Grand Rapids: Baker Books, 1995), 38.

303) Duane Elmer, *Cross-cultural Servanthood* (Downers Grove, Il: InterVarsity Press, 2006), 132.

304) 폴 히버트, 『선교와 문화 인류학』 김동화 · 이종도 · 이현모 · 정흥호 역 (서울: 조이선교회출판부, 2001), 41.

305) 오경석, "입국초기 이주 청소년의 경험과 다문화 사회 복지의 과제."

306) 김완래 · 김동현 · 임순길, 『청소년복지론』(서울: 동문사, 2010), 248.

307) 홍봉선 · 남미애, 『청소년복지론』(서울: 공동체, 2013), 220.

308) 홍봉선 · 남미애, 『청소년복지론』 230-231.

309) 구은미 · 박성혜 · 이영미 · 이혜경, 『21세기 아동 · 청소년복지』 213.

310) 천정웅 외 3인 공저, 『청소년복지론』 19.

311) 천정웅 외 3인 공저, 『청소년복지론』 43-44.

312) Garland, Diana R. Richmond. "Church Social Work: An Introduction," Church Social Work: Helping the whole person in the context of the church, edited by Diana S. Richmond Garland , (Kentucky: American Association of Christians in Social Work, 1992), 1.

313) 최무열, 『한국교회와 사회복지』 (서울: 나눔의 집, 2004), 34.

314) Cnaan, Ram A. Wineburg, Robert J. and Stephanie C. Boddie, The Newer Deal: Social Work and Religion in Partnership (New York: Columbia University Press, 1999), 1-3.

315) 이현정, 『미래의 우리를 만드는 다문화교안』 274.

316) 김현진, "청소년 문제와 자아 존중감의 관계, 그리고 치유적 접근," 83..

317) 김현진, "청소년 문제와 자아 존중감의 관계, 그리고 치유적 접근, 98-106.

318) Neil T. Anderson, 『내가 누구인지 이제 알았습니다』 유화자 역 (서울: 죠이출판사, 2008), 58-59.

319) David J. Bosch, "Viosion for Mission," International Review of Mission, Vol.76, 1987, 10. 정승현, "보쉬의 선교, 전도, 그리고 교회의 상관관계 연구," 『복음과 선교』 제18집 (2012. 6): 237에서 재인용.

320) 장훈태, "지역사회와 선교," 『복음과 선교』 제11집 (2009. 12): 264.

321) 장훈태, "지역사회와 선교," 270.

322) 유의웅 편저, 『한국교회와 사회선교』 (서울: 예영커뮤니케이션, 1996), 242.

323) 이정서, "지역사회의 교회에 대한 부정적 인식과 역기능에 대한 그리스도인의 사회선교적 과제," 『복음과 선교』 제20집 (2012. 12): 130-131.

324) 김현숙은 "다문화교육 담론과 기독교 교육"에서 다문화교육에 나타난 문제 제기를 세 가지로 제기하였다. 첫째, 다문화 교육은 소수 인종과 문화를 소개하고 배려함으로써 소수 인종을 위한 교육적 모형을 제공하는 것인가 아니면 사람들을 대상으로 하는 교육인가? 둘째, 학습자들로 하여금 기독교적 자아정체감을 형성하면서 동시에 자신의 고유한 문화를 유지할 수 있도록 돕는 기독교교육은 과연 어떠한 형태 이어야 하는가? 셋째, 성경적이며 신학적인 기반 위에서 현대사회의 다양한 변화에 적절하게 대응할 수 있는 기독교교육의 모형은 과연 어떠한 형태로 제시되어야 하는가? 김현숙, "다문화주의 담론과 기독교 교육," 『한국기독교신학논총』 제86집 (2013. 4): 270.

325) 구은미 · 박성혜 · 이영미 · 이혜경, 『21세기 아동 · 청소년복지』 361.

326) 김현숙, "다문화주의 담론과 기독교교육," 281.

327) 장훈태, "한 영혼을 위한 교회학교와 선교," 『복음과 선교』 제25집 (2014. 3): 182-183.

328) 구은미 · 박성혜 · 이영미 · 이혜경, 365.

329) 구은미 · 박성혜 · 이영미 · 이혜경, 370-372.

330) 김완래 · 김동현 · 임순길, 『청소년복지론』, 306.

331) 구은미 · 박성혜 · 이영미 · 이혜경, 367.

332) 정재민, 『직업진로설계』 (서울: 한국사이버평생교육원, 2013), 12.

333) 김희수, 『자기이해와 직업탐색』 (군포: 한세대학교출판부, 2011), 97-98.

334) 박지연 · 김륜형 · 노일환, 『우리들의 직업 만들기』 (서울: 한국고용정보원, 2011), 26.

335) 구은미 · 박성혜 · 이영미 · 이혜경, 『21세기 아동 · 청소년복지』 , 374.

336) 탈북자를 위한 굿 피플 대학의 학생선발은 30대를 우선으로 하며, 시험을 통해서 학습능력이 있는지를 점검하고 자립 의지, 취업이나 창업에 대해서 확고한 의지를 점검한다. 수업은 매해 3월에서 12월까지 10개월 과정으로 토요일과 주 일에 이루어진다. 전반기 교육 내용은 자신이 누구인가를 알게 하는 시간들로 구성되었다. 반면에 후반기 교육은 집중 적으로 실제적인 경제활동에 치중한다. 굿 피플 대학은 2003년 1월 25일 첫 졸업생을 배출하였다. 졸업생 35명 중 2 명은 치킨 프랜치이즈점을 열거나 세탁소를 개업하였으며 10여 명은 안정된 직장에 취직하는 등 좋은 성과를 보이고 있다. 8명은 '예비창업주'들로 미용실과 음식점 개업을 준비하고 있으며, 일부 학생들은 고려대, 경남대 등의 북한학과 로 진학해 학문 연구의 길을 선택하는 등 다양한 길을 통해 한국 사회 구성원으로 자리잡아가고 있다. Gwi Sam Cho, "A Study on Wholistic Mission in Sharang Love and Happiness Foundation Ministry of Youngsan Dr. Yonggi Cho," Journal of Youngsan Theology, 22 (September 2011): 188. 조귀삼, "구심력의 다문화 유입에 따른 NGO의 선교역할 연구," 『복음과 선교』 제24집 (2013. 12): 10에서 재인용.

8장

다문화 NGO를 통한 복지

이 땅에 어느새 다문화인들이 밀려들어오고 있다. 그들 모두가 가난하고 소외된 사람들이라고는 볼 수는 없지만, 자신의 땅을 떠나서 한국에서 생활하는데 고단하고 힘든 삶인 것은 분명하다. 따라서 한국교회는 밀려오는 다문화인들을 케어 해야 할 뿐만 아니라 선교의 대상으로 삼아야 할 필요가 있다. 그러나 종교관이 다른 그들에게 복음을 증거하기는 쉬운 일이 아니다.

이러한 때에 그들에게 쉽게 접근하여 접촉점을 만들어 낼 수 있는 합법적인 기관이 기독교 NGO이다. 사실, 한국교회는 서방 선진국의 선교를 위한 NGO 단체들에게 빚을 지고 있다. 한국의 건국 시기에는 물론, 6·25와 같은 비극의 시대에 외국의 NGO들의 도움이 있었다. 통계에 의하면 1955년부터 1970년 사이에 외국단체들이 한국에서 활동하였던 NGO 단체들 가운데 47.7%가 기독교 NGO 기관이었다. 외국의 선교단체들이 비정부기관인 NGO들을 앞세워서 한국교회에 엄청난 도움을 주어 오늘날 산업사회의 기반을 닦는 계기는 물론 기독교 국가로서의 위상을 확보하게 만들었다.[337]

지금은 한국교회의 급성장과 아울러 국내는 물론 해외에서도 큰 영향력을 발휘하는 기독교 NGO들을 보게 된다. 한국교회는 선교전략적인 측면에서도 기독교 NGO를 적극 활용해야 하겠다. 특히 국내에 유입된 다문화인들에 대한 깊은 관심을 통해서 선교의 열매를 맺어야 한다. 이러한 관점에서 이 땅에 유입되는 다문화인들의 급증상황의 원인을 설명하고, 복음증거의 도구로서 기독교NGO가 갖는 케어 역할의 중요성을 선교전략과 연결시키고자 한다.

1. 다문화선교를 위한 기독교 NGO의 역할

1) NGO의 성격과 유형

NGO(Non Governmental Organization)라는 용어는 비정부 기구로서 1945년도에 UN에 의해서 공식 사용되기 시작하였다. 여기에서 비정부기구란, 정부 또는 정부기관이 아닌 민간단체들을 부를 목적으로 명명된 것이다.[338]

이후 1950년과 1968년에 개정을 하였다. 개정된 UN헌장 71조에 의하면 UN 산하 경제사회이사회(ECOSOC: Economic and Social Council)에 협의적 지위 기구로서 국가 주권의 범위를 벗어나 사회적 연대와 공공의 목적을 실현하기 위한 자발적 공조조직을 NGO로 규정하고 있다.[339]

NGO는 다양성이 존재하고 있다. NGO 유형을 소개하면 다음과 같다. 첫째, 종속형이다. 이는 재정과 활용의 자율성이 모두 낮은 형태로서 NGO가 재정의 상당 부분을 정부에 의존하게 됨으로 관변단체화 될 수 있다. 둘째, 협력형이다. 재정의 자율성은 낮지만 활동의 자율성을 높은 형태로서, NGO가 정부로부터 일정한 재정지원은 받지만 자유롭게 활동하는 단체이다. 셋째, 권위주의적 억압, 또는 민주적 포섭형이다. 이는 NGO의 재정 자율성은 높지만 활동의 자율성은 낮은 형이다. 넷째, 자율성 형태이

다. 이는 NGO가 대부분의 자금을 충당하고 활동 영역은 정부의 제한을 받지 않는 제도이다.[340)

　한국에서의 NGO 형태 대부분은 어떤 형태로든지 정부의 간섭을 받지 않을 수 없다. 이는 기관으로서 인허가 과정에서부터 자율성이 침해된다. 그러함에도 부디 기독교 NGO를 설명하면 자율성 형태에 가깝다고 볼 수 있다.

2) 기독교 NGO의 특징

　한국사회에서 기독교 NGO란 하나님 나라의 도래를 희망하고 있는 기독교인들이 정부와 기업의 민주화를 비롯하여 정치, 경제, 문화 등 사회 전체의 개혁을 추구하거나 정부가 포괄하지 못하는 사회적 약자 계층과 결핍자 들에 대한 사회 서비스를 제공하기 위해 결성된 시민운동단체를 의미한다.[341) 기독교 NGO의 경우 일반 NGO와는 달리 단체를 결성하고 운영하는 주체가 기독교인들이다. 단체의 주체가 하나님 나라의 도래에 대한 신앙적 희망을 자기 활동의 원동력으로 삼는다는 점에서 일반 NGO와 차별성을 갖는다.

　기독교 NGO는 지향성에 따라서 두 가지로 나뉜다. 즉 사회전체의 개혁을 추구하는 것과 사회적 약자 계층에게 사회 서비스를 제공하는 것이다. 이를 뒷받침하는 이론인 기독교 NGO의 지향성은 크게 세 가지 유형을 분류된다. 첫째, 경제형 기독교 NGO이다. 이는 정부와 기업을 견제하고 정부의 정책변화를 유도함으로써 사회 전반의 개혁을 실현하는 기독교 단체이다. 둘째, 봉사형 기독교 NGO이다. 사회적 약자나 결핍자들을 도우는 단체이다. 이 유형은 사회복지의 전통에서 비롯된 것으로 자원봉사자를 활용하여 직접 서비스를 전달하거나 정부와 협력하여 서비스를 제공한다. 셋째, 혼합형 기독교 NGO이다. 이는 사회개혁의 차원과 공공 서비스의 차원을 포괄하려는 기독교시민운동단체이다. 혼합형 NGO 의 예를 들면 YMCA 나 YWCA 같은 기관이다.[342]

이범성은 '하나님 나라'의 선교가 기독교 NGO의 이상(理想)을 제시해 주며, 하나님 나라에 대한 믿음은 기독교 NGO 운동에 동력을 제공해 준다고 하였다. 일반적으로 시민사회는 도덕적 지침, 건전한 종교적 지도를 요청한다. 이는 기독교 용어로 해석하면 하나님 나라의 이상을 필요로 한다고 볼 수 있다.

하나님 나라의 이상은 하나의 청사진이 되어 시민사회가 지향해야할 목표를 종교적 차원에서 제시하는 것이다. 그러나 아쉽게도 한국교회는 자기 정체성을 유지하지 못하고 있다고 하였다. 즉 "교회 생활이 질 보다는 수와 양에 치중하여 교인 수의 확장, 건물확대, 재정확대에 치중하면서, 한국교회들은 공동체로서 자기정체성을 유지하지 못함으로써 사회로부터 외면당할 위기에 있다. 뒤르켐(Emile Durkheim)은 "교회는 공동의 의식들을 수행하는 하나의 종교 공동체이며, 성직자들의 집단이 아니라 단일한 믿음을 갖고 모든 믿는 이들에 의하여 구성되는 "도덕공동체"임을 강조하였다.[343]

계속해서, 정재영은 교회의 공동체성의 회복을 위해서 시민사회 참여를 촉구한다. 이에 대한 방법으로 시민사회를 대표하는 NGO의 활용을 말한다. 그는 NGO 단체는 기독교 NGO 단체란 이름이 중요한 것이 아니라, 기독교 정신을 소유하고 사업을 하는 단체면 충분하다고 말한다. 왜냐하면 NGO 및 시민단체는 시민운동을 전문으로 하기 때문에 인력이나, 지식, 정보, 경험 등의 측면에서 많은 자원을 지니고 있으며, 지역 자치단체 역시 지역사회에 관한 다양하고 정확한 정보와 풍부한 인적 및 기반시설을 보유하고 있기 때문이다.[344]라고 주장하였다.

3) 한국 기독 NGO에 대한 비평적 평가

한국의 기독 NGO들의 활동을 폄하할 생각은 없다. 사실 근대화 과정 속에서 외국에서 수입된 NGO 기관들은 한국의 건국 초기부터 엄청난 역할을 하였다. 또한 한국에서 생성되어 세계의 모든 지역에서 활발하게 활동하는 NGO들을 볼 때에 가슴 뿌듯하다. 그러나 보다 발전된 NGO들의 활동을 위해서 다음의 몇 가지를 비평적 관점에서 평가하고자 한다.

첫째는 후원재정의 투명성이다. 기독 NGO의 자금 출처는 대부분이 교회의 재정에서 뒷받침 해 주고 있다. 또한 교회 재정은 성도들의 헌금과 관련이 있다. 즉 성도들은 특별한 목적에 쓰이도록 헌금을 하여 기독 NGO기관에서 바른 목적에 집행되기를 원한다. 그러나 이러한 사실이 돈의 집행 과정 가운데 엉뚱한 방향으로 흐를 수 있다. 따라서 재정의 투명성이야말로 기독 NGO가 세속적인 기관들에게 교훈을 줄 수 있는 좋은 기회가 될 것이다. 이명근은 NGO 단체들의 재정 운용에 대해서 "대외적 신인도는 후원자의 자금 지원 의지를 상승시키고 새로운 후원자의 유입을 가져온다. 실제로 미국 정부가 국내외 NGO단체들을 지원하기 위해 자금을 집행할 때는 최소 3년치의 회계장부를 전문 회계사로 하여금 검토하도록 하는 과정 후 투명성이 입증된 봉사활동 기관에 한해 자금을 제공하는 것을 관례로 하고 있다"[345]고 말했다.

둘째는 영세성이다. 국내 대형 교회에서 출연하여 설립한 NGO를 제외하고는 대부분의 기관들이 영세성을 면치 못한다. 이럴 경우에는 정관에 따른 목적 사업을 효과적으로 집행하지 못하게 된다.

셋째는 전문성 부족이다. 전문성이라고 할 때에는 우선 학문적으로는 관련 전공을 수학한 학문성을 지녀야 하겠다. 특히 다문화인들에 대한 NGO사역은 문화와 종교, 때로는 정치적인 상황까지도 고려해야 할 때가 많다.

넷째는 수혜 현장에 직접적인 복음 증거의 한계점이다. 대부분의 다문화인들은 정부에서 집행하는 기관을 통해서 수혜를 받고 있다. 그렇기 때문에 기독 NGO에서 프로그램을 실행 할 때에 비교의식을 갖게 된다. 정부의 다문화행사는 원칙적으로 종교적 행위를 하지 못하도록 되어있다. 이러한 사회적인 분위기는 기독 NGO에게도 예외가 될 수 없다. 필자도 다문화교육행사나, 교육평가를 위해서 회의를 할 때에 이러한 부분이 종종 나타나 불이익을 받는 기관들을 보게 되었다.[346]

2. 다문화를 케어하는 기독교 NGO의 사례

많은 국내 기독교 NGO 단체들 중에서 다문화와 관련되어 활동하고 있는 세 단체를 소개하고자 한다. 이들 세 단체는 필자와 직 간접적으로 관련되어 있는 기관이다. 첫째는 기아대책 기구이다.[347] 둘째는 여의도순복음교회의 굿 피플(Good People)이다.[348] NGO 단체인 "굿 피플(Good People)"

은 1999년 7월에 '외교통상부'에 사단법인으로 등록하였고, 2007년 2월 UN 경제사회이사회로부터 특별협정 지위를 부여받은 NGO 기관이다. 세 번째는 세계다문화진흥원이다.[349] 이 기관은 국내의 다문화 사역자들을 훈련시키는 교육 기관으로서 2009년 경기도(제 2009-1-경기도-58호)에서 비영리 단체로 인준 받은 NGO 기관이다.[350]

위에 언급하고 있는 기관들이 사역하고 있는 모든 분야를 체계적이며 깊이 있게 다룬다는 것은 한계가 있다. 따라서 사이트에 소개되거나 유인물로 발표된 내용들을 중심으로 엮어 보고자 한다.

1) 기아대책 기구의 국내 활동

한국기아대책 기구는, 기독교정신을 바탕으로 1971년에 설립된 국제 NGO단체로, 지구촌 기아상황을 전세계에 알리고, 떡과 복음의 정신으로 굶주린 이들에게 식량과 사랑을 전하며 그들의 생존과 자립을 돕고 있다. 유엔경제사회이사회(UN ECOSOC)에 협의지위자격으로 등록되어 빈곤상황인 국가와 지역에 해외 구호개발 봉사단인 '기아봉사단'을 직접 보내 각종 개발사업과 긴급구호활동을 펼치고 있다. 1989년 대한민국 최초 '해외원조 NGO'로 설립되어 받는 NGO에서 주는 NGO시대를 열었다.

국내적으로는 지역사회와 운영시설을 통해 결손가정, 독거노인, 장애인을 위한 복지사업과 수자원개발 사업 및 급식사업, 북한사업도 지원하고 있다.[351] 이 단체의 설립과 운영 과정에 큰 힘을 보태신 분이 고 정정섭 장로이다. 그는 젊은 시절에, CCC에서 활동하였으며, 전국경제인연합회에서 총무 이사를 역임하였다. 그의 노력에 의하여 이 단체는 계

속 발전하여 2013년에는 이사: 4,560명, 후원회원: 434,283명, 자원봉
사자: 56,800명, 기아봉사단: 현 569명, 본부직원 : 280명이 사역하는
거대한 기구가 되었다. 이 기구의 국내사역은 어린이개발사업(CDP:Child
Development Program)이다. 이는 저소득결손가정 아동과 후원자를 1:1로 결연
하여, 경제·정서·교육적 지원 및 가정의 기능을 회복하여 아동의 전인적
성장을 도모하는 프로그램이다. 매후원자의 후원금을 매월 아동에게 지
원하며, 여름·겨울 캠프 및 봄·가을 문화체험 행사 등을 진행하고 있다.

기아대책과 교회와 기업이 협력해서 파트너십으로 운영하는 지역아동
센터이다. 지역아동센터에서는 교육, 정서, 건강, 가정영역의 서비스를
중심으로 저소득 요보호가정 아동을 주 5일 동안 안전하게 보호하며, 다
양한 문화 복지활동과 교육활동을 통해 아동의 전인적 발달을 도모하고
있다. 특히 기업, 학교, 병원 등 지역사회의 다양한 자원연결을 통해 경제
적 어려움과 문제 속에 있는 가정에 통합적이고 체계적인 서비스를 제공
하여 '행복한 아동 + 행복한 가정'을 세우는 일에 앞장서고 있다. 셋째는
복지관 운영을 통해서 사회복지에 힘쓰고 있다.[352]

기아대책기구의 특성은 북한을 포함한 해외의 기아 현장에서 기독교
NGO의 기능을 잘 살려서 선교와 연결시키는 것을 알 수 있다. 오늘도 세
계의 선교현장에서 선교사들이 기아대책기구를 통해서 협력 사역을 하
는 모습을 많이 보고 있다.

2) 여의도순복음교회의 굿 피플(Good People)의 활동

여의도순복음교회는 1958년 조용기와 최자실 목사의 가정으로부터 교

회가 시작되었다. 지금도 79만여 명의 교세를 갖고 있으며 현재는 이영훈 목사가 담임 목회자로 사역하고 있다. 이 교회를 통해서 1999년 7월 창립된 NGO단체인 '굿 피플'은 그동안 국내외에 다양한 활동을 해 왔다. 여의도순복음교회에 실시하고 있는 사역들 중에서 다문화인들과 관련된 사역을 소개 하면 다음과 같다.

첫째는 다문화센터 건립을 통한 복지사역이다. 여의도순복음교회는 경기도 안산의 원곡동에 "다문화센터"를 건립하였다. 2013년 7월 28일 드려진 개관 예배에서 이영훈 목사는 "우리가 서로 사랑하는 것은 하나님의 뜻이다. 이를 실천하기 위해 다문화센터가 만들어졌다. 이곳을 통해 우리는 다문화가족을 사랑하고 어려운 이웃을 도와 하나님을 만날 수 있도록 해야 한다"라고 말했다. 이 센터를 통해서 언어별 예배사역, 다문화 사역자 훈련 및 자국 파송, 교육, 문화, 의료, 생활 지원 및 구제 사역을 실시하고 있다.[353]

두 번째는 탈북자 사역이다. 탈북자들을 위해서 두 가지 사역을 감당한다.[354] 탈북자들에게 남한사회에서 기본적인 생활을 지속하는 방법부터 자립할 수 있는 창업교육까지 시켜주는 학교 사역이다. 그리고 자아 회복을 돕는 교육, 내적 치유를 통해 자신감을 고취시키며, 공동체 교육과 함께 리더십 교육을 실시하고 있다. 탈북자들은 자신의 생존을 위해 타인이나 공동체를 희생시키며 살아왔다. 북한 사회가 권위적이며 통제적인 공동체라면, 남한 사회는 이기적인 공동체이다. 리더십 교육은 건강한 지도자상이 무엇인지에 대해 교육한다.[355]

세 번째 '굿 피플'은 북한지역의 선교도 담당하고 있다. 국제옥수수재단과 '남북농업지원 협력사업 상호지원 협약'을 체결하고 1999년부터 지금까지 국제옥수수재단을 통해서 약 20억원 정도의 옥수수 씨앗과 비료를 북한에 보냈고, 2001년부터는 북한지역 어린이들에게 급식을 지원하고 2002년부터는 급식을 지원하는 지역에 미숫가루를 보냈을 뿐만 아니라 사랑의 119운동을 전개하고 있다.[356] 이 밖에도 조용기 목사는 북한의 결핵환자 치료를 위해서 수 십 억원을 후원했다.[357]

네 번째는 '평양 조용기 심장전문병원' 설립이다. 북한에 대한 치유 사역은 결핵퇴치 운동, 의약품 보내기 운동과 같은 사업으로 진행되어왔다. 그러나 북한 땅에 심장병을 고치는 빈약한 의술을 보게 되면서 심장병원의 건립을 추진하게 된다. 2007년 5월 평양 조용기 심장병원 건립 추진위원회가 구성되어, 2007년 12월 4일 조용기 목사와 김성혜 총장 그리고 250여명의 방북단과 북한 주민이 참여한 가운데 평양 대동강 구역의 동문 2동에 착공식을 가졌다.[358] 이 병원은 한화 200억원이 투자되며 2010년 6월에 완공을 목표로 건립중이었지만 갑작스러운 남북의 긴장상태로 말미암아 오늘까지 준공식이 지연되고 있다.

3) 세계다문화진흥원의 교육 활동

세계다문화진흥원은 다문화들을 위한 교육과 섬김의 헌신자를 교육시키는 기관이다. 2009년에 설립된 이후에 현재까지 수없이 많은 다문화 사역자들을 훈련 시켜서 다문화 사역 현장에 보냈다. 안산의 원곡동에 다문화센터를 개설한 여의도순복음교회의 사역 팀도 이 교육 기관을 통해서 훈련시켰다. 이 기관의 훈련 프로그램을 살펴보면 다음과 같다.

첫째는 다문화이해 교육이다. 이는 다문화이해의 입문과정으로서 보통

오전 9시부터 저녁 6시까지 집중적으로 교육한다. 강의 내용은 "다문화 이해", "다문화 정책", "다문화와 문화인류학" 그리고 "다문화상담"이 추가된다. 수강생들의 다문화 이해를 확인시키기 위해서 워크 샵도 함께 진행한다.

둘째는 다문화사역을 위한 심화과정의 교육이다. 이는 세계다문화진흥원의 부설기관인 "세계로원격평생교육원"을 통해서 진행된다. 이 기관은 과천·안양 교육청으로부터 다문화교육을 위해서 인준 받은 교육기관이다. 심화과정은 "다문화상담", "다문화교육", "다문화와 종교", "다문화인류학", "다문화 이해증진" 등으로 각각 13개 강좌로 구성된 동영상 강의를 교재와 함께 공부하는 것이다. 전문가로서 자질을 위해서 공부 이후에는 시험을 통해서 일정 자격을 갖추게 하고 있다.[359)]

셋째는 한국어학당 개설이다. 태국인들을 중심으로 진행된 어학당은 경희대 태국어과 학습동아리에서 집중적으로 봉사해 주고 있다. 매 학기 마다 30여명이 수강하고 있다. 국립국어원에서 한국어교사자격인준기관으로 선정되어 다문화인들에게 한글 교육을 가르칠 교사를 양육할 수 있게 되었다.[360)] 최근에는 "아름다운 한글봉사단(곽은경 원장)"과 함께 한국어교원 양성 과정을 실시하고 있다.

넷째는 "한국다문화진흥학회" 구성이다. 이는 국내외 대학교 교수들과 그동안 다문화이해교육을 통해서 교육 받은 훈련생들로 회원들이 구성되어 있다. 공식 회원은 780여명에 이르고 있다. 이를 통해서 지역에서 "다문화 센터"를 운영하거나, 다문화에 대한 사역에 참여함과 아울러 사역 원리와 방법을 전수 받고 있다. 이 학회는 매년 2회 이상 다문화에 대한 "학술포럼"을 하고 실시하고 있다.

3. 다문화선교를 위한 기독교 NGO 선교 전략

　다문화에 대한 선교에 있어서 기독 NGO의 역할이 무엇인가? 다문화인
들은 자신이 태어나서 자랐던 땅을 벗어나 타국에 거주하는 사람들이다.
이는 마치 중간시대의 유대인 디아스포라와 같다. 하나님의 백성인 유
대인들은 앗시리아(BC. 722)와 바벨론 침공(BC. 586)으로 말미암아 포로가
되어 삶의 터를 잃고, 고국인 유대를 떠나서 지중해 연안에 디아스포라
(Diaspora)[361]되어 살았다. 이처럼 조국을 떠나서 유리방황한 삶을 사는 다
문화인들에게 기독교 NGO는 중요한 선교 기관의 역할을 해야 하겠다.

　복음전도는 모든 선교적 노력의 핵심에 속한 것이다. 선교지에서 구원
의 복음을 증거하여 그리스도를 자신의 주님으로 영접하게 해야 한다. 이
는 진정한 회개를 불러와서 새로운 삶으로 바꾸어지게 된다. 허버트 케인
은 세 가지 전도방법이 있음을 말한다. 참여적 전도(presence evangelism), 선
포전도(proclamation evangelism), 설득전도(persuasion evangelism)라고 말했다. 이
와 같은 복음증거의 실현을 위해서 우리는 "사람을 얻고(win man), 사람을
세우고(build man), 사람을 파송(send man)"해야 하겠다. 기독교 NGO의 선교
전략을 네 가지 관점에서 정리하여 도식화 해 보면 다음과 같다.

1) 복지를 통한 존재선교 활용 전략

　기독교 NGO는 다문화에 대한 복지에 관심을 갖는 기관이 되어야 하겠
다. 다문화인은 한국 정주 가운데 복지에 대한 욕구가 강하다. 이는 한국

생활적응, 가족관계, 인권 등의 분야에서 다양하게 나타난다. 결혼이주여성들이 한국사회에 요구하는 것은 한국남성들로부터의 일방적 피선택자, 친정가족의 부양을 위한 속죄양 등의 시각을 교정해 달라고 요구하고 있다.[362)

김한옥은 사회복지 차원에서 사회봉사는 크게 세 가지 목표를 갖는다고 주장하였다. 첫째, 인도적 사회정의를 실현하는 것이다. 둘째, 사회를 통제하는 것이다. 셋째, 경제적 발전이다.[363) 이를 토대로 다문화인들이 요구하는 것은 한국어 교육, 상호문화 이해에 기반을 둔 가족관계, 임신·출산과 의료서비스, 자녀 양육과 교육, 다양한 결혼 형태에 따른 가족 상담 및 지원, 경제적 보호, 지역사회 네트워크 구축, 그리고 인권 보호 등에 대한 관심을 갖고 복지적 차원에서 그들의 삶에 함께 참여하는 자세가 중요함을 말한다.[364)

다문화의 요구에 대해서 기독교 NGO는 참여를 통하여 선교의 기회를 만들어야 한다. 허버트 케인도 이와 같은 전도를 참여전도라고 하였다. 즉 참여적전도란 "성경의 증언 내지는 증거라는 단어에서 기원한 것으로 보인다. 그리스도인의 현존은 마치 소금의 존재함이 곧 보존을 위한 요인이 되는 것과 마찬가지로 복음전파의 요인이 되는 것이다."[365)라고 말했다. 그리스도인은 구원받지 못한 자들 앞에서 적극적인 증거가 되는 복음을 생활화함으로 그들에게 복음이 스며들도록 하여야 한다. 참여전도는 봉사나 사회활동으로 불리는 행위 가운데 반영되어 있다. 이는 곧 그리스도의 이름으로 "냉수 한잔을 대접하는 것"과 같은 것이다.

다문화 가운데 우리의 동족인 탈북자들의 복지 요구는 더욱 절박하다. 그들은 취업 및 자활욕구, 자활을 강화하도록 지원정책의 개선, 지역과 민간차원의 지원 정보 제공, 정신 건강문제에 대한 지원, 정착 전 실질적 교육 지원을 요구하고 있다.[366]

복지 가운데 상담은 중요한 사역 도구이다. 상담은 내담자가 겪고 있는 어려운 문제들을 함께 나누는 것이다. 다문화 탈북자들이 겪고 있는 문제들에 구체적으로 개입 할 수 있는 기회를 갖게 된다. 이를 기독교 NGO들을 활용하여 교회의 문을 넘도록 만드는 중요한 전략이다. 결국 기독교 NGO는 복지 사역을 통해서 사람을 얻는 전략을 수행해야 한다. 최근에 한국교회의 다문화 선교전략과 맞물려 대형교회들이 앞 다투어 그들의 문제를 해소하기 위한 노력은 바람직한 일이다.

2) 교육과 제자화를 통해서 그들의 세계관 해체 전략

기독교 NGO에서는 다문화를 향한 기독교 교육과 제자화 사역을 통해서 세계관을 해체시키는 일을 해야 하겠다. 이는 단순한 복지 사역보다 한걸음 더 나가는 선교전략이다. "가르쳐 지키게 하라"는 주님의 명령이며, 다문화인들을 세우는 일이다. 기독교교육은 "기독교적 생활 표준을 개발하기 위해 교회와 관계 기관들에 의해 지원된 교육이며, 성경에 의해 선언된 원리들을 믿게 하고 실천하도록 만드는 훈련이다."[367] 다문화인들을 위한 기독교 NGO의 교육은 자연스럽게 제자화 사역으로 연결될 수 있다.

"제자를 삼으라"는 말은 곧 어떤 사람을 그리스도께로 인도하라는 의미이지만, 이에는 어떤 사람이 그리스도를 영접하도록 결단을 내리게 하는 그 이상의 뜻이 내포되어 있다. 여기엔 그 사람이 그리스도의 제자로서 그리스도를 따르도록 동기를 부여한다는 의미가 담겨있는 것이다. 제자 훈련의 과정은 그들이 가졌던 전 이해의 사고들을 설득을 통해 해체함과 아울러, 성경적 사고로 재생산하는 것이다. 이를 위해서 그들을 설득하는 작업이 필요하다. 설득전도란 복음을 선포할 뿐 아니라, 또한 구원받지 못한 사람들이 이에 응답하도록 설득하거나 유도하는 행위를 포함한다.[368]

설득의 성경적 근거는 "설득하다"라는 단어에서 찾을 수 있는 바, 이는 "상대방으로 하여금 어떠한 관점을 갖게 만든다."는 의미를 지니고 있다. 바울은 "우리는 주의 두려우심을 앎으로 사람들을 권면하거니와(고후 5:11)"라고 말했으며, 고린도에서 "그는 안식일마다 회당에서 강론하고 헬라인을 권면 하니라."(행18:4)라고 기록되어 있다. 설득전도는 결과에 관심을 둔다. 만일 복음 선포의 과정이 효과적일 경우, 그 전도자는 불신자들로 하여금 그리스도께 나오도록 강청해야 한다는 것이 설득전도의 가설이다. 설득전도란 사람들을 그리스도께로 인도하고 책임적인 교회의 일원이 되도록 하려는 의도적인 설교인 것이다. 설득전도를 믿는 사람들은 "그러므로 너희는 가서 제자를 삼아 … (마28:19)"라는 명령 속에는 설교자가 전도의 성과를 이룰 의무를 진다는 의미가 내포되어 있다고 주장한다.

기독교 NGO 기관은 제자훈련을 통해서 다문화인들로 하여금 진리의 복음을 이성적으로 발견하고, 신앙 속에서 경험되어지며, 성경공부와 함께 현장의 실제적인 체험을 지속하게 해야 하겠다. 이렇게 함으로서 그들이 갖고 있던 타세계관의 체질을 변화시킴과 아울러 멘토로 부터 끊임없는 가르침을 통해, 그들로 하여금 하나님의 말씀을 옳게 분변하는 신앙을 갖도록 만들어야 한다.[369] 결과적으로 기독교 교육을 통해서 다문화인들의 세계관을 해체시켜 기독교인으로 살아 갈 수 있도록 만드는 것은 기독교 NGO의 사명으로 인식해야 하겠다.

3) 이슬람의 역선교 대처 전략

기독교 NGO는 사역 현장에 영적 싸움이 있다는 것을 인지하고, 대비할 뿐만 아니라 승리해야 하겠다. 이렇게 함으로서 한국 교회는 다문화인들이 갖고 들어온 자신들의 종교들을 저지할 수 있다. 한걸은 더 나아가 그들을 전도하여 기독교 신앙으로 변화시킬 뿐만 아니라, 그 신앙을 유지하도록 세워주어야 하겠다. 능력 대결은 구약성경의 엘리야와 아합·이세벨의 영적 싸움에서 교훈을 주고 있다. 능력 대결(power encounter)은 우리가 귀신을 쫓아내는 것만으로 국한시키기가 쉬운데, 그와는 달리 티모씨 워너는 영적대결의 본질은 구원에 관한 진리의 문제라고 말했다.[370] 티모시 캠프는 영적전쟁이란 하나님의 능력을 통해서 여러 종류의 어둠의 세력들을 노출시키는 것이라고 했다. 전호진은 한국은 이미 종교 간의 갈등이 시작되었다고 진단했다. 이러한 갈등은 종교에 기인한 가치관의 충돌로 보았다.[371]

필자는 여기에서 한국에서 가장 강하게 뿌리 내리고 있는 이슬람을 살펴보고자 한다. "적을 알고 나를 아는 것은 백전백승이라"는 말이 있다. 결국 이슬람교의 역선교를 막는 것은 그들의 실체를 알고 대처하는 것이다.

한국이슬람교(KIF)와 한국이슬람중앙회(KMF)[372]는 한국에 거주하는 무슬림 다문화인들을 실제적으로 돕고 있는 기구이다. 한국 이슬람이 획기적 전환을 맞이한 계기는 1975년 "석유 위기" 이후 중동-이슬람권의 중요성이 부각되면서 1976년 5월 한남동 부지에 아랍권의 재정 지원을 얻어 현재 중앙 모스크가 개원하게 되었다. 한국 이슬람교가 가장 번성했던 시기는 1979-1981년경이었다. 이 시기에 부산에 두 번째 모스크가 리비아의 지원으로, 경기도 광주에 세 번째 모스크가 쿠웨이트의 지원으로 건립되었고, 경기도 용인에 이슬람대학 건립을 위한 구체적 프로젝트가 마련되었다. 또한 해외에서의 한국인을 이슬람교로 포교와 교육을 위해 1978년에는 사우디아라비아의 제다에 이슬람 교육원과 한국 이슬람교 중앙회 지회(支會)가, 그리고 쿠웨이트와 인도네시아에도 지회(支會)가 설치되었다.

현재는 전국에 약 13만 5천의 신도가 5개의 모스크와 몇몇 임시 예배소를 중심으로 분포되어 신앙생활을 하고 있다. 이외에도 외국인 무슬림 노동자의 급격한 유입으로 안양, 안산, 서울 마천동, 의정부 등지에 그들만을 위한 임시 예배소가 곳곳에 설치되고 있으며, 현재 송우리를 비롯해 전국에 약 30여개의 개척 모스크가 있다.[373] 이러한 교세에 힘입은 국내 이슬람교신자들과 국내 거주하는 다문화 무슬림의 숫자를 합쳐서 13만여명으로 추산하고 있다.

이슬람교의 한국내에서의 활동은 역선교라는 이름으로 우리 곁에서 활동하고 있다. 첫째는 이슬람에 대한 강의를 실시하고 있다. 이는 아랍어 연수원, 일요 마드라사(꾸란학교), 이슬람 연구 및 학술모임의 지원을 통해서 이루어진다. 두 번째는 국내 거주하는 무슬림들을 위해서 매주 마지막 일요일에 의료봉사 활동을 하고 있다. 뿐만 아니라 상담을 통해서 한국 거주에서 오는 불편한 부분들을 해소 시키고 있다. 이를 통해서 임시 예배로(무쌀라)의 개설과 활성화를 도모하고 있다. 세 번째는 이슬람 관련 자료들을 번역하고 출판하여 보급하고 있다.[374]

한국이슬람중앙회는 한국에 거주하고 있는 무슬림들을 위해서 교육, 숙소 및 일자리 마련, 정치적 도움을 위해서 활동하고 있다. 특이한 것은 기독교 배경의 민간단체와는 다르게 종교중심의 형태로 다국적 이주민들을 통합관리

하는 체계를 사용한다. 이를 통해서 다종교 상황 및 기독교에로의 전향을 방어하는 시스템을 구축하고 있다.[375]

한국에서 이슬람교의 입지가 점점 증대되는 과정을 지켜보면서 개신교의 전략은 무엇인가? 그동안 복음주의선교신학계에서는 다양한 이론 제시를 통해서 확산을 저지하려는 노력을 해 온 것이 사실이다. 그러나 이러한 방법들이 다분히 수세적인 전략이라면 기독교 NGO를 통해서 적극적으로 선교 운동을 전개하여 이론이 실제화 되도록 해야 하겠다.

4) 선교교육을 통한 원심력 전략

기독교 NGO는 본질적으로 복음증거가 목적이며, 이는 선교를 감당해야 한다. 이제는 더 나아가 다문화인을 성경공부를 통한 사역자로 훈련시켜서 본국으로 파송하는 선교전략을 구사해야 하겠다. 다문화인들은 한국에 자신의 꿈을 성취시키기 위해서 들어왔다. 이는 경제적인 요소, 신분상승의 요소, 선진 기술 습득의 요소 등 다양하다. 이렇게 구심력화 된 다문화인들을 기독교 NGO를 통해서 신앙 운동과 아울러 선교 훈련을 시켜 복음의 원심력화를 추진해야 하겠다.

James A. Banks는 "다문화 학습자들이 효과적인 커리큘럼을 통해서 교육이 될 때에 그들은 개인적 향상의 능력, 사회적 능력, 정치적인 능력 그리고 경제적인 능력의 크나큰 힘을 얻게 된다고 말했다. 따라서 이러한 능력을 소유하기 위해서는 학습자들은 그 사회에 대한 특별한 지식 및 기술과 태도를 가질 수 있는 교육이 필요하다. 교육을 통해서 인간의 가치와 자신들의 환경을 개선하는 훈련이 이루어지는 지식을 얻게 된다. 결국 그들이 속한 사회를 공정한 사회와 세계를 변화시켜 창조적인 협력관계를 이루는 사회적 동기를 갖게 될 것이다."[376]라고 언급했다. 효과적인 커리큘럼이란 무엇인가? 기독교 NGO를 통한 선교전략을 생각해 보면 선교교육이라고 할 수 있다. 기독교 NGO를 통해서 전도되어지고, 교육되어지고, 제자화 되어진 이후에는, 그 자원들을 선교사로 활용되도록 만드는 작업이다.

다문화의 한국 유입은 많은 문제점을 내포하고 있는 것도 사실이다. 그러나 한국 교회는 구심력적으로 몰려 드는 다문화를 선교의 기회로 활용해야 하겠다. 사실 초대교회의 위대한 선교사인 바울도 유대 다문화인이었다. 그가 가진 그레코 로만 문화[377]는 타문화의 적응력을 통해서 복음이 세계화 되는데 결정적인 역할을 하였다. 기독교 NGO를 통해서 다문화를 원심력 선교의 자원화를 도모하는 지혜를 모을 때다.

한국에 유입되어오는 구심력 현상의 다문화에 대한 기독교 NGO의 역할에 대해서 기술하였다. 다문화결혼이주민으로, 경제적인 이유에 의한 산업인으로, 탈북인으로 이 땅에 거주하고 있다. 이들의 삶을 케어하는 일차적인 책임은 정부에 있다. 그리고 지금까지 한국정부는 제도, 행정,

경제적인 면에서 그들을 처리하고 있다. 그러나 다른 하나의 케어 주체는 NGO다. 특히 기독교 NGO는 정부에서 간과하기 쉬운 영적 케어의 요소가 있다.

다문화의 한국 유입은 각종 사회적인 문제로 인하여 국민들로 하여금 거부감을 갖게 만들기도 한다. 심지어 한국교회의 성도들도 다문화인들에 대해 심한 배타성의 감정을 가질 때도 있다. 이러한 감정들을 선교적인 상황으로 바꾸는 작업이 필요하다. 한 가지 분명한 것은 선교 대상자들이 우리들 속에 유입되어 함께 호흡한다는 것이다. 구심력적 요소로 인해 우리 속에 존재하고 있는 이들을 기독교 NGO를 통해서 케어하고, 복음을 증거 하여 원심력의 선교 자원으로 삼는 지혜가 있기를 기대한다.

337) 조귀삼, "교회의 선교 NGO 육성" 『교회와 성장』 2010년 12월호, 103.

338) 조효제는 유엔과 NGO의 관계에대해서 자세히 기록하고 있다. 즉 NGO의 출생은 1945년 6월 26일, 출생지를 쌘프란시스코 페어몬드 호텔 가든홀, 산파는 각국 정부대표단 특히 미국대표단에 동행했던 42개의 민간단체의 대표들, 산고서는 유엔헌장 10장 71조. 조효제 편역 『NGO의 시대』 (서울: 창작과 비평사, 2000) 15.

339) 박상필 『NGO를 알면 세상이 보인다』 (서울: 한울, 2001), 31.

340) 김광휘, "시민사회단체와 정부의 협력적 거버넌스의 생산성에 관한 연구" (행정학박사학위 논문, 국민대학교 대학원 행정학과 행정학 전공, 2011), 42-43.

341) 이혁배, "기독교 NGO의 유형과 관제" 『시민사회 속의 기독교회』 (서울: 예영커뮤니케이션, 2008), 143.

342) 이혁배, "기독교 NGO의 유형과 관제", 144-146.

343) 정재영, "시민사회 참여를 통한 교회공공성의 회복" 『시민사회 속의 기독교회』 (서울: 예영커뮤니케이션, 2008), 93.

344) 정재영, "시민사회 참여를 통한 교회공공성의 회복", 107-108.

345) 이명근, 『NGO와 함께 하는 선교』 (서울: 쿰란출판사, 2010), 194.

346) 필자는 2010년부터 "경기도 교육청의 다문화교육위원"으로 현재까지 각종 다문화프로젝트 관련 평가에 참여하고 있음.

347) 전 총재였던 고 정정섭 장로님과는 CCC 나사렛형제들에서 같이 활동하였다. 이후 선교 사역을 마치고 귀국하였을 때에 필자에게 "국제국장"의 일을 감당해 달라는 청을 받기도 하였다.

348) 이 기구의 창설자는 여의도순복음교회의 고 조용기 목사이셨다. 그분의 사모님인 고 김성혜 총장님은 필자가 근무했던 한세대 총장님이셨다.

349) 이 기구는 필자가 현재 이사장으로 있다.

350) http://cafe.daum.net/koreacan/ 2013년 8월 7일. "세계다문화진흥원"

351) http://www.kfhi.or.kr/KFHI/KFHIInfo.asp, 2013년 8월 6일, "한국기아대책기구"

352) http://www.kfhi.or.kr/KFHI/KFHIInfo.asp, 2013년 8월 6일, "한국기아대책기구"

353) 이 센터 건립 축하를 위해서 김철민 안산시장, 김영환, 김명연, 전해철, 이자스민 국회의원 등이 참여하여 축하하였다. 오정선, "우리교회, 안산 원곡동에 다문화센터 건립" 『순복음가족신문』 2013년 8월 4일자, 1, 7면.

354) 1999년 2월 26일 탈북자 생계비 지원사업 출범을 시작으로 2000년 2월 6일 탈북자 정서적 지원 및 상담지원 체계구축을 구축하고 2002년 2월 3일에는 굿피플 대학을 설립한 선한 사람들은 2003년 1월 26일 굿피플대학 산하 굿피플통일연구소 설립하였으며 3월 2일에는 굿피플대학을 창업반 및 취업반 신설하였다. 조귀삼, 『영산 조용기 목사의 교회성장학』 (군포: 한세대학교말씀사, 2009), 250.

355) 이들은 북한에서는 통제적이고, 고압적이고, 권위적이고, 힘으로 사람들을 누르면서 이끄는 모델을 배워왔다. 그래서 자유이주민들이 어떤 타이틀을 갖거나 지위를 갖게 되면 자신이 알고 있는 리더십의 형태들을 발휘하기 시작한다. 왜곡된 리더십은 사회생활, 가정생활에서 파괴적인 상황을 낳으며 남한 사회에서 리더가 될 수 없도록 한다. 때문에 학교에서는 북한 사회의 리더십과 건강한 리더십을 비교함으로 어떠한 모습으로 자신들을 개발시켜 나가야 하는 것들을 교육한다. 조귀삼, "NGO 선교 사역을 통한 영산의 희망 신학" 『영산신학저널』 통권 4 호 (2005.1):159-161.

356) 현재 북한은 어린이 62%가 영양실조에 걸려있고 주민 100명중 2명이 결핵환자이며 10명중 4명이 결핵보균자이다. 게다가 최근 핵파문 등으로 최악의 식량위기에 직면해 있다. 사랑의 119 운동은 '한(1)사람이 한(1)생명 구(9)하기 운동'으로써 굶고 병들어 가는 북한 어린이를 돕는 운동이다. 조귀삼, 『영산 조용기 목사의 교회성장학』, 258-259.

357) 조용기, 『사랑, 행복, 나눔』 (서울: 서울말씀사, 2011), 203.

358) http://yfgc.fgtv.com/pyungyang/photo_list.htm/2008/0815.

359) http://www.worldcan.co.kr/new2/main/main.php, 2013년 8월 7일 "세계다문화원격평생교육원"

360) http://www.korean.go.kr/09_new/index.jsp, 2013년 8월 12일, "국립국어원"

361) Hebrew root words on the Old Testament concept diaspora is Gola(Exiles)/ Gala(Remove)/ Galut(Captivity) Zara(Spread/ Winnow) Nadah(Banish)/ Napas(Scatter)/ Pus(Disperse)/ Pazar(Scatter Abroad)/ Parad(Separete). Greek words in the New Testament for the concept of diaspora is Dispora(Scattered)/ Dispeiro(Scatter). Narry F. Santos "Exploring the major dispersion terms and realities in the Bible" Global Diaspora Missiology Consultation meeting of November 16-18, 2006. Taylor University College & Seminary, Alberta in Canada. 조귀삼, "중간기 유대 교육을 통해본 한인 디아스포라정체성교육 연구" 『기독교교육 논총』 제 15집 (2007.6): 284, 조귀삼, "재한 디아스포라 거류민의 신음에 대한 교회의 선교적 응답" 『복음과 선교』 제 9 집 (2008.6): 49. 재인용.

362) 최현미 외 5명 공저, 『다문화가족복지론』, (서울: 양서원, 2008), 68-69.

363) 김한옥, 『기독교 사회봉사의 역사와 신학』, (부천: 실천신학연구소, 2006),34.

364) 최현미 외 5명 공저, 『다문화가족복지론』, 69-74.

365) J. Herbert Kane, *Understanding Christian Missions*,(Grand Rapids, Michigan: Baker Book House, 1986), 300.

366) 최현미 외 5명 공저, 『다문화가족복지론』, 80-85.

367) 조귀삼, 『영산 조용기 목사의 교회성장학』, 186.

368) J. Herbert Kane, *Understanding Christian Missions*, 303.

369) 조귀삼, "다문화 결혼 이주자의 세계관 분석을 통한 선교커뮤니케이션 연구"『복음과 선교』, 20집 (2012.12): 335.

370) 안점식, 『세계관과 영적전쟁』, (서울: 죠이선교회출판부, 1995), 365.

371) 전호진, 『문명충돌 시대의 선교』, (서울: CLC,2003), 167.

372) http://www.koreaislam.org/intro/intro01.jsp 2013년 8월 7일. "한국이슬람교 중앙회"

373) http://cafe.daum.net/likeyeo/Mfv8/ 2013년 8월 7일. "이슬람선교정보 한국 이슬람의 어제와 오늘"

374) http://www.koreaislam.org/intro/intro01.jsp 2013년 8월 7일. "한국이슬람교 중앙회"

375) 장성진, "한국 다문화 상황진단과 이를 위한 새로운 선교 패러다임 형성"『복음과 선교』, (서울: 한들출판사, 2008), 98.

376) James A. Banks, *Cultural Diversity and Education*, (Boston: Pearson Education, Inc.,2006), 203.

377) 안승오, 『선교사가 그린 선교사 바울의 생애』, (서울: 쿰란출판사, 2002), 20-31.

9장 다문화 상담

다문화상담을 이해하는데 가장 중요한 이슈는 문화적 다양성을 상호 인정해야 하는 것이다. 특히 다문화인들의 한국 유입 속에서 자신들이 고국에서 성장하면서 체계화된 세계관이 상존함으로 접근에 매우 조심스러운 태도를 가져야 한다. 따라서 방기연은 상담에 나타나는 문화적 영향을 주장하였다. 그리고 다문화상담을 위해서 ADDRESSING 모델[378]을 제시하고 있다. 이 모델 가운데 종교의 영적 지향과 민족적 · 인종적 정체 (Socioeconomic status) 성적 경향(Sexual orientation) 토착 유산(Indigenous heritage) 국적(National origin) 성(Gender)의 모델은 다문화상담에 직접적으로 적용될 수 있다고 판단된다. 여기에서는 상담의 일반적 이해와 아울러 다문화상담에 대해서 기술하고자 한다.

1. 상담의 일반적 이해

상담 이론은 지금까지 다양한 학자들에 의해서 논의되어 왔다. 상담의 사전적 정의는 교양과 기술을 익힌 전문가인 상담사가 적응상(適應上)의 문제를 가진 내담자(來談者)와 면접하여 대화를 거듭하고, 이를 통하여 내담자가 자신의 문제를 해결해 나가는 인격적 발달을 도울 수 있도록 원조적 관계(援助的 關係)를 전개하는 것을 의미한다. 한편 김춘경 등은 상담이란

'도움을 필요로 하는 내담자와 도움을 주는 전문적인 상담사 간의 관계 형성을 통해 내담자의 자기이해, 문제 예방과 해결, 삶의 질 향상 등 바람직한 인간적 성장과 변화를 조력하는 과정'[379)]이라고 정의하였다.

'상담'은 영어 표현으로 카운슬링(counseling)이라고 하며 두 가지 요소를 지니고 있다. 첫 번째 요소는 인간이 직면한 인격적 문제에 대한 표면적 처리에 의한 도움을 주는 것이다. 두 번째는 심리요법으로써 비교적 심층(深層)적 인격체제(人格體制)를 변용(變容)시키는 것을 목적으로 하며 장기(長期) 상담을 필요로 한다. 상담 이론의 첫째는 정신분석을 개작(改作)한 것이다. 둘째는 인간의 행동과 인격의 변용을 꾀하려는 행동이론적(行動理論的)인 상담 기법이다. 셋째는 주로 진로상담과 학업상담에 관련하여 발달한 것으로 개인의 능력과 적성에 관한 객관적 진단을 바탕으로 하는 상담을 전개시켜 나가는 특성·인자이론(特性·因子理論) 상담 기법이다. 넷째는 정서장해(情緒障害)를 다소간 가진 내담자를 대상으로 치료에 성공한 경험을 기초로 해서 제창된 내담자 중심의 상담 기법이 있다.

내담자 중심 상담 기법의 제창자인 로저스(Rogers)는 「카운슬링과 심리요법」에서 상담자는 내담자에 대하여 무조건 존경하는 마음과 있는 그대로의 모습으로 대해야 함을 주장하고 있다.[380)] 즉 상담사에게 필요한 소양은 내담자의 체험과정(體驗過程)에 대한 적극적인 공감과 이해이며, 내담자가 자신의 체험과정을 명확하게 의식할 수 있도록 도와주고 내담자가 건설적으로 자기실현을 전개해 나갈 수 있도록 유도해 나가는 것이 목표가 되어야 한다는 의미이다.

2. 다문화상담의 필요성

다문화상담의 필요성[381)]은 다문화인 내의 많은 갈등 문제들에서 찾아볼 수 있다. 이는 결혼형성과정에서 시작된다. 사전 정보 없이 중개업자의 과대광고, 코리언드림, 남녀의 큰 연령 차이, 언어장벽으로 인한 의사소통문제, 서로 다른 국가의 문화 차이에서 오는 오해와 사회적 편견, 경제적 문제에서 일상생활의 사소한 문제들이다.[382)]

또한 다문화인들은 국내 이주 이후 가족관계에서 일어나는 갈등과 언어적 비언어적 폭력, 자녀양육과 경제적 빈곤, 취업, 이혼, 체류, 국적, 인권, 사회보장 등에서 수없이 많은 스트레스를 받고 있다.

다문화상담의 필요성 가운데는 분노의 마음을 처리해 주어야할 요소도 지니고 있다. 다문화이주여성들이 경험하게 되는 분노의 유형을 살펴보면 다음과 같다. 첫째, 욕구 좌절에서 오는 분노,[383)] 둘째, 낮은 자존감에서 오는 분노, 셋째, 두려움에서,[384)] 넷째, 수치심에서이다.[385)]

분노에 대한 프로이드 충동이론에는 다음의 두 가지 가정이 포함되어 있다. 첫째는 좌절로 인해 공격욕구가 유발되면 많은 에너지가 활성화되어 공격대상을 찾게 된다는 가정이다. 좌절된 사람은 좌절시킨 그 사람에 보복하든, 다른 대상에게 공격하든, 자기 파괴적으로 행동하든, 분노를 충동적으로 표현할 수 있는 그 어떤 방법으로라도 그 에너지를 발산하고자 한다. 즉 이것은 어떤 수압장치 내에서 작동하는 것과 같다고 한다. 둘째는 공격에너지를 발산하면 공격성이 감소된다는 가정으로 정화가설이다.[386)]

다양한 사회문화 간에 보편적으로 공통적인 것들도 있지만, 그 사회만의 독특한 기준이나 규범, 관습들이 있기 마련이다. 이러한 부분들이 서로 다른 사회문화마다 서로 다른 내용의 인지적 평가체계들을 구성하고, 이는 분노의 원인과 표현 방식 등에 중요한 변수가 되는 것이다.[387]

3. 다문화상담의 기본 전제들

다문화상담의 기본 전제들에는 세 가지 측면인 다문화상담의 기본전제, 다문화상담의 과제, 다문화상담의 윤리를 다룰 수 있겠다.[388]

1) 다문화상담의 기본 전제

다문화상담은 문화적으로 다양한 내담자들의 요구를 만족시킬 수 있는 실제적인 측면을 다룰 뿐 아니라, 새로운 관점에 대한 철학적 토대를 갖출 필요가 있다. 아직까지 학자들 사이에 다문화상담에서 다루어지고 있는 용어들에 대한 정의가 명확하게 합의 된 상황이 아니다. 사실 모든 현대 상담 이론들은 명확하게 철학적 전제에 대해 제시하고 있고, 그 위에 이론적 기초와 치료적 방법들을 제시하고, 치료 상황에 적용하고 있다. 따라서 다문화상담에 대한 전제들에 대해서도 대략적으로 방향을 제시함으로써 다문화 이론을 검증하고 확장시켜나갈 필요가 있겠다. 박애리 박사는 다문화상담 이론에 대해서 일곱 가지를 제시 하였다.

첫째는 다문화상담이론은 전통적인 이론들을 대체하려고 하지 않는다. 오히려 전통적 상담이론들을 다문화주의 관점에서 평가하고 보완하여 모든 문화권의 내담자의 문제를 조력할 수 있도록 그 이론과 실제를 절충적으로 통합한다.

둘째는 다문화상담은 문화적 상대주의 원리에 기반을 둔다. 다문화상담은 문화에 대한 다양한 정의를 수용하고, 내담자의 관점에서 문제를 인식하고 목표를 설정하므로 다양한 내담자에게 만족스러운 서비스를 제공해 줄 수 있다.

셋째는 다문화상담은 심리, 영적 관점을 다룬다. 상담은 역사적 전통의 산물이다. 모든 문화에는 각기 독특한 토속신앙을 갖고 있고 이에 따른 치료방법들을 따른다. 토속종교들은 대부분 정신과 신체의 전체성을 수용하며 치료에 있어서도 정신과 육체분 아니라 영적인 접근도 포괄한다. 뿐만 아니라 영은 존재의 핵심이자 가장 중요한 요소이다.

넷째는 다문화상담은 이론과 실제와 연구에 있어 하나의 관점을 선택하는 것이 아니라 모두를 선택한다.

다섯째는 다문화상담은 사회적 구성주의(social constructivism)에 기초한다. Vygotsky에 의하면 인지발달은 사회 환경과의 상호작용을 통해 개인에 의해 구성된다는 점을 강조한다.

여섯째는 다문화상담은 내담자의 역량강화를 위해 조력한다.(자존감의 함양, 인적, 물적 자원의 활성화, 역할수행능력의 증진, 사회적 권리와 자격에 대한 정보 제공 등)

일곱째는 다문화상담은 내담자를 둘러싼 지원 체계의 관계망을 포함하며 공동체의 참여와 지원활동의 조력을 필요로 한다.[389]

2) 다문화상담의 과제

다문화상담은 현대상담치료적 접근에 대한 다문화적 적용의 한계점을 인식함으로 필요성이 제기된 것이지 현대상담치료적 접근의 필요성과 가치를 무시하는 것은 아니다. 그러므로 현대상담치료적 접근이 다문화인을 상담하는데 있어 한계점에 대한 적절한 평가와 함께 보완점을 통합해야 할 것이다. 그러나 아직까지 학자들 간에 다문화상담에 대해 충분한 논의를 통해 정의되어지지 않은 실정이다. 단지 다문화상담에 대한 종합적인 틀에 대한 함의점을 찾고 있다.

Gerald Corey는 현대 이론의 틀 속에서 다문화적 관점을 발달시키는것이 바람직하다는 관점을 갖고, 다음과 같이 의식을 전환할 것을 제안하였다. Corey의 제안을 함축적으로 설명하자면 다음과 같다.

첫째는 상담적 접근에 사회사업적인 접근을 추가해야 한다. 예를 들어 사무실 밖에서도 상담하려는 의지, 변화하는 환경에 초점을 두기, 내담자 자신에게 문제가 있다고 판단하는 것을 거부하기, 예방을 강조하기, 조력 절차를 결정하는 과정에서 상담자의 책임을 기꺼이 수락하기 등이 있다.

둘째는 문화 집단과 지역사회의 조력적 활동을 확장하여 치료적 접근 뿐 아니라 예방적 접근을 도모해야 한다. 상담자가 사무실 안에서 개인적인 문제를 치료하는 태도에서 지역사회 속의 개인을 다루고, 지역사회의 변화하는 환경을 다룬다.

셋째는 교육적 접근을 통해 내담자의 문제와 관련된 문화적인 측면들을 가르침으로 내담자와 협력관계를 형성한다.[390]

Corey의 제안은 다문화상담의 페러다임과 상담의 실제에 있어 중요한 요소들이다. 그러나 앞서 다문화상담의 기본 전제를 자세히 살펴보면 다문화상담은 문화상대주의[391] 철학적 토대를 갖는다. 또 하나의 과제는 다문화상담에 있어 의사소통의 문제를 해결하는 것이다. 상담은 언어를 매개로 하여 내담자의 문제를 해결하게 된다. 외국어를 사용하고 있는 내담자와 소통하기 위한 구체적인 접근이 필요하다.

3) 다문화상담의 윤리

기존의 상담윤리의 지침은 단일문화적 관점에서 윤리규준을 정하였다. 상담윤리는 다음의 몇 가지를 말한다. 이는 첫째, 철저한 비밀보장, 둘째, 상담자로서의 전문적인 능력 갖추기, 셋째, 내담자와 적절한 관계 유지, 넷째, 상담자 자신의 욕구 충족을 위해 이민자를 이용하지 않을 것, 다섯째, 상담자의 한계 인식이다. 그러므로 다문화상담을 위한 윤리 지침을 재구성할 필요가 있다.

위에 언급한 내용들이 일반적 상담의 윤리 라면 다문화상담의 윤리를 박애리 교수는 세 가지로 제시하였다. 첫째는 다문화상담자는 자신과 다른 배경의 내담자를 상담할 때 상호 간의 차이점을 존중한다. 둘째는 다문화상담자는 내담자에 대한 인식, 인간적 각성, 민감성을 가져야 한다. 셋째는 다문화상담자는 문화와 연관된 작업들을 자신의 업무로 받아들여야 한다.[392]

4. 다문화의 상담방법

1) 효과적인 커뮤니케이션

전술한 것처럼 다문화인을 상담하는 것은 문화와 세계관 그리고 사회 종교적 차원이 다르기 때문에 효과적인 상담을 위해서는 먼저 마음을 열게 만드는 것이 매우 중요하다. 김미영은 법무부 출입국·외국인정책본부 강의 교안을 통하여 다문화인 들과의 효과적인 커뮤니케이션을 위해서 17가지의 이론을 설명하였다.

1. 따뜻하고 안정되며 편안한 분위기 조성
2. 다문화인 국가의 간단한 인사말 외워두고 활용하기
3. 다문화인의 국기나 기념품 등 이민자 자국의 물품 비치
4. 다문화인들 국가의 예절이나 익혀두기.
5. 다문화인 개인과 자국의 장점과 성공, 즐거웠던 추억 등을 물어보고 칭찬 및 격려하기
6. 다문화인들이 좋은 분위기일 때는 상황을 살펴 자국의 성공적인 정착 사례를 모아 알아두고 알려주기
7. 다문화인국가의 장점이나 역사적인 좋은 점, 기사 등 칭찬화법 활용
8. 다문화인의 입장을 바꾸어 생각하고 속에 있는 깊은 감정을 동감하고 읽어주기
9. 유모어와 미소를 적절히 활용하기
10. 긍정적인 언어 사용과 온유한 자세로 부드럽게 대하기
11. 다문화인의 이민을 통한 긍정적인 동기를 찾아 격려하기
12. 항상 존칭어를 사용하기
13. 상담자는 항상 다문화인을 사랑하고, 다문화인의 편에서 항상 이민자를 도와주는 사람임을 인지하게 한다.
14. 다문화인 국가의 음악을 통해 정서적인 심리안정을 돕도록 민족음악 등을 조용히 틀어 준다.
15. 다문화인들은 자국의 말에 대한 그리움이 있음으로 자국의 책이나

좋은 글을 보게 하기
16. 언어로 소통이 어려울 때 자국인 중에 친구나 친척, 자조모임의 언어통역을 할 수 있는 사람과 함께 의사소통에 활용하기
17. 상황에 따라 수용의 분위기이면 마음열기로 건강 손바닥 박수치기나 간단한 레크레이션이나 웃음요법, 다문화인 들과 관련 된 재미있는 넌센스 퀴즈 등으로 웃도록 마음을 여는 것도 좋은 방법이 된다.[393] 이러한 분위기를 통해서 부드러운 분위기 조성을 위한 라포를 형성할 수 있게 된다.

2) 다문화상담의 단계

(1) 초기 단계

이 단계에서는 면접 접수를 통해서 상담의 틀 잡기가 진행된다. 이는 구체적으로 첫째, 라포의 형성. 둘째, 내담자의 문제 이해. 셋째는 상담의 목표 및 진행방식의 합의. 넷째, 상담관계의 형성이다.[394] 이어서 다문화 이해를 위한 상담 개입이다. 이는 첫째, 다문화인의 문화연구와 특성 및 특징 연구. 둘째, 상담자는 다문화인 상담 시에 상호문화의 존경심과 자긍심을 갖도록 한다. 셋째, 상담자나 다문화인은 한국문화와 이민자의 문화 접촉에서 오는 문화충격과 갈등의 혼란을 이해하고 수용하는 데 시간이 필요하다는 것을 인지한다. 넷째, 다문화인의 민족의 우수성, 특징, 장점 등을 연구하여 익혀두고 대신 자랑해준다. 다섯째, 항상 상대방의 문화를 존중하고 연구하며 배우는 자세를 갖는다. 여섯째, 항상 다문화인 개인과 가족의 이야기 등을 들음으로 다문화인의 배경을 이해한다.

(2) 중기단계

이 단계는 문제 해결하기이다. 첫째는 내담자문제의 탐색과 내담자의 자각이다. 이후 긍정적인 Feed Back을 갖도록 도와야 한다. 둘째는 설정한 상담 목표달성을 하여 내담자가 일상생활 행동에 적용하도록 만들어야 한다. 상담 목표달성을 위한 상담기술은 다음의 것들이 포함된다. 즉 심층적 공감, 즉시성, 피드백 주기, 직면, 해석이다.[395]

(3) 후기단계

이 단계는 종결 단계(성과 다지기)이다. 첫째는 성과 다지기 과정으로서의 종결이다. 상담결과의 평가로서 반드시 짚고 넘어가야 한다. 얼마나 상담을 잘 했는지, 상담기술이 얼마나 효과가 있는지 알아볼 수 있으며 이 접근은 어떤 기술에 얽매이지 않고 평가 결과에 따라 기술은 계속 바뀌어질 수 있다. 둘째는 종결의 후유증의 극복이다.[396]

이는 다문화인이 원했던 변화가 일어나게 되면 상담은 종결된다. 그러나 모든 상담이 성공적으로 종결되는 것은 아니다. 상담자로서는 여러 가지 전문적인 노력을 기울였지만 당초에 설정했던 목표의 달성에 실패하는 경우가 있다. 추가적인 상담이 필요할지에 대한 탐색의 기회이다. 내담자의 다른 행동변화에 전이될 수 있도록 도와주는 데 초점을 맞춘다.

3) 다문화상담사의 역량

다문화상담을 위해서는 내국인들을 상대한 것과는 다른 요소들이 분명이 상존하고 있다. 따라서 상담자는 내담자인 다문화인들을 상대하기 위해서 어떠한 역량을 갖추었는가가 매우 중요한 요소이다.

아래에 소개된 내용은 미국에서 발전한 다문화상담가들의 역량 이론을 소개하고자 한다.

이영란은 Ivey 등의 이론을 들어서 다문화상담자의 역할을 설명하였다. Ivey 등은 다문화 배경 내담자의 심리적 행복을 증진시키는 것을 목적으로 하지만 지역사회 자원을 활용하고, 활용 가능한 조직체계를 이용할 것을 제시하였다.[397] 특히 다문화상담자의 역량모델의 대표적 학자인 Sue, Arrendondo, & McDavis는 다문화상담 역량 모형(Model of Multicultural Counseling Competencies)을 확립하였다. 즉 태도와 신념의 영역, 지식 영역, 기술 영역이다. 여기에서 기술영역을 세분화 해 보면 가정, 가치, 편견에 대한 상담자의 인식, 문화적으로 다양한 내담자의 세계관 이해, 적절한 개입 전략 및 기법의 개발 등이다.

더 나아가 문화적 유능성에 대한 다차원적 모형을 제안하였다. 이는 첫째, 인간행동, 가치, 편견, 선입견, 개인적 한계 등에 대한 자신의 가정을 인식하고자 적극적으로 노력하고, 둘째, 문화적으로 다른 내담자의 세계관을 이해하기 위해 적극적으로 노력하고, 셋째, 문화적으로 다른 내담자와 작업을 할 때에 내담자에게 적절하고 밀접하며 민감한 개입전략과 기술을 적극적으로 개발하고 사용하는 것이다.[398]

Ivey 등은 다문화상담 역량을 지식, 기술, 인식으로 구분을 하였다. 문화적으로 다른 내담자의 세계관을 이해하고자 하는 지식이 필요한데 인종이나, 종교, 장애 혹은 비장애에 대해 지속적인 학습이 이루어 져야 한다.[399] 한편 Gamst 등은 캘리포니아 간편 다문화척도(CBMCS: California Brief Multicultural Competencies Scal), 다문화상담자 역량 평가 도구에 반편견적 능력, 문화적 장벽에 대한 인식, 다문화적 지식, 내담자에 대한 민감성을 포함하였다.

결국 다문화상담을 위한 역량은 문화의 벽을 넘어온 다문화인들의 문화를 상호 이해하는 마음이 선행 되어야 하겠다. 또한 그들의 깊숙한 곳에 자리 잡고 있는 세계관을 분석하여 대화의 채널을 만드는 작업과 함께 국내 거주로 인해 다름에서 오는 사회적 상황을 극복하도록 안내하는 작업도 선행해야 하겠다.

5. 다문화의 선교상담

다문화인을 위한 선교상담을 위해서는 성경적 상담이 뒷받침 되어야 한다. 성경적 상담은 죄인인 인간이 하나님의 복음으로 치유될 수 있다는 결론에 다다른다. 따라서 성경에 있는 원리를 통해서 상담의 방법을 정립하고 사용하는 것이다. 성경은 하나님의 영감으로 기록된 것으로 교훈과 책망과 바르게 함과 의로 교육하기에 유익하다는 원리에 입각하여 성경적 세계관 속에서 상담의 원리와 방법을 사용하는 것이라고 볼 수 있다.

제이 아담스는 "성경적 상담은 성경에서 상담의 동기를 찾고, 성경을 그 전제 조건으로 삼고, 성경의 목표를 그 뼈대로 삼아, 성경이 모델로 주어지고, 명령 받은 원리의 실천에 따라서 조직적으로 발전 시켜 나가는 것이다"[401)라고 하였다.

1) 성경적 상담의 모델

성경적 상담의 모델은 세속주의가 가진 상담의 결과에 나타난 상담 기법에 반기를 들면서 나타나기 시작하였다. 심리학자나 정신의학자들은 인간의 정신세계를 지배하던 영적 지도자들인 목사나 신부를 대신하여 자신들을 '세속의 목회사역자'라고 주장하였다. 즉 심리치료 상담소 같은 기관이 인간이 보편적으로 갖고 있는 근심, 걱정, 불평불만, 불신앙, 무정함, 악한 습관, 거짓과 기만 등을 신경증, 우울증, 열등감, 소외감, 사회부적응, 중독, 무의식적 자기 방어 등으로 시각을 변경시켰다. 이러한 환경 속에서 보이슨(Anton T. Boisen)은 교회에서의 상담의 필요성을 느끼고 일반 심리학을 비판적으로 수용하면서 목회신학을 발전시키도 하였다.[402]

성경적 상담은 상담을 의뢰한 피상담자에게 문제해결 과정가운데 예수 그리스도를 소개하고 권면하여 하나님께 의뢰하도록 하는데 있다. 상담의 방법을 결정하는 것은 상담자가 갖고 있는 신학적 요소들에 따라서 다양하게 전개 될 수 있다. 따라서 상담자가 건전한 신학을 소유한 상담이 진행되면 피상담자에게도 큰 유익이 있게 된다.

성경적 상담 모델의 역사는 아담스가 주장했던 권면상담에서 비롯되었다. 그리고 1980년 후반부터 1990년대 초반에 이르는 새로운 상담 리더들인 CCEF(Christian Counseling & Educational Foundation) 출신 후진들에 의해서 보강되었다. 그들은 아담스가 만들어 놓은 권면적 상담을 성경적으로 더욱 발전시키려는 노력을 갖게 되었다. 더 나아가 아담스가 주장한 인간의 죄의 문제를 넘어서, 그가 가진 약점인 고난당하는 사람들의 부족한 이해를 어떻게 가져갈 것인가에 초점이 맞추어 졌다. 결국 성경적 상담학자들은 아담스의 권면적 상담을 성경적 상담으로 명칭을 바꾸게 되었다.[403]

성경적 상담의 모델 세 가지를 먼저 도표를 통해서 언급을 하고자 한다.

성경적 상담의 모델 세 가지 도표

	아담스의 재습관화	웨인 맥의 Eight-1	Tripp의 4 단계
상담의 진행 과정	1. 경청하라 2. 이해하라 3. 명료화 하라 4. 권면하라 문제를 해결하고 습관화 하라	1. 관계수립 2. 피상담자에게 소망을 주기 3. 피상담자 탐색: 자료 수집 4. 피상담자의 자료 분석 5. 가르침 6. 권고 7. 실행 8. 일체화	1. 사랑하라 (Love) 2. 알라 (Know) 3. 말하라 (Speak). 4. 행동하라 (Do)

(1) 아담스의 재습관화

아담스(J.E. Adams)는 당시 세속주의 상담이론에 대항하기 위해서 "죄와 책임, 죄책감 회복"을 강하게 주장하였다.[404] 아담스에게 상담모델을 제시하고 교육하였던 스승은 모우러 였다. 모우러 이후 아담스는 성경적인 상담 시스템을 구축하게 되었다. 1965년에서 1966년 동안에 그가 모우러 로 부터 발견하였던 것과 성경에서 발견한 이론들을 실천하기 시작하였다. 그는 내담자에게서 발견된 문제들에 대해서 지시적인 방법을 쓰면서 그 자신이 교회에서 실험적인 상담을 실시하였다.

아담스는 1966년 상담과 훈련을 위해서 기독교상담교육센타를 설립하고, 상담은 목사가 해야할 일이라는 것을 강조하여 지역교회 목사들을 교육하여 상담사 자격증을 발급하였다. 이후 1968년에는 이 기관을 기독교상담교육재단으로 바꾸고 사역을 더욱 적극적으로 펼쳐 나갔다. CCEF는 사역의 목표를 네 가지로 설정하였다. 첫째는 결혼 전 상담과 결혼생활의 어려움 등에 대한 교회가 할 수 있는 목회상담 제공이다. 둘째는 상담사 역자 훈련 사역이다. 셋째는 다양한 출판 사역이다. 넷째는 노인들과 입원 환자를 위한 시설 운영이었다.[405]

아담스는 1977년 CCEF를 통해서 『목회실습저널(The Journal of Pastoral Practice)』를 창간하여 지역교회 목회의 모든 측면을 다루어서 목회자들의 필요를 채워주고 상담을 공부하는 사람의의 욕구를 만족시켜 주었다. 1992년에는 간행물의 명칭을 『성경적 상담 저널(The Journal of Biblical Counseling)』로 바꾸고 성경적인 관점에서 상담을 원하는 상담자들의 필요를 공급해 주었다.[406] 결국 아담스는 성경적 상담의 시원이 되는 권면적 상담의 이론을 후진들에게 남겨주었다. 아담스가 제시한 상담방법의 재습관화 전략은 "첫째는 경청하라. 둘째는 이해하라. 셋째는 명료화하라. 넷째는 권면하라 이며, 이는 문제를 해결하고 습관화 하라."이다.

(2) 웨인 맥의 8개항

웨인 백의 8개 항은 첫째는 관계수립이다. 둘째는 피상담자에게 소망을 주기이다. 새번째는 피상담자 탐색으로서 자료수집이다. 네 번째는 피상담자의 자료 분석이다. 다섯 번째는 가르침이다. 여섯 번째는 권고이다. 일곱 번째는 실행이다. 그리고 마지막 여덟 번째는 일체화이다.

(3) Tripp의 4 단계

성경적 상담 모델의 방법으로서 Tripp은 『치유와 회복의 동반자』에서 네 단계의 모델을 제시해 주고 있다. 이는 주 예수 그리스도의 모범을 따르는 것이라고 그는 주장한다. 먼저 네 단계란 첫번째는 사랑하라(Love). 두 번째는 알라(Know), 세 번째는 말하라(Speak), 네번째는 행동하라(Do)이다.

a. 사랑하라(Love)

사랑의 단계는 하나님의 인간 사랑의 법칙에서 찾아 볼 수 있다. 하나님의 창조물인 인간이 범죄 하여 숨어 있을 때에 먼저 손을 내미셔서 아담을 부르시는 것은 죄인을 처리하시는 하나님의 사랑의 극치이다. 또한 예수 그리스도의 최고의 계명을 고전 13장(사랑장)에서 찾아 볼 수 있다. 사실 하나님께서 죄인을 위해서 십자가를 지시기 위해서 성육신 하신 모습(빌 2:8)을 보여 주셨다. 따라서 상담자는 피상담자의 고통에 동화해야 한다는 것이다. 즉 상담자는 하나님의 대사로서 고통을 겪고 있는 피상담자의 상황 속에 동화되어지는 것이다. 피상담자의 문제 해결을 위한 하나님의 새로운 계획을 받아드리는 것이다.[407] 사랑의 마음은 상담자가 시종일관 유지해야할 마음의 자세이다.

b. 알라(Know)

한 사람을 안다는 것은 그가 가진 삶의 목표, 비전, 가치와 세계관을 안다는 것이다. 이는 곧 상담을 위한 자료 수집과 분석을 위한 필수 조건이라고 볼 수 있다. 피상담자를 아는 것은 상담을 위한 성경적 대입의 효과성을 높이는 단계라고 볼 수 있다. 이는 네 가지 중요한 요소를 지니고 있다. 이를 살펴보면 다음과 같다. 먼저는 상황이다. 여기에서의 상황은 피상담자가 처해 있는 다양한 사건들이다. 다음은 반응이다. 이는 상황에 대한 피상담자의 반응이며 행동에 관한 사실이다. 이어서 사고가 있다. 사고는 피상담자가 겪고 있는 상황에 대한 생각과 세상에 대한 해석이 포함된다. 마지막으로는 동기이다. 이는 상황으로부터, 상황 가운데서 내담자의 욕구, 목표, 보물, 동기, 가치, 우상에 관해 알게 되는 것을 포함하고 있다.[408]

c. 말하라(Speak)

사랑 안에서 진리를 말하는 것을 말한다. 즉 피상담자가 자신의 문제를 분명하게 볼 수 있도록 언어를 통해서 돕는 것이라고 볼 수 있다. 이를 통해서 상담자와 피상담자가 상호 신뢰하여 마음을 열고 대화를 나눌 수 있는 상황으로 발전해야 한다. 결국 상담자는 대화를 통해서 피상담자가 어느 부분이 잘못되어 있는가를 지적함을 통해서 피상담자로 하여금 회개와 변화를 이끄는 것을 말한다.[409)

d. 행동하라(Do)

행동을 촉진하는 것이다. 상담자는 피상담자에게 그동안 배운 내용을 갖고 변화된 삶을 통해서 행동하는 법을 적용하고 나가도록 해야 한다. 행동하지 않을 때에는 많은 이론들과 학설들이 무의미하다. 따라서 하나님의 법을 따라서 날마다 실천해 나갈 때에 진정한 상담의 완성 이라고 볼 수 있다.[410)

2) 영적 상담의 치유

닐 엔더슨은 인간이 겪은 다양한 문제들 중심에는 영적 문제와 신체적 문제로 구분한다. 따라서 신체적 문제는 의사를 찾아갈 것을 권유하고 있으며 비통함, 죄책감, 수치와 같은 문제는 영적인 문제에 속한다고 보았다. 그러나 많은 그리스도인들이 문제의 본질과 해결책이 영적이고 심리적인 영역에 관여되어 있는데도, 자연적인 치유 방법으로 신체적인 증세를 치유하기 때문에 계속 영적 싸움에 시달리고 있다고 주장한다.[411)

지난 세계 서구인들은 과학적으로 입증되거나 인간의 오감을 통해서 경험할 수 있는 것 이상의 많은 것들이 인간의 삶에 존재한다고 생각하기 시작하였다. 따라서 그들은 초심리학이라는 현대적 의복을 걸친 구식 신비주의나 전인건강(holistic health), 동양의 신비주의, 뉴에이지운동의 깃발 아래 행진하는 무수한 이교 등으로 영적 공허감을 채우고 있다.[412] 이와 같은 영적 사조에 대해서 잘못을 지적하고 참된 기독교 영성을 가진 다문화상담사가 영적 치유를 감당해야 하겠다.

이제 이 글을 마무리하고자 한다. 지금까지 먼저는 상담에 대한 일반적 이론을 설명하였다. 이후 다문화이주민들이 당면한 문제들을 열거하고 상담의 필요성과 유형에 대한 논의를 시도하였다. 이후 성경적 상담 모델을 통해서 선교의 당위성을 제언하였다. 우리는 상담을 통해서 선교를 이루어 갈 수 있다. 이와 같은 모델을 성경에서 찾아 볼 수 있다.

예수님은 최고의 상담가이셨다. 주님은 하나님의 종으로서 범죄한 인간을 위해 십자가 위에서 완벽한 구원의 커뮤니케이션을 이루셨다. 그 뿐만이 아니라 성령님을 통해서 인간의 삶속에 '보혜사'로서 좌정하시며 지금 이 순간도 우리에게 말씀하시고 계신다. 실제로 '보혜사'는 영어성경 중에서 '상담사'(counselor)로 번역되기도 하였다(NIV; NASB).

인간들의 삶의 실존 속에서 고통 받고 소외되고 의지할 곳 없는 이웃을 기독교 상담을 통해 도와야만 한다. 상담 또한 선교의 도구로 사용될 수 있다는 것이 논증되는 것이다.

378) ADDRESSING 모델을 나열하면 다음과 같다. Age and generational influences: 나이와 세대의 영향, Develop -mental disabilities: 발달적 장애, Disabilities acquired later in life:후천적 장애, Religion and spiritual orientation: 종교의 영적 지향, Ethnic and racial identity:민족적·인종적 정체성, Socioeconomic status:사회 경제적 지위, Sexual orientation: 성적 경향, Indigenous heritage: 토착 유산, National origin:국적, Gender: 성. 방기연, 『다문화 상담』 (경기: 공동체, 2020), 10.

379) 김춘경 외 4인, 『상담의 이론과 실제』 (서울: 학지사, 2017), 17.

380) 조귀삼, 『전략이 있는 선교』 (안양: 세계로미디어, 2014), 296.

381) 다문화 상담의 필요성은 기존의 현대심리상담이론이 북미문화권의 토양에서 발달해 왔기 때문에 모든 인종에게 일반 화시켜 적용하는데 한계가 있다는 반성에서 제기되었다. 현대심리상담이론은 각 접근마다의 특징과 제한점이 있다. 예 를 들어 인지행동치료는 생각을 강조하고, 경험적 접근은 감정을 강조하고, 행동치료는 행동의 영역을, 가족치료적 접 근은 사회적 측면을 강조한다. 그러므로 하나의 치료적 접근으로 인간의 온갖 문제를 개념화하고 해결할 수 있는 것은 아니다. 이러한 견지에서 상담학자들과 일선에서 상담하고 있던 전문가들 사이에 통합적 접근의 필요성이 제기된 바 있 다. 다문화 상담은 이미 제기되었던 통합적 접근에서 단일 상담적 접근의 한계를 해결해야 할 필요성까지 감안하여 인 간의 다양한 측면의 필요를 채워줄 수 있는 이론적 관점과 전략들을 고려해야 한다. 박애리, "다문화상담학" 『세계다문 화진흥원 강의교안』 (안양: 세계다문화진흥원, 2000), 163. 세계다문화진흥원 다문화강의 교안(타자본)

382) 김상인도 다문화 여성 이주민이 문화 충격과 갈등으로 인해서 이중·삼중고를 겪고 있다고 주장했다. 김상인, 『다문화 상담의 실제』 (서울: 만남과 치유, 2020), 18.

383) 로널드 T. 포터 에프론, 『욱하는 성질 죽이기』 전승로 역, (서울: 다연, 2007), 163.

384) 로널드 T. 포터 에프론, 『욱하는 성질 죽이기』 전승로 역, 198-199.

385) 비벌리 엔젤, 『화의 심리학』, 김재홍 역 (서울: 용오름, 2007), 151-152.

386) David G. Perry and Kay Bussey, 『인간의 사회적 발달』, 최순영 역 (서울 : 성원사, 1989), 243-247.

387) 천성문, 이영순, 이현림. "인지행동적 분노치료 모델 설정을 위한 탐색적 연구", 『한국동서 정신과학회지』. vol. No1, (1988): 123.

388) '다문화 상담의 기본 전제들'대해서는 박애리 박사의 교안을 참고 하였다. 박애리 박사는 한세대학교에서 상담학 박사 학위를 받고, 한세대, 순복음대학원대학교, 세계다문화진흥원에서 교수사역을 하고 있다. 박애리, "다문화상담학" 『세 계다문화진흥원 강의교안』 163-164.

389) 박애리, "다문화상담학" 『세계다문화진흥원 강의교안』 165-166.

390) 박애리, "다문화상담학" 『세계다문화진흥원 강의교안』 166.

391) 문화상대주의는 20세기 서구사회의 가치 기준에서 타 문화권을 인식하기보다 각 문화권의 특수성을 선입견 없이 받아들 이고 이해하려는 인식에서 대두되었다. 이런 관점만 보면 타 문화권에 대한 존중과 이해와 함께 상대적으로 타문화의 우 열을 내세우는 우를 범하지 않을 수 있고, 다양한 문화권의 사람들이 조화를 이룰 수 있는 긍정적인 해결책이 될 수 있다.

392) 박애리, "다문화상담학" 『세계다문화진흥원 강의교안』 167.

393) 김미영, 다문화사회전문가 2급 양성과정 교재』 (서울: 법무부 출입국·외국인정책본부 사회통합과, 2010), 650-654.

394) 김미영, 다문화사회전문가 2급 양성과정 교재』 655.

395) 김미영, 다문화사회전문가 2급 양성과정 교재』 659.

396) 김미영, 다문화사회전문가 2급 양성과정 교재』 660.

397) 이영란, "다문화상담자 역량모형 개발" (교육학 박사학위 논문, 숙명여자대학교 대학원, 2019), 45.

398) Sue, D., Arrendondo, P., McDavis, R.J. Multicultural Counseling Competencies and Standards: A Call to the Profession, *Journal of Counseling & Development*, 70(4), 477-486.이영란, "다문화상담자 역량모형 개발" 48 재 인용.

399) Ivey, A.E., M.B., & Zalaquett, C.P. *International Interviewing and Counseling: Facilitating Client Development in a Multicultural Society* (8th ed), Belmont, CA: Brooks, Congage Learning, 2014.이영란, "다문화상담자 역량 모형 개발" 52 재인용

400) Gamst, G., Dana, R. H., Der-Karabetian, A., Aragon, M., Arellano, L., Orrow, G., & Martenson, L.(2004) Cultural Competency revised: The California Brief Multicultural Competencies Scale, *Measurement and Evaluation in Counseling and Development*., 37(3), 163-183. 이영란, "다문화상담자 역량모형 개발" 52 재인용

401) Jay E. Adams, *The use of the Scripture in Counseling*, New Jersey: Presbyterian and Reformed Pub., co,

1975. 181-182.

402) 황규명, 『성경적 상담의 원리와 방법』 (서울: 바이블 리더스, 2016), 33.

403) 황순희, "중년기독여성의 상실로 인한 우울증에 대한 성경적 상담의 대안" (철학박사 학위논문, 아세아연합신학대학교 대학원, 2019),113-114.

404) 엄옥순, "성경적 상담의 선교적 활용 방안에 관한 연구"(철학박사 학위논문, 서울성경신학대학원대학교, 2017), 45.

405) 황순희, "중년기독여성의 상실로 인한 우울증에 대한 성경적 상담의 대안" 112.

406) 황순희, "중년기독여성의 상실로 인한 우울증에 대한 성경적 상담의 대안" 113.

407) 황순희, "중년기독여성의 상실로 인한 우울증에 대한 성경적 상담의 대안" (철학박사 학위논문, 아세아연합신학대학교 대학원, 2019),125-126.

408) 황규명, 『성경적 상담의 원리와 방법』 206-207.

409) 황규명, 『성경적 상담의 원리와 방법』 268-294.

410) 엄옥순, "성경적 상담의 선교적 활용 방안에 관한 연구" 53.

411) 닐 엔더슨, 『이제 자유입니다』 (서울: 죠이선교회, 2019), 41.

412) 닐 엔더슨, 『이제 자유입니다』 42.

10장 다문화 교육

　한국사회는 더 이상 '단일민족', '단일문화'의 사회라고 할 수 없다. 국제간의 결혼을 통한 다문화인의 한국 착근은 다문화주의를 불러오고 있다. 다문화주의를 정의하는데 있어서 몇 가지의 비슷한 용어들을 살펴볼 필요가 있다.

　첫째는 문화적 다원주의(Cultural pluralism)이다. 이는 다문화주의 논의가 활발하게 논의되기 이전에 미국에서 널리 사용된 개념이다. 결국 다양한 집단이 고유한 문화를 유지하면서 전체사회에 참여하는 것을 지칭한다.[413]

　둘째는 문화 동화주의(Cultural assimilation)이다. 이는 이민자가 주류사회의 지배적 가치와 규범에 접근하는 것이다. 이는 문화적 영향이라는 면에서는 일방적인 것이다. 문화동화 내에서도 일방적 동화와 자발적 동화로 구분되어 설명이 가능하다. 문화동화의 경우에는 종국적으로는 이민자의 경우에는 문화 탈락으로 이어지기도 한다.

　셋째는 문화적 용광로주의(Melting pot)이다. 이는 강력한 미국의 문화가 마치 용광로처럼 이주민을 삼켜버림으로서 소수의 이주민 문화는 녹아서 소멸되어버리는 데에서 생긴 말이다.[414]

　다문화주의는 오천년을 이어온 단일문화 사회를 지속해 왔던 국내의 사람들에게 많은 과제가 도래되었음을 알리게 된다. 즉 문화의 배타주의와 문화적 포용주의 속에서 많은 갈등을 겪게 된다. 이와 같은 갈등은 비단 내국인분만이 아니다. 국제결혼을 통해서 이주해온 수많은 다문화인들도 동일한 문제에 직면하게 되었다.

다문화이주여성의 경우 한국사회의 문화에 동화 되던지, 아니면 배타주의적 사고를 끊임없이 고수 하던지 하는 선택 속에서 거주하게 된다. 이러한 이원론적 사고는 끊임없는 갈등으로 이어지면서 가정생활은 물론 사회 전반적으로 많은 문제를 불러 오게 된다. 따라서 갈등을 치유하고, 한국 사회에 효과적으로 적응하게 만들 수 있는 것이 교육이다.

교육이란 사람이 선천적으로 가진 가능성과 능력을 이끌어 내어 잘 키워 주는 것이다. 그러나 다문화이주여성들에 대한 교육은 보편적인 교육의 실시로는 부족하다. 왜냐하면 결혼 이전에 가졌던 자신의 세계관을 해체 시키지 않고는 새로운 환경인 한국민과 사회를 잘 이해할 수는 없기 때문이다. 필자는 이 글을 통해서 결혼이주여성들의 한국 착근 속에 도래한 문명의 충돌을 극복함과 아울러 대책으로서의 선교교육의 필요성을 기술하고자 한다.

1. 결혼이주 다문화의 문명충돌의 갈등

사무엘 헌팅톤이 주창한 21세기 문명의 충돌론은 세계질서의 다양성 속에서 상당한 설득력을 얻고 있다. 왜냐하면 21세기는 거주의 이동이 자유롭고, 자국을 떠난 디아스포라 인구가 많아지는 가운데 타문화권에서의 삶의 자리를 펼칠 기회가 많아지기 때문이다. 결국 다양한 문화의 만남은 크든지 적든지 문화의 갈등을 겪게 되고 심할 경우에는 엄청난 충돌로 나타난다.

다문화주의란 새로운 전선을 형성하게 됨으로 우호적인 국가들마저도 비판이 강하게 진행되고 있다. 왜냐하면 인종간의 상호갈등으로 인한 다양한 문제들을 야기하기 때문이다. 일례로 호주에서는 다문화정책을 포기하였다.[415]

다문화주의의 개념적 정의를 들여다보려면 케이츠의 이론을 읽어야 한다. 그는 "문화적 정체성은 서로 다른 문화 간의 대화에서 생성되고 서로 다른 문화와의 관계 속에서 존재하며 갈등과 절충, 자기형성 및 재형성의 과정에서 끊임없이 변모한다"[416]라고 하였다. 문화의 공존과 협력이라는 문제는 적어도 다문화주의가 단일문화라는 전통적 문화개념을 내세우는 한 해결할 수 없는 것이다. 도처에서 우리는 혼합과 융합의 문화현상을 경험한다. 우리의 문화는 이미 새로운 형태의 문화적 양상을 보여주고 있다.[417] 따라서 다문화이주여성은 한국에 거주하는 중에 다양한 갈등을 겪고 있다. 결국 이러한 갈등을 방지하고 함께 더불어 사는 사회를 만드는 작업이 교육이다.

2. 다문화교육

다문화교육은 기독교육의 현장에서도 국제적 위상과 연구들을 불러오고 있다. 일례로 2009년 11월에 있었던 로잔 디아스포라 교육협의회(The Lausanne Diaspora Educators Consultation)에서는 다문화선교영역을 체계화시키는 틀을 논의하였다.[418] 이러한 현상에 발맞추어 홍원표는 한국의 다문화교육을 크게 세 가지 방향에서 논의된다고 하였다. 첫째, 외국 노동자 혹은 다문화 가정의 자녀교육 실태를 파악하고 이들 자녀들이 겪고 있는 어려움을 도와 주는 교육. 둘째, 다문화의 관점을 통하여 우리 사회와 학교, 특히 교육 과정을 비판적으로 검토하는 연구에 대한 것, 셋째, 실제 교육 현장에서 어떻게 실천하고 적용할 것인가에 대한 것이다. [419]

다문화사회로의 이행이 성공적으로 정착되지 않을 경우에는 개인적 수준에서는 주류집단의 사람들이 다른 인종적 정체성을 가진 사람들을 타자화 하여 이들을 배제하고 차별화함으로서 소수인종인 개인은 소외감이 심화된다. 가족의 수준에서는 외국인 배우자에 대한 가족내 폭력이 증대하고, 가족내 의사소통이 단절되며, 자녀의 사회적응이 실패할 수 있다. 사회적 수준에서는 가족내 폭력과 차별받는 집단일원으로 성장하게 되면 빈곤층으로 전락하여 집단적인 문제를 야기 할 수 있다. 결국 주류사회의 시민들과 사회적 갈등이 심화되어 그로 인해서 사회적 응집력은 약화되고 분열될 수 있다. [420]

이와 같은 문제점들을 개선하기 위해서 김성금은 다문화교육의 목표를 '창조적 소수자'를 위한 네 가지의 교육을 제안하였다.

첫째는 개인중심적 입장에서는 상호주체로서 '창조적 소수자'는 자신의 삶의 조건과 과정을 성찰하고, 삶에 충실하며, 삶을 변혁하면서 일상생활을 통해서 삶의 의미를 끊임없이 재생산해야 한다.

둘째는 사회중심적 입장에서는 다문화적 현실에 책임적인 '창조적 소수자'는 다문화적 현실의 비인권적 요소와 마주보며 생활하면서 세계 속에서 이웃들과 연대하여 인권 패러다임을 끊임없이 개혁하고 내 안의 삶도 바꾸어 나간다.

셋째는 통합적 입장에서는 모두를 대상으로 인간 삶의 전 과정을 통해행하는 교육으로서 다문화교육은 일상의 생활 세계에서 만남과 대화를 통해 조화롭게 이해하며 자유로운 공간들의 통합과정을 통해서 새로움을 창조하는 계속적인 과정으로 나타난다,

넷째는 다문화사회의 진입·전환에서 오는 우리사회 문제에 대한 근원적 성찰을 통해 '창조적 소수자'로서 새로운 삶의 차원을 지향하도록 사상성의 형성을 시도하는 것이다.[421]

3. 다문화가족 교육의 현황과 평가

한국의 다문화교육은 소수자 대상의 한국화교육(한국어와 한국문화교육), 한국문화를 전달하는 한국전달교육, 국제경쟁력 향상을 위한 이중언어교육, 귀국자 자녀교육이 중심이었다.[422]

한국 정부는 결혼이주민의 갈등 문제를 해소하고 국내 적응을 원활하게 하기 위해서 다양한 측면에서 교육을 실시하고 있다. 대표적인 정부 기관으로는 법무부, 여성부, 그리고 보건복지 가족부이다.

결혼 이민자의 경우 정부 주도의 교육은 거주 지역별로 다문화지원센터, 사회복지관, 거점 대학의 평생교육원 및 비영리 단체등록 기관, NGO 기관 등에서 한글과 한국 문화 적응에 대해서 교육하고 있다. 특히 필자가 대표로 있는 세계다문화진흥원은 결혼이주 다문화인들을 교육하는 내국인을 대상으로 다문화시대의 도래에 대한 사역을 실시하고 있다.[423]

Christine I. Bennett는 다문화교육은 네 가지 쌍방 차원의 요소가 있음을 기술하였다. 즉 평등을 위한 교육이나 평등한 교육, 커리큘럼의 개혁

이나 다양한 전망을 통한 커리큘럼의 재생 교육, 다문화적 능력 교육 그리고 사회에 정의를 실현하는 교육이다.[424]

그동안 한국 정부에서는 다문화이주여성이나 가족, 심지어 한국사회 전반에 걸쳐서 상호 커뮤니케이션의 노력을 통한 사회통합을 위해서 노력해 왔다. 즉 법무부와 여성부 그리고 사회복지부가 각각 나뉘어서 다문화인들에 대한 각종 프로그램을 실시하고 있다.

1) 다문화인 가족을 위한 한국 정부의 교육 현황

Clifford Mayes는 통전적 다문화교육을 위해서는 학습자의 지적 요소와 특성을 알고 있어야 한다고 말한다. 즉 학습자의 신체적, 정신적, 사회적, 인지적, 윤리적 그리고 영적 영역까지도 파악하고 있어야 한다.[425]

또한 Christine E. Sleeter & Carl A. Grant,가 쓴 글에서 다문화교육은 교육자들이 보편적으로 사용하는 단어로서, 이는 성, 인종, 장애, 계층과 같은 인간의 차이와 유사함을 인지하고, 인정하고, 확인하는 교육적 정책과 그 실제를 의미한다.[426]고 하였다.

다문화교육에 있어서 학습자의 다양한 요소들을 인지하고 교육을 통해서 대책을 세워나가는 과정을 정부와 민간단체의 차원으로 나누어서 설명하고자 한다.

(1) 법무부의 사회통합교육

한국에서의 거주를 위한 사회통합교육은 법무부에서 실시하고 있다. 사회통합교육은 이민자를 위해 표준화된 한국어 및 한국사회이해 교육 과정으로, 법무부 장관이 지정한 운영 기관을 통해 이를 이수 할 경우, 국적 취득 과정에서 혜택을 부여함을 목적으로 하고 있다.[427)]

법무부는 다문화 이해 증진 및 이민자 사회통합을 위한 정책개발 추진에 우수 대학의 적극적인 참여기회를 부여하기 위해 지난 2008년부터 ABT대학을 운영해 왔다. 그동안 ABT(Active Brain Tower)대학은 지정 기간 없이 운영되다 이민정책 추진 중심대학으로서의 역량 강화를 위해 2012년부터 2년마다 재지정하고 있다. ABT는 학문적 연구와 실천적 참여를 통해 정책개발과 정책집행을 지원하는 역동적 대학을 지칭하는 것으로, 법무부의 이민자 다문화 이해 증진 및 사회통합을 추진하는 핵심대학을 일컫는다. 법무부는 다문화 이해 증진 및 이민자 사회통합을 위한 정책개발 추진에 우수대학의 적극적인 참여기회를 부여하고, 관련분야에 대한 새로운 학문분야 개척 기회를 제공하기 위해 전국에 20개 ABT대학을 선정했다. 예를 들면 광주권에서 유일하게 선정된 조선대는 국제결혼에 의한 다문화가정 비중이 높은 지역적 특성에 적극 대응해 다문화가족과 일반국적취득자, 유학생, 새터민, 난민 등을 아우르는 다문화 네트워크를 구성하고 다문화종합지원센터를 설립, 호남지역 최고의 역동적인 핵심 ABT대학으로 도약한다는 방침이다. 그리고 전북지역의 거점으로는 우석대학이 지난 2008년부터 전북지역에서 유일하게 ABT대학에 선정돼 정부와 공동으로 다문화 관련 연구개발 및 다문화사회 시민교육, 중장기 정책 수행, 전문 인력 양성 등 차별화된 선진 사회통합프로그램을 선보이며 이민 다문화분야 우수기관으로 위상을 다져왔다.[428)]

코플만과 굳하트(Koppleman and Goodhart)에 의하면 "다문화교육은 다원주의에 대한 헌신을 기본으로 한다. 그 목표는 학생들이 다양하고 민주적인 사회에 적극적으로 참여할 수 있도록 준비시키는 것이다"라고 정의하고 있다. 또한 고르스키(Gorski)는 "다문화교육의 기본적인 목표는 사회의 변화에 있다"라고 설명하면서 세 가지의 요소를 포함시켰다. 첫째는 자신의 변혁, 둘째는 학교와 학교 교육의 변혁, 세 번째는 사회의 변혁이다.[429]

이와 같은 다문화교육 이론에 의하여 법무부에서 지정된 대학들은 구체적인 사업으로는 우리 사회 이해 강사양성 과정 개설, 한국어교사 양성 과정, 다문화가정 청소년의 사회 적응력 향상을 위한 상담프로그램 개발, 동화로 배우는 한국어 교실, 다문화 공동체 복지활동가 양성사업, 이주민을 위한 무료 법률상담 서비스, 다문화가족 캠프 등을 추진하고 있다.[430]

(2) 보건 복지부의 배우자 및 예비 배우자 교육

보건복지가족부는 국민의 복지는 물론 다문화결혼 가정에 대한 삶의 질 향상을 위해서 노력하는 부서이기 때문에 당연히 국제결혼이주 가정을 위해서도 관심을 갖고 교육하고 있다.

보건복지부로부터 위탁을 받아서 교육을 실시하고 있는 중앙건강가정지원센타의 프로그램을 살펴보면 다음과 같다. 이 기관을 통해서 2008년부터 실시된 '국제결혼 남성 배우자' 프로그램을 살펴보면 다음과 같다. 총 6회기로 구성되었다. 1회기는 자기소개, 2회기는 다문화가정과 문화이해, 3회기는 건강한 성생활, 4회기는 가정경제 설계, 5회기는 건강한 부부 대화, 6회기는 멋진 남편으로 교재가 구성되어 있다.[431]

골닉(Gollnick)은 다문화교육의 다섯 가지 목표를 제시하였다. 첫째는 문화적 다양성의 장점과 그 가치에 대한 증진, 두 번째는 인권의 향상과 자신과 다른 이들에 대한 존중의 증진, 셋째는 타인의 대안적 삶의 선택에 대한 이해의 증진, 네 번째는 사회정의와 모든 인간의 기회 균등의 증진, 다섯째는 집단 간의 균등한 권력 분배의 증진이다.[432]

이러한 목표를 성취시키기 위해서 중앙건강가정지원센타를 통해서 훈련 받은 강사들은 전국의 다문화 센터 및 다문화 사역 기관을 돌면서 순회 강의를 하고 있다. 다문화 센터를 통해서 교육에 참여한 대부분의 한국 남성들은 부인과 자녀를 대동하고 교육에 참여하는 경우가 많다.

(3) 여성부의 국제결혼 사전교육

여성부에서 실시한 다문화 관련 교육은 결혼 전 예비 신랑들을 대상으로 실시하고 있다. 2008년에 실시한 교육인 '국제결혼 전, 이것만은 꼭 알아두세요' 프로그램을 살펴보면 다음과 같다. 첫 강의로는 세계화와 국제결혼 - 선택과 도전, 두 번째 강의는 다문화사회와 양성평등, 세 번째 강의는 관계소통, 네 번째 강의는 국제결혼의 준비와 비전으로 구성되어 있다. 부록으로는 '국제결혼 관련법령의 올바른 이해' '아시아 국가 문헌 가이드'이다.[433] 특징적인 요소는 여성부의 특징을 살려서 양성평등에 대한 부분이 소상히 소개되고 있다.

오현선은 '다문화교육을 지배문화(dominant culture)에 대한 주변적 사람들에 대한 관심으로 볼 것인가? 아니면 "성, 지역, 사회적 계급, 장애, 성 정체성 등 다른 조건들로 인한 차이들을 포용하고 수용하는 교육으로 진행되어야 할것인가? 라는 입장으로 나누어진다" 라고 설명하면서 자신은 후자의 이론에 무게를 둔다고 논증하였다.[434]

여성부의 교육 철학은 양성평등에 대한 기본적인 요소를 배경으로 하고 있기 때문에 이주여성 가족을 대상으로 서로간의 차이를 수용하고 극복하는데 남성이 알아야 할 요소들을 교육하고 있다.

2) 결혼이주 다문화의 한국 적응을 위한 민간단체 교육

정부기관으로부터 교육받은 전문강사들이 지역사회의 다문화 센터나 민간단체 그리고 봉사기관들을 통해서 다문화인을 대상으로 교육을 실시하고 있다. 교육 유형은 몇 가지 영역별로 분류해 보면 다음과 같다.

(1) 한국어 교육

다문화이주여성들이 한국의 남성들과 결혼하고 입국하기 전에 간단한 한글 교육을 받는 것으로 연구되어졌다. 즉 결혼중개업소, 한국인 지인으로부터, 학원 같은 곳에서 한국어를 간단히 배운다.[435] 한국어 교육 내용은 인사말, 애정표현, 가족관계의 용어, 신체 어휘, 자기소개 등과 같은 기초적인 일상생활의 용어뿐만이 아니라 은행이용하기, 물건사기, 식당에서 대화하기, 우체국 이용하기, 요리하기 등과 같은 기초적인 용어이다.

이후 입국한 이주여성을 위한 한글 교육은 다문화 센터를 중심으로 사회복지센터 등에서 실시되고 있다. 한국어에 대한 교육은 언어교육, 글쓰기 교육, 한글 독해교육 등으로 구분해 볼 수 있다. 이강숙의 연구에 의하면, 결혼이주여성이 가족들과 말로써 의사소통하는 수준은 5점 척도에서 3.50점이며, 읽기 척도는 3.04점이며, 말하기가 3.01점으로 나타났다. 반면 쓰기는 2.82점으로 나타나서 한글을 쓰는 것이 가장 힘 드는 것으로 나타났다.[436]

한편 이주여성들의 한국어 능력을 향상시키기 위해서 도입된 한국어교사 교육과정을 살펴보면 다음과 같다. 프로그램은 총 10회 정도가 진행되며, 한 회에 전반부와 후반부로 나누어 운영된다. 한 교시에 90분정도의 시간이 소요됨으로 총 30시간 정도를 이수하여 자격을 갖추도록 함과 아울러 소속 기관에 배치되어 다문화이주여성들의 한국어 교육을 조력하고 있다.[437)]

정부의 예산을 지정 받은 다문화 복지 기관들과 훈련받은 한국어 교사들은 이주여성을 직접 찾아가서 교육하는 시스템도 실시하고 있다.

(2) 자녀교육

다문화 자녀들에 대한 지원과 교육이 정부의 복지 정책에 의해서 실시되고 있다. 예를 들면 법무부의 '결혼 이민자의 이혼 및 별거로 인해서 자녀 접견을 위해서 국내에 체류할 수 있는 제도나 보건복지부의 결혼이주가족의 학비 보조 그리고 문화관광부의 이주여성 자녀를 위한 한국문화 체험' 등이다. 이러한 정부 정책과는 별도로 봉사기관이나, 다문화 센터, 지역 아동센터 등에서 실제적으로 다문화아동들을 돕고 있다. 앞으로 한국은 다문화 자녀들이 급증할 뿐만 아니라 주류사회의 자녀들과도 심한 갈등관계에 놓일 것이라고 예견하는 학자가 많다.

통계에 의하면 다문화가족 자녀는 2011년 10만1477명에서 2050년에는 98만5881명으로 9.7배로 늘어날 것으로 추계됐다. 같은 기간 부모세대의 증가 폭(5.7배)보다 높다. 이는 다문화가족의 높은 출산율 때문이다. 국내 저 출산 현상과 맞물려 2050년에는 영·유아기 아동의 24.7%, 초등학생의 15.3%, 중학생의 12%, 고등학생의 10.1%가 다문화가족 자녀들로 구성된다는 예측이 나왔다.[438)]

오현선은 '문화간 결혼 가정에서 태어나는 코시안들, 여성 청소년에 대한 교육이 시급함을 역설하였다.[439] 특히 성장하면서 겪게 되는 정체성의 문제는 장기간 단일문화권에서 생활하면서 보고 자란 동갑내기들로부터 소외와 따돌림의 대상이 될 수밖에 없기 때문이다.

미국의 CREDE(The center for research on education, diversity, excellence: 교육, 다양성, 수월성을 위한 연구소)는 다문화교육에서 효과적인 교육을 위한 다섯 가지 기준을 알아야 할 필요가 있다고 제언하였다.

1. 교사들과 학생들 사이의 생산적인 활동을 통해 학습을 증진시킬 것.
2. 언어와 문해능력에 중점을 둔 수업을 교육과정 전반에 걸쳐서 개발할 것.
3. 학교와 학생들의 삶을 연결하고 교수와 교육과정을 학생들의 가정과 공동체에서 배우는 경험과 기술로 맥락화 시킬 것.
4. 복잡한 사고, 인지적인 복잡함 속으로 학생들을 초대 할 것,
5. CREDE 규준은 대화, 특히 교수적 대화를 통해 학생들을 참여시킨다. 궁극적으로 수업 과정은 학생들의 학습에 대한 긍정적인 자아 개념을 개발시켜야 한다고 강조하였다.[440]

다문화 자녀들의 교육을 위해서 학교는 가정 및 공동체와 긴밀한 관계를 유지하도록 격려해야 한다. 엡스타인(Epstein)은 학교의 목표와 일치하는 일반적인 학부모 참여를 6가지로 규정하였다. 첫째, 양육, 둘째, 의사소통, 셋째, 봉사참여, 넷째, 가정에서의 학습, 다섯째, 의사 결정 그리고 여섯째, 공동체와의 협동이다.[441]

이 여섯 가지를 의도적으로 적용시켰던 학교에서는 출석이나 학습 면에서 긍정적인 효과가 있었다고 한다. 따라서 정부의 교육인적자원부나 지

역아동센터에서는 위에서 언급한 여섯 가지의 교육적용을 활용할 가치가 있다고 본다.

3) 결혼이주 다문화가족 교육의 평가

다문화교육은 한국의 상황 속에서 반드시 필요한 사업이다. James A. Banks는 다문화 학습자들이 효과적인 커리큘럼을 통해서 교육이 될 때에 그들은 개인적 향상의 능력, 사회적 능력, 정치적인 능력 그리고 경제적인 능력의 크나큰 힘을 얻게 된다고 말했다. 따라서 이러한 능력을 소유하기 위해서는 학습자들은 그 사회에 대한 특별한 지식 및 기술과 태도를 가질 수 있는 교육이 필요하다. 교육을 통해서 인간의 가치와 자신들의 환경을 개선하는 훈련이 이루어지는 지식을 얻게 된다. 결국 그들이 속한 사회를 공정한 사회와 세계를 변화시켜 창조적인 협력관계를 이루는 사회적 동기를 갖게 될 것이다.[442]

우리의 다문화교육 정책이 서구에서 행해지고 있는 수준에는 아직 미치지 못하고 있는 것이 분명하다. 그러함에도 정부와 사회단체의 다문화교육이 다문화이주여성들이 한국 사회에 적응하는데 있어서 나름대로의 역할을 하고 있음도 인정해야 한다.

이러한 다양한 교육정책에도 불구하고 아쉬운 점이 많다. 첫째, 정부산하기관들의 전시행정이다. 장기적이고 체계적인 정책의 일괄성보다는 임시방편의 단회적 사업으로 끝나버린 경우가 대부분이다. 둘째, 정부기관 내에서도 결혼이주 다문화인들에 대한 프로그램이 중복되는 경향이 있다. 셋째, 민간분야의 기관들에 대한 전문성의 결여를 꼽을 수 있다.

바람직한 다문화이주여성 교육을 위해서 끊임없는 노력과 자기 평가를 도입해야 할 것이다. 다문화교육의 지지자들은 조언하기를 시험과 다른 형태의 평가가 학생들이 실제적으로 배우는 교육과정으로 이루어져야하며, 규준지향 평가보다는 준거지향 평가 방식으로, 그리고 수업을 개선할 수 있는 방향으로 진행되어야 한다고 주장한다.

특히 특수교육의 접합성을 결정하는 평가는 다문화적인 부분을 감안해야 한다. 문화적 다원주의를 인정한다는 의미는 주류사회의 삶의 유형을 우월하다거나 가장 바람직한 것이라고 생각하기보다, 다양한 문화, 언어, 역사적 전통을 영예롭게 생각하는 것이다. 더 나아가 다원주의자들은 다양성을 하나의 풍부한 자원으로 간주한다.[444]

결국 우리는 문화의 다양성을 상호 인정하고 발전시켜야 한다. 그러나 기대와는 달리 대부분의 교육이 한국적응을 위한 기초 교육에 머물고 있다. 따라서 교육의 목표는 다문화이주여성들이 한국의 주류사회에 편입하여 삶의 질을 향상 시킬 수 있는 근본적인 공부가 필요하다. 즉 교육의 폭을 넓혀서 통전적인 관점에서 접근해야 한다.

여기에서 통전적이라 함은 다문화상담, 다문화 복지 그리고 다문화 종교 같은 분야에 까지 교육 영역을 확대해야 한다. 더 적극적인 차원에서 말한다면 다문화이주여성들이 가진 신체적 요소만을 위한 교육에는 한계가 있다는 것이다. 필자의 제언은 이제 신체적인 차원을 넘어서는 영적 차원에서의 교육이 필요함을 말하고 싶다. 바로 이러한 차원의 교육이 선교교육이다.

4. 결혼이주 다문화의 한국적응 선교교육

 복음은 초대교회 이후에 문화의 벽을 넘어서 세계의 모든 지역에 확산
되었다. 공교롭게도 복음이 전파 되는 곳에서는 사랑과 자비의 정신이 문
화의 갈등을 치유하는 결과를 얻을 수 있었다.

 이태웅은 선교교육을 세 가지 유형으로 소개하고 있다.[445] 첫째는 공식
적(formal education)이다. 이는 일반 원리들을 강의를 통해서 교육을 하는 방
법이다. 따라서 지식중심의 교육이라고 말할 수 있겠다. 둘째는 비공식
적(informal education) 교육이다. 이는 세미나를 통해서 연구, 발표를 통해서
행해지는 교육이다. 이를 통해서 피교육자의 태도를 변화시키고, 필요한
기술을 습득하게 함으로서 훈련에 적합한 교육유형이다. 셋째는 비형식
(nonformal education)적인 교육이다. 공동생활, 제자훈련, 가정생활, 개인면담
을 통해서 교육되어지는 경우이다. 이를 통해서 삶의 자세를 전환하게 만
들고, 은사를 개발하여 실천적인 면을 개발시키는 교육훈련이다.

 이상에서 언급한 선교교육의 유형을 적용하고자 할 때에 결혼이주 다
문화인의 한국 적응교육기관을 세 부분으로 나누어서 생각해 볼 수 있다.
첫째는 교회이다. 교회가 가진 순 기능인 신앙 공동체를 통해서 다문화인
을 사회에 등장시키는 중요한 기관으로서 역할을 할 수 있다. 둘째는 학
교(아카데미)이다. 여기에서 학교란 형식적이든지 아니면 비형식적이든지
를 상관하지 않고 배움의 터라고 평해도 된다. 셋째는 가정에서의 교육
이다. 이러한 구조를 통전적 기독교교육이라고 말했다.[446]

 아래에서 필자는 위에 언급한 세 주체들을 통해서 교육 선교의 전략들
을 언급하고자 한다.

1) 교회 공동체를 통한 신앙 교육

신앙 공동체인 교회는 탈인습적 교육을 감당하는 기관으로 자리 잡을 수 있다. 손문은 다문화교육에 있어서 탈인습적 신앙 교육을 주장하였다. 탈인습적 신앙교육은 한국의 상황을 고려할 때, 한국의 문화와 전통을 기독교 신앙의 빛에서 재해석하는 가능성을 제공한다.

이처럼 한국의 문화와 전통을 기독교적 신앙 차원에서 해석하는 노력은 한국적 상황에 대한 깊은 이해를 바탕으로 서구에서 제시하는 이론들을 보다 자유롭고 풍부하게 수용할 수 있는 근거가 될 수 있다.[447]

교회 공동체는 신앙 안에서 주류사회의 인종과 비주류 사회의 차별을 극복하는 기구이기도 하다. 다문화교육의 필연성 가운데 하나는 인간 상호간에 평화를 수립하는 요인도 개제된다. 오현선은 기독교 평화교육의 한 주제로서의 '차별의 폭력성 극복'이라는 글에서 기독교 평화 교육의 중요성을 주장하였다.

즉 첫째는 우리 사회의 이중적, 문화적 다양성에 대한 현 실태를 파악하고 이들과 신앙공동체가 어떻게 대등한 소통을 이루어 가야 할 것인가를 연구해야 할 것이다. 두 번째는 인종적, 문화적 다양성을 이해하고 수용할 수 있는 목회자, 교육 지도자의 양성이 시급하다. 세 번째는 소수 이주민을 다수 기독교공동체에 적응, 동화시켜가기 위한 시각이 아니라 기독교공동체 안의 사람들, 즉 다수자들이 이주민이라는 상대적 소수자들을 어떻게 바라보고 스스로를 어떻게 변화시켜 가야 하는가에 대한 성찰을 돕는 다문화 기독교교육 커리큘럼을 구성함으로서 다수자 교육의 방향

성을 제시하여야 할 것인가를 논제화 하였다.[448]

한국교회는 세계적인 교회임을 자타가 공인하고 있다. 세계의 최대교회인 여의도순복음교회를 비롯해서 장로교, 감리교, 침례교, 성결교 같은 교단의 최대 교회가 한국에 있다. 이러한 교회의 힘은 다문화이주여성에 대한 교육을 책임질 수 있는 역량이 있다. 따라서 교회 공동체는 주류사회에 속한 내국인과 비주류 사회의 범주에 있는 결혼이주 다문화 여성들 간의 갈등의 극복을 위해서 부단히 노력해야 할 것이다.

2) 다문화 기독 아카데미를 통한 문화갈등 해소교육

다문화 기독 아카데미는 결혼이주여성들이 겪고 있는 갈등을 해소시키는 역할을 감당해야 한다. 기독 아카데미의 대상은 이주여성뿐만이 아니라 내국인들도 포함하여야 한다. 즉 기독 아카데미를 통해서 문화의 이질감을 극복하는 공통분모가 형성 되어야 사회통합과 함께 주류와 비주류 사이의 벽이 허물어진다. 예수님은 사마리아여인과의 대화[449]를 통해서 유대인의 전통적인 문화관을 개혁시켰다. 즉 문화의 벽을 헐어버린 것이다.

폴 히버트는 이중문화적 공동체에 대해서 언급하였다. 이 공동체는 '한 문화의 사람들이 다른 문화 속에 들어가 현지인들과 관계를 가짐으로 시작된다. 시간이 자남에 따라서 사회적 양식들(patterns)이 생성되고, 새로운 공동체가 형성되며, 두 문화의 사람들로 구성된 한 공동체가 생겨나게 된다. 따라서 이러한 이중문화는 두 문화의 사상과 감정 그리고 가치들로 구성된다'고 하였다.[450]

교육은 이주민을 공동체 안으로 끌어 드리는 자석과 같은 역할을 한다. 다문화교육 과정은 다음과 같은 내용들이 포함되어야 함을 말한다. 학생의 경험적인 배경 지식과 관련이 있어야 한다. 모든 것들은 전반적인 교육과정과 연계되어야 한다. 즉 모든 교육 영역은 다문화적으로 전달되어야 한다. 다문화적 교육 과정은 다중언어 사회로 나아가는 것을 포함하여야 한다. 이중 언어교육 과정의 학과 내용은 모국어로 가르치되 제2외국어를 가르치는 방식으로 진행되어야 한다. 마지막으로 모든 학생들은 학문적으로 풍부한 교육 과정에 도달할 수 있어야 한다.[451]

다문화 기독 아카데미는 줌(zoom) 이나 사이버를 활용하여 비대면 교육을 실시 할 수 있다. 한국은 컴퓨터 네트워킹이 잘된 나라 가운데 하나이다. 따라서 컴퓨터의 네트워킹을 통한 정보교환 및 신앙의 나눔이 사이버 상에서 이루어져야 한다. 또한 사이버 교육 강좌가 필요하다. 이들에게 실시될 교육은 한글을 포함한 의사소통과 문화이해, 상호존중의 교육, 사회적응강좌와 함께 반드시 삶을 풍요하게 만드는 복음의 제시 등이다. 특히 문화를 교육 할 때는 일방적인 우리의 문화만 주입하는 교육이 아닌 그들의 문화와 사회를 재해석하여 판단토록 하는 교육이 필요하다.[452]

이처럼 사이버 활용의 교육이 필요한 이유는 남편들이 결혼이주여성을 밖에 내어 보내기를 두려워하기 때문이다. 이성순은 '일부 가정의 경우에는 여성 결혼 이민자로 하여금 한국어와 같은 기초적인 교육 기회를 박탈당한 채 집안에서 생활하도록 강요받고 있다'[453]라고 언급하고 있다.

3) 부부 교육을 통한 성경적 삶의 질 향상의 교육

성경을 중심으로 진행된 부부 교육은 결혼이주여성의 삶의 질을 향상시킬 수 있다. 부부는 하나님이 창조하신 귀중한 작품이다. 인간을 창조하시고 부부가 되게 한 후에 "생육하고 번성하여 땅에 충만하라"[454]라고 강권하였다.

다문화 가정의 또 다른 문제는 부부간의, 가족 및 친족 간의, 심지어는 모자간의 의사소통의 부재에서 오는 경우가 많다. 커뮤니케이션의 부재는 결혼이주여성이 당연히 누릴 수 있는 일반적인 복지 혜택을 수급 받지 못한다. 예를 들면 정부의 다문화 정책을 통해서 이미 도움을 받을 수 있는 방문 서비스, 한국어 및 정보교육, 자녀 양육에 대한 정보, 통역 상담 서비스, 임신 및 출산 서비스, 건강에 관한 서비스, 법률 상담, 긴급한 상황을 처리해 주는 서비스를 받지 못하는 경우가 많다.[455] 따라서 가정교육을 통해서 이러한 복지 서비스를 받을 수 있도록 해야 한다.

송미경은 다문화가정 부모를 위한 집단 상담 프로그램을 통해서 어머니로서의 이주여성에 대한 교육과 가장으로서의 남편에 대한 교육 프로그램을 주창하고 연구하였다.[456] 이러한 연구의 의도는 다문화가정 부모들이 문화적으로 새로운 환경에 적응하며 자녀를 양육하는데 도움을 주기 위한 노력이라고 하였다. 따라서 교육 내용 중에서 부부간의 프로그램의 제목 가운데 자녀들에 관한 내용은 큰 비중을 차지하고 있다.

안산 이주민센터 박천웅 목사는 "다문화 사회는 다수자인 한국인부터 변하는 것에서 출발해야 교육이 이루어질 수 있다". 즉 "다문화 가정의 다중 정체성 교육과 한국인 가정 자녀들의 다문화적 사고 교육이 병행해야 한다"고 말하고 있다.[457]

필자가 다문화 가정을 위해서 교회의 역할을 중시하는 것은 교회가 가진 지역적 기능성이다. 교회의 본질적 특징은 선교하는 것이고, 지역을 중심으로 봉사하는 기관이기 때문이다. 최근에 세계다문화진흥원을 통해서 훈련받은 김현순 집사는 여의도순복음교회 성북성전의 집사로서 다문화 사역을 시작하였다.[458]

재한 몽골인들을 대상으로 미용기술을 가르치면서 형성된 관계는 가정을 돕는 계기가 되었고, 급기야 재한 몽골인 20가정이 교회에 등록하게 되는 경우를 보게 된다. 이와 같은 사례를 지켜본 지역 국회의원과 병원장을 포함한 지방의 유지들이 뜻을 합쳐서 다문화 센터를 돕겠다는 독지가가 많이 나타나는 일을 보게 된다.

4) 다문화 자녀의 교회 교육을 통한 수강 능력 향상

예수님은 어린아이를 사랑하시고 축복하셨다.[459] 그리고 아동들을 사랑의 대상으로, 인격적인 존재로, 천국의 시민으로, 축복받는 존재로 인식하였다. 어린아이는 부모의 기업이다. 따라서 어린아이들을 성경 안에서 교육시키는 것은 자신의 길을 개척하여 평생을 사는 지름길이다. Robert Havighurst는 인간의 발달과정을 연구하였다. 그는 학령기의 어린이가 꼭 달성해야할 과업으로는 읽기, 쓰기, 계산 하기 등의 초등학교 교과내용과 친구들과 어울리는 법, 스스로 씻기, 준비물 챙기기, 방 정리 등의 독립심이라고 설명하였다.[460]

인간의 발달과정에 중요한 시기인 아동기 때에 효과적인 교육이 이루어지지 않을 때에 성인이 되어서도 사회의 문제로 남게 된다. 사실 다문화결혼이주여성과 그 자녀는 대인관계가 매우 소극적이며 자신의 특성이 드러나는 것을 꺼려하고, 학교수업에도 적극적으로 참여하지 않으며, 학업능력도 상대적으로 낮다고 설명한다. 자녀의 언어학습, 정체성 형성, 대인관계 형성의 과정이 일반 아동들에 비하여 많은 문제점을 나타내고 있으며, 정부와 학교의 준비부족과 언어, 문화 등 제대로 적응하지 못한 어머니의 영향으로 인하여 문제가 더욱 심각해지고 있다. 결혼 이민 여성 중에서 자녀들이 학교나 또래 집단에서 따돌림을 당한 경우를 들 수 있다. 박지영이 길강묵의 자료를 통해서 언급한 경우를 보면 따돌림을 경험한 경우가 17.6%인 것으로 조사가 되었다. 이때에 자녀가 따돌림을 당하는 이유는 '엄마가 외국인이라서가 34.1%, 의사소통이 불가능함으로가 20.7%, 태도와 행동이 달라서가 13.4%로 나타났다.[461]

이러한 문제점이 지속적으로 나타난다면 다문화 사회에서 새로운 소외계층이 형성될 수 있으며, 사회 양극화의 또 다른 현상으로 나타날 수 있다. 특히 2세들이 겪고 있는 문제는 성장과정에서 발생하는 격차가 누적되어 더 큰 사회문제를 유발할 수 있다. 따라서 새롭게 유입되는 이주여성과 그 자녀의 수가 점점 빠르게 증가하는 상황에서 본격적인 다문화 사회를 대비한 통합적 교육대책이 마련되어야 한다.

교회 교육은 다문화 자녀로 하여금 인지발달, 사회 심리적 발달, 윤리적 발달, 신앙 발달을 가져오게 되어 장차 주류사회의 일원으로서 훌륭하게 성장할 수 있다. 필자는 다문화 어린아이가 초등학교 입학 전부터 교회학교 수업을 통해서 입학과 동시에 학교 공부를 할 수 있는 능력을 갖추도록 능력을 길러 주어야 한다고 본다. 그렇게 될 때에 공적 교육의 혜택을 통해서 자신의 진로를 개척할 수 있기 때문이다. 최근에 다문화 학교를 세워서 내국인 자녀와 분리시켜 교육을 실시하는 경우를 접하면서 잘못된 정책이라고 판단한다. 왜냐하면 한국 사회에서 "차이"는 "차별"을 만들기 때문이다.

이제 이 글을 마무리하고자 한다. 지구촌은 다문화 사회로 빠르게 변모하고 있다. 이는 교통의 발달로 인한 거주 이동이 자유롭기 때문이다. 한국에서의 다문화사회의 진입은 결혼이주여성들의 문화 충돌에서 오는 갈등과 함께 주류사회의 구성원과 결혼 이민자인 비주류 사이에 대립으로 비화될 여지가 많아지고 있다. 이와 같은 갈등의 문제를 인식하고 있는 정부와 지방자치 단체 그리고 민간 봉사단체들도 다문화교육을 통해서 해소해 보려고 노력하고 있다. 그동안의 노력으로 이중문화의 벽을 헐고 사회통합을 이루어야 한다는 정서가 함양 되어있는 것도 사실이다. 그러나 결혼이주여성들의 근본적인 갈등의 해소는 일시적이고, 단회적인 프로그램 교육만 갖고는 해소 될 수 없다. 더 나아가 다문화인이 가진 각종 편견으로 점철된 세계관을 통합하기에는 역부족이다. 결국 이들 결혼이주 다문화인들에게는 통전적인 교육이 필요하다. 통전적인 교육 가운데 가장 핵심적인 요소는 선교 교육이다. 인간이 참된 신이신 하나님을 만날 때에 삶의 모든 문제는 해결됨을 성경이 말하고 있기 때문이다.

필자는 결혼이주 다문화 여성 가족을 위한 선교교육의 방법을 교회 공동체를 통한 신앙 교육, 다문화 기독 아카데미를 통한 문화갈등 해소교육, 성경적 부부 교육을 통한 삶의 질 향상의 교육 그리고 다문화 자녀의 교회 교육을 통한 수강 능력 향상을 제언하였다. 결혼이주 다문화 여성들이 이중문화 속에 내재된 문명충돌의 갈등을 극복하고 행복한 가정을 이룰 수 있기를 기대한다.

413) 한경구. "다문화사회란 무엇인가?" 『다문화사회의 이해』 (서울: 동녘, 2008), 91.

414) 한경구. "다문화사회란 무엇인가?" 94.

415) 최성환 "다문화주의 개념과 전망" 『다문화의 이해』 (서울: 경진, 2009), 18.

416) Henry Louis Gates, Jr., "Beyond the Culture Wars: Identities in Dialogue", Profession 93, 1993,11. 최성환 "다문화주의 개념과 전망" 『다문화의 이해』 18. 재인용.

417) 최성환 "다문화주의 개념과 전망" 『다문화의 이해』 21.

418) 한국의 햇불 트리니티 대학원 대학교에서 열린 이 협의회에서 그동안 "지리적으로 분산되어 있는 디아스포라 집단 현상에 관한 선교연구와 하나님 나라를 휘해 모으는 전략"이라는 용어 대신에 "디아스포라 선교학"이라는 용어를 창출하였다. 필자는 이 협의회의 주최자로서 해외에서 참여한 많은 학자들과 함께 선교학적 틀을 논의하고 결정하였다. 사디리 조이 (Sadiri Joy Tira) "인류의 이동과 지역교회』 『난민, 이주민, 탈북민에 대한 선교책무』 (서울: 두란노, 2018), 360.

419) 김성금, "탈근대적 가치탐색을 통한 다문화교육의 방향성 설정에 관한 연구"(박사학위 논문, 인하대학교 대학원, 2015년): 135.

420) 김성금, "탈근대적 가치탐색을 통한 다문화교육의 방향성 설정에 관한 연구" 139.

421) 김성금, "탈근대적 가치탐색을 통한 다문화교육의 방향성 설정에 관한 연구" 140-143.

422) 김성금, "탈근대적 가치탐색을 통한 다문화교육의 방향성 설정에 관한 연구" 135.

423) "세계다문화진흥원"은 경기도가 2009년 7월 27일 허가된 비영리민간단체로서 국내 거주 외국인 및 다문화가족 지원, 사회통합교유, 언어지도, 국내 정착을 위한 상담, 복지, 출판 및 글로벌 리더 양성 사역을 하고 있다.

424) Christine I. Bennett, Comprehensive Multicultural Education Theory and Practice, Boston: Indiana University at Bloomington, 2003, 14.

425) Clifford Mayes, Ramona Maile Cutri, P. Clint Rogers, Fidel Montero, Understanding the Whole Student, Lanham: Rowman & Littlefield Education, 2007,1.

426) Christine E. Sleeter & Carl A. Grant, 『다문화교육의 탐구: 다섯 가지 방법들 6판』 문승호, 김영천, 정정훈 역(서울: 아카데미프레스, 2009) 237.

427) 길강묵, "국제이주 심화에 따른 다문화정책 현황과 해외 사례" 『교회의 시대적 사명: 다문화사역과 기독교교육』2010년 8월 13일 평택대학교, 남부전원교회 공동주최, 제 1회 '현장 사역자를 위한 선교교육아카데미" 교안.

428) https://www.woosuk.ac.kr/boardView.do?bcode=B0166&pF=1&lgF=2&id=140489&pid=2, "다문화 사회통합 중심대학(Active Brain Tower) 재지정" 2022년 5월 25일.

429) Christine E. Sleeter & Carl A. Grant, 『다문화교육의 탐구: 다섯 가지 방법들 6판』문승호, 김영천, 정정훈 역(서울: 아카데미프레스, 2009) 238.

430) http://jndn.com/read.php3?no=71941&read_temp=2011.6.13.

431) 전재희, 『국제결혼 한국남성 배우자교육 프로그램 매뉴얼』 (서울: 보건복지가족부 다문화 가족과, 2008), 1-34.

432) Christine E. Sleeter & Carl A. Grant, 『다문화교육의 탐구: 다섯 가지 방법들 6판』 문승호, 김영천, 정정훈 역(서울: 아카데미프레스, 2009) 238.

433) 변도윤, 『국제결혼 전, 이것만은 꼭 알아 두세요』 (서울: 여성부 권익기획과, 2008) 목차.

434) 오현선 "한국사회 여성 이주민의 삶의 자리와 기독교교육적 응답." 『기독교교육 논총』 제 15집 (2007): 268.

435) 조선경의 논문에 의하면, 결혼전 한국어 교육 장소로는 '결혼 중개소 46%, 한국인 지인을 통해서 28%, 한국어학원 8%'로 나타났다. 조선경, "특수목적 한국어 교육 연구" (박사학위 논문, 이화여자대학교, 2006) 125.

436) 이강숙, "국제결혼 이주여성들의 실태조사 및 환국사회 적응을 위한 교육 프로그램 연구"(교육학박사학위 논문, 강원대학교대학원, 2007), 55.

437) 조선경, "특수목적 한국어 교육 연구, 119.

438) http://www.donga.com/2011년 2월 23일.

439) 오현선 "한국사회 여성 이주민의 삶의 자리와 기독교교육적 응답." 274.

440) Christine E. Sleeter & Carl A. Grant, 『다문화교육의 탐구: 다섯 가지 방법들 6판』 263-264.

441) Christine E. Sleeter & Carl A. Grant, 『다문화교육의 탐구: 다섯 가지 방법들 6판』 267.

442) James A. Banks, Cultural Diversity and Education, (Boston: Pearson Education, Inc.,2006), 203.

443) Christine E. Sleeter & Carl A. Grant, 『다문화교육의 탐구: 다섯 가지 방법들 6판』 266.

444) Christine E. Sleeter & Carl A. Grant, 『다문화교육의 탐구: 다섯 가지 방법들 6판』 244.

445) 이태웅, 『한국교회의 해외선교 그 이론과 실제』 (서울: 죠이선교회출판부, 2001), 92.

446) 박상진, "통전적 기독교교육의 필요와 교회의 역할" 『교회의 시대적 사명: 다문화사역과 기독교교육』 2010년 8월 13일 평택대학교, 남부전원교회 공동주최, 제 1회 '현장 사역자를 위한 선교교육아카데미" 교안.

447) 손문, 다문화사회와 기독교 대학의 교양교육 "탈인습적 신앙 교육"을 중심으로 – 『기독교교육 논총』 제 23집 (2010): 345.

448) 오현선 "다문화사회에서 '차이'를 '차별'화 하는 폭력성의 극복을 위한 기독교 평화 교육의 한 방향 『기독교교육 논총』 제 20집(2009): 304

449) 요한복음 4:1-42을 보라.

450) 폴 히버트, 『선교와 문화 인류학』 김동화. 이종도. 이현모. 정흥호 역 (서울: 죠이선교회출판부, 2001), 329.

451) Christine E. Sleeter & Carl A. Grant, 『다문화교육의 탐구: 다섯 가지 방법들 6판』 260-261.

452) 조귀삼, "재한 디아스포라 거류민의 신음에 대한 교회의 선교적 응답" 『복음과 선교』 Vol.IX (2008): 69.

453) 이성순, "여성 결혼 이민자에 대한 이해와 실천적 목회 방안" 『교회의 시대적 사면: 다문화사역과 기독교 교육』 2010년 8월 13일 -14일 평택대학교와 남부전원교회 주관의 제 1회 현장 사역자를 위한 선교교육 아카데미 교안, 146.

454) 창세기 1:28을 보라.

455) 이성순, "여성 결혼 이민자에 대한 이해와 실천적 목회 방안" 『교회의 시대적 사면: 다문화사역과 기독교 교육』 147.

456) 어머니용 프로그램은 총 6회기로 되어있다. 1회기에는 '오리엔테이션 및 자기소개', 2회기에는 '나와 자녀의 관계 이해하기', 3회기는 '나와 자녀의 관계 증진하기 1', 4회기는 '나와 자녀의 관계 증진하기 2', 5회기는 '어머니로서의 자신 모습 찾기', 6회기는 '어머니로서의 출발'로 되어 있다. 아버지용 프로그램은 1회기는 '자기소개 및 오리엔테이션', 2회기는 '부부관계 1', 3회기에는 '부부관계2', 4회기는 '자녀관계 1', 5회기는 '자녀관계 2', 6회기는 '나의 장점'으로 구성되어 있다. 송미경, 『다문화가정 부모를 위한 집단상담 프로그램 개발』 (서울: 한국청소년상담원, 2008), 27-29.

457) "다문화 가정 포기하면 한국교회의 미래는 없다" 기독교연합신문, 2011년 5월 8일, 7면.

458) 김혜순 집사는 세계다문화진흥원에서 2011년 4월 9일 실시한 "다문화 교육" 프로그램을 이수하였다.

459) 마가복음 10:13-16을 보라.

460) 이영탁, 『아동선교』 (서울: 양서원, 2009) 37.

461) 박지영, "다문화가족 인권의 실제와 우리의 대안적 선택" 『경기도 다문화가족 지원과 지역 네트워크 구축 전략』 (경기: 평택대학교 다문화 가족센타, 2008), 85.

3부

다문화
선교의 미래

Multicultural Mission in Modern Society

11장 다문화 갈등과 사회 통합

　서구 유럽 국가인 영국·독일·프랑스의 다문화 이주는 크게 식민지 확장으로 인한 유입[462]의 경우와 1차 대전과 2차 대전의 전쟁을 수행하기 위한 군수노동인구[463]와 전쟁 이후에 산업화과정 가운데에서 노동력의 이주가 1차적인 요인이다. 이 외에도 정치분쟁으로 인한 난민들의 유입을 들 수 있다.

　이주 초창기 서구 3개국에서 다문화이주정책이라고 말 할 때에 국가별로 약간의 차이가 존재하지만 과거의 다민족, 다종족 국가에서의 사회통합정책의 대종은 '동화정책'이었다. 동화정책의 기원은 로마제국 정복의 역사에서 유래를 찾는다. 이는 제국주의적인 요소와 맥을 같이한다. 동화정책의 기본요지는 '같아지는 것'이다. 따라서 동화정책은 접촉하는 문화 주체간의 위계와 타문화에 대한 배제와 억압을 전제한다. 즉 동화정책이란 이주문화, 또는 소수자의 문화가 자신의 개별성과 독자성을 버리고 완전하게 주류문화에 흡수된 상태, 혹은 거기에 이르기까지의 과정을 지시한다.[464]

　다문화 유입은 저임금으로 인력을 활용하는 순기능적인 요소도 있지만 문화적 이질감에서 오는 갈등의 요인이 상존하는 것을 경험하게 된다. 다문화정책의 선진국이라고 할 수 있는 영국 · 독일 · 프랑스는 초창기 이주민에게 베풀었던 온정주의 정책을 가졌다. 그러나 다문화인들의 유입으로 인한 갈등 이슈가 도출되자 20세기 후반에 각국의 형편에 맞추어서 다문화정책이 수립되기 시작하였다. 그 나라들은 온정주의와 동화정책을 통한 사회통합은 기대와는 달리 이슬람종교를 가진 이민자들에 의해서 갈등이 표출되었다.[465] 그들은 기독교로 대변되는 서구사회 속에서 종교적 부흥을 꾀하였다. 즉 이슬람사원의 재건, 이슬람단체의 출현, 활발한 포교활동, 종교정당의 결성, 종교 학교의 설립 및 유지, 사회에 팽배한 포괄주의적 타종교의 활동을 주장하였다.

최근에, 유럽 각국이 과거의 무분별한 다문화 정책 실패를 반성하고 이민자의 선별수용, 영주권 및 귀화심사 강화, 사회통합정책 강화 등 새로운 이민정책적 접근을 시도하는 것은 눈여겨 볼만하다.[466]

왜냐하면 유럽 일각에서는 다문화 유입으로 인하여 다양한 문제들이 발생하였음을 알 수 있다. 그리고 문제의 중심에는 종교적인 갈등이 크게 작용하고 있다.[467] 이러한 의미에서 사무엘 헌팅톤은 21세기 문명의 충돌 중심에는 종교성이 있으며, 종교의 두 줄기는 기독교와 이슬람의 두 문명권이라고 주장하였다.[468]

다양한 문화의 만남은 크든지 적든지 문화의 갈등을 겪게 되고 심할 경우에는 엄청난 충돌로 나타난다. 이와 같은 사회적 현상들이 서구를 중심으로 이미 나타나고 있다. 비근한 예로 영국의 지하철 폭탄테러와 프랑스의 이슬람 여인들의 히잡(브라카) 문제가 심각한 정치 사회 문제로 대두되었다.[469]

이제 서구의 다문화 정책을 알아보기 위해 영국, 독일 프랑스의 사례를 소개 하고자 한다.

1. 영국의 다문화 유입과 갈등

1) 영국의 다문화 유입

영국은 제 2차 세계대전 이후 탈식민지화 과정에서 국내에서 발생하는 이주문제를 어떻게 해결해야 하는가에 집중하였다. 영국 본토로 귀환하는 이주는 임시이주가 아니라 대부분 영구적으로 정착하는 이주였다. 1940년과 1990년 사이의 기간에 서인도제도, 인도, 아프리카 출신 이주자가 전체 국민 1%에서 6%로 증가하였다. 이런 유색인종의 증가는 영국의 식민지 역사와 정치적 상황 가운데에서 이해되어야 한다.[470]

초기의 자유방임주의에서 1960년대에는 이주제한정책으로 전환하게 되었다. 1962년 영연방이주법은 현대적인 입법제정의 시작으로서 의미를 갖는다. 본 법은 제 2차 세계대전 이후에 시작된 영국의 다인종사회로서의 전환을 제한했다고 볼 수 있다.[471] 그러나 1966년의 노동당 정부의 내무부장관 이었던 로이 젠킨스(Roy Jenkins)는 이민자 통합 방식을 제시하였다.[472]

보수당 정부 아래의 이주정책(1979-1999)은 영국에로의 이주는 강화되었다.[473] 그러나 1997년의 노동당이 집권하자 많은 변화가 있었다.[474]

특히 2000년대를 지나면서 고급 인력의 영국 취업을 크게 완화하여 다문화인 취업자들을 활용하였다. 2000년 5월 정부는 외국인 전문 노동력 허가과정을 단순화하여 IT와 건강의료 분야의 인력부족에 대처하겠다고 발표를 하였다. 비EU 국의 숙련 노동자를 목표로 하는 파일러트 프로젝트는 대상인이 인도, 아시아 및 동유럽인이었다. 영국은 먼저 외국인 간

호사의 허가를 완화해 주었고, 2000년 5월까지 100명이 영국에 도착하였다.[475]

2000년 9월 20일에 외국 숙련노동자에 대한 새로운 규칙이 교육부(the Department for Education and Employment)에 의해서 발표되었다. 2001년 10월 데이비드 블런켓(David Blunkett) 내무부장관은 전문 외국인노동자는 '고급 이민자 프로그램'(Highly Skilled Migrant Program)에 따라서 1년간 영국 입국이 허용됨을 발표하였다. 이 프로그램은 30년 만에 처음으로 외국인이 영국 내에서 직업을 갖지 않고 입국할 수 있게 한 조치이다.

이 제도는 포인트제로 전환하는 것을 요점으로 하여 2006년 11월에 다시 크게 개정되었다.[476]

2) 영국 이슬람 공동체의 영향력 증대

무슬림 공동체는 영국에서 탄탄하게 자리 잡아 가고 있다. 잉글랜드와 웨일스에서 2001년도의 인구 통계를 보면 총인구인 58,789,194명 중에서 기독교가 71.6%이며 이슬람교가 2.7%를 유지하고 있다.

그러나 영국 내에서 무슬림이 많은 지역의 분포를 살펴보면 매우 높게 나타나고 있다. 즉 Tower Hamles는 36.4%, Newham은 24.3%, Blackburn은 19.4%, Bradford는 16.1%, Waltham Forest는 15.1%, Luton은 14.6%, Birmingham은 14.3%로 나타났다. 한편 무슬림 인구가 가장 많은 지방정부는 Birmingham 의 14만 명, Bradford의 7.5만 명, Tower Harmet의 7.1만 명, Newham의 5.9만 명, Kirlees의 3.9만 명으로 나타났다.

현재는 영국에서 기독교인 다음으로 많은 숫자를 가진 그룹들이 무슬림임을 알 수 있다.[477]

이슬람 공동체의 영향력은 다음과 같다. 영국에서 무슬림은 1980년대까지 각 사회 속에 안착하며 적응하는 시기였으나, 1990년대 이후부터 무슬림 인구가 증가하면서 자신들의 목소리를 내기 시작했다. 대부분의 도시에 모스크 및 이슬람 문화센터를 개장하기 시작했고, 2001년 9월 11일 뉴욕의 세계무역빌딩 테러, 2005년 7월 7일 런던 테러를 계기로 무슬림이 사회 전반에 부각되기 시작했다. 현재 무슬림은 금요일 예배를 위해 모스크 방문 및 기도시간 사용을 직장에 요구할 수 있으며, 학교, 병원과 함께 모든 공공건물에는 무슬림의 기도를 위한 기도실이 마련되어 있다. 또한 영국내 이슬람의 halal을 위한 도축방법(이맘이 동물에 안수한 후 피를 완전히 제거하는 도축방법)이 예외적으로 허가되어 있으며, 영국에 수입되는 뉴질랜드산 양고기의 100%는 halal이다.[478]

경제적인 분야에서의 영향력을 살펴보면 다음과 같다. 무슬림이 영국 사회에 안착하면서 오일 자금이 풍부한 이슬람 나라들이 영국의 금융시장에 중요한 고객으로 자리 잡았다. 약 36개의 아랍 은행들이 런던에 지점을 개설하고 있으며, 수백 개의 무슬림 자금들이 금을 영국 중앙은행에 예치시켜 놓고 영업하고 있고, 런던의 주요 건물의 20%는 무슬림 투자자들이 소유하고 있다.

이슬람 법(Shari)에서는 고리대금을 금지하고 있으며, 주류, 도박, 외설산업에 투자를 금지하고 있다. 따라서 2004년 8월 영국 정부는 이슬람법(Sharia)을 준수해 은행이 고객의 상품을 구입한 후 고객에게 빌려주는 대신 필요한 비용을 고객이 지불하는 방식의 이슬람 은행 설립을 허가해 현재 Birmingham, London, Leicester, Bradford 등에서 영업을 하고 있다.[479) 영국내 약 200만명에 달하는 무슬림(일부 조사에는 무슬림 백만장자가 약 5,000명에 달함) 을 위한 이슬람법을 따르는 특별 투자위원회가 HSBC, West Bromwich, Barclays, Yorkshire Building Society 등 대부분의 은행들에 설치되어 있어 무슬림을 위해 특화된 상품을 판매하고 있다.[480) 따라서 연금, 모기지 등에는 이슬람 법(Sharia)이 부분적으로 적용되고 있으나, 실제로 모기지를 소유한 무슬림의 70%는 일반 모기지 상품을 이용하고 있다.

또한 지난 2008년과 2009년의 금융대란으로 northern rock 은행과 영국의 주류은행이었던 Lloyds TSB, RBS 등이 정부의 긴급자금 수혈을 국유화가 되었음에도 Barclays 은행만은 중동으로 부터 투자자를 끌어들여 국유화를 모면하였다.

교육 분야에서의 영향력을 살펴보면 다음과 같다. 프랑스가 분명하게 교회와 국가를 분리해 세속국가를 주장하는 것과는 다르게 영국은 교회와 국가의 관계가 아직 모호한 관계에 있다. 따라서 공립학교와 함께 교회에 속한 많은 학교들도 국가의 지원금을 받고 있다. 2005년 현재 성교회와 천주교에 속한 학교들이 7,000개, 유대교 학교가 25개 약간의 무슬림 학교들이 정부의 지원금을 받고 운영되고 있다. 그 외에도 100여개의 무슬림 사립학교, 100개의 기독교 사립학교, 50개의 유대교 사립학교들이 운영되고 있다. 현재 종교 사립학교는 2003년에만 170여개나 증가하고 있으며 이들 대부분이 무슬림 사립학교이다.

정명선에 의하면 "교육 및 노동부의 중등학교 담당관인 Diana Johnson 은 정부가 Lancashire의 Penole에 5,000명을 수용하는 무슬림여자학교를 건립할 예정이라고 발표하는 등 무슬림 여자들의 교육과 취업 기회에 많은 노력을 기울이고 있다"고 말했다.[481]

무슬림 학교에서는 이슬람교의 가르침을 따라 코란을 가르치며, 이슬람교의 윤리와 무슬림의 문화를 중심하는 교육을 실시하고 있으며, 이민자들이 밀집한 공립학교들이 무슬림의 증가와 그들의 요구로 인해 이슬람교를 중심한 교육체제로 전환되고 있다. 무슬림들이 교육 당국에 대한 불만은 halal 음식의 부족, 체육시간에 여학생들의 무례한 복장, 성교육, 남여 혼합 반 편성, 기독교 행사, 기독교 교육 등이다. 그러나 일부에서는 무슬림을 위한 이슬람식 학교로 전환하는 "격리"보다는 일반 학교에 무슬림이 일반 교육에 "동화"되는 것이 중요하다는 주장도 있다.[482]

3) 영국 다문화 유입과 사회적 갈등

최근의 영국 분위기는 이주정책에 대해서 매우 제한적으로 변해가고 있다. 이는 1996년 '난민과 이민법'을 통해 심한 박해와 위험이 없는 나라로부터는 난민을 받아 드리지 않는 것이다. 또한 난민들에게 부여되는 복지 혜택의 폐지 내지 축소이다. 이와 같은 난민 정책은 다른 유럽 국가들에게서도 시행되고 있다. 반면 2001년 '반테러, 범죄 및 보안법'(Anti-Terrorism, Crime and Security Act)과 2005년 '테러방지법'(Prevention of Terrorism Act)은 이민자의 입국을 까다롭게 하고 있다. 독일이나 미국이 이주의 확대(expansiveness)였다면 영국은 '제로 이민국'(zero-immigration country)으로 특징지어진다. 프리맨은(Gary Freeman)은 영국의 전후 이주정책의 특징은 제국시대에 관대하게 주어졌던 시민 권리를 제거하는 것으로 보인다고 주장

했다.[483)]

영국의 이주민 정책은 인종과 종교적 투쟁들 때문에 많은 문제점을 드러내고 있다. 1988년에 일어났던 살만 루시디의 "악마의 시"사건은 영국 내의 무슬림은 물론 세계의 무슬림들과의 극한투쟁을 가져왔다.[484)]

급기야 무슬림들은 두 가지의 요구조건을 영국에 제시하였다. 하나는 "악마의 시"에 대한 판매금지와 17세기 이후부터 시행된 신성모독죄의 범위를 넓혀서 이슬람의 모독죄로 처벌해 달라는 것이었다. 그러나 이를 영국 정부가 받아드려지지 않자 무슬림 단체는 1989년 1월 14일 런던의 북부도시 브래드포드(Bradford)에서는 "악마의 시"를 불태우는 사건이 발생하였다. 그리고 급기야 살만 루시아를 살해하는 사건이 나타나게 되었다.

영국내의 이주공동체의 성장은 차별금지와 인간평등 요구의 증가를 가져 왔고 극단적인 저항운동으로 발전하였다. 예를 들면 2005년 7월 7일 런던 중심가에서 발생한 지하철 자살폭탄테러로 56명이 사망하고 700여명이 부상을 당하는 사태로 발전하였다. 중요한 것은 이 사건을 저지른 사람이 이슬람 종교를 가진 파키스탄계 영국인으로 밝혀져서 충격을 주었다.

2. 독일 다문화 유입과 사회적 현상

나치의 집권 기간 동안 외국인 노동력의 고용은 제 2 차 세계대전 기간에 절정에 달했으며, 여기에 수많은 전쟁포로와 점령지역 사람들이 노동

수용소(캠프)나 개인 업체에 고용 되었다. 최근 연구에 따르면 비독일인 전쟁포로 1천2백만명이 독일의 민간기업, 노동캠프 및 기타장소에 고용되었는데, 이는 독일 공장 노동력의 40%에 해당하는 것으로 밝혀졌다.[485]

초기의 이주노동자들의 주류는 이태리인이었다. 그러나 1960년대 후반부터는 유고슬라비아인과 터키인이 급속히 증가 하였다. 급기야 1972년에는 터키인이 독일에서 제 1 노동자 그룹이 되었다.[486] 독일의 이주노동자정책의 주요 원리는 '로테이션 시스템 도입과 배제' 정책이었다.[487]

1) 독일의 다문화 정책

독일은 다문화인의 수용과 배제를 통해서 정책이 유지되었다. 첫째는 순환제도(rotation)이다. 이는 '젊고 신선한 외국인 노동자의 수출과 수입'의 개념이다. 노동자를 획득한 국가와 기업에서는 자신의 국가에 유입된 노동자를 통해 노동력을 활용하였다. 한편 노동자들은 거주하는 국가에서 일정기간 돈을 벌고 다시 자신의 나라로 귀국하는 형태의 노동제도이다. 노동력에 의한 순환개념은 계절노동의 구개념에 대한 근대화된 변형이다.[488]

둘째는 통합의 논의이다. 외국인 가족의 문제를 다루고 있는 교회, 단체, 시민단체들은 '통합' 이라는 데서 내국인과 '동등한 대우'로 이해한다. 1980~1990년대의 법들은 통합과정에서 단지 '임시적'이었다. 독일에서는 순환제도, 귀국화와 통합, 독일화에 대한 '제 3의 길'이 모색 되었는데, 1980년대 말에 '다문화 사회'가 언급되기 시작하였다.

독일의 이슬람종교를 가진 이들의 통계를 보면 전 무슬림의 3분의 2가

터키출신(약 50만 쿠르드족 포함)이며 이들 중에서 16.5%는 학교 졸업장이 없다. 그러나 41%의 터키 출신 무슬림은 자신은 강한 신자라고 고백한다. 한편 아랍권 무슬림 중 17.1 %가 학교를 졸업하지 못했다. 따라서 전 무슬림의 76%가 독일 학교에서 제공하는 이슬람 수업시간에 참여하고 있다.[489]

2) 다문화사회 논의

독일에서 다문화사회의 개념은 정치 좌파와 교육학에서 먼저 주도되었다. 1980년 잡지인 쿠어스북은 "다국민국가 독일"이라는 제목으로 발간되었다. 여기에서 독일에서의 소수민족들에 대한 생활이 사례로 다루어졌다. 가령 듀셀도르프의 일본인, 베를린의 한국인, 루드 지역의 한국인, 뮌헨의 만명 크로아티아인 등이다. 이 잡지는 순환[490]과 통합 같은 개념은 포기되어야 한다고 주장하였다. 왜냐하면 이 두 경우에는 모두 독일의 정책에 종속되어야 하기 때문이었다.[491] 그러나 이러한 주장들은 다문화 사회가 가진 특수성으로 인해서 점점 목소리가 작아지게 되었다.

다문화주의 옹호자들은 외국인들이 인간적, 문화적으로 침체된 독일을 풍요하게 해 줄 것으로 기대했다. 1992년과 1993년 데모에서 외국인 적대에 대한 반대를 볼 수 있다. 독일인들로서 다문화라는 것은 '다문화 소비'를 의미한다. 일례로 이태리, 프랑스 중국 또는 인도 식당에서 음식을 먹는 것은 부분적으로 문명화 되고 진보된 것으로 여기며, 터키의 상점에서 채소를 사거나 빵(캐밥)을 사는 것은 실용적인 것으로 여긴다. 참고로 독일 전역에서 약 7억 2천개의 터키 캐밥이 소비되고 있다.[492]

1990년의 다문화주의에 앞서서 "문화간주의"가 더 많이 사용되었다. 왜냐하면 이 개념은 상호 양측의 관계, 공동적 삶을 제외시키며, '다문화적인 병립적 삶'에 대한 개념이 충분치 못하다고 판단했기 때문이다. 문화간주의 논의에서 선두자는 교육학이며, 1980년대 초에 외국인 교육학을 버리고 문화간주의 교육에 대한 개념을 논의하였다.

3) 독일의 이슬람 공동체와 갈등

2009년 6월에 독일 정부는 독일내 무슬림을 약 430만으로 교정 발표했다. 여기에는 약 15만의 독일 태생의 무슬림 개종자도 포함된다. 이 조사는 당시 내무장관이었던 쇼이블레가 2006년 창설한 이슬람 연합 기관인 이슬람협회(Islamkonferenz)에 의뢰한 통계조사이다. 이 연합 기관은 이슬람 학자, 변호사 그리고 이슬람 기관의 지도자 10명으로 구성되어 있다. 소속된 이슬람 기관으로서는 터키 종교기관(Koordinationsrat der türkischen Religionsbehörde, Ditib), 이슬람 문화센터(Islamisches Kulturzentrum), 중앙 무슬림 의회(Zentralrat der Muslime, ZMD) 그리고 이슬람 의회와 알라빗회(Islamrat und der Alevitischen Gemeinde)이다.[493]

독일의 이주민 특성은 터키 출신을 포함한 이슬람 종교를 가진 사람들이 가장 많이 유입된 것이다.[494] 이슬람 종교는 자신들의 종교를 고수함으로서 독일 사회에 많은 이슈를 던지고 있다. 특히 외부에 나타난 현상은 무슬림 여성들의 히잡의 착용이다. 이는 본인의 종교적 상징뿐만이 아니라 독일 사회 내 에서의 사회적, 정치적 상징성을 가진다.[495]

독일거주 이슬람의 증대는 많은 사회적인 이슈들을 만들어 내었다. 그리고 사회통합이라는 관점에서 종교 간의 대화 및 화합을 유도하는 정책을 수행하였다. 2009년 6월 제3차 이슬람대회에서 내무장관은 "우리는 함께 웃고 함께 사는 공동체로 성장했다." 고 무슬림의 독일사회의 융화상태를 종합했다. 그러나 당시 대회에서 선언된 '타 종교인에 대한 관용과 인정 그리고 남녀동등권'의 조인식에서 한 이슬람 의회(Islamrat)는 서명하지 않았다.[496] 무슬림들은 독일 사회 속에서 종교적 정체성을 강화하고자 하는 시도들이 많이 나타나고 있다. 이러한 그들의 시도는 기독교를 가진 독일 사회에서 충돌의 원인이 되어짐을 볼 수 있다.

독일 중앙정부의 사회적 통합노력에도 불구하고 바덴-뷔르템베르그 주정부는 2006년 1월부터 소위 '무슬림 테스트'라는 국적 취득을 위한 심성 테스트를 받도록 의무화 하였다. 문제는 이 테스트가 이슬람 국가출신의 외국인으로 제한되었을 뿐만 아니라 이슬람 문화와 종교를 비하하는 내용이 포함되었다는 것이다. 이러한 정책은 이슬람을 자극하여 독일을 위협하고 있다. 2009년 4월 이슬람의 한 테러조직 알카에다는 3번에 걸쳐 인터넷을 통해 독일내에서 폭파행위를 하겠다고 위협했다.[497]

과격한 이슬람 단체는 독일 정복정책을 갖고 있다. 1998년에 출간된 "무슬림이 독일을 정복한다"는 제목은 사회적 긴박성을 외치면서 만일 적절한 시기에 이 사실을 깨닫지 못할경우 독일 민족을 몰락시킬 위험을 경고하는 A. Mertensacker씨의 다큐멘트이다. 여기에서 그는 이슬람을 하나의 정치종교로서 세계의 이슬람화를 시도하고 있는 세계적인 지배세력으로 밝히고 있다.[498]

결국 이와 같은 정복을 성취하기 위해서 코란과 전통법률인 수나를 강화하고, 독일에로의 귀화 정책, 이중국적을 취득함과 아울러 이슬람을 평화의 종교로 각색해 나가는 작업을 하고 있다. 그러나 이러한 요소들은 독일 사회의 갈등이 내재된 시한폭탄과 같은 사회현상을 만들어 내고 있다.

3. 프랑스의 다문화 현상과 이슬람교와의 갈등

프랑스의 다문화인의 수용은 1860년대 북아프리카의 알제리, 인도차이나 등의 프랑스 식민지 경영과 함께 시작되었다. 이후 1886년에는 1,127,000으로서 전체 인구의 3%를 차지하게 되었다. 19세기말과 20세기 초에는 농촌이나 도시의 노동력을 매우기 위해서 주변국가인 스페인과 벨기에 등으로부터 이민이 증대되었다. 급기야 1931년에는 미국(6.3%)보다도 더 높은 비율(인구 수 대비 7%로서 전체 이민자 수는 300만 명으로 추산)을 갖게 되었다.[499]

최근 30-40년 사이에 마그레브인들의 이주가 급속도로 증가세를 보이고 있다. 특히 '영광의 30년간' 그들의 수적 증가는 괄목할만하다.[500]

프랑스는 이주민통합정책의 기초로 '공화주의 모델(republican model)'을 제시하며 대표적인 동화정책을 실시하던 나라였다. 프랑스에 귀화한 이주민들에게만 프랑스 시민과 같은 동등한 사회적 권리를 제공하였다. 이는 프랑스에 귀화한 이주민들의 대부분이 스페인, 이탈리아, 폴란드 출신으로서 유럽계 기독교 문화권에 속한 사람들이 대부분이었기 때문에 약간의 이질감을 극복하는 데는 어려움이 없었다.

프랑스에서의 이슬람교 공동체와의 갈등은 다음과 같다. 프랑스에서 이민 문제가 갈등으로 나타나기 시작한 것은 노동력의 부족과 함께 1950년대와 1960년대에 유입된 북아프리카계통의 무슬림 노동자들의 2세들이 20세 정도가 되는 1980년대 초반부터 였다. 이들은 자신들의 종교적 신념인 이슬람의 계율에 따른 복장[501]을 고집하고 있다.

2004년의 통계에 의하면 북아프리카 3국가(알제리, 모로코, 튀니지)에서 유입된 이민자의 비율은 전체 이민자 비율의 42.7%를 갖고 있다. 무슬림 이민자들에 대한 차별철폐와 실업문제는 급기야 폭동으로 이어져 2005년 10월 27일 프랑스 도시의 외곽지역 소요사태를 발생시켜 3주 동안 1만 여대의 차량이 불타게 되었다.[502] 그리고 2007년 11월 25일 프랑스 북부지역인 빌리에르벨에서 시작된 폭동은 2년 전 보다 더욱 결렬해서 학교 2곳과 도서관, 관공서가 불타게 되었다. 사건의 발단은 오토바이를 몰고 가던 무슬림 청년 두 명이 경찰차와 충돌하여 사망한 사건이 발단이 되었다.

이와 같은 갈등의 저변에는 프랑스가 지배해 오던 마그레브지역에서 이주해온 사람들의 생각 속에 있었던 저항 정신의 표출 이라고 해야 하겠다. 프랑스 입장에서는 그들을 지배해 오면서 많은 것들을 제공한 공여자로 생각했지만, 그들의 생각은 달랐다. 즉 대부분을 프랑스의 지배정책에 의해서 희생당했으며 빼앗겼다고 생각하였다. 특히 인종차별과 자신들의 종교인 이슬람교를 폄하하는 태도에 대한 반응이었다.[503]

무슬림 이민자의 소요사태에 대한 프랑스 정부의 해결책은 저소득층에 대한 일자리 창출, 고용을 늘리는 기업에 대한 세금 감면, 국제결혼과 가족재결합 관련 제도의 개선, 교육과 고용에 대한 기회균등 보장, 인종차별 금지법안의 강화로 나타나고 있다.[504]

이슬람 종교를 가진 이주민은 프랑스 사회에 접목하면서 세속주의가 가진 사회적 영역들 때문에 갈등을 겪기도 한다. 예를 들면 이슬람교를 신봉하는 마그레브 출신(알제리, 모로코, 튀지지 사람) 이주민이 정교분리 원칙에 기반한 프랑스의 사회에 적응하는 것은 참으로 어려운 일이다.[505]

지금까지 영국과 독일 그리고 프랑스의 이민정책과 다문화인들의 사회적 현상 그리고 종교 갈등에 대해서 살펴보았다. 이들의 이민정책은 식민지 통치의 후속 조치로서 이민자들을 받아 드리거나, 군수 물자의 산업화 과정에서 일할 수 있는 사람들을 유입하였다. 그러나 유입된 사람들 가운데에는 이슬람교를 가진 무슬림들이 세력화 되면서 사회적으로 몸살을 앓고 있을 뿐만 아니라 종교적 갈등까지 겹치면서 불가피하게 이민정책을 온정주의와 통합주의에서 제한정책으로 수정을 가져오게 되었다.

이러한 상황 속에서 최근 서방은 시리아와 아프리카 난민 그리고 러시아와 우크라이나의 전쟁으로 밀려오는 이주민 처리로 말미암아 정책 당국자들마다 무거운 짐을 지고 있다.

4. 한국의 다문화사회와 종교 갈등에 따른 대책

'이민정책'의 개념을 고찰하면, 협의의 의미로서 출입국관리, 체류자격관리, 국제인력수급정책, 국적관리 등 국경관리(border control)를 포함하고 있으며, 이와 대별하여 이민정책의 광의적 의미로는 이민자 및 소수자의 사회적응, 경제생활 및 교육 등에서의 비차별, 인권침해 예방·구제, 개인의 능력발전 유도 및 국민의 다문화 이해 증진 등 '사회통합정책'을 포괄한다고 볼 수 있다. '이민자 사회통합정책'의 개념을 살펴보면, 이민자와 국민간 상호작용에 의해 나타날 수 있는 갈등을 최소화하고, 이민자가 우리 사회 구성원으로서 사회 각 영역에 참여하여 국가·사회발전에 기여해 나가도록 하는 정책이라고 정의할 수 있다.[506]

한국은 아직까지 온정주의적인 관점에서 다문화인들을 처리하는 경향이 있다. 즉 정부는 외국인과 관련된 각 부처 등의 업무영역을 확대하고 있다. 어쩌면 우리 사회는 다문화 열풍(multicultural fever)으로 확대 재생산되어 사회통합정책 추진하기도 한다.

다문화사회는 민족·문화적 다양성이 유의미하게 부각되는 사회라고 할 수 있다. 결혼이민자 등 국내 정주형 이민자의 증가로 한국은 다문화사회에 본격 진입하는 양상을 보이고 있다. 이는 '인권 침해의 갈등, 교차문화로 인한 정서적 갈등, 가족 구성원 간의 갈등, 경제적 불충족의 갈등으로 나타날 수 있다.[507] 또한 특징적인 요소는 종교적 갈등이다.

1) 다문화 유입에 따른 종교적 갈등

지금 한국에는 이슬람종교를 가진 무슬림들이 13만 명에 이른다.[508] 무슬림의 증대는 앞으로 한국사회의 큰 갈등으로 비화될 가능성이 제기된다. 왜냐하면 서구사회에서 일어나고 있는 종교적 갈등은 유럽이 이미 몸살을 앓고 있기 때문이다. 따라서 유럽에서 일어나고 있는 이슬람과 기독교의 갈등을 타산지석으로 삼을 필요가 있다.

특히 종교적 원리주의가 강할수록 타종교에 대한 관용의 정신이 사라진다. 이러한 원리주의 정신이 강하게 되면 9.11테러와 같은 외적인 결과를 만들어 낸다. 현존하는 종교 가운데 가장 강하게 자신의 종교를 보존하고 확산시키기 위해 모든 수단을 아끼지 않는 집단은 이슬람교이다.

그들은 종교와 정치를 분리하지 않음은 물론 사회의 모든 법률 체계를 종교적 해석에 근거를 두고 있기 때문에 배타성이 강하다. 이러한 배타성은 반서구주의로 몰아가고 있으며, 한국도 예외가 아니다. 심지어 88 올림픽 때에 아랍권의 한 신문은 한국을 장차 이슬람교 국가로 만들어야 한다는 기사를 보도하였다고 한다.[509] 이를 실행하는데 있어서 이슬람교 국가의 석유는 중요한 이슬람교의 선교를 위한 무기로 활용된다.

지금도 이슬람교는 "세계를 이슬람 종교화 하자!"라는 스로건을 갖고 있으며, 한국에서도 세력을 확장시켜 가고 있다. 특히 76개의 모스크[510]와 함께 "다끼야"와 "나시끄"[511] 교리는 앞으로 한국의 기독교 사회와 첨예한 갈등으로 대립할 수밖에 없다.

2) 종교적 갈등에 나타난 교리 비교

종교적 갈등의 요인으로 교리가 가진 신앙을 배제 할 수 없다. 모든 종교적 교리를 비교할 수는 없지만 현재 세계적으로 종교적 갈등이 가장 심화된 무슬림과 기독교의 교리를 비교하고자 한다.

아래의 표는 필 파샬이 정의한 내용이다.[512]

이슬람교와 기독교의 용어 비교

단어	이슬람교	기독교
하나님	멀리 계심, 자비로우심, 변덕스러움, 복수하심, 전능하심	개인적임, 사랑이 풍성하심, 관심을 부여하심, 심판하심, 거룩하심
그리스도(예수)	선지자	삼위(성부, 성자, 성령)의 하나님
성경	하나님의 계시: 변질되고 부패함	하나님의 계시: 권위가 있음
성삼위 일체	하나님, 마리아, 예수	아버지, 아들, 성령
믿음	하나님과 무함마드	하나님으로서의 예수
죄	수치, 당황, 신에 대적하는 반항	죄책감, 하나님께 반항하는 마음
구원	다섯가지 신앙기둥(신앙고백, 기도, 자선, 금식, 순례)을 지키는 것, 지하드 포함됨, 선지자 믿음	예수 그리스도를 구원자로 믿는 믿음
성화	순종과 의식을 강조함	성령님의 역할 강조
사랑	가족을 강조	공동체를 강조
초자연적인 것	능력, 영계에 대한 믿음	성경의 가르침을 바탕으로 한 믿음

5. 종교적 갈등 극복의 선교전략

서구 유럽의 종교 갈등 현상이 앞으로 종교성이 강한 한국사회에 도래하여 영향을 미칠 것은 자명한 일이 될 것이라고 판단된다. 여기에서 하나의 대안을 제시하고자 한다. 이는 기독교의 선교를 통해서 공존하는 삶을 공유해야 하겠다. 그렇게 될 때에 사회통합은 성취될 것이며 건강한 사회를 이루어 나갈 수 있을 것이다.

1) 공존의 교육 선교

교육은 갈등 해소를 위한 중요한 요소이다. 한국 법무부의 교육 프로그램 가운데 하나는 '이민자 사회통합프로그램'이 있다. 이는 재한 외국인 및 귀화자와 그 자녀를 대상으로 교육하고 있다.[513]

Clifford Mayes는 통전적 다문화교육을 위해서는 학습자의 지적 요소와 특성을 알고 있어야 한다고 말한다. 즉 학습자의 신체적, 정신적, 사회적, 인지적, 윤리적 그리고 영적 영역까지도 파악하고 있어야 한다.[514]

선교를 위한 커뮤니케이션의 증대를 이야기하면서 선교학자 엘머는 교육은 이주민을 공동체 안으로 끌어 드리는 자석과 같은 역할을 하면서 문화충격의 극복전략 가운데 하나는 '삶의 터에서 친한 친구를 사귐과 아울러 친구의 도움으로 언어의 커뮤니케이션을 통해서 어려운 상황을 극복해야 한다'[515]고 말하고 있다.

다문화사회의 통합을 위한 교육은 첫째로 다문화인 및 내국인 교육이 필요하다. 교육을 통해서 인간의 가치와 자신들의 환경을 개선하는 훈련이 이루어지는 지식을 얻게 된다. 결국 그들이 속한 사회를 공정한 사회와 세계를 변화시켜 창조적인 협력관계를 이루는 사회적 동기를 갖게 될 것이다.[516] 둘째는 다문화자녀를 위한 통합 교육이 필요하다. 최근에 다문화 학교를 세워서 내국인 자녀와 분리시켜 교육을 실시하는 경우를 접하면서 잘못된 정책이라고 판단한다. 왜냐하면 한국 사회에서 "차이"는 "차별"을 만들기 때문이다.[517]

교회 교육은 다문화 자녀로 하여금 인지발달, 사회 심리적 발달, 윤리적 발달, 신앙 발달을 가져오게 되어 장차 주류사회의 일원으로서 훌륭하게 성장할 수 있다. 필자는 다문화 어린아이가 초등학교 입학 전부터 교회학교 수업을 통해서 입학과 동시에 학교 공부를 할 수 있는 능력을 길러 주어야 한다고 본다. 그렇게 될 때에 공적 교육의 혜택을 통해서 교육 현장에서 따돌림을 당하지 않고 자신의 진로를 개척할 수 있기 때문이다. 사실 결혼 이민 여성 중에서 자녀들이 학교나 또래 집단에서 따돌림을 당한 경우를 들 수 있다.[518] 공존의 교회 교육을 통해서 다문화 자녀와 국내 아동이 통합을 이루는 계기를 마련할 수 있기를 기대해 본다.

2) 전인선교의 활용

전인적인 선교의 개념은 영국의 존 스토트가 주장한 선교 이론이다. 그는 기독교인들이 선교지에서 복음을 증거 할 때에 영적인 요소뿐만이 아니라 육신의 필요도 찾아서 해결하도록 노력하는 선교를 감당해야 함을 주장하였다. 전인선교의 전략은 복음을 직접 전도하는 것이다. 복음전도에 대해서 허버트 케인은 다음과 같이 이야기 하고 있다. 첫째, 모든 인간은 멸망하게 되어 있으므로 구원 받을 필요가 있다. 둘째, 구원에는 오직 한 가지 방법이 있는데 그것은 예수 그리스도를 통해서이다. 셋째, 구원받기 위해 인간은 복음을 이해하고 믿어야 한다.[519]

그리고 이와 같은 복음의 전도는 선포적 전도, 설득적인 전도, 존재적인 전도에 의해서 가능하다.[520]

또 다른 전략은 복지 및 상담 선교이다. 흥미 있는 통계는 결혼이주여성들이 지역사회 서비스 기관을 방문하는 이유에 대한 통계가 나와 있다.

예를 들면 교육을 받기 위해서 80.0%, 상담을 받기 위해서 84.0%, 종교활동을 하기 위해서 85.5%, 본국 출신들과의 교제를 위해서 87.8%, 취업 정보를 얻기 위해서 89.5%, 의료 서비스를 받기 위해서 91.0%가 나와 있다.[521] 이는 이주여성들이 자신과 가족의 삶을 위해서 누군가의 손길을 기다리고 있다는 증거라고 판단된다. 이를 위해서 교회는 다문화 사역을 하는 전문기관들을 활용해야할 가치가 있다.

3) 세계관 교정을 위한 제자화 선교

세계관은 문화의 깊숙한 곳에 자리 잡은 경험의 소산이라고 볼 수 있다. 따라서 한국에 거주하는 외국인들은 다양한 세계관을 지닌 가운데 한국에서의 문화적응을 하고 있다. 특히 동아시아의 불교권이나 힌두교 권에서 온 외국인은 업보(業報)[522]의 개념이나 '삼야신(samnyasin)'[523] 사상을 갖고 있다. 그리고 이슬람권에서 온 사람들은 코란을 신앙의 중심에 놓고 깊은 무슬림 신도로 살고 있다. 한국교회는 다양한 세계관을 지닌 다문화인 들에게 세계관의 교정을 통한 제자화의 전략을 가질 필요가 있다. 선교의 본질은 어떤 세계관을 가진 사람이든지 그 틀을 변형시키는 작업이 곧 선교이다.[524]

세계관을 바꾸기란 결코 쉬운 일이 아니다. 즉 자신이 자란 배경을 가진 삶의 틀을 기독교를 받아 드리고 예수님의 제자된 삶을 살기란 천지개벽과 같은 일이라고 할 수 있겠다. 그러나 기독교의 황금률 가운데 우리에게 명령하신 법이 있다. 그것은 마태복음 28장 18-20절에서 말씀하신 "제자화"이다. 이는 예수님의 지상생활을 마감하면서 우리에게 주시는 중심 메시지이기도 하다. 제자화란 성경적 지식이나, 성구를 외우는 프로그램이 아닌 예수님의 삶의 모습을 오늘날 전도의 현장에서 실재화 하는 작업이다. 즉 성경적 지식의 축척이 아니라 복음의 실용화의 현장을 통해서 신앙의 체질이 개선되는 작업이라고 볼 수 있다.

우리가 다문화인들이 가진 자신의 세계관을 버리고 성경의 말씀을 따르게 할 때에 종교적으로 하나가 되고 한국 사회가 우려하는 갈등이 치유되고 온전한 사회 통합을 이룰 수 있을 것이다.

우리가 사는 지구촌은 교통의 발달과 상업 자원의 이동으로 급속한 이주가 발생하고 있다. 우리보다 먼저 다문화 사회를 경험한 유럽의 세 나라인 영국·독일·프랑스는 초창기 온정주의와 동화주의에서 지금은 이주 제한 정책으로 전환하고 있다. 이러한 정책 뒷면에는 이질감이 상존한 종교적 요소로서 이슬람교와 기독교의 갈등이 있다. 유럽은 이러한 갈등이 쉽게 해소되지 않음에서 오는 무슬림들의 테러행위를 고민하고 있다.

한국도 점점 다문화 사회가 되어 가고 있다. 정부의 여러 주체들인 법무부, 여성부, 복지부, 교육부 등에서 다문화 대안들을 위해서 열심히 노력하고 있다. 그러나 다문화인들의 처리 문제는 너무 안이한 자세와 생색내기 정도의 소극적인 정책이 많이 가미됨으로 실효성에 의문을 제기할 수밖에 없다.

따라서 필자는 근원적인 문제들에서부터 문제를 풀어야 한다. 이는 기독교의 선교 대안이 되어야 함을 주장하고 싶다. 왜냐하면 진정한 사랑과 헌신 그리고 복지를 실현할 주체는 교회이기 때문이다. 또한 교회의 강점은 지역사회 속에서 주민 공동체와 함께 호흡하고 있다. 한국 다문화인들이 진정한 사회 통합을 이루기 위한 선교전략을 세 가지로 제언하였다. 이는 공존의 교육 선교, 전인 선교의 활용, 세계관 교정을 통한 제자화 선교이다.

462) 영국은 제 2차 세계대전 이후 탈식민지화 과정에서 국내에서 발생하는 이주문제를 어떻게 해결해야 하는가에 집중하였다. 영국 본토로 귀환하는 이주는 임시이주가 아니라 대부분 영구적으로 정착하는 이주였다. 1940년과 1990년 사이의 기간에 서인도제도, 인도, 아프리카 출신 이주자가 국민 1%에서 6%로 증가하였다. 이런 유색인종의 증가는 영국의 식민지 역사와 정치적 상황 가운데에서 이해되어야 한다. 정재각, 『이주정책론』(서울: 인간사랑, 2010), 289.

463) 독일의 경우 나치집권 기간에 외국인 노동력의 고용은 제2차 세계대전 기간에 절정에 달했으며, 여기에 수많은 전쟁포로와 점령지역 사람들이 노동수용소(캠프)나 개인 업체에 고용되었다. 최근 연구에 따르면 비독일인 전쟁 포로 1천2백만명이 독일의 민간기업,노동캠프 및 기타 장소에 고용되었는데, 이는 독일 공장 노동력의 40%에 해당하는 것으로 밝혀 졌다. 정재각, 『이주정책론』323.

464) 이용승, "다문화주의 정책유형 결정요인 분석: 미국과 캐나다를 중심으로"(정치학박사학위논문, 고려대학교대학원, 2009), 2.

465) 정미경, "다문화사회를 향한 한국기독교의 이주민선교" 『복음과 선교』 제 16집 3호(2011,12): 14.

466) 독일은 '05년 이민법을 개정, 프랑스는 '이민자 폭동사태' 후 '06년 '이민통합법'을 제정하여 이민자의 사회통합 교육이수를 의무화하였다. 길강묵, "이민자 사회통합정책의 현황과 과제: 법무부의 이민정책 현황과 과제를 중심으로" 『다문화사회연구』제 4권 2호(2011): 163.

467) "서구 문명의 한계와 이슬람 글로벌 저항 운동"을 주장하였다. 최한우, 『이슬람의 실체』(서울: KUIS Press, 2010), 283-288.

468) 전호진은 사무엘 헌팅톤의 글을 빌려서 이슬람과 서방 기독교권의 현상을 설명하였다. 이슬람의 서구를 향한 분노는 이슬람이 서구에 대하여 가진 굴욕감이다. 즉 18세기 이전에는 오스만 투르크에 의해서 서구를 지배하였다. 그러나 1차 대전이후에 이슬람 세계는 서구에 굴복을 당했다. 이로 말미암아 서구 문명의 상징인 퇴폐주의, 이혼, 동성연애, 마약, 술, 담배 등에 있어서 보수적인 이슬람 세계의 분노를 사게 되었다. 전호진, 『이슬람, 종교인가? 이데올로기인가?』(서울: SFC, 2002), 39.

469) Cho, Gwi Sam, "Missiological Education to Overcome the Conflict of Civilization: Multi-Cultural Immigrant Women Married to Koreans" Journal of Christian Education & Information Technology, 20(October, 2011): 147.

470) 정재각, 『이주정책론』, 289.

471) 이 법에 따라서 세 가지의 직업바우처를 가진자를 영국에 정주를 허락하였다. A그룹은 직업이 있는 자, B그룹은 숙련된 노동자 및 영국에 이득이 될 수 있는 자, C그룹은 미숙련 노동자로 분류하였다. 이민자의 분류를 세 종류로 하였으며, 필요에 따라서 직업 바우처 수를 조절하여 정주시켰다. 정재각, 『이주정책론』, 299.

472) 정희라, "영국: 자유 방임식 다문화주의" 『현대 서양사회와 이주민』(서울: 한성대학교 출판부, 2009), 389.

473) 1979년 보수정권이 들어서자 이민을 제한하는 강경한 정책이 수행되었다. 1)1979년 1월과 1980년 3월 사이에 보수당 정부는 첫째로 영국에 이미 정주한 여인의 남편에 대해, 둘째는 영국에 정주한 녀년의 아들과 딸들에 대해, 셋째는 방문자나 또는 학생 신분으로 입국한 외국인에 대해 정주 허용을 제한하는 새로운 규제들을 도입하였다. 2)1981년 1월과 1983년 1월 사이에 정부는 영국 국적법(the British Nationality Act)을 통과시켰다. 본 국적법은 영국 시민권(British citizenship), 영국 속령시민권(citizenship of the British Dependent Territories), 영국 해외시민권(British overseas citizenship)으로 분류하였다. 이 법의 특징은 속지주의를 무력화 시켰다. 즉 이전에는 영국에서 태어나면 영국 국적을 받았으나, 이 법에 따르면 최소 부모 중에서 1명은 영국인이거나 영국에 거주권을 가져야 시민이 될 수 있다. 3)1982년 10월과 1983년 2월 사이에 내무부장관은 영국 시민의 배우자에 대한 이민 규칙을 변경하였다. 정재각, 『이주정책론』305.

474) 이민자를 위한 재정을 축소하고자 지방정부 재정법(Local Government Finance Act, 1982)을 만들기도 하였다. 정희라, "영국: 자유 방임식 다문화주의" 『현대 서양사회와 이주민』403.

475) 정재각, 『이주정책론』313.

476) 2006년부터 최소 요구 점수는 75 포인트이다. 대학졸업(50), 취업에 따른 소득 경험(45), 나이(20), 국내 경험(5)이다. 특히 영국 내무부는 의사, 치과의사, 간호사 등의 의료 직종과 엔지니어링(철로, 건축 및 교량, 도로교통, 지질측량), 보험통계업종, 항공기 관련 기술직, 교사, 수의사를 기술자가 부족한 전문직종으로 꼽았다. 예를 들면 IT에 대한 인력부족 현상이 지속될 경우 영국은 10년 후 국제 경쟁력 상실이 확실해 진다고 보고 있다. 따라서 매년 18만 명의 IT 인력이 필요한데, IT 관련 학과 졸업생은 2007년의 경우 2만 3천명 뿐이다. 따라서 향후 3년간 130만명이 자신의 IT 기술을 업그레이드해야 한다고 주장하고 있다. 정재각, 『이주정책론』314.

477) 영국의 통계청 자료에 의하면 영국내 무슬림 인구는 2005년에는 2,017,000명, 2006년에는 2,142,000명, 2007년에

는 2,327,000명, 2008년에는 2,422,000명으로서 무슬림 인구는 2005년에 대비하여 4년후인 2008년에는 50만명이 증가하는 수를 기록하고 있다. 이와 같은 수적 증가는 지난 2년동안 다른 공동체의 인구보다 10배나 빠르게 증가하였다. 참고로 같은 기간에 기독교인들의 인구는 200만명이 감소한 것으로 나타났다. http://vexen.co.uk/UK/religion. html#2001/ "Religion in the United Kingdom", 2012년 2월28일.

478) 정명선, "영국의 이슬람과 무슬림 사역" 영국 옥스포드 위클리프 센터 (The Wycliff Centre)에서 열린 제4차 유로비전 포럼 (Euro Vision Forum), 2010년 3월 15일-17일(교안)

479) http://news.bbc.co.uk/2/hi/business/3547374.stm/ "First Islamic bank to open in UK" 2012년 3월 13일.

480) http://news.bbc.co.uk/1/hi/business/3035292.stm/ "High street bank offers Islamic mortgage" 2012년 3월 13일.

481) 정명선, "영국의 이슬람과 무슬림 사역" 영국 옥스포드 위클리프 센터(The Wycliff Centre)에서 열린 제4차 유로비전 포럼(Euro Vision Forum), (교안)

482) http://www.telegraph.co.uk/comment/personal-view/4700709/ "We must stop Muslem schools teaching that integration is a sin. html" 2012년 3월 14일.

483) 정재각, 『이주정책론』 312.

484) "악마의 시"의 내용은 예언자 무함마드에 대한 이야기이다. 이 책에서 저자는 예언자를 불경건한 사람으로 묘사하였다.

485) 정재각, 『이주정책론』 323.

486) 정재각, 『이주정책론』 328.

487) 독일에 입국한 노동자는 일정기간이 지나면 출국하게 하고, 다시 새 외국인 노동자의 도입을 통하여 이들을 대체하는 시스템이 로테이션시스템이다. 이런 시스템에서는 독일 내에 실업이 증가하면 외국인 노동자들을 우선적으로 고향에 돌려보낸다. 1966-1967년의 경기 후퇴와 실업자의 상승은 외국인 노동자의 수를 감소시켰고, 일부 외국인 노동자는 재정적인 지원을 통해서 귀국이 이루어졌다. 1970년대 중반과 1982-1984년에 이러한 경향은 계속되었다. 정재각, 『이주정책론』 31.

488) 정재각, 『이주정책론』 354-355.

489) 나승필, "독일의 무슬림 현황과 선교사례" 영국 옥스포드 위클리프 센터 (The Wycliff Centre)에서 열린 제4차 유로비전포럼 (Euro Vision Forum), 2010년 3월 15일-17일(교안)

490) 순환제도(rotation). 이는 '젊은, 신선한 외국인 노동자의 수출과 수입'의 개념이다. 노동자를 획득한 국가와 기업 그리고 노동자들은 노동하는 국가에서 일정기간 노동을 통해서 돈을 벌고 다시 귀국하는 형태의 노동제도이다. 노동력에 의한 순환개념은 계절노동의 구개념에 대한 근대화된 변형이다. 정재각, 『이주정책론』 354-355.

491) 정재각, 『이주정책론』 357.

492) 정재각, 『이주정책론』 358.

493) 나승필, "독일의 무슬림 현황과 선교사례" 영국 옥스포드 위클리프 센터 (The Wycliff Centre)에서 열린 제4차 유로비전포럼 (Euro Vision Forum), (교안)

494) 독일내에 외국인 거주자가 700만명으로 추산된다. 이들 중에 이슬람 종교를 가진 무슬림은 약 3,200,000명으로 추산되며 2,500,000이 터키인이고, 약 164,000명이 보스니아 그밖에 89,000명이 이란과 소수민족으로 파악된다. 박재영, "유럽 다문화사회의 문화충돌 – 영국, 프랑스, 독일을 중심으로-『다문화의 이해』(서울: 경진, 2009), 112.

495) 1998년 바덴-뷔르템베르그 주 정부가 아프카니스탄 출신 초등학교 여교사인 루딘이 히잡을 쓰고 수업을 했다는 이유를 들어서 교사 자격을 박탈하였다.

496) 나승필, "독일의 무슬림 현황과 선교사례"(교안)

497) 인터넷 80분의 비디오를 통한 내용에는 "미국을 지지하는 유럽연합과 그 모든 결성기관에 경고하노니 무자헤딘은 (Mudschaheddin) Mudschaheddin 이란 원래 '하나님을 따르기 위해 힘쓰는자'라는 의미에서 유래되어 거룩한 전쟁(Dschihad)의 전사들에게 사용되는 이슬람 용어이다. Mudschahid의 아랍어는 Muǧāhid 이며 복수형으로써 -un이나 -in 가 어미에 붙는다. 다른 동의어로써는Mudschahed, Mudschaheddin, Mujahid, Moudjahid, Modjahed 등이 있다. 너희를 향해 떠났으며 알라의 뜻대로 우리는 너희를 말살할 것이다. 우리는 너희를 말살하는 일에 참여함을 기쁘게 생각한다" 라고 선언하면서 자신을 "아브 함자-독일인"(Abu Hamza – der Deutsche) 이라는 특수한 정체성을 밝힘으로서 자신을 무슬림-독일인으로 칭했다. 나승필, "독일의 무슬림 현황과 선교사례"(교안)

498) 나승필, "독일의 무슬림 현황과 선교사례"(교안)

499) 박단, "2005년 프랑스 소요사태와 무슬림 이민자 통합문제" 『프랑스사 연구』14호, 2006년, 229. 박재영, "유럽 다문화사회의 문화충돌 – 영국, 프랑스, 독일을 중심으로- 『다문화의 이해』 (서울: 경진, 2009), 104.

500) 박단, "프랑스: 알제리인의 이주와 정착"『현대 서양사회와 이주민』(서울: 한성대학교 출판부, 2009), 252.

501) 일례로 1989년 9월 18일 파리 북부의 소도시 끄릴의 한 중등학교인 가브리엘 하베즈에서 세명의 무슬림 여학생이 수업시간에 '히잡'을 착용했다는 이유로 퇴학 당하는 사건이었다. 사실 이 학교의 876명의 학생 중에 약 500여 명이 마그레브계였다. 이는 프랑스계 무슬림께 이민자로서 알제리, 모로코, 튀니지 이민자들로서 프랑스의 식민지 소산이었다. 박재영, "유럽 다문화사회의 문화충돌 - 영국, 프랑스, 독일을 중심으로-"『다문화의 이해』105.

502) 사르코지는 이전부터 이민자들에 대한 차별적 발언을 많이 했다. 그는 2005년 프랑스 이민자들이 일으킨 폭동 직전, 이민자들이 많이 살고 있는 프랑스 교외의 젊은이들을 '폭도'라고 불렀다. http://news.khan.co.kr/kh_news/khan_art_view.html?artid=201203071614091&code=970100/ "사르코지, 프랑스에는 이민자가 너무 많다" 2012년 3월 18일.

503) 김종명, 김민정, "프랑스인 교회를 위한 이슬람 사역 '마실(Machil)'", 세계속의 디아스포라 선교와 이주자 선교, 명성교회 예루살렘관 두란노홀에서 열린 제3회 국제이주자선교포럼 교안, 2010년 5월 25일(교안)

504) 박재영, "유럽 다문화사회의 문화충돌 - 영국, 프랑스, 독일을 중심으로-"『다문화의 이해』108-109.

505) 박단, "프랑스: 알제리인의 이주와 정착"『현대 서양사회와 이주민』(서울: 한성대학교 출판부, 2009), 252.

506) 길강묵, "이민자 사회통합정책의 현황과 과제: 법무부의 이민정책 현황과 과제를 중심으로"『다문화사회연구』제4권 2호(2011):141.

507) Cho, Gwi Sam, "Missiological Education to Overcome the Conflict of Civilization: Multi-Cultural Immigrant Women Married to Koreans", 147-151.

508) http://sea.christianitydaily.com/view.htm?code=mw&id=187634/ "한국내 무슬림 인구 13만명" 2012년 3월 13일.

509) 전호진, 『이슬람, 종교인가? 이데올로기인가?』, 204.

510) http://blog.daum.net/dkups/7610633/ "이슬람교 침투전략" 2012년 3월 18일

511) 다끼야는 "알라를 위해서 거짓말을 할 수 있다", 나시끄는 "폭력을 연마하여 자신을 무장한다"는 의미를 담고 있다. http://blog.daum.net/dkups/7610633/ "이슬람교 침투전략" 2012년 3월 18일.

512) 필 파샬이 비교한 내용 중에서 구원 부분은 필자의 견해로 재정리하였다. 필 파샬, 『무슬림 전도의 새로운 방향』 103~104.

513) 정미경, "다문화사회를 향한 한국기독교의 이주민선교"『복음과 선교』15.

514) Clifford Mayes, Ramona Maile Cutri, P. Clint Rogers, Fidel Montero, *Understanding the Whole Student*, Lanham: Rowman & Littlefield Education, 2007,1.

515) Duane H Elmer, *Cross-Cultural Conflict Building Relationships for Effective Ministry*, Illinois: InterVarsity Press, 1993, 181.

516) James A. Banks, *Cultural Diversity and Education, Boston*: Pearson Education, Inc.,2006, 203.

517) Cho, Gwi Sam, "Missiological Education to Overcome the Conflict of Civilization: Multi-Cultural Immigrant Women Married to Koreans" 166.

518) 박지영의 자료에 의하면 다문화 자녀들이 따돌림을 경험한 경우가 17.6%인 것으로 조사가 되었다. 이때에 자녀가 따돌림을 당하는 이유는 '엄마가 외국인이라서가 34.1%, 의사소통이 불가능함으로가 20.7%, 태도와 행동이 달라서가 13.4%로 나타났다. 박지영, "다문화가족 인권의 실제와 우리의 대안적 선택" 경기도 다문화가족 지원과 지역 네트워크 구축 전략 포럼, 2009년 8월 20일(교안)

519) J. Herbert Kane, *Understanding Christian Missions*, Michigan: Baker Book House, 1986, 298-299.

520) J. Herbert Kane, *Understanding Christian Missions*, 300-302.

521) 김향은, "결혼 이민자 가정의 사회통합과 교회수용 -결혼이민자 가정의 현황과 문제, 교회지원을 중심으로-"『다문화사회와 이주자 선교』(서울: 기독교산업사회연구소 출판사, 2009), 72-73.

522) 이 용어는 산스크리트 언어로 '카르마(Karma)'라고 부른다. 즉 좋은 업을 쌓으면 좋은 곳에서 태어나고 나쁜 업을 쌓으면 나쁜 곳에서 태어난다는 것이다. 이는 삶에 있어서 선을 쌓을 것을 주장하고 있는 이론이다. 안점식, 『세계관을 분별하라』(서울: 조이선교회출판부,1998) 20-21.

523) 이 용어의 뜻은 '모든 것을 포기한다'는 의미를 갖고 있다. 따라서 구도의 과정 속에서 걸식하는 것은 비난이 아니라 존경의 대상이 되는 이론이다. 안점식, 『세계관을 분별하라』 17-18. 22.

524) 이 이론은 필자의 견해를 정미경에 의해서 다시 주장하게 되었다. 정미경, "다문화사회를 향한 한국기독교의 이주민선교"『복음과 선교』28.

12장 다문화 에큐메니즘과 한국교회의 역할

　에큐메니칼 정신은 무엇보다도 "하나가 되자!"라는 정신과 일맥상통한 용어라고 볼 수 있다. 하나 됨의 의미는 국가와 국가 간, 민족과 민족 간 그리고 단일문화에서 다문화를 통한 사회통합의 의미를 담고 있다. 우리는 다문화인들이 문화의 벽을 넘어 한국 땅에 찾아온 그들의 고통을 가까운 곳에서 지켜보면서 갈등을 치료하기 위한 사회통합의 에큐메니즘의 실현이 중요한 요소임을 자각하게 된다.[525]

　한국에 이주한 다문화인은 문화적·사회적 그리고 종교적 갈등 관계에 있다. 한준상은 '여러 문화들이 접하고 충동하고 긴장하는 과정에서 생기는 문제의 중심에는 서로 다른 문화 현실에 대한 결핍된 이해, 동시에 불필요한 요소에 대한 과잉체험이 자리 잡고 있다는 점'[526]을 지적하였다.

　한국에서 다문화시대의 도래는 필연적으로 다양한 면에서 갈등관계를 초래할 수밖에 없다. 이러한 갈등관계를 방치하는 것은 기독교적인 관점에서 바람직한 현상은 아니다. 이들 갈등을 해소하는 일들이 교회의 사역을 통해서 "에큐메니즘"의 열매가 맺혀져야 한다.

1. 다문화 에큐메니즘

다문화주의는 문화 간 간격을 좁혀서 하나로 통합되어지는 에큐메니즘의 요소가 존재한다. 다문화주의란 현대사회가 평등한 문화적 정치적 지위를 가진 상이한 집단문화를 끌어안을 수 있어야 한다는 믿음이다. 캐나다의 철학자 테일러(Taylor)는 다문화주의를 문화적 다수집단이 소수집단을 동등한 가치를 가진 집단으로 인정하는 '승인의 정치(Politics of recognition)'로 정의한다.[527] 다문화주의는 온건한 다문화주의와 강경 다문화주의로 분류해 볼 수 있다.[528] 온건한 다문화주의는 이국 취향을 통해서 외국의 요리나 패션 등의 소비를 추구하는 경향을 말한다. 강경 다문화주의는 온건한 다문화내부에 있는 피상적인 다원주의를 극복하면서 민족 정체성 개념에 문제를 제기하는 정치적 논의를 부르는 경우이다.

오늘날 지구상에서 현존하고 있는 다문화주의는 두 가지 유형이 존재하고 있다. 첫째, 유럽 국가(영국, 프랑스, 그리고 독일)처럼 비교적 동질적인 문화를 소유한 요소이다. 이들 국가들은 식민지 경영과 산업화 과정 가운데에서 외래문화가 자연스럽게 자국에 스며들면서 형성된 다문화이다. 둘째, 국가의 출범 초기부터 다양한 문화와 인종으로 구성된 요소이다. 이들 국가들을 예를 든다면 미국과 캐나다를 들 수 있다. 이들 유형들 가운데 한국은 첫 번째 유형에 속하지만 최근의 상황은 많아 달라지고 있다.

다문화주의의 개념적 정의를 들여다보려면 케이츠의 이론을 읽어야 한다. 그는 문화적 정체성은 서로 다른 문화 간의 대화에서 생성되고 서로 다른 문화와의 관계 속에서 존재하며 갈등과 절충, 자기형성 및 재형성의 과정에서 끊임없이 변모한다고 말했다.[529] 이러한 문화의 변모는 다문화 시대를 맞이하여 한국 사회가 극복해야할 과제를 안겨 주고 있다.

우리는 지금까지 '배달의 민족'이라는 단일문화 유산을 자랑으로 삼고 살아왔다. 단일문화로서 전통적 개념은 세 가지를 내포하고 있다. 첫째는 사회적인 동질화의 요소, 둘째는 인종적인 기반 그리고 세 번째는 상호문화의 경계설정이다.[530] 그러나 시대의 변화는 이러한 전통적인 문화관을 바꾸어 놓기에 이르렀다. 왜냐하면 현대사회는 다양성의 특징을 갖고 있기 때문이다.[531]

다문화사회의 도래는 문화의 공존과 협력이라는 문제를 단일문화라는 전통적 문화개념을 내세우는 한 해결할 수 없는 것이다. 도처에서 우리는 혼합과 융합의 문화현상을 경험한다. 우리의 문화는 이미 새로운 형태의 문화적 양상을 보여주고 있다.[532]

우리는 오천년 역사를 지닌 유구한 민족임을 자랑하며 살았다. 그러나 21세기를 맞이하여 이러한 전통적 단일문화 개념은 펴러다임의 변천을 수용해야할 시기가 되었다. 즉 문화적 에큐메니즘의 도래가 시작된 사회에 진입했다는 의미이다.

2. 대륙별 다문화주의 정책과 문화충돌

다문화주의에 대한 정책은 산업의 발달과 함께 서구의 국가들이 먼저 시행하였다. 정책으로서의 다문화주의는 다음과 같은 내용을 포함한다.

1. 복수의 시민권을 인정하여 이중국적이 허용된다.
2. 소수민 언어를 정책적으로 지원한다.
3. 소수민족의 축제, 축일 등을 정부가 지원한다.
4. 학교와 군대 및 일반 사회에서 전통적인 복장이나 종교적 복장을 인정한다.
5. 소수민 문화인 음악과 예술 등을 지원하는 것이다.[533]

 이상에서 언급한 요소들은 다문화 주의가 갖고 있는 정책의 순기능적인 측면을 설명해 놓은 것이라고 본다.

1) 유럽과 미주의 다문화주의 정책

 현재 유럽은 다문화 유입과 함께 많은 대가를 치르고 있다. 2004년 네델란드 영화감독 테오 반 고흐 피살사건, 2005년 7월 영국 런던의 지하철 폭파사건, 동년 가을 프랑스 방리유의 무슬림 소요사태, 2006년 2월 덴마크에서의 마호메트 풍자만화사건 등의 사건들은 기독교를 대표하는 유럽과 이슬람 세계와의 대립구조를 더욱 심화시키고 있다. 이러한 상황 속에서도 유럽의 다문화 정책은 다문화주의 정책과 이주민의 사회적 동화를 염두 해 둔 통합정책의 병용이다.[534]

 그러나 유럽에서의 이슬람교의 극대화는 그동안 가졌던 정책들을 수정해야만 하였다. 역사적인 관점에서 서구 유럽의 다문화 정책들과 갈등들은 종교적 요인이 사회의 갈등요소로 자리 잡으면서 시작되었다. 유럽에서의 다문화주의는 경제적이고, 정치적인 요소에 의해서 유입된 이슬람 종교를 갖고 있는 무슬림들이 자신들의 요구를 관철시키기 위해서 끊임없이 투쟁하는 양상을 보이고 있다. 이러한 투쟁은 자신들이 거주하고 있는 장소를 넘어서 종교적 네크워킹을 통한 국제적 연대감 속에서 거류사회를 압박해 나가고 있는 것이 특징이다.

이렇게 되자 다문화 정책에 대한 비판의 목소리도 점차 거세지고 있다. 특히 유럽 속의 난민 문제는 국가의 이익에 따라서 다양한 목소리를 내기 시작하였다.

미주대륙에서 일어났던 다문화 운동의 기원은 1960년대로부터 일어난 아프리카계통의 미국인들의 시민권운동(civil rights movement)과 관련이 있다.[535] 이 운동은 미국사회에 다수의 흑백 갈등을 만들어 내었다. 이를 경험하면서 미국은 다문화 속에 내재된 문화의 상대주의에 대한 비판을 하게 되었다. 보수적 기독교인들은 다문화주의가 미국의 전통적 기독교 문화에 대한 공격으로 간주하면서 민권운동과 1960년대의 이민법을 비판하였다. 이러한 시각은 '앵글로 아메리칸에 대한 전면적 공격'으로 해석하기도 한다.[536]

캐나다에서는 프랑스어를 주로 쓰는 퀘백주와 영어를 쓰는 다른 지역의 구조로 이원화 되어 있다. 즉 이중문화주의(Biculturalism)에서 다문화주의(Multiculturalism)로의 전환이 캐나다 민족주의에 파멸적인 영향력을 행사했다고 보고 있다. 이러한 그들의 생각은 그동안 누려왔던 특별한 위치를 상실하는 결과를 가져왔다고 생각하기 때문이다.[537]

필자가 캐나다 여행 중에 느낀 것은 비행기에서 맨트되는 공용어를 영어와 프랑스어를 동시에 사용하는 것을 보았다. 이러한 이중 언어의 사용은 그들의 사회 속에 문화적 갈등이 존재할 수 있음을 반증하는 것이다.

2) 호주의 정책

호주는 영국의 식민지와 함께 죄수들의 유형지로서 출발한 곳이다. 1788년 백인들의 이주로 시작한 호주는 원주민들의 수를 급감하게 만들었다. 1901년 영국으로부터 독립하여 연방정부를 구성하였다. 이후 1970년대 초에 이르기까지 백호주의(The White Australia Policy)를 통해서 영국계 백인 사회의 정체성을 유지하였으나 아시아계의 급속한 이주로 말미암아 서서히 무너지기 시작하였다. 특히 2차 대전 당시 일본의 침공은 백인들의 인구증가의 정책을 추구하여 이탈리아 및 그리스와 같은 비 영국계에도 문호를 개방하였다. 이러한 노력에도 불구하고 아시아계의 계속되는 이주 증가로 1970년대 초에는 인종, 피부색, 종교, 신념 등에 따라서 차별하지 않는 이민 정책을 추진하였다. 그 결과 호주의 전체 인구 2,000만 명 중에서 43%가 부모 중 한명 또는 본인 자신이 해외에서 출생한 사람들로 구성되었다. 1978년에 프레이저(Malcom Fraser)의 자유당 정부는 공식적으로 다문화주의 정책을 채택하고 '갈벌리 보고서(The Galbally Report)'를 기반으로 하여 '하나의 다문화 호주사회'라는 정책을 추진하였다.[538]

호주에서는 다문화주의가 호주의 문화, 정체성, 공유의 가치가 상실되어 '호주의 아시아화'를 촉진한다고 생각하는 듯하다. 호주 정부가 2006년에는 영어 능력 및 호주의 가치에 대한 지식을 평가하는 강제적인 시민권 테스트를 도입하려 하였다. 2007년 1월에 하워드 정부는 '이민, 다문화부(Department of Immigration and Multicultural Affairs)'의 명칭에서 '다문화'를 제거하는 이름인 이민, 시민권 부(Department of Immigration and Citizenship)로 변경하였다. 이 부서는 시민권 취득 대기 기간을 연장하고 시민권 취득에 영어 및 호주 역사 시험 등을 추가한 것은 이민자들은 호주 땅에 왔으면 호주인이 되어야 한다는 통합주의를 강조하는 의미로 해석될 수 있는 대목이다.[539]

그러나 인종간의 상호갈등으로 인한 다양한 문제들이 나타나기 시작하였다. 결국 호주에서는 다문화정책을 포기하였다.[540]

3) 아시아 국가의 정책

서구를 벗어난 동양의 나라들은 어떤가? 대표적으로 일본과 말레이시아를 살펴보자. 일본의 다문화주의는 1970년대 중반에서부터 외국인의 급증으로 시작되었다. 이는 남미에 이민 갔던 일본인 후손들의 자국내 유입이다. 동질성을 유지하려는 노력과는 달리 이질성과 다양성이 증가되는 결과를 가져왔다. 따라서 그동안 동질성의 유지보다는 '다문화 공생'으로 방향을 선회할 수밖에 없었다. 결국 1990년대 후반에서 2000년대를 거치면서 외국인 거주 비율이 높은 지방자치단체에서 다문화 공생이 정책지침으로 사용되기 시작하였다.[541]

말레이시아는 18세기 이후 영국의 지배와 산업화의 도입으로 중국인과 인도인 노동자가 급속히 유입되었다. 말레이 연방의 독립을 앞두고 민족 간의 사회계약을 통해서 1957년 헌법과 1963년 헌법은 이민자에게 시민권을 부여하는 동시에 말레이인의 특별한 권리를 보장받았다. 이를 부미푸트라(Bumiputra)라고 부른다. 이후 정치적인 이유에서 싱가폴(1964년)과 보르네오가 분리되었다.[542]

3. 사회통합주체로서의 교회의 역할

다문화주의는 필연적으로 종교적인 갈등으로 인해서 사회적 충돌로 이어진다. 이와 같은 난제 앞에서 교회는 다문화인을 보면서 배타성과 포괄성 사이에 고민하지 않을 수 없다. 교회는 어떤 경우 이던지 빛과 소금의 역할을 통하여 사회를 선도해 나가야 한다. 단일문화 속에서 성장한 우리는 대부분 다문화 사회를 이해하지 못하고 있다. 따라서 문화적 배타성이 아주 강한 사회적 구조를 갖고 있다. 특히 전통적인 사대주의 사상은 피부색에 따라서 편견과 차별을 당연시 하는 경우도 있다. 갈등은 시간이 지남에 따라서 사회적 균열로 이어져서 궁극적으로는 폭동으로 발전할 가능성이 있다. 이러한 상황을 직시하고 다문화인들을 위한 선교적인 대안들을 교회가 가져야 한다.[543]

1910년의 에딘버러 대회 이후에 "복음의 사회적 책임"에 대해서는 소위 에큐메니칼 진영과 복음주의 진영 모두가 주장하는 사역이 된다.[544]

다문화 사회 도래의 초기 시점에서 한국의 사회통합을 위한 에큐메니즘의 실현을 위해서 교회의 역할을 제언하고자 한다.

1) 정부와의 관계 속에서의 역할

교회는 정부를 움직여서 다문화인들이 한국에 거주하는 동안 인간의 보편적 기본권이 유지될 수 있도록 노력해야 한다. 교회는 굿 거버넌스의 한 주체로서 자율성과 전문성 그리고 참여성을 통해서 다문화 문제 해결의 주체자로서 역량을 발휘해야 한다.

첫째는 자율성이란 각 주체들은 국가로부터 자율성을 확보하여 자발적으로 조직되어 유지되어야 하는 것이다. 정부의 관여가 시민단체나 이해당사자들의 자율성을 저해하고 전통적인 거버넌스를 강화하는 방향으로 이어지지 않도록 노력해야 하는 것이 중요하다.

둘째는 전문성은 사회문제의 해결을 위해서는 다양한 행위자들의 전문적인 지식과 정보의 도움이 필수적이며 거버넌스 체제의 필수 요소이다.

셋째는 참여성은 중요한 국가정책을 결정할 때에, 주요 이해 당사자 이외에도 중립적이고 객관적으로 문제를 접근할 수 있는 행위자들이 참여하여 의견을 개진하고 토론하는 과정이 보장되어야 한다.[545]

21세기 국가는 선진국 형으로 갈수록 거버넌스의 역할이 증대 된다. 이는 정부 이외의 다양한 그룹들의 효과적인 참여를 통한 업무수행의 극대화를 지향하는 개념이다. 굿 거버넌스의 경우 자율성, 전문성, 참여성, 효과성, 네트워크, 분권화 등이 최대로 고양됨을 거버넌스 현상의 지표로 하고 있다.[546]

굿 거버넌스의 활동들 가운데 민간단체들의 적극적인 활동들을 볼 수 있다. 아시아 및 국제 민간단체들 간의 연대활동이 나타났다.[547] 이와 같은 연대감을 갖는 비영리 민간단체, 특히 기독교적인 단체들은 정부가 추진하는 여러 정책들을 효과적으로 도울 수 있다.

정부에서 추진하고 있는 다문화정책에 대해서 교회는 정보를 가질 필요가 있다. 일례로 경기도에서 추진하는 지역공동체의 예를 보자. 2009년 "외국인과 함께하는 지역공동체 구현을 위한 다문화헌장"을 제정하여 발표하였다. 행동강령에 의하면 "우리 사회의 공공기관, 기업, 거주 외국인, 시민사회가 상호 협력하여 거주 외국인의 인권을 보장하고 그들의 원활한 사회경제 활동을 지원하며 외국인 친화적 환경을 조성함으로써 우리 사회 구성원 모두가 조화롭게 번영하는 다문화 지역공동체 구현을 목적으로 한다"라고 되어 있다.[548]

우리는 중국의 다문화 정책을 살펴볼 필요가 있다. 그들은 다민족들이 중국의 통일에 기여해 왔다고 주장하여 소수민족의 분리운동을 억제하고 소수민족 우대를 시행하여 변방 소수 민족을 중국에 통합시키는 정책을 시도하고 있다. 이와 같은 중국의 태도는 구 소련이 소수의 민족국가로 분할된 것을 지켜보면서 나름대로 세운 정책이라고 평가해 볼 수 있겠다.[549]

필자가 2009년 8월 강의를 위해서 북경을 방문했을 때에 소수민족 민속촌을 방문할 기회가 있었다. 중국내에서 거주하고 있는 다양한 소수 민족들의 삶의 모습들을 전시해 놓고 중국의 시민들로 하여금 관광하도록 조치하는 모습을 보았다. 이는 소수민족을 동화 시켜서 흡수하고자 하는 다민족국가론의 단면을 보여주는 것이라고 판단한다.

2) 사회복지 수여자로서의 역할

교회는 지역공동체의 일원으로서의 다문화 복지 사역에 동참하여야 한다. 만약 교회가 지역에서 인심을 잃는다면 존재 이유를 상실할지 모른다. 다문화인들이 한국 속에서 삶의 질을 향상시키기 위해서는 지역공동체에 가입하여 활동하게 하는 것이 중요하다. 이를 위하여 교회는 한글학교 운영, 다문화 가정의 자녀교육의 지원, 경제적 자립을 위한 기술교육

같은 사역들을 통해서 가족복음화를 달성하도록 사회 복지차원의 공급을 활성화해야 한다.[550]

다문화 복지의 실현 가운데 간과할 수 없는 것은 다문화교육이다. 한준상의 글에서 김선미의 다문화교육 이론을 소개하고 있다. 첫째는 다문화교육은 내가 속한 집단의 맥락 속에서 개인과 사회를 인식하고, 나아가 다른 문화집단과도 상호 연결되어 있다는 사실을 알게 하는 교육행위 이다. 국가, 종교, 계층, 성별, 인종, 직업, 사회 역사적 배경 등의 다양성이 존재함을 알고, 다름을 인정하며, 문화집단간의 상호 연계성을 강화함으로서 소통을 돕는 교육이다. 둘째는 다양한 정치, 문화 집단 속에서 자신의 정체성을 더욱 공고히 해주는 교육 행위이다. 셋째는 우리가 낯설게 대하고 때로는 금기시하는 문화적 현상에 대한 편견과 왜곡을 걷어 내는 교육적 활동과 그 결과라고 하였다.[551]

유네스코는 1974년 11월에 다문화의 공존 문제를 직시하고 국제 이해 교육을 위해 각국의 교육정책이 추구해야할 일곱 가지 원리들을 정리하였다.

1. 모든 수준과 모든 형태의 교육에서 국제적 차원과 지구적 관점(global perspective) 고려.
2. 국내의 인종 집단과 타국의 문화를 포함한 모든 인종, 문화, 문명, 가치, 생활 방식에 대한 존중.
3. 사람과 국가들 간에 증가하는 지구적 상호의존성에 대한 자각.
4. 타인과 의사소통하는 능력.
5. 개인, 사회집단 그리고 국가 상호 간에 부여된 권리뿐만 아니라 의무 자각하기.

6. 국제적 연대와 협동의 필요성 이해하기.
7. 각자가 자신의 지역사회, 국가 그리고 세계 전체의 문제를 해결하는데
참여할 준비를 갖추기 등이다.[552]

경기도청에서 실시하고 있는 다문화 정책의 "외국인과 함께하는 지역 공동체 구현을 위한 다문화헌장" 전문 가운데에는 이런 내용이 있다.

"우리 사회의 다인종·다문화적 요소가 글로벌 환경의 새로운 발전 원동력임을 확인하며, 이를 뒷받침하기 위해서는 지역사회 구성원 모두의 인식 전환과 노력이 필수적 요소인 것을 우리는 직시한다. 이미 우리 사회의 구성원으로 활동하고 있는 거주 외국인은 경제, 사회, 문화 등 각 분야에서 지역 발전에 참여하고 있는 중요한 주체이다."[553]라고 주장하고 있다.

3) 국제적 관계 속에서의 역할

교회는 국제적 관계 속에서 다문화결혼이 인권유린의 현장이 되지 않도록 분명한 역할을 해야 한다. 최근에 캄보디아 국가에서는 한국인과의 국제결혼을 유보시키는 정책을 추진했다.[554]

이는 국제결혼을 통한 한국에로의 캄보디아 신부 유입이 인권 문제를 야기시켜 국제 문제로 비화되었다는 의미이다.

한국교회는 세계의 모든 지역에 선교사를 파송하여 수적으로 세계 2위의 선교사 파송국으로 지위를 누리고 있다. 그러나 한국교회가 간과하지 말아야 할 것은 국내로 유입되는 다문화인들에 대한 선교적 안목을 갖지

않을 때에는 문제가 있는 선교 파송국의 오명을 벗어날 길이 없음을 인지해야 한다.

한국교회는 다문화인들이 인권 유린의 피해를 최소화하기 위해서는 국제적 공조의 네트윅이 필요하다. 1997년 세계교회협의회가 이주노동자, 난민, 국내 강제 이주자를 포함하는 '떠도는 이들과 연대하는 해'를 선포하면서 대응 방식도 다양화 하였다. 즉 교회간의 연대, 각국 교회협의회 간, 양자 간 혹은 다자간 협의회로 발전하였다. 일례로 한국 - 필리핀 교회협의회 간 정기 협의회에서 이주노동자 문제가 공통관심사로 제기된 것을 알 수 있다.[555]

참고로 교회가 관장하고 있는 다양한 네트워크를 소개하면 다음과 같다. 이주민을 위한 교회의 활동으로서 아시아교회협의회의 활동(Christian Conference of Asia)은 이주노동자, 난민 및 국내 강제 이주민을 위한 프로그램(Migrant Workers, Refugees and Internally Displaced Communities in Asia, MRIA)를 운영하고 있다. 이 프로그램은 1996년 5월 14-15일까지 캄보디아 프놈펜에서 열린 MRIA 실무 그룹의 결과 및 1995년 스리랑카 콜롬보에서 열린 아시아교회협의회 총회에서 제안된 '기초 가이드라인'을 고려하여 고안된 것이다. 그동안 MRIA에서 진행된 주요 프로그램으로는 성경공부 자료 "이방인과 함께 하는 교회"를 비롯한 현지 교회들을 위한 다양한 내용의 교육자료 개발과 각국 이주노동자 지원 단체 주소록을 발간하였다. 1995년부터 매년 이주노동자(1995년 10월), 강제 이주 공동체(1996년 5월), 난민(1997년 10월)등 각각의 주제를 갖고 웤샾을 조직하기도 하였다.[556]

위에 언급한 국제적인 기구들이 개인들에게 실제적으로 필요한 부분을 채워 주지 못할 경우를 대비해서 교회는 외국인 사역을 하는 사역자 중심의 네트워크를 만들어서 활용해야 하겠다.

2009년 3월에 경기도 일산서구 장항동에 들어선 국제이주기구(IOM: International Organization for Migration) 산하 '이민정책연구원'은 이주민들을 제도적인 차원에서 돕는 기구가 되었다. IOM은 1951년에 설립되어 122개국을 회원국으로 22개 행정센터, 17개의 지역사무소, 7개의 특별사무소를 두고 있는 이 단체는 스위스 제네바에 본부를 두고 있다. 이 단체가 하는 일은 이주민의 귀국 및 정착지원, 이주정책 관계자의 교육 및 훈련을 지원하고 있다.[557]

4) 교회와 교회와의 관계 속에서의 역할

다문화에 대한 사역은 어느 큰 교회의 선교사역의 전유물이 될 수 없다. 이는 교회의 에큐메니즘을 통해서 공동 사역으로 나아가야한다는 말이다. 한국교회는 다문화인이 선교적 대상임을 인지함과 아울러 파트너십을 갖고 전략을 수립해야 한다. 선교 역사적으로 살펴 볼 때에 이주민과 함께 선교는 확장되었고 이주민과 함께 기독교는 공격을 받았음을 직시하여야 한다.

예를 들면 유럽인의 대이주는 선교에 많은 영향력을 주었다. 앤드류 F. 월즈에 의하면 유럽의 대이주는 약 16세기부터 20세기 중반까지 지속되었다고 논증하고 있다. 이 시기에 대이주를 통해서 형성된 국가들을 보면, 미국, 호주, 뉴질랜드 등과 같은 새로운 국가들의 탄생을 볼 수 있다.

이들의 이주 목적은 가장 먼저 경제적 이득을 목표로 하였다. 경제적인 이득 가운데에는 일반적인 무역 이외에 노예무역이나 아편 무역 같은 부정적인 요인도 있었다.

초창기의 경제적인 간섭에서 벗어나 점점 정치적인 개입으로 발전하였다. 아시아의 경우, 인도와 인도네시아가 대표적이다. 20세기 초에 이르자 중동지역이 서구의 대이주의 밭이 되었다.

그러나 20세기의 후반에 이르러서는 유럽의 해안제국들은 점차 쇠퇴하여지고 아시아의 열강인 중국과 인도 같은 거대한 나라들이 인구를 앞세워 역이주 현상을 나타내어 보이고 있다. 공교롭게도 아시아, 아프리카 그리고 라틴 아메리카의 많은 인구들이 다시금 유럽이나 북아메리카로 이주하여 그곳에서 정착하게 되는 현상을 보게 된다.

이러한 역 이주 현상 가운데 두드러지게 나타나는 현상은 종교적인 요소이다. 유럽의 대이주를 통해서는 기독교의 선교가 활발하게 이루어졌지만 역 이주 현상 앞에서는 기독교의 세력이 무력하게 되고 있다는 것이다.

교회는 공동으로 밀려오는 다문화인들의 종교적 스나미 현상을 용기 있게 대처해 나가야 한다. 이와 같은 공동의 노력이야 말로 에딘버러 선교대회에서 세계선교를 향한 에큐메니즘의 정신이라고 본다. 그러나 간과하지 말아야 할 것은 에큐메니즘의 깊은 곳에서도 복음주의적인 신학이 존재하여야 한다.

앤드류 F. 월즈는 자신의 고향인 스코틀랜드 중심가 형상을 이렇게 고백하고 있다. '주요 도로가 시작되는 코너에는 교회의 목회자들이 훈련 받았던 대학교가 있다. 이 대학교의 벽에는 여기에서 가르쳤던 저명한 신학자들을 기념하는 명판이 아직도 남아있다. 그러나 이 건물은 이제 바벨론-최고의 밤을 경험 하세요"라는 간판이 붙어 있다. 영적이며 선교적인

건물들은 이제 나이트클럽, 술집, 음식점, 가게, 아파트 등과 같은 용도로 바뀌어 있다.'558)

이제 한국교회는 소아기적 아집의 이기주의를 벗어나 세계선교의 대국답게 영적 능력을 회복함과 아울러 에큐메니즘을 통한 전인구원의 기치를 높이 들어야 한다. 만약 시대적 소명을 상실할 때에 앤드류 F. 월즈의 고백처럼 영적 능력을 잃어버리고 교회는 처참한 몰골의 박물관으로 전락할 수밖에 없을 것이다.

21세기를 사는 우리가 다문화에 대한 깊은 관심은 현대의 다양성과 개방성에 맞추어서 우리가 가야할 방향이다. 즉 종래의 단일민족주의나 순수혈통주의는 국제적 고립과 경쟁력 약화를 초래하여 스스로 개토화의 길을 걸을 수밖에 없다. 따라서 다문화주의의 요체는 두 가지로 생각해 볼 수 있다. 첫째, 이 세상이 다양한 인종과 문화로 이루어져 있다. 둘째, 자기 자신의 정체성에 대해서 생각하는 방식이다.

한국은 이미 수없이 많은 다문화인과 매일 호흡하며 살아가는 땅이 되었다. 이러한 시대의 현상 앞에서 이들을 바라보는 사회적 시각은 아직도 단일문화권의 범주를 벗어나지 못하고 있다. 서구는 산업사회의 도래와 발전과정 가운데 이미 다문화 사회를 경험하였다. 그리고 경제적으로 긍정적인 요인도 있었지만 문화와 종교적인 면에서 수없이 많은 갈등요인을 나고 있다. 이러한 갈등 요인은 급기야 사회문제로 비화되면서 삶의 환경을 파괴시키는 테러와 같은 많은 사건들을 보개 된다.

정부에서는 사회통합 프로그램을 통해서 갈등문제를 해결하고 테러와 같은 사회적 불안으로부터 해소해 보려는 시도를 하고 있다. 이와 같은 태도가 정부의 정책을 통해서 나왔다면 교회적으로는 선교적 차원에서 접근하는 것이 바람직하다. 교회는 다문화 갈등의 해소를 위해서 정부와 함께 파트너십을 발휘함과 아울러 사회복지적인 차원에서 사회통합 전략을 가져야 한다. 또한 국제적인 공조를 통해서 국내 유입 이전부터 문화의 벽을 좁히는 네트워킹이 필요하다. 이를 위해서는 교회와 교회와의 에큐메니즘의 선교적 정신을 사역에 적용해야 할 것이다.

525) 선교학자 데이비드 보쉬는 에큐메니칼 선교 패러다임의 요소들 가운데 포괄적인 구원에 대해서 언급하였다. 그는 20세기의 사회적 고통의 광범위한 상황을 설명하고 이를 극복하는 것이 곧 우리의 기회라고 설명하였다. David J. Bosch, *Transforming Mission Paradigm Shifts in Theology of Mission*, (New York: Orbis Books, 2005), 399.

526) 한준상, "다문화 교육에 대한 호모노마식 접근"『다문화사회의 이해』(서울: 동녘, 2008),270.

527) 한경구, "다문화사회란 무엇인가?"『다문화사회의 이해』(서울: 동녘, 2008), 90.

528) 마르티니엘로『현대사회와 다문화주의』윤진 역 (서울: 한울, 2002), 한경구. "다문화사회란 무엇인가?"『다문화사회의 이해』90. 재인용.

529) Henry Louis Gates, Jr., "Beyond the Culture Wars: Identities in Dialogue", *Profession* 93, 1993,11. 최성환 "다문화주의 개념과 전망"『다문화의 이해』(서울: 경진, 2099), 18. 재인용.

530) J. G Herder, *Ideen Zur Philosophie der Geschichte der Menschheheit*(Hg. M. Bollacher FfM, 1989), 571. 최성환 "다문화주의 개념과 전망"『다문화의 이해』(서울: 경진, 2009), 12. 재인용.

531) 이에 대한 견해는 첫째는 현대사회의 수직과 수평적인 다양성이다. 둘째는 인종적인 기반의 애매함이다. 셋째는 전통적인 문화개념의 구상은 외적인 경계설정을 요구하기 때문이다. 최성환 "다문화주의 개념과 전망"『다문화의 이해』12-14.

532) 최성환, "다문화주의 개념과 전망"『다문화의 이해』21.

533) 한경구, "다문화사회란 무엇인가?"『다문화사회의 이해』108.

534) 박재영, "유럽 다문화사회의 문화충돌 - 영국, 프랑스, 독일을 중심으로-"『다문화의 이해』115.

535) 한준상, "다문화교육에 대한 호모노마르식 접근"『다문화사회의 이해』264.

536) 한경구, "다문화사회란 무엇인가?"『다문화사회의 이해』115.

537) 한경구, "다문화사회란 무엇인가?"『다문화사회의 이해』116.

538) 한경구, "다문화사회란 무엇인가?"『다문화사회의 이해』111.

539) 한경구, "다문화사회란 무엇인가?"『다문화사회의 이해』118.

540) 최성환, "다문화주의 개념과 전망"『다문화의 이해』18.

541) 한경구, "다문화사회란 무엇인가?"『다문화사회의 이해』113.

542) 한경구, "다문화사회란 무엇인가?"『다문화사회의 이해』114.

543) E.R. 데이턴과 D.A 프레저는 자신의 책인 *Planting Strategies for World Evangelization*에서 "민족들을 위해서 독특한 전도법을 개발하여야 한다고 주장하고 있다. 바로 이와 같은 전략은 하나님께서 다민족 문화에 대해서 각각의 독특한 전도법을 갖고 계심을 말한다"고 말하고 있다. Edwrrd R. Dayton and David A. Fraser, *Planting Strategies for World Evangelization*,(Michigan: Grand Rapids, 1990), 85.

544) 1974년 이전의 복음주의자들은 대개 사회복음으로 회귀할까 두려워하면서 사회적 관심을 회피하였다. 그러나 로잔에서 그들중 많은 수가 사회적 관심이 선교에 중요한 역할을 한다고 주장하였다. Scott Moreau, "Evangelical Missions 1910-2010" *Century of 1910 Edinburgh World Missionary Conference: Retrospect and Prospect of Mission and Ecumenism*,(서울: 장로회신학대학교출판부, 2009), 209.

545) 배정호, 박영호, 여인곤, 최춘흠,『한반도 평화·번영을 위한 외교안보 정책 거버넌스 활성화 방안』(서울:통일연구원, 2007), 4.

546) 배정호, 박영호, 여인곤, 최춘흠,『한반도 평화·번영을 위한 외교안보 정책 거버넌스 활성화 방안』5.

547) 즉 아시아 이주민포럼(Migrant Forum in Asia: MFA), 국제 이주에 관한 아시아 파트너십(Asia Partnership on International Migration: APIM), 여성과 국제 이주에 관한 아시아 네트워크(Aian Network on Women and International Migration: ANWIM), AIDS 및 이동에 관한 조사 연구 네트워크(Coordination of Action Research on AIDS and Mobility - Asia: CARAM_Asia), Global Alliance Against Traffic Women: GAATW)등의 활동 네트워크 등이 있다. 김미선, "아시아 이주민 현황과 교회의 응답"『외국인 노동자 선교와 신학』(서울: 한들출판사, 2000),119-122.

548) 김복호, "경기도 다문화 정책의 이해" 세계다문화진흥원에서 강의한 내용, 2010년 1월 16일.(타자본)

549) 배정호, 박영호, 여인곤, 최춘흠,『한반도 평화·번영을 위한 외교안보 정책 거버넌스 활성화 방안』(서울:통일연구원, 2007), 38.

550) 조귀삼, "재한 디아스포라 거류민의 신음에 대한 교회의 선교적 응답"『복음과 선교』제 9집 (2008, 6):66.

551) 김선미, "민주시민교육에서 다문화교육의 의미와 실천방향" 한국사회과학연구학회 하계 학술발표 자료, 2004년. 한준

상, "다문화교육에 대한 호모노마르식 접근" 『다문화사회의 이해』 (서울: 동녘, 2008), 265-266. 재인용.

552) 한준상, "다문화교육에 대한 호모노마르식 접근" 『다문화사회의 이해』 269.

553) 김복호, "경기도 다문화 정책의 이해" 세계다문화진흥원에서 강의한 내용, 2010년 1월 16일.(타자본)

554) http://biz.heraldm.com/common/Detail.jsp?newsMLId=20100414000289.

555) 김미선, "아시아 이주민 현황과 교회의 응답" 『외국인 노동자 선교와 신학』 123.

556) 김미선, "아시아 이주민 현황과 교회의 응답" 『외국인 노동자 선교와 신학』 118. 조귀삼, "재한 디아스포라 거류민의 신음에 대한 교회의 선교적 응답" 『복음과 선교』 제 9집 (2008,6):66. 재인용.

557) 김성재, "경기도 거주외국인 종합지원 시책" 『경기도 다문화가족 지원과 지역 네트워크 구축 전략』(경기: 평택대학교 다문화 가족센타, 2008), 112.

558) 앤드류 F. 월즈, "기독교 선교 500년" 『선교와 신학』 (서울: 장로회신학대학교출판부, 2010), 제 25집. 66.

탈북민이라는 호칭은 '북한이탈주민'이고 일반적으로 탈북민이라는 용어를 사용한다. 법적으로 북한이탈주민은 '북한에 주소, 직계 가족, 배우자, 직장 등을 두고 있는 사람으로서 북한을 벗어난 후 외국국적을 취득하지 아니한 사람'으로서 북한 이탈 주민법 제 2조에 '북한 이탈주민의 보호 및 정착지원에 관한 법률'로 정하고 있다.[559]

최근에, 김정은 체제가 들어선 이후에 탈북은 곧 죽음이 되는 현실이 되었다. 두만강을 넘어가는 탈북자를 향해서 총을 쏘아 현장에서 사살하는 일들이 언론에 소개되기도 하였다. 이제는 가족 단위의 탈북에 따라 연령층도 어린이에서 노인에 이르기까지 고른 분포를 보이고 있다. 특이한 것은 먼저 국내에 입국한 탈북 주민들이 북한의 가족들을 국내로 귀국시키기 위해서 북한을 탈출시킨 경우도 지속적으로 발생하였다. 탈북하는 주민들의 직업도 다양하다. 고위 간부, 외교관, 의사, 외화벌이 지도원, 군인, 학생, 교원, 농민, 노동자 등 각계각층을 망라하고 있다. 그리고 탈북 유형도 경제형에서 정주형으로 점점 바뀌어 가고 있는 것이 특징이다.

1. 탈북의 원인

탈북의 원인과 탈북과정의 어려움 그리고 국내 정착에 대한 실제적인 현상들을 현재 탈북자 교회를 담당하고 있는 박상식 목사의 증언을 종합해 보면 다음과 같다.

첫째는 1991년의 소련의 붕괴와 함께 원조금 중단 그리고 94년의 김일성 사망에 이어 94-99년의 식량 위기[560)]에 따른 고난의 행군이다.

둘째는 자연재해로 인한 북한 당국의 식량배급 중단으로 말미암아 대부분의 함경북도 거주의 사람들이 중국의 친척들에게 식량을 구하기 위해서 중국 땅을 찾았다. 식량을 구하기 위해 두만강과 압록강을 넘어서 중국의 친척집에 간 사람들이 남한에 대한 정보를 얻게 됨으로 탈북을 결심하게 되었다. 특히 중국에 기거하는 동안에 남한에서 파송한 선교사님들을 통해서 성경을 접하여 신앙생활을 하게 되었다.

셋째는 불법으로 중국 땅에 가게 된 사실을 북한 당국에 발각되고 처벌이 강화되자 붙잡히지 않기 위해서 내륙지역으로 도피하거나, 중국인과의 위장 결혼을 통해서 북한으로 송환되는 것을 피하게 된 이후에 브로커(중국의 친척이나, 보따리 장사 등등)를 통해 탈북을 하게 된다. 만약 체포되어 북한으로 귀국했을 때에는 임신한 여성의 경우 고문으로 인해서 사산을 하도록 강요받게 되었다. 네번째는 탈북인들을 구출하는 단체나 브로커 를 통해서 제 3국(베트남, 몽골 등등)으로 탈출시켜서 한국으로 입국하게 되었다.[561)]

이상의 언급된 상황들을 종합하여 정리해 보면 다음과 원인을 찾을 수 있다.

1) 정치적 상황

북한이탈주민의 가장 큰 탈북 원인은 1인 독재의 북한체제와 식량난이 대표적이다. 북한이탈주민의 탈북 이유를 시기별로 보면 1990년 초반까지 비인간적이고 독재적인 정권의 압력을 피해서 북한을 떠나는 정치적·사상적 동기와 이에 따른 신변 안전상의 이유가 주류를 이루었다.

북한은 정권 초기(1948년 북한정부 수립)에 통치 이데올로기로 마르크스-레닌주의를 채택했으나 1967년부터 김일성에 대한 개인숭배가 대대적으로 진행되면서 절대 권력자인 수령 김일성을 중심으로 전체사회가 일원적으로 편재되도록 했다. 김승호는 북한에서 주체사상은 정치체제와 주민 생활 그리고 대외 관계 등 모든 분야에서 유일한 지도이념이며, 김일성주의(김일성동지의 혁명사상)를 가리키며 '주체사상 = 김일성주의'라는 등식이 성립되며, 주체사상은 김일성이 창시하고 김정일이 이론적으로 심화시킨 통치 이념이며, 북한 주민들은 어릴 때부터 김일성. 김정일 우상화 교육을 받고 주체사상학습을 받는다고 하였다.[562] 그리고 주체사상은 북한의 통치이념을 넘어 종교의 역할을 한다고 볼 수 있을 만큼 그 영향력은 절대적이며, 주체사상은 김일성 수령에 대한 충성심을 절대화함으로 기독교의 기독론과 같은 종교성을 가지며, 북한주민들의 김일성에 대해 갖는 태도는 마치 가톨릭 교도들의 교황에 대해 갖는 태도와 같다고 언급하였다.[563] 주체사상의 이념으로 통치를 강행했던 김일성의 사망은 북한 인민들 속에 크나큰 공백을 남기게 되었고, 사회적 불안전성은 새로운 대안을 추구하게 만들었다.

2) 식량의 위기

소련의 해체와 원조의 중단 그리고 김일성의 사망은 1990년대 중반부터 식량난 등 경제적 어려움으로 점철되었다. 북한의 세습주의 독재 정권의 특징은 지도자가 모든 의사결정과 정책을 좌우한다. 따라서 주변의 바른 소리를 경청하지 않는다. 비록 주민들이 식량을 공급받지 못해서 아사자가 속출하는 데도 해결할 방향을 찾지 못했다. 급기야 주민들은 식량을 구하기 위해서 국경을 넘는 수밖에 없었다. 추론해 보면 고난의 행군 동안 30 만 명의 탈북자가 발생했을 것으로 추산되고 있다. 더 나아가 김정일의 죽음과 함께 젊은 지도자 김정은에게 정권이 양도 되었다.

비록 새로운 지도자가 나타났음에도 식량 사정은 여전히 부족하며 고향을 등지고 탈북 하는 사람은 더욱 늘어나고 있다. 식량난과 '고난의 행군'이 야기한 변화는 북한 안에 종교 활동의 새로운 공간을 형성하였다. 극심한 식량난을 피해서 중국으로 건너온 탈북민들을 경제적으로 지원하며 보살펴주던 곳은 대부분 기독교선교단체였다. 탈북민들은 이들 단체들을 통해 경제지원을 받으면서 자연스럽게 기독교 신앙을 접하게 되고 이들은 북한으로 다시 들어가 이른바 '지하교회' 활동을 시작했다. 이들을 통해 북한으로 새롭게 흘러 들어간 기독교 소식과 활동은 북한에 엄청난 문화적 충격을 주었던 것으로 보인다.[564] 결국 기독교단체는 중국에 건너온 사람들을 빵과 복음을 통하여 변화(회심)시켰고, 그들은 다시 북한으로 들어가서 복음 을 전하는 삶을 살아가게 만들었다.

3) 남한 사회의 동경과 삶의 질 향상 추구

김대중 정부의 햇빛정책에 따른 개성공단의 설립과 운영은 북한으로 하여금 남한의 생활상을 직시하게 만들었다. 남북의 경제교류 및 중국의 개방경제는 사회주의가 가진 폐쇄 체제의 북한 주민들에게 새로운 정보를 갖게 하였다. 그 결과 보다 나은 삶의 질을 향상시키기 위한 탈북자도 늘어나게 되었다. 통계에 의하면 최근엔 가족단위, 여성과 아동, 청소년들의 입국비율이 증가하는 특징을 보이면서 탈북이유도 다양해지고 있다. 즉 정치적 목적이나 단순히 식량난을 피하기 위한 탈북의 경우도 있지만 더 나은 삶의 추구와 자녀의 교육 기회를 얻기 위해서, 경제적으로 성공하기 위한 탈북 이유가 나타나고 있다.

탈북의 또다른 이유는 신분의 불평등을 극복하기 위한 노력에서 찾아볼 수 있다. 북한의 사회 체제는 평양을 중심으로 지도자 그룹들이 지배하고 있다. 그러나 자신의 출신성분이 나빠 북한 사회에서의 성공은 불가능하다고 느끼게 될 경우 탈출구를 찾게 된다. 만약 북한 주민이 식량배급문제에 대한 불만을 토로하였다가 발각되어 강제수용소에 들어가게 되면 심한 고통을 받게 된다. 특히 부모의 사망으로 고아가 되어 꽃제비가 될 경우에는 생계의 어려움은 물론 잘못하면 범죄자로 살아가야만 한다. 이러한 상황에 접하면 주변의 지인들로부터 탈북의 권유와 함께 남한을 택한다. 이 외에도 외국 유학과 외국 노동자로 근무하는 동안에 외부 세계의 모습을 보면서 느낀 북한 사회에 대한 회의감과 함께 탈북을 하게 된다.

2. 탈북 과정에서의 경험

1) 고통과 자아의 상실

북한을 탈출하여 중국이나 제3국을 거쳐 남한으로 오는 기간에 북한이 탈주민들은 체포당할 위험, 식량과 물의 부족, 추위, 더위 등의 물리적 상황의 열악함, 신체적인 상처나 손상, 극단적으로는 죽음의 위기까지 경험하게 된다.

　이 시기에 북한에서 이제껏 쌓아왔던 사회적 신분과 재산 등을 포기해야하고, 가족과 친지와의 이별 또는 죽음을 경험한다. 북한이탈주민의 중국체류가 장기화 되면서 이들의 체류형태도 변화하게 되었다. 초기와는 달리 북한이탈주민은 친척이나 조선족들 집에서 기거하는 비율보다 현지인 가정에서 생활하는 비율이 높아지게 된다. 극소수이기는 하지만 탈북여성이 중국체류 중인 한국남성과 동거하다가 국내로 입국하는 경우도 나타나게 되었다.

　북한이탈주민이 긴 탈북 과정 끝에 남한에 처음 들어온 시점부터 정부의 조사와 보호기간을 마친 북한이탈주민들은 희망이 이루어졌다는 안도감과 함께 새로운 생활에 대한 기대감과 불안감이 겹치게 된다.

　즉 남한사회에 대하여 점차로 더 많은 것을 알아가면서 자신이 이 사회에서 어떻게 돈을 벌고 어떻게 살아가야할지 걱정하게 된다. 불행하게도 이러한 가운데 자아의 상실은 더욱 심화 된다.

2) 정신적 외상경험

　탈북자의 심리적 외상 사건은 재북당시 강제로 수용된 경험(교화소, 노동단련대, 강제수용소 등), 북한이나 제 3국에 있는 가족의 사망, 체포, 행방불명 소식을 접했을 때 그리고 가족과의 사별, 탈북과정 및 제 3국의 체류 과정에서의 체포의 우려움, 제 3국 체류시 공안, 경찰의 체포 및 강제송환의 두려움, 장기간의 집단 수용소에서의 여려움, 제 3국에서의 낯선 환경, 낯선 사람과 언어에 대한 두려움이었다. [565)]

정신적 외상경험은 세 가지 반응의 장애를 수반한다.

첫째는 외상과 관련되는 사건을 회상하거나, 꿈에서 재경험하거나, 사건을 연상시키는 소리나, 시각적 자극 등에 대한 과도한 반응등과 같이 외상적 사건의 재경험으로 인해서 생활에 어려움을 겪는다.

둘째는 외부세계에 대한 반응의 마비나 감소로 인한 문제이다. 삶에서 기쁨을 줄 수 있는 활동에 대한 흥미가 감소하거나 감정적 반응이 감소하던지, 타인과의 분리 또는 격리감을 경험함으로써 대인관계나 일상 활동에 지장을 경험하게 된다.[566)]

셋째는 수면장애나 주의집중력의 감소, 기억력 상실 등과 같은 신체·전신적 기능의 감퇴로 인하여 직업이나 학업등과 같은 역할 수행에 어려움이 있다.

결국 북한이탈주민의 경우 북한을 탈출하는 과정에서 생명이 위협이 되는 추격, 기아, 폭행, 성폭행 등의 경험이 보고되고 있고, 또 고문이나 동료의 고문을 목도하는 경험 등도 정신적 외상 사건이 된다.

3) 가족의 이산 경험

탈북자들이 가장 먼저 갖게 되는 것은 생존자 죄책감(survivor guilt)이다.[567)]

이는 자신의 탈북 이후 가족들이 겪게 될 신분상의 위험을 감수해야 한다. 따라서 그들은 평생을 가족을 버렸다는 죄책감 속에서 살게 된다. 배우자나 자녀를 북한에 두고 왔을 경우에는 가족에 대한 죄의식과 가족의 안전에 대한 불안, 이산으로 인한 우울로 고통을 받고 있다.[568]

또한 오랫동안 기다리다 합류한 가족들의 남한생활과 가족관계에 대한 기대감 등이 합류 초기에 적응의 문제를 가져올 수 있다. 또 중국이나 제3국에서 장기체류하였을 경우에는 새로운 가족 관계 형성으로 인해서 갈등이 심화될 수 있다.

3. 탈북인의 국내 정착과 문제점

한국 정부에서는 탈북자를 동포애적 차원에서 관심을 두고 처리하고 있다. 북한 이탈주민에 대한 정착 지원 체계는 다음과 같다.

1. 보호 및 국내 이송이다.[569]
2. 합동신문(合同訊問)이다.[570]
3. 보호결정이다.[571],[572]
4. 하나원의 정착준비를 시킨다.
5. 거주지 보호이다.[573]
6. 민간이 참여하게 한다.[574]

이러한 단계를 거쳐서 탈북 이후 한국에 정착한다. 그러나 탈북자들은 정착과정에서 수많은 어려움과 고통이 내재되어 있다. 이를 간단히 정리하면 다음과 같다.

1) 남한 사회의 편견과 배제

탈북자들이 한국에서의 정착 과정 가운데 수없이 많은 어려움을 당하게 된다. 그중에 하나가 차별성이다. 통계에 의하면 대략 25% 이상의 탈북자가 자살, 다시 월북, 남한 사회의 부적응 탈북자들의 아픔과 고통이 사회 저변에 존재한다.[575]

남한 사회의 생활은 상대적 박탈감을 경험하게 된다. 일례로 탈북민은 한국에서 새로운 주민번호를 받을 때부터 독특한 존재로 낙인이 된다. 한국 사람들의 주민번호와 분명하게 구별되는 주민번호를 받게 된다. 주민번호 뒷자리가 남자는 '125', 여자는 '225'로 시작한다. 따라서 모든 일상생활 속에서 탈북민이라는 개인정보가 쉽게 구별되어 탈북민에 대한 차별적 인식을 가진 사람이나 기관에서 차별의 빌미가 될 수 있다.[576]

탈북자들은 가장 큰 고통이 남한사회로부터 차별이라고 하였다. 또한 취업현장에서 겪는 체제 부적응과 동료와의 소통부재는 자신의 정체성 위기로 몰고 가게 된다. 탈북자들이 남한 사회의 냉대와 편견을 경험하면서 느끼는 허탈감은 말로 표현할 수 없다. 이러한 일들은 결국 재입북 이라는 웃지못할 일들을 만들어 내고 있다.

남북한이 동질의식을 갖고 생활하도록 해야 하겠다. 또한 한국 사회는 탈북자들을 수용하고 함께 하는 실질적 프로그램 교육을 실시하도록 해야 하겠다. 이를 위해서 북한의 상황과 사회적 구조 그리고 문화 전반에 걸쳐서 이해하는 과정의 교육을 통해서 국민들의 수용능력을 배양해야 하겠다. 이렇게 함으로서 탈북과정에서 가졌던 고통과 새로운 사회에서 겪게 되는 탈북자들의 고통을 온전히 이해하게 됨으로 사회통합을 이룰 수 있을 것이다.

2) 정착과정의 스트레스

정착과정에서 빈곤, 실업, 소외, 차별과 편견, 언어와 문화적응의 어려움이다. 어려운 문제들이 부부간의 갈등으로 이어져서 우울증이나 정서불안 같은 정서장애나 알콜의 과다 사용, 폭력과 같은 행동장애를 가져오기도 한다.[577]

이러한 현상은 대인관계 측면에서 자신에게 호의적인 상대에 대한 맹신과 낯선 사람에 대해서는 경계하는 특성을 지니게 된다. 이러한 경계는 일차적으로 먼저는 탈북자들 간에도 단절을 시도한다. 이는 스스로를 보호하려는 자구적인 노력이라고 평가할 수 있다. 다음 단계에서는 남한 사회 속에서 쉽게 통합되지 못함에서 자괴감을 갖기도 한다.[578]

따라서 많은 탈북자들은 남한 사회에 정착해 가면서 스트레스와 함께 정체성의 혼란을 경험하게 된다.

3) 여성의 경제력 향상에서 성역할의 변화

탈북자 여성의 취업과 빠른 문화적응은 부부간의 권력 구조에 변화를 가져 올 수 있다. 이러한 변화가 가부장적 권위주의 성향이 있는 북한 남편에게 있어서는 자신에게 위협이 될 수 있다고 생각됨으로 억압적 행동이나 가정폭력 등을 불러 오기도 한다.

이는 심각한 가정 불화로 비화하여 이혼의 원인이 되기도 한다.[579] 남한의 가족 지형은 남편과 아내의 양성평등의 사고가 가족 생활의 기저에 깔려 있다.[580] 따라서 북한과 남한의 가정환경의 변화는 쉽게 대처 되지 않는 문화적 이질감을 경험하게 된다.

특히 여성의 경우 남한에서 직업을 갖고 경제적인 생활을 하게 된다. 즉 식당 종업원, 소규모 공장의 단순 노무직, 서비스 판매직 등에서 일해서 얻은 소득으로 가정을 꾸리게 된다. 소득의 규모를 떠나서 여성이 경제력이 향상됨에서 오는 목소리는 점점 커져갈 수밖에 없다. 여기에서 파생되는 성역할의 변화를 감지할 수 있다.

4) 이질적 문화로 인한 적응의 문제

탈북자들은 자신들이 가진 원문화를 들추어 내지 않으려 한다. 따라서 자신의 출신지를 밝히기를 꺼려하며, 조선족으로 위장하든지 아니면 신분 노출을 꺼리게 된다. 이로 인해 남한 문화에 동화되려는 시도를 하게 된다. 남한 문화의 대표적인 특징으로는 폐쇄성과 배타주의를 들 수 있다.

자신의 정체성에 대한 적응의 문제도 생각해 볼 수 있다. 최근 경향중 주목할 부분은 북한 출생 청소년 입국보다 중국을 비롯한 제3국 출생 탈북민 자녀의 입국이다. 최근 중국에서 태어난 탈북민 가정 자녀들의 입국으로 탈북민 사회에서도 다문화 경향이 나타나고 있다. 제3국 출생 탈북민 출신 자녀들의 경우 자신이 중국 사람인지 북한 사람인지 아니면 남한 사람인지 정체성의 혼란을 심각하게 겪게 된다.

4. 탈북자 선교

한국교회가 시급히 해야 할 선교적 과업은 탈북자 및 북한의 동포들을 위한 선교전략이다. 북한은 우리의 동족이면서도 잘못된 정치제도로 말미암아 많은 탈북자를 낳고 있다. 따라서 그들을 선교하는 일은 시급한 민족적 과제가 되었다.

김명혁은 "우리는 공산주의의 비인도적 잔인성을 몸으로 체험한 세대인 동시에 남북분단의 비극도 함께 경험한 불행한 세대이다. 공산주의를 싫어하면서도 공산체제 아래 살고 있는 동포들과의 통일을 염원하고 있다. 그런데 우리 그리스도인들에게는 의리와 충성을 표해야 할 두 가지 대상이 있다. 하나는 민족과 동포이며, 다른 하나는 하나님과 그의 백성이다. 동포가 하나님의 백성이 되는 경우에는 아무런 문제가 없지만 만약 우리의 동포가 하나님과 적대적 입장을 취한다면 심각한 갈등을 겪을 수밖에 없다. 하나님과 적대적 관계에 서 있는 동포도 선교의 대상이 된 것만은 분명하다."[581]

선교학계에서도 탈북인 선교에 대한 의견을 주고 있다. 김승호는 여섯 자기로 언급하였다. 첫째는 북한이탈주민들에게 북한에서 교양과 학습 과정을 통해 '삶의 기준'으로 여기는 주체사상의 우상성과 거짓성을 알도록 도와 줄 필요가 있다. 둘째는 북한이탈주민들이 갖고 있는 아픔, 상처, 고통스런 기억들, 남한 사회에서 느끼는 외로움, 정서적 이질감, 정체성 혼란 등과 같은 문제들을 치유하고 해소하는데 한국교회는 적극 도울 필요가 있다. 셋째는 한국교회는 동정적인 물량공세보다는 인격적인 배려와 사랑을 나누어야 한다. 넷째는 북한이탈 평신도 가운데 남한사회에 성공적으로 정착하고, 교회 생활에 신실한 사람들을 리더로 세워 북한이탈주민을 전도하고 사역토록 하는 것이다. 다섯째는 북한이탈주민 중심의 예배공동체를 세워가는 일이다. 여섯째는 성경에 기초한 통일신학을 개발하고 북한선교 전문가를 양성해야 한다고 언급하였다.[582]

1) 정부와의 협업을 통한 탈북자 프로그램 보완

현재 북한이탈주민에게는 하나원을 통한 교육훈련 지원 뿐 아니라 주거지원, 가족규모를 고려한 생계비 지원 등이 제공된다. 이러한 개인, 가족과 사회의 지지와 상호작용에 의해서 정착이 되기 때문에 이를 통지하고, 부족한 부분을 보완할 수 있는 기능을 교회가 담당해 나간다면 북한이탈주민에게 효과적으로 접근할 수 있는 선교의 방편이 될 것이다.

예를 들면 여의도순복음 교회가 운영하는 NGO 단체인 "굿 피플"은 탈북민들을 위해서 생계비 지원과 정착지원을 위해서 노력하고 있다. 특히 정부의 기관인 하나원과 협력 아래 탈북자의 정서적 치료, 정착교육, 가정교육, 창업교육을 하고 있다. 이러한 교육 과정은 매년 3월부터 12월까지 10개월 과정으로 실시되며 토요일과 주일을 활용하여 교육되어진다.

2003년도부터 첫 졸업생이 배출되어 치킨 프랜차이즈점을 열거나 세탁소를 개업하여 효과적으로 남한 사회의 정착을 돕고 있다.

최현미는 탈북인에게 심리교육 프로그램의 도입을 강조하고 있다.[583]

첫째는 부부적응 프로그램이다. 즉 새로운 정착지에 대한 부부관계의 규범이나 법에 대한 정보를 제공하여 가정폭력이나 아동학대 같은 문제를 예방할 수 있어야 한다. 최근에는 남한 사람과의 결혼이나 재혼이 성행함으로 인한 남북한 이중문화 극복에 대한 교육도 필요하다.

둘째는 부모 - 자녀교육 프로그램이다. 부모-자녀 관계를 개선하기 위해서는 부모가 더 역할을 해야 하는 것이 당연하지만, 자녀들 또한 이중문화권에서 성장하면서 겪는 어려움을 또래들과 나누는 작업이 필요하다.

셋째는 치료프로그램이다. 부부·가족상담, 집단상담 그리고 약물 치료 등이 시행되어야 한다. 일부 이탈 주민은 불안, 우울증과 같은 증상이 심한 경우가 있다. 이러한 경우 정신과와 분야별 전문의를 찾아서 치료해야 한다.

넷째는 지역사회 참여를 위한 역량 개발이다. 패배감이나, 소외감을 벗어 버리려는 노력이 필요하다. 북한 이탈주민 스스로 이웃에 봉사하는 정신과 참여로 스스로 인사이더가 되어야 한다.

다섯째는 이중문화역량을 갖춘 서비스이다. 자격을 갖춘 북한이탈주민 전문가로 하여금 사회복지나, 종교적 영역에서 서비스를 하여야 한다.

여섯째는 정부의 정책적 개입이다. 이는 먼저는 탈북자들이 자립경제를 통해서 스스로 한국 사회에 정착할 수 있도록 제도적인 측면에서 지원이 되어야 하겠다. 또한 사회적 편견과 차별 금지 같은 함의가 도출되어야 한다.[584]

2) 탈북인 선교단체의 역할 증대

탈북인들은 탈북 초기에 중국에서 북한선교를 명목으로 와있는 한국 선교단체에서 파송된 선교사들을 만나게 된다. 선교사들은 탈북자들에게는 한국이 자유의 땅이고 하나님도 마음대로 믿을 수 있다고 설득한다. 한국의 신자들에게는 남한에 오고 싶어 하는 탈북자들을 위한 후원금을 모금하게 된다. 이 자금이 탈북자들을 돕는데 유익하게 쓰이게 된다. 따라서 남한에 오는 탈북자 60-70% 이상이 중국에서 이미 성경공부를 하고 중국 현지 교회에서 의식주 등의 여러 가지 도움을 받은 경험이 있다.

귀국 후 하나원에서는 여러 가지 종교 활동을 선택할 수 있다. 이미 개신교에 익숙하고 선교사에게 '빚'(도움)을 졌다고 믿는 탈북자들은 개신교를 택하는 경우가 많다. 탈북자들이 하나원에서 소정의 교육을 마치면 전국에 있는 하나센터 및 임대아파트로 배정받는데, 하나원 내 교회는 지역의 일반 교회와도 네트워킹이 다 되어 있어서 일종의 신자 인계가 이루진다. 그런데 막상 남한 사람들이 절대 다수인 일반 교회를 다니다보면 낯설고 안 맞고 힘든 점이 많다. 그러면 어떤 교회가 탈북자들에게 어떤 후원을 하는지 정보를 서로 공유해서 이곳저곳 옮겨 다녀 보게 된다. 이렇게 될 경우 잘못되면 철세 교인[585]이 되기 쉽다.

탈북자를 전도하려고 할 때 우선 그들이 남한사회와 완전히 다른 주체사상에 물든 사회와 문화 속에서 평생을 살았던 사람이라는 것을 생각해 주어야 한다. 남한에 와서 종교를 처음 접하는 탈북자들에게 시작부터 너무 급하게 주입식으로 전도를 하는 것보다는 탈북자들이 종교를 이해할 수 있는 시간을 가지면서 점차적으로 신앙을 가지도록 유도해 주어야한다.

교육적으로는 기독교 대안학교 같은 것들이 설립이 되면서 탈북 아동을 도와야 한다. 그러나 이러한 기관들은 매우 영세하여 교육적 의무를 다하지 못한 경우가 있다. 따라서 기독교계 지도자들은 이들 교육 기관이 정상적인 교육의 기능을 수행하도록 돕는 역할을 감당해야 하겠다.

3) 전인선교의 필요성 증대

지금까지 탈북자선교는 물질적 지원과 그들의 어려움을 해결해 주는 방식으로 주로 이루어져 왔다. 가전제품이나 집 구하기, 남한 사람들과의 갈등, 뜻밖의 사건과 시비 거리에 담당 경찰관과 지역교회가 협력해 왔다. 그리고 교회는 탈북자들을 예배 참석을 독려하는 교회구성원의 한 사람으로만 보았다. 그러나 이들을 위해서 물질적인 요소분만이 아니라 영적인 요소에서도 접근이 필요하다.

아울러서 먼저 탈북한 성도들은 이제 자신보다 뒤에 귀국한 이들을 케어 해야 한다. 탈북자선교는 이들과 협력하여 탈북자들의 영적인 일을 어떻게 케어해 주고 어떻게 풀어가야 할지를 고심해야 한다. 동시에 탈북자들에게 남한 사람들도 힘들고 어렵게 살아가는 것을 알려주어야 하고, 남한 사회가 여기까지 오는 과정도 설명해 주어야 한다.

탈북자 선교의 핵심적 유형으로 영적선교인 '삶을 통한 영역의' 선교로 자리 잡아야 한다.[586] 교회는 탈북자를 새신자로 여겨 환영하고 맞아들이고 나서 나 몰라라 팽개쳐 버린다는 그들의 간증을 새겨들어야 한다. 탈북자선교는 지금 우리와 함께 살아가는 현실에서 지속적으로 증거되고, 보여주고 나아가 삶의 확증으로 보여 주어야하는 선교이기 때문이다. 그것만이 탈북자들을 예수께 돌아오게 하는 선교가 될 것이다.

5. 탈북인 선교의 미래

1) 북한교회 재건의 초석

임현수 목사[587]는 탈북민 선교를 강조하면서 "우리가 지금 북한에 갈 수 없지만 자기 발로 목숨을 걸고 넘어온 사람조차 전도하지 못한다면 북한 복음화는 요원한 이야기"라고 말했다. 그는 "우리가 해야 할 일은 탈북자를 찾아내서 끝까지 돌봐주는 것"이라며 "탈북자들 가운데 사기도 치는 사람들도 있고 우리에게 상처를 주기도 하지만 그럴 수밖에 없다. 북한교회의 재건을 위해서 임현수는 탈북자 활용 방안을 두 가지를 제언하였다.

첫째는 탈북자들을 신학교육 시켜서 북한교회의 재건을 위한 초석으로 삼아야 한다고 했다. 그들로 하여금 북한의 지하교회를 도와야 한다는 이론이다. 이는 자신의 땅 속에서 복음을 간직하면서 살게 만들뿐만 아니라 탈북을 방지할 수 있기 때문이다. 북한의 지하교회는 날로 확산되어 가고 있으며, 혹독한 핍박가운데서도 포기하지 않고 죽음이나 투옥이나 순교나 그 모든 고통을 무릅쓰고 반세기 이상 신앙을 지켜오고 있다.

둘째는 브로커 네트워크 활용 전략이다. 이는 탈북자들의 정보를 갖고 있는 브로커의 네트워크 때문이다. 중국 브로커 네트워크는 북한 변화에 강력한 영향을 미칠 수 있다는 분석이다. 북한 내부의 실질적 변화를 가져오려면 외부 정보 유입과 북한 주민들에 대한 직접적인 자금 지원이 필요한데, 한국 내 3만 4천 여명의 탈북자들이 갖고 있는 자금이 큰 역할을 할 것으로 기대하고 있다. 실제로 대다수의 탈북자들이 중국 브로커를 통해 북한 내 가족 및 친척들에게 송금하는 것으로 알려져 있다. 송금액의 30%가 수수료로 공제되지만 70%의 송금액도 북한에서는 상당한 금액이기 때문에 탈북자들의 송금이 이어지고 있다.

중국의 브로커들은 탈북자들의 송금을 담당할 분만아니라 북한 내 지인들과 통화까지 제공하면서 북한 내부 사정을 외부에 전달하고, 탈북자들은 북한 주민들과 국내외 정세까지 생생하게 나누고 있다.[588]

결국 이러한 정보력이 언젠가 통일의 시대에 북한교회를 재건하는 초석이 놓을 것으로 기대하고 있다.

2) 통일의 초석

한철하는 남북통일전략으로서의 선교전략을 단계별로 구분하여 설명하고 있다. 이는 첫째는 상대방의 존재를 서로가 인정해야 한다. 존재하지 않는 것과는 경쟁할 수 없기 때문이다. 둘째로는 서로 누가 잘 하는가를 비교할 공동의 가치척도를 전제해야 한다. 전쟁 상태를 지양하고 선의의 경쟁단계로, 선의의 경쟁단계에서 상호교류의 단계로, 교류의 단계에서 통일의 단계로 무리 없는 전진이 이루어져야한다고 강조했다. 이러한 과정 가운데에서 정치적 통일을 상징적으로 여길 때에 진정한 통일이 이루어진다고 했다.[589]

G. 브라이덴슈타인은 "통독에 대한 독일교회의 태도"에서 언급하기를 "독일복음교회(EKD)"의 연합을 언급하였다. 이 단체 속에는 서독의 20개 교회는 물론 동독의 8개교회가 가입되어 있었으며 동독의 정치인들이 서독교회와의 연합에 대해서 끊임없는 포기를 요구하였지만 굴복하지

않음으로서 통일 독일의 중요한 대화의 창구였음을 기술하고 있다.[590]

독일과 한국상황의 비교에서 브라이덴슈타인 교수는 "… 동독에는 참고 견디는 공인된 교회가 있었으나, 북한 정권은 기독교인들을 극심하게 핍박해 왔다" 기독교인들은 "모든 시련에도 불구하고 적과 동지라는 단순한 생각을 극복하기 위해서는 예수의 정신을 따라야 하며, 위험한 긴장을 해소하는데 기여해야 하며, 끊임없는 평화의 질서를 창조하기 위해서 공동작업을 하지 않으면 안된다"[591] 라고 말했다.

한철하는 공통분모로서의 교류의 가능성에 대해서 동구권의 예를 들어서 설명하고 있다. 즉 동구권은 비록 이념이 다른 체제 아래 있더라도 하나의 정신적 바탕인 기독교(동방교회)가 자리 잡고 있기 때문에 대화의 벽이 유지될 수 있다. 따라서 우리의 경우는 민족주의가 중요한 대화의 매개체가 될 수 있다. 동일한 민족, 동일한 언어와 역사를 지니고 있고, 세계에서 공동운명을 지니고 있다는 사실은 하나의 공통의 운명을 지니고 있다고 보아야 함을 말한다.[592]

결국 사상체계의 대립에서 민족주의와 종교를 통한 화합의 장을 열어야 하며 이를 수행할 수 있는 세력으로 탈북자 집단을 활용하는 것이 중요하겠다.

3) 북한 선교의 다리

김병로는 "북한의 문화적 이해와 선교적 활용 가능성"[593] 에 대한 글에서 탈북자들과 북한선교를 위한 방법을 설명하였다. 첫째는 북한 주민들을 지탱하고 있는 주체사상의 연구가 필요하다. 둘째는 북한선교에 걸림

돌로 작용하는 문화적 요인들을 성경적 관점에서 비판하거나 복음전도를 촉진하는 요소들을 발굴하여 효과적인 북한전도의 방법을 수립하는 것이다. 셋째는 북한기독교역사에 대한 연구를 추진하여 전도의 접촉점을 찾아야 한다.

주체사상으로 무장된 북한사회는 뜨거운 햇볕 때문에 두터운 외투를 벗은 나그네처럼 물질적으로 풍요로운 자본주의라 해서 또는 기독교의 복음이라 해서 주체사상을 쉽게 던질 수 있는 그런 사회가 아니다. 주체사상은 유행성 사조가 아니라 북한사회를 끌고 가는 원동력이자 북한주민들의 삶을 지배하는 지주이다.[594] 한마디로 북한사회는 주체사상의 문화로 정착되어 있다.

우리는 남한에 정착하여 생활하고 있는 탈북자들에게 비평적 상황화를 통해서 북한의 이념체계인 주체사상을 무력화시키는 작업을 해야 할 것이다. 이러한 세계관의 해체뿐만이 아니라 실제적인 측면에서 북한 선교를 위한 다리를 놓는 작업을 탈북자들을 통해서 하나씩 해 나가야 한다.

첫째, 남북이 접촉할 수 있는 공간을 확대해야 한다. 남북교회의 지도자들과의 잦은 만남과 인도주의적 지원 사업을 들 수 있겠다. 둘째, 한국 내 개교회의 통일사역 창구가 열려져야 한다. 이의 매개체는 NGO 같은 단체들로 하여금 활발한 접촉을 갖도록 해야 한다. 예를 들면 CCC의 염소보내기운동, 여의도순복음교회의 평양 조용기 심장병원 설립과 지원 같은 프로젝트이다. 셋째는 개성공단을 비롯한 북한의 개방지역을 중심으로 선교의 기지화를 전략적으로 접근해 나가야 한다. 이상에 언급한 내용들을 한국교회가 들을만한 가치가 있다고 본다.

탈북자선교는 우리 민족이 하나라는 것을 실증하는 선교 프로그램이다. 북한이탈주민 선교는 통일 이후에 복음 안에서 남북한이 동질성을 갖게 함으로써 남북한 지역의 사회·문화적 통합에 크게 기여할 뿐만 아니라 영적통합을 이룸으로써 통일선교에 이바지할 것이다.

지금까지 많은 선교단체들이나 교회에서 북한 선교와 아울러 탈북자들을 돕고 있다. 그러나 이러한 일이 단회적인 일로 끝난다면 바람직하지 않다. 한국 교회는 먼 통일을 준비하는 마음으로 사역에 임해야 하겠다.

559) 통계에 의하면 2019년 6월까지 국내 입국 탈북민 수는 약 3만3천명이다. 통일부 통계에 따르면 2005년 이후 지속적으로 증가하다가 2012년 이후부터는 연간 1,500여명 정도로 입국 인원이 감소했다고 한다. 그 중 여성 인구가 70% 이상이다.

560) 식량위기의 원인은 비료생산 및 수입의 금지, 가뭄과 홍수, 병충해 발생에 따른 농약 개발의 실패, 대부분의 경작지가 산악 지대인데 나무를 땔감으로 활용하여 홍수 시에 산사태 등이다.

561) 박상식 박사와의 면담, 인천시 송도, 예수비전순복음교회, 2021년 12월 2일.

562) 김승호, "통일 후 효과적인 북한선교를 위한 전략연구: 북한이탈주민을 통한 북한복음화 전략", 『개혁논총』 36집 (2015), 251.

563) 김승호, "통일 후 효과적인 북한선교를 위한 전략연구: 북한이탈주민을 통한 북한복음화 전략", 251.

564) 김병로, 『북한, 조선으로 다시 읽다』 (서울: 서울대학교 출판문화원, 2016), 312.

565) 배영길, "북한이탈주민 서비스 제공자의 문화적 역량 및 서비스접근 방법" 『북한이탈주민 서비스 전문인력 양성 기초교육』 (서울: 한국사회복지사협회, 2008), 149.

566) 최현미 외 5인, 『다문화가족복지론』 (서울: 양서원, 2012), 216.

567) 배영길, "북한이탈주민 서비스 제공자의 문화적 역량 및 서비스접근 방법" 『북한이탈주민 서비스 전문인력 양성 기초교육』 (서울: 한국사회복지사협회, 2008), 148.

568) 최현미 외 5인, 『다문화가족복지론』, 217.

569) 보호 요청시에 외교부나 관계부처에 상황을 보고, 해외공관 또는 주재국에서 임시보호소에 수용, 신원 확인 이후에 주재국과 입국 교섭 및 국내 입국을 지원한다. 김선화 "북한이탈주민 정착 모델에 대한 이해" 『북한이탈주민 서비스 전문인력 양성 기초교육』 (서울: 한국사회복지사협회, 2008), 40.

570) 이 단계에서는 입국 직후 국정원, 경찰청 등 관계기관의 합동신문이 진행된다. 즉 탈북 동기, 입국 경위, 위장 입국 여부 등을 4주 정도의 소요 기간에 조사를 한다. 조사 종료 이후에는 하나원으로 신병을 이관한다. 김선화 "북한이탈주민 정착 모델에 대한 이해" 『북한이탈주민 서비스 전문인력 양성 기초교육』 40.

571) 이 단계에서는 보호여부를 결정하고, 세대단위 결정 및 정착금 감액 대상자를 결정, 보조금을 지급하게 된다. 김선화 "북한이탈주민 정착 모델에 대한 이해" 『북한이탈주민 서비스 전문인력 양성 기초교육』 40.

572) 하나원에서는 사회적응교육 12주를 시킨다. 이는 문화적 이질감 해소, 심리안정, 진로지도 상담이다. 또한 정착금 지급, 취직, 주거알선 등 거주지에 편입을 시킨다. 김선화 "북한이탈주민 정착 모델에 대한 이해" 『북한이탈주민 서비스 전문인력 양성 기초교육』 40.

573) 하나센터에서 지역적응교육으로 3주 동안 시키며 1년간 사후 관리를 한다(사회적 안전망 편입을 통해서 생계급여, 의료보호, 연금 특례). 취업을 지원(고용지원금, 무료직업교육, 자격 인정 등) 한다. 교육을 지원(특례 편입학 및 학비지원) 한다. 보호담당관제(거주지, 취업, 신변보호 담당관제)를 운영한다. 김선화 "북한이탈주민 정착 모델에 대한 이해" 『북한이탈주민 서비스 전문인력 양성 기초교육』 40.

574) 정착도우미, 북한이탈주민후원회, 북한이탈주민 지원 67개 민간단체 연결 작업. 김선화 "북한이탈주민 정착 모델에 대한 이해" 『북한이탈주민 서비스 전문인력 양성 기초교육』 40.

575) 자진 월북자가 100여 명 정도라는 정부의 발표가 있었다.

576) 송영섭, "디아스포라(Diaspora) 관점으로 본 탈북민 이해와 선교적 의미" 『개혁논총』 37집 (2016), 137.

577) 최현미 외 5인, 『다문화가족복지론』, 218.

578) 이철우, "북한이탈주민에 대한 이해" 『북한이탈주민 서비스 전문인력 양성 기초교육』 (서울: 한국사회복지사협회, 2008), 17.

579) 최현미 외 5인, 『다문화가족복지론』, 219.

580) 이철우, "북한이탈주민에 대한 이해" "북한이탈주민에 대한 이해" 『북한이탈주민 서비스 전문인력 양성 기초교육』 17.

581) 김명혁 『통일과 선교』 (서울: 성광문화사, 1993), 82. 권오성·하충협, "복음의 상황화 신학 관점으로 본 북한이탈주민의 회심에 관한 연구" 『복음과 선교』 (한국복음주의선교신학회) 제 53집, 56. 재인용.

582) 김승호, "통일 후 효과적인 북한선교를 위한 전략연구: 북한이탈주민을 통한 북한복음화 전략", 258-264.

583) 최현미 외 5인, 『다문화가족복지론』 223.

584) 최현미 외 5인, 『다문화가족복지론』 223.

585) 자신이 다닌 교회보다 다른 교회가 한 달에 10만원을 지원해준다고 하면 철새처럼 옮겨 다니게 된다. 이는 탈북자들에

게 자기 정체성을 망각하고 부정하길 강요하는 것이다.

586) 박영환은 탈북자 선교의 패러다임을 육적인 요소의 접근뿐 만이 아니라 영적인 해방의 접근이 필요하다고 주장하였다. https://www.christiandaily.co.kr/news/107747#share, 2021년 11월 3일.

587) 임 목사는 1997년부터 18년간 북한을 150여 차례 드나들며 북한 주민들을 위한 대규모 인도주의 지원 사업을 펼치다, 김일성 관련 설교를 빌미로 2015년 1월 갑자기 체포돼 노동교화형 등을 선고받고 31개월 동안 억류됐다가 2017년 8월에 풀려난바 있다. 그는 통대연(통일대축제범민족연합)을 통한 탈북자 신앙회복운동, 탈북 신학생 장학금 사역 등을 펼치고 있으며, TMTC(Total Mission Training Center)를 통한 100만 평신도 선교자원 운동, 전국 구국 기도운동, GTS 시니어 선교 자원화 사역 등을 펼치고 있다. https://www.christiandaily.co.kr/news/107747#share, 임현수 목사 "북한 선교의 가장 실질적 방법은… '탈북자", 2021년 11월 3일.

588) https://www.christiandaily.co.kr/news/107747#share, 임현수 목사 "북한 선교의 가장 실질적 방법은… '탈북자", 2021년 11월 3일.

589) 한철하 『기독교사상』(서울: 기독교사상사, 1970, 12월호), 47.

590) G. 브라이덴슈타인 『기독교사상』 (서울: 기독교사상사, 1970, 12월호), 65-66.

591) G. 브라이덴슈타인『기독교사상』 68-69.

592) 한철하 『기독교사상』 52.

593) 김병로 "평화통일과 북한복음화를 위한 한국교회의 과제"「성경과 신학」(서울: 기독교연합신문사 출판국, 2005), 11-37.

594) 홍성현, 『민족통일과 선교에의 성서적 접근』 (서울: 한국장로교출판사, 1999), 408.

난민의 발생은 전쟁과 내전 그리고 종교적 갈등으로 인해서 자신이 기거해왔던 땅을 떠나면서 발생이 된다. 난민들은 본질적으로 주체적으로 행동하지 못하고 따돌림 당하는 타자성을 나타낸다. 난민은 긴급성의 탈출(전쟁, 내전, 종교적 갈등), 자발적 탈출(자유, 고용, 기회) 또는 비자발적인 이주(빈곤, 위험, 인신매매 등)를 시도하고 이주의 이유, 난민을 받아들이는 지역사회의 특성, 양측의 주관적인 관점에 따라 착취의 대상이 되거나 통제받는 위험 인물이 된다.[595] 따라서 이들을 접촉하여 문제를 해결해 주는 과정을 통해서 선교적인 접촉점을 만들어 낼 수 있다.

1. 난민 발생의 원인

난민에 대한 다양한 견해들이 존재 한다. 그러나 일반적으로 국제사회에서 통용되는 난민이라는 용어는 전쟁이나 박해 등의 위험 때문에 타국에 피난하면서 자국으로 돌아가지 못하는 강제적 이주자를 뜻한다.[596] 난민 상황을 특징짓는 어휘 중에서 공포, 비통, 협박, 생존, 위험, 안전, 삶, 미래 등이 핵심 단어이다.[597]

난민 발생의 큰 원인을 세 가지로 축약해 볼 수 있다.

첫째는 정치적인 요소이다. 정치적인 박해를 피해서 거주국에 합법적으로 난민비자를 받아 입국은 했지만 불결한 수용소, 부족한 생필품, 비인격적인 대우 등으로 불안의 연속이다.[598] 이와 같은 경우 자신의 땅으로 돌아가고 싶지만 정치적인 문제가 해소될 날이 문제가 된다. 대표적으로 시리아의 경우라든지 가까운 미얀마 사건에서도 알 수 있다.

둘째는 전쟁과 내전의 요소이다. 최근에 러시아의 우크라이나 침공은 대표적인 사건이라고 볼 수 있다. 또한 중동의 시리아와 아프리카 땅에서 일어나고 있는 내전은 정파에 따라서 자국에서 쫓겨남을 당하여 난민의 신세로 전락하기도 한다.

셋째는 자발적 난민이다. 예를 들면 소비에트연방이 해체된 후의 이동이라고 볼 수 있다. 공산주의 정권의 붕괴는 중앙아시아 나라들의 독립은 가져 왔지만, 사회적, 경제적 어려움이 커지면서 그들 나라의 많은 시민들이 독일, 한국, 러시아, 터키 등으로 이주하였다. 한편 역으로 수백만의 이주자가 러시아로 갔다.[599] 이들 대부분은 직장을 구하는 노동자들이었다.

2. 난민의 역사

난민의 역사를 구체적으로 언급한다는 것은 쉽지 않는 일이다. 인류 역사 속에서 수없이 많은 민족 분쟁과 전쟁 그리고 기근과 같은 사회적 현상으로 자신의 땅을 떠나서 생활을 해야만 해야 하였다. 예를 들면 중간기 이스라엘역사 속에서 아시리아와 바벨론의 침공으로 유대 백성들이 자신의 땅을 뒤로 하고 지중해 연안으로 흩어졌다.

1560년에서 1860년까지, 300여년간 유럽인들에 의해서 아프리카인들을 노예로 잡아 사고 팔았다. 이는 인간이 인간에게 가할 수 있는 가장 비인간적이고 잔인한 사건이었다.[600]

아프리카의 난민의 경우 정복, 식민지화, 노예무역을 통해서 이루어 졌지만 정치적으로나 물리적으로나 식민주의자들에게 성공적인 저항을 할 능력이 없었다.[601] 오늘날 쿠바 땅을 비롯한 수없이 많은 노예의 임시 숙소의 흔적들을 보면서 당시의 처참한 사건을 회상해 볼 수 있다.

한국의 경우에는 조선 말기의 식량 부족과 질병 그리고 일제의 조선강제 합병으로 인해서 중국, 러시아, 일본 등으로 이주하여 현재 780여만명이 해외에 거주하고 있다. 불행스럽게도 6 · 25 동란은 600만명의 피난민을 양산하여 국내의 실향민으로 피난길을 재촉하여 자신의 땅을 떠났다. 또한 1 · 2차 세계대전은 유럽의 열강들에 의해서 무수한 난민들을 발생시키기도 하였다. 이러한 역사성을 뒤로 한 채 근대 이후에 발생한 난민들에 대한 현상들을 간단히 언급하고자 한다.

1) 해외

난민 문제가 국제적으로 다루어지기 시작한 것은 20세기 후반부터였다. 러시아의 볼셰비키 혁명과 내전으로 150만명의 난민이 러시아를 떠났고, 제2차 세계대전 당시에는 유대인 박해와 전쟁으로 250여만명의 난민이 독일을 등지고 세계 각지로 흩어졌다. 1948년 팔레스타인 전쟁, 특히 1975년 베트남 패망 이후에는 보트피플을 만들어 난민이 확대되었다.[602]

동유럽의 난민 문제는 과거 사회주의 유고연방의 구성국에서 집중적으로 나타났다. 이는 유교내전(1991. 6~1995. 10)과 보스니아 내전(1992. 3~1995. 10)을 들 수 있다. 1989년 이후 동유럽에서는 민주화·자유주의 바람이 불기 시작하였다. 이러한 현상은 복잡하게 얽힌 민족·문화·종교의 구성을 이루고 있었던 유고 연방에도 영향을 미치기 시작하였다. 결국 그동안 연방정책으로 지켜온 티토의 사망, 사회주의 체제의 붕괴, 과거의 역사적 경험에서 비롯된 인공청소의 영향[603]으로 2012년에는 33만 여명의 난민들이 귀향이나 정착을 하지 못한 상황이다.

최근 들어서는 아프리카의 민족 분쟁, 중동의 정치, 종교의 갈등과 동서방 열강의 대립으로 오는 자원전쟁 등으로 끊임없이 총성이 울리면서 1,000만명 이상의 난민이 고통을 당하고 있다.

마리 미카엘(Mary Mikchael)은 "중동 난민의 탈 중동이주의 비극은 2011년 아랍의 봄에서부터 시작된다고 언급하였다."[604] 이 운동은 기대와는 달리 중동에서 일으킨 폭력은 끔찍했으며, 봄은 오히려 수백만명의 난민과 이주의 원인이 되었다.

시리아의 경우 2017년 4월의 월드비전의 통계에 의하면, 630만명의 시리아인이 자국내에서 실향민이 되었고, 500만명은 난민이 되었다. 즉 2,300만명의 인구 중에서 1,100만명이 이상이 국가를 떠나거나 실향민이 되었다는 것이다. 또한 유럽으로 건너가던 중에 수백명이 지중해에서 익사한 것을 볼 수 있다.[605] 이러한 불행은 이웃 국가인 터키 속에서 갈등의 요인이 되기도 하였다.[606]

최근에는 미얀마의 국내 정치적 상황으로 난민이 속출하고 있다. 미얀마 군부 쿠데타(주동자 민 아웅 흘라잉 최고사령관)에 대항한 반대 시위대에 대한 군부의 잔혹한 탄압행위가 약 두달간 이어지면서 700명이 넘는 사망자가 발생한 가운데 난민 또한 20만명이 넘게 발생했다.[607]

국가간의 전쟁으로 인한 난민의 문제는 러시아와 우크라이나 전쟁을 들 수 있다. 인류는 러시아의 우크라이나 침공(2022년 2월 24일)을 목도하였다. 단기간 내에 폴란드 메디카 국경에 도착한 우크라이나 난민들이 516만 3,686명이었다. 폴란드를 경유한 난민들은 유럽 각지에 흩어져서 전쟁의 종료일만 기다리고 있는 실정이다.[608]

세계에는 7,080만(2018년 말)의 강제적 이주자가 있다. 이중 4,130만은 자국 내에 실향민이, 2,590만은 타국에 난민이 되었고, 350만은 난민신청 심사 중이다.

2) 국내

조선말기의 식량과 질병의 위기 그리고 일제 강점에 따른 정치적인 위기로 인해서 국외 탈출의 시기가 있었다. 이후 남북 분단과 6·25 전쟁으로 인한 난민의 시대를 지나면서 한국에서의 난민 문제가 대두된 것은 내국인의 국외 탈출이 아닌 외국 난민들의 국내 유입이다. 세계 10위권의 경제 대국으로 성장한 한국을 향해서 국제 사회는 인류에 대한 책임을 성실하게 할 것을 주문하고 있다. 이들 가운데 하나가 난민의 문제이다. 한국은 1992년 난민협약에 가입하였고, 1994년 난민신청접수가 개시된 이래 난민수용은 2016년 통계에 의하면 672명으로 전체 신청자의 3%에 불과 하였다.[609]

이는 국제적으로 난민 인정을 하고 있는 38%에는 한창이나 모자란 수치이다. 따라서 난민들에게는 한국의 거주 문제는 여전히 철옹성과 같은 곳이다. 그러나 난민 인정은 좁은 문을 유지하지만 난민에 준하는 인도적 지위(humanitarian status)가 허용되었다. 인도적 체류자는 난민 인정자가 갖는 권리를 보장 받지는 못하지만 합법적으로 체류할 수 있는 자격을 허용한다.

한국사회의 많은 논쟁을 일으켰던 예멘에서 제주도에 입국하여 난민 신청을 한 나집(53)의 이야기를 들어보자. 나집은 2014년 9월, 예멘 수도 사나의 시민들은 매일 총격과 포격 소리를 들으며 불안에 떨었다. 무함마드 알리 알 후티가 이끄는 반군(후티반군)이 예멘 정부와 만수르 하디 대통령에 대한 본격적 공격에 나섰다. 그는 폭력반대 단체 '다르 알 살람(평화의 집)'의 일원이었다. 결국 박해와 죽음을 피해 오만과 말레이시아를 거쳐 제주로 입국을 하였다. 한 달간 비자 없이 체류할 수 있는 무사증 제도 덕분이었다. 나집씨 처럼 같은 해 제주를 찾은 예멘인은 총 602명이다. 대부분 고향에서 삶의 터전을 잃었거나 후티반군의 징집을 거부했던 이들이다.[610]

한국사회에도 난민신청자가 점점 늘어나고 있다. 2019년 9월 현재 누적 난민신청자가 59,674명이다. 2018년 한 해 동안 신청자가 16,173명, 2019년 1월부터 9월까지 신청자가 10,768명으로 난민신청이 급증하고 있다. 참고로 2021년 9월 말까지 누적 난민 수는 72,800여명이 되었다.

난민신청자들의 출신국은 중국, 파키스탄, 카자흐스탄, 러시아, 이집트, 인도, 말레이시아, 방글라데시, 나이지리아, 네팔, 시리아, 예멘, 모로코 등이며, 2018년 한 해 동안의 주요 신청국은 카자흐스탄, 러시아, 말레이시아, 중국, 인도, 파키스탄이다.

최근 난민신청의 주요한 특징 가운데 하나는 2011년 아랍의 봄 이후 파키스탄, 이집트, 시리아, 예멘, 모로코, 이란 등 이슬람권으로부터의 난민 신청이 증가하고 있다는 사실이다.[611]

특히 2018년 5월 제주도에 들어온 500여명 가량의 예멘 난민과 탈레반의 카불 점령으로 특별 수송기로 국내에 입국시킨 391명에 대해서는 우리 사회에 큰 논쟁거리를 제공하기도 하였다.[612]

3. 난민의 고통

이대흠은 "한국에 있는 난민 선교의 책무"에서 육체적 책임의 문제를 다루고 있다. 육체적 책임이란 건강의 문제와 질병의 문제로서 의료보험이 적용되지 않음으로서 오는 제도적인 문제이다.[613] 라고 언급하였다.

그러나 난민의 문제는 단순히 육체적인 고통의 문제뿐만이 아니다. 심리적인 요인과 심각한 외상후 스트레스를 지니고 있다.

1) 트리우마 문제

난민들은 자신의 고국을 떠나오면서 충격적인 고통을 경험하게 된다. 내전으로 가족을 잃을 경우도 많기 때문이다. 아프리카에서 한국에 난민으로 와 있는 메뉴엘 엄마의 예를 들어 보자.

이 여성은 "친정아버지와 오빠가 정적의 총에 맞아 비명도 지르지 못하고 숨지는 모습을 두 눈으로 똑똑히 목격하였다. 본인은 소파 밑에 숨어서 겨우 목숨은 건질 수 있었지만 자신의 자녀인 어린 마뉴얼이 혹시라도 거실로 뛰어 들어올까 보아서 매우 가슴 졸이며 위기를 넘겼다"[614] 고 부들부들 떨면서 고백하였다. 이러한 엄청난 경험은 이후 모든 삶 속에서 의욕이 떨어지고 무기력하게 삶을 이어갈 수밖에 없다.

Orley에 따르면 난민들은 시간의 경과에 따라서 3단계의 정신적 외상 단계를 거친다고 하였다. 첫째는 본국을 떠날 수밖에 없는 경험들로 인해서 정신적 외상을 입는다. 이는 탄압과 차별, 위협적 행동, 고문 등이 포함된다. 둘째는 탄압이나 고문을 받은 피해자는 매우 취약한 상태이기 때문에 탈출 혹은 이주 과정에서도 정신적 외상을 유발하는 사건에 노출되기 쉽다. 여정 차체 속에서 경험(며칠씩 걸어가는 도보 여행, 폐쇄된 공간의 감금, 식량 및 식수 부족), 빈번한 강도, 강간, 갈취를 당하는 문제 등에서 살아남기 위해서 발버둥을 치면서 겪게 되는 외상이다. 세 번째는 주재국에서 자리를 잡으면서 겪게 되는 외상이다. 무기한의 구금, 비우호적인 법률시스템과 궁핍, 사회적 고립, 가족의 강제 분리 등으로 스트레스가 심해지고 행복과는 먼 삶을 살게 된다.[615]

이처럼 난민자들은 삶의 전과정 속에서 심각한 트라우마에 시달린다.

2) 난민촌과 거주지 문제

난민의 증가는 주변국들로 하여금 난민촌을 형성하게 만들었다. 그러나 밀려드는 난민들로 말미암아 그들을 관리하고 생존시켜야할 경제적 지원은 턱없이 부족하다. 2017년 말 유엔 난민기구(UNHCR: UN Refugee Agency) 통계를 보면, 지구촌에서 내전과 기아, 박해 등으로 거주지를 떠나 유랑생활을 하는 이들은 약 6,800만 명에 이른다. 이들 가운데 약 4,000만 명은 국내 난민이다. 국내 난민 캠프의 사망률은 일반인에 비해 100배가 높다는 연구 결과도 있다. 인구과밀, 비위생적인 물, 난민 캠프 내 위생관리 부실, 영양실조 등이 면역체계에 영향을 미쳐 결핵, 홍역 등 각종 전염병이 확산되기 쉽고, 여성의 성범죄 노출 위험성도 크다는 내용이다.

그럼에도 난민들은 충분한 식량과 의료 서비스를 제공받지 못하고 있다. 유엔세계식량계획(WFP)에 따르면, 올해 아프간 전역에 걸친 가뭄으로 전체 인구 3분의 1 이상인 1,400만 명이 배고픔의 고통을 겪고 있다. WFP는 "긴급 식량과 의료 지원이 이뤄지지 않는 한, 이미 겪고 있는 무서운 상황은 '대재앙, 완전한 인도주의적 재앙'을 초래할 것"이라고 발표했다.[616]

난민들은 거주하는 지역의 주민들과 갈등 관계에 놓이기도 한다. 아프리카 난민캠프의 경우 난민의 상황을 동정하고 그들보다는 자신의 상황이 그나마 낫다고 생각하기도 하지만, 때로는 지역민들도 대부분이 절대 빈곤에 처해 있는 경우가 많기에 국제기구와 비정부기구들이 난민캠프에 제공하는 보건, 교육, 생활 보조 등의 혜택에 대하여 시기와 질투를 하기도 한다. 장기화된 난민 상황에서 난민들은 토지, 수자원, 땔감 등 주변의 자원을 사용할 수밖에 없게 되고 이는 지역민과 난민 사이의 갈등을 부추기는 원인이 된다.

또한 지역민들은 난민에 대한 깊은 불신과 선입견을 바탕으로 난민을 잠재적인 범죄자로 취급하기도 한다. 이러한 갈등은 난민캠프가 존재하는 지역의 치안에 불안을 가져오기도 하고 경제에 부정적인 영향으로 이어지기도 한다.[617]

3) 법률적인 문제

거주지가 결정되면 거주 비자를 어떠한 기준에서 발급하느냐의 문제이다. 한국의 경우를 예로 들어보자. 예멘에서 온 난민은 거주비자에 대해서 많은 논쟁이 있었다. 한국에 대한 아쉬움은 결국 "난민으로 인정받기 너무 어렵다"는 것으로 수렴됐다.

예멘 내전 발발 이듬해인 2015년부터 지난해까지 한국에서 난민 심사를 받은 예멘인은 총 909명이었는데, 이 중 30명만이 난민으로 인정됐다. 시기와 국적의 범위를 넓혀도 결과는 크게 다르지 않다.

정부가 집계를 시작한 1994년부터 올해 4월까지 전체 난민 신청자 6만 8,761명 가운데 난민 지위를 얻은 이들은 1,052명(1.5%)에 그친다. 경제협력개발기구(OECD) 회원국의 평균(24.8%)에 비해 현저히 낮은 수치다. 그만큼 한국은 난민으로 인정받기가 까다로운 나라다.[618]

그러나 아프카니스탄의 종전으로 인하여 철수한 미군과 함께 국내로 유입된 난민들은 정부의 보호를 받고 있다. 따라서 지역교회에서는 법률 NGO 같은 단체의 변호사를 통해서 거주의 법적 절차를 상담하여 처리해 주는 것도 중요한 사역이 된다.

4. 난민 선교의 효용성

이대흠은 종교적인 측면에서 갈등과 폭력이 유발된다고 주장하였다. 예를 들면 국내거주 인도네시아 기독교인들이 예배를 드리는 장소에 무슬림들이 들이닥쳐 폭력을 행사한 사건이다. 또한 이집트에서 온 무슬림 지도자는 국내 거주 개종한 이집트인의 부모를 본국에서 찾아내어 살해하겠다는 협박을 하였다.[619]

사실 이슬람교와 기독교와의 갈등과 폭력은 은밀한 가운데 이루어진다. 이러한 갈등을 해소하고 공존의 생활 공동체를 형성하기 위해서 노력해야 하겠다.

1) 종교적 갈등의 치유를 통한 개종권유

예멘과 아프카니스탄의 국내 유입은 종교적인 측면에서 많은 논란이 될 수 있다. 왜냐하면 그들 대부분이 이슬람교도이기 때문이다. 기독교와 이슬람교의 근본주의자들은 많은 지역에 충돌을 하고 있다. 특히 알카에다와 이슬람 국가(IS 그룹)는 테러를 통해서 서방을 위협하고 있다. 즉 우리에게 잘 알려진 미국 뉴욕의 2001년 9 · 11 테러, 2015년 11월 13일 프랑스 테러, 2017년 5월 22일 맨체스터의 테러는 급기야 이슬람포비아[620] 를 만들어 내었다.

극단주의 이슬람 세력에 대항을 목표로 기독교 원리주의 사상을 가진 사람들이 나타나기 시작하였다. 일례로 2011년 7월 22일 노르웨이 오슬로에서 아네르스 베링 브레이비크(Anders Behring Brevik, 1979~)는 자칭 "기독교 정의(正義)의 기사"라고 선언하였다. 그의 주장은 무슬림 이민자를 수용하고 다문화정책을 허용한 노동당을 악으로 규정하였다. 그의 잘못된 행동은 총 77명의 목숨을 숨지게 했으며 151명을 부상당하게 하였다.

힉해머(Thomas Hegghammer)는 위에서 언급한 두 집단을 '거대-민족주의

(macro-nationalism)'로 표현하였다. 이는 세계화시대의 변형된 민족주의로서 서구나 이슬람 움마(Islam Ummah)와 같이 국민 국가 단위를 초월해 공동의 정체성을 갖는 단위를 상상하는 것으로 표출된다. 결국 타자에 대한 반감을 이용하여 세력을 확장하려는 시도이다.[621]

이슬람교를 가진 난민들의 한국 유입은 언젠가는 우리의 사회 속에서도 종교적 갈등 요인으로 자리 잡게 될 것이다. 따라서 테러와 같은 문제를 방지하기 위해서 개신교의 선교에 박차를 가해야 하겠다. 물론 무슬림을 기독교인으로 만드는 일은 결코 쉬운 일이 아니다. 그러나 미국의 하이랜드파크 개혁교회는 2015년 2월 효과적으로 무슬림 난민들이 교회에 정착하는 경우를 소개하고 있다. 세스 케이퍼-데일(Seth Kaper-Dale)의 글에서 "우리의 종교간 연합은 교회세계봉사와 협력하여 첫 번째 가족인 콩고인 6명, 3월에는 두 번째 가족인 아프간인 2명 또한 난민 희망자를 연결하는 기관을 통해서 시리아인 3인 가족과 나이지리아인 두 명을 받아 들였다"[622]라고 말했다.

국내에 유입된 예멘 난민에 대한 우려도 무슬림 혐오에서 나온 것이다. 대부분의 서방 사회는 '무슬림은 비이슬람 사회에 침투해 제도와 문화를 자신의 입맛에 맞게 바꾸려 하고, 여의치 않으면 범법과 집단 행동을 일삼는다'는 선입견이 있다. 이러한 선입견 속에서도 예멘 난민인 아민 씨는 한국인 하민경(40)과 결혼하였다. 하씨에 의하면 "남편은 제가 무교였으면 결혼하지 않았을 거래요. 종교를 갖고 있다는 것 자체로 '좋은 사람'으로 비쳤나 봐요. 제가 미사를 빠지면 오히려 '빨리 성당에 가라'고 재촉할 정도예요."[623]라고 언급하고 있다. 이는 종교적인 갈등을 조정해 가는 현장이라고 볼 수 있다.

2) 국제적 의무 이행으로 인한 국격 상승

국제사회는 경제대국이 된 한국을 향하여 끊임없이 인류에 대한 책임의 문제를 제기하고 있다. 왜냐하면 이웃 나라 일본이 유엔의 분담금을 비롯한 다양한 국제기구에 많은 기부금을 통해서 존재감을 증명해 가고 있기 때문이다. 따라서 우리도 세계 속에서 국가 위상에 걸맞는 책임을 수행할 시기가 되었다. 이는 난민에 대한 태도에서도 나타나야 하겠다.

조나단 J. 봉크(Jonathan J. Bonk)는 한국의 난민에 대한 태도에 대해서 "모든 사회가 외국인 혐오증을 어느 정도 조장하지만, 어떤 사회는 언어적, 문화적으로 강한 동질감을 갖고 있어서 구성원들이 심지어 기독교인들조차도 외부인이 어떻게 법률적으로든, 사회적으로든 또는 문화적으로든 제집에 있듯 할 수 있는지 상상조차 할 수 없다"[624]라고 지적하였다. 이는 난민에 대한 강한 배타성을 우회적으로 비판한 글이라고 판단된다.

난민에 대한 수용적 자세는 국제간에도 논쟁거리이다. 그동안 난민 수용에 관대한 태도를 가진 유럽도 아프리카와 시리아 그리고 우크라이나 난민에 대해서 나름대로 벽을 세우는 감이 있다. 이러한 상황 속에서도 미국의 바이든 정부의 행정부는 2023~2024 회계연도 동안 미주 지역에서 발생하는 난민 2만 명을 수용할 방침이다. 백악관은 이것이 올해보다 3배 증가한 수치라며 "난민을 환영하는 바이든 행정부의 강력한 약속"을 반영한다고 자평했다. 바이든 행정부는 또 임시농업취업비자(H-2A)를 통해 외국인을 고용하는 자국 농민을 상대로 6500만 달러 규모 파일럿 프로그램도 개발하기로 했다. 식량 및 농산품 공급망 탄력성을 증진하리라는 평가다.[625] 우리도 자신감을 갖고 난민에 대처한다면 국제적인 위상의 상승과 함께 난민에 대한 책임과 의무를 다하는 국가가 된다는 것은 세계에 알리는 것이다.

3) 네트워킹을 통한 국제 협력

2015년 8월 29일 시리아와 레바논의 복음주의 공동체의 최고 협의회가 세계의 모든 복음주의 및 개신교회들과 단체들에게 보내는 긴급 호소문을 발송하였다. "… 전 세계 복음주의 및 개신교회의 공동체 전체와 그들의 사회적, 인도주의적 기관들이 가능한한 빨리 행동을 취하여 각 나라의 정부와 결정권자들이 신속하게 모든 사람이 그 상황의 임박한 위험을 더 잘 알게 하고, 개인과 공동체에 대한 고갈분 아니라 강제와 명령에 따른 축출을 멈추기 위한 즉각적 조치를 취하고, 잔인한 폭력과 무차별 살해를 끝내려는 장기 전략을 세우도록 촉구한다"[626]라고 하였다.

세계는 지구촌이 되었다. 따라서 네트워크를 통해서 국제 협력의 노력을 통해서 난민들의 문제도 해결될 뿐만이 아니라 국가와 민족들 간의 유대도 확립될 수 있을 것이다.

5. 난민 선교

난민은 돌아갈 곳이 없는 자를 말한다. 고향이나 고국으로 돌아갈 수 없는 사람의 삶은 불안정하고 편견과 인종적 차별로 인한 고통의 시간을 보내야 한다. 난민에게 가장 힘든 문제는 경제적 빈곤뿐만이 아니라 자존감의 하락과 존재의 빈곤이다. 환경과 종족이 다른 이국땅에서 이방인으로 살아간다는 것은 그들이 갖고 있는 존재의 불안을 더욱 자극할 뿐이다. 난민들은 각국 정부들의 이민·난민 정책자들의 결정만을 기다리며 현재의 고통을 참아내야 한다. 이러한 상황 속에서 하나님의 백성들인 교회가 해야 할 일을 찾고자 한다.

1) 난민의 접대와 체류 및 주거의 지원

성경은 나그네를 잘 대접하도록 말씀하고 있다. 무슬림의 신앙 가운데에도 나그네의 대접은 중요한 믿음의 요소로 실행되고 있다. 정부가 난민에 대한 법적 절차를 진행하는 동안에 교회는 그들을 보살피는 지혜가 있어야 하겠다.

사실 난민들의 국내 입국은 법적 논쟁과 함께 정부 당국자들의 업무를 증가시킨다. 우선 난민 인정 신청서를 지방출입국·외국인관서의 장에게 제출하여 보호를 요청하게 된다. 난민심사관의 면담과 사실조사를 거쳐서 6개월 이내에 1차 결정이 이루어진다.

출입국항에서 신청하는 경우에는 7일 이내에 난민인정 심사에 넘길 것인지만 결정한다. 인정이 안 될 경우에는 30일 이내에 이의신청을 할 수 있다. 이의신청이 있을 경우에는 난민위원회 심의를 거쳐서 다시 6개월 이내에 2차 이의 결정이 이루어진다. 만약 2차에도 불인정으로 판명될 경우에는 90일 이내에 1심 행정법원에 소송을 제기할 수 있고, 2심 고등법원, 3심 대법원 제판이 보장된다. 결국 3심까지 재판이 진행될 경우에는 2년 이상 걸릴 수 있다. 이런 절차가 끝나도 난민신청을 다시 하는 것이 논리적으로나 법적으로 가능하다.[627] 사실 한국은 난민 인정율이 지나치게 저조하다는 국제적 비판이 있다. 그들은 귀국도 하지 못하면서 소송이나 재신청을 반복하면서 힘든 삶을 살고 있다.

난민신청자의 국내 체류 자격은 통상 6개월 단위로 갱신하는 임시체류 자격인 GI 자격을 받는다. 난민신청자는 난민 인정여부에 관한 결정이 확정될 때까지 한국에 체류할 수 있고, 본인의 의사에 반하여 강제로 송환되지 아니한다. 인도적 체류허가를 받은 난민은 인도적 사유가 없어질 때까지 1년 단위로 갱신되는 GI 체류 자격을, 난민으로 인정된 난민은 3년 단위로 갱신되는 F2 체류 자격을 얻는다. 난민인정자의 배우자 또는 미성년자인 자녀가 입국을 신청하는 경우 입국 금지사유가 없는 한 입국을 허가하여야 한다.[628]

한국 정부는 난민 숙소를 위하여 영종도에 82명 규모의 난민센터를 운영하고 있다. 그러나 영종도 난민지원센터는 접근성, 개방성, 규모, 운영주체, 지원대상, 지원기간, 예산의 효율성과 관련하여 논란이 있는 것이 사실이다. 사) 피난처는 난민 NGO 기관으로서 서울 금천구 가산동과 동작구 상도동에 30인 수용 규모의 남녀 임시 숙소와 2018년 6월부터 서울 이태원, 청파동, 경기도 수원, 김포 양곡 및 제주도 등의 5개소의 난민 숙소를 제공하고 있다.[629]

이렇게 적극적으로 사역하고 있는 사)피난처 같은 단체를 한국교회는 물질과 기도로 적극적으로 후원해야 할 것이다.

2) 아동교육

난민발생은 아동들에게 인간 생존의 모든 문제를 발생시킨다. 아동들은 마을과 도시의 거리에 흩어져서 음식과 동전을 구걸하거나, 범죄자들에게 표적이 될 수 있다. 도둑으로 훈련 받거나 아니면 전투요원이 되도록 유혹된다.[630] 소윤정은 '2011년 시리아 사태부터 2016년 말까지 레바논 내에서만 약 65,000명 난민 신생아가 태어났으며 이 중 70%는 출생증명서가 없다. 시리아 내전이 시작한 이래 약 500,000만 취학 아동 중 250,000명 가량은 레바논에서 학교를 다니지 못하고 있다.'[631]라고 언급하고 있다. 따라서 우선적으로 관심을 기우려서 처리해야할 부분이 아동교육이다.

첫째는 난민학교 설립을 위한 위원회의 창설이다. 위원회의 구성 맴버는 정부관계자, 지역사회와 교회의 지도자가 네트워크를 통해서 힘을 합쳐야 할 것이다. 여기에서 논의될 사항은 지역주민의 동의를 얻어서 교육장소를 확보하는 것이다.

둘째는 교육위원회의 설립이다. 이는 교사 수급과 커리큘럼 그리고 교육 당국으로부터 인정을 받는 일을 해야 할 것이다. 교사는 자격을 갖춘 공인된 사람이어야 하며, 커리큘럼은 많은 부분에서 연구되어져야 한다. 즉 본국과 거주하는 지역의 교육 시스템이 다를 경우를 대비해서 체계적인 작업이 선행되어야 할 것이다.

마리 미카엘(Mary Mikchael)은 난민촌 아동들에 대한 교회의 역할에 대해서 "난민 아동은 자신의 선택이나 부모의 선택과 전혀 상관이 없이 난민이 되어버린, 그 아이들에게 정상적이고 사랑 가득한 양육을 베푸는 것이 중요하다"[632]라고 언급하였다.

3) 직업창출

  지역사회를 설득하여 일자리를 창출하는 것이 필요하다. 이를 위해서 직업 NGO 같은 기관을 활용하는 것이 중요하다. 일자리 창출은 지역에 있는 노동자들과의 갈등을 만들 수 있다. 따라서 이러한 장애물을 해소할 수 있는 특수한 전략이 필요하다.

  그러나 직업을 알선하는 데는 몇 가지의 제약이 있다.

  첫째는 언어의 부족이다. 우선 고용주와 의사소통이 안된다는 것은 직장을 구하기 자체가 어렵다는 것이다.[633] 그러나 환경미화, 잡역, 가사도움 그리고 남성의 경우 농업 등은 단순한 언어로 커뮤니케이션이 가능하기 때문에 취업에 용이하다.

  둘째는 양도 가능한 기술의 부족을 들 수 있다.[634] 난민들은 업무현장에서의 고용주의 기대사항이나 시간준수와 같은 바람직한 근무습관에 대한 기본적인 이해가 결여 된 경우가 많다. 일반적으로 난민들이 외국에서 학위를 취득하거나 전문직에 종사했다고 하더라도 시스템이 다른 외국의 노동 현장에 즉각 적응하는 경우는 쉽지 않다.

  이러한 제약에도 불구하고 한국 땅에서 성공적으로 정착하여 직업을 갖고 살아가는 사례가 있다. 예멘의 내전으로 제주도에 들어온 사람들의 성공적인 정착기이다. 모하메드 씨는 "지역 협동조합에서 감귤 박스를 포장하고, 이를 컨테이너에 옮겨 싣는 일을 하고 있다"며 "주5일 일하고 세후 180만원을 월급으로 받는다"고 밝혔다. 또한 제주시 삼도동의 할랄(Halal · 무슬림에게 허용된 것) 음식점 '아살람 레스토랑'을 운영 중인 아민(36) 씨도 한국 사회에 순조롭게 정착하고 있다. 지난해 9월에는 한국인 하민경

(40)씨와 결혼식을 올렸다. 게다가 하씨는 천주교 신자다.[635]

결국 이들에게는 지원서비스가 필요하다. 취업을 위한 상담으로서 자활능력의 측정 여부가 결정된다. 이어서 직업교육을 실시하여 본인이 할 수 있는 산업 분야를 개발 시켜주는 작업이 필요하다.

4) 난민 NGO를 통한 선교

난민 NGO 단체들 대부분은 난민캠프를 비롯한 현장에서 열심히 구제사역을 하고 있다. 그러나 일부 NGO는 비판을 받기도 한다. 영국 옥스퍼드 대학교 법 인류학자 바버라 헤럴 본드(barbar Harrell-Bond)는 인도주의 NGO 단체를 향해서 "난민들은 유럽과 세계 각국의 국가 이기주의, 인도주의 NGO단체들의 자기중심적이고 가부장적이며 비전문적인 행정에 대한 실망을 경험해야 한다. 난민을 매매하거나 팔아넘겨 자신의 만족과 조직의 이익을 위해 활동하는 인도주의 산업"이라고 명명하면서 비판했다.[636] 이러한 난민 NGO의 태도를 보면서 우리는 타산지석으로 삼아야 하겠다.

헤럴 본드(barbar Harrell-Bond)의 비판과는 달이 한국에서의 난민에 대해서 최선을 다하고 있는 단체가 있다. 이는 사)피난처이다. 사단법인 피난처는 1994년부터 외국인노동자, 중국조선족동포, 재중탈북난민 피난처활동을 전개한 희년선교회와 외국인노동자피난처 활동에 참여하기 시작한 이호택 · 조명숙 부부에 의하여 1999. 6. 11. 창립되었다.[637]

이후 여성숙소 및 커뮤니티 R센터 개설(2017. 3. 16), 제주 예멘난민사역, (2018.4.20.~11.20), Transit Shelter 오픈(2019.2.-), 한국세계선교협의회

KWMA지하 '이주난민자립센터' 개설 및 운영 협력(KWMA난민영역 실행위원회 참가)사역을 진행하고 있다.[638]

앞으로 난민들을 위한 기독교계의 활발한 논의와 후원을 기대한다. 다행이 한국세계선교협의회(KWMA)가 개최한 2018년 한국선교지도자포럼을 계기로 22개 영역 가운데 하나로 난민영역실행위원회(코디 김요셉 선교사)가 결성되었다.[639]

앞으로 더 많은 난민 NGO 들이 네트워크를 통해서 협력할 수 있기를 기대해 본다.

이제 이 글을 마치고자 한다. 한국에서 난민 문제가 크게 부각 된 사건은 2018년 1월에서부터 5월 사이에 예멘 난민들을 포함한 561명이 제주도에 입국하면서부터다. 갑자가 손님으로 찾아온 예민 난민에 대한 반응은 한국사회의 근본적인 문제들을 불러 일으켰다. 즉 난민 혐오와 난민 환영 사이에 뜨거운 논쟁과 대결이 발생하였고, 이슬람의 여성 차별과 남성 난민에 의한 성폭행 범죄 가능성을 이유로 여성주의자들도 등장하였다. 국민이 먼저라면서 일자리와 복지를 난민과 나눌 수 없다는 주장도 있었다.

이러한 논쟁은 비단 국내 난민의 현장에서만 나온게 아니다. 최근 러시아의 침공으로 흩어져서 각자 도생해야하는 우크라이나 난민에 대한 유럽의 태도도 마찬가지이다. 비록 피부색과 얼굴 모양이 비슷한 대도 불구하고 쏟아지는 난민을 더 이상 감당하기 힘들다고 한다. 왜냐하면 그들을 감당해야할 경제적 사회적 지불 대가가 크기 때문이다.

유럽의 태도에 비하면 아프리카나 예멘의 난민들이 한국에 들어왔을 때의 반응은 당연한 것이다. 우리는 그동안 단일 민족이라는 자긍심 속에서 우리와 다른 다민족과 피부색이 다른 사람들에 대한 수용성이 전무했다.

그러나 21세기를 사는 인류는 피부색과 언어 그리고 문화의 다양성 속에서 생활해야 한다. 전쟁과 부족들의 내전 그리고 종교적 박해로부터 오는 난민들은 빠른 교통수단을 통해서 언제라도 국경을 넘어서 지구촌 어디라도 쓸려 들어갈 수 있다. 따라서 인류 속에서 나타난 다양한 문제들에 대해서 열린 마음으로 대처해나가야 하겠다.

더 나아가 이 땅에 닻을 내리고 도움을 요청하는 난민들을 멸시와 혐오의 대상이 아닌 선교의 대상으로 바라보는 안목을 지녀야 하겠다. 자국에서 살아가는 유대인을 혐오의 대상으로 여겨서 처형을 감행했던 히틀러와 지국에 유입된 유대인을 활용하여 세계를 지배하고 있는 미국을 비교해 보면서 타산지석으로 삼는 지혜가 필요한 시대가 되었다. 또한 목마른 자에게 물한 그릇을 베푸는 예수님의 사랑을 배우고 실천해야 하겠다.

595) Tira Sadiri Joy and Tetsunao Yamamori 편저 Scattered and Gathered A Gloval Compendium of Diaspora Missiology, Harry Kim, 『디아스포라 선교학』 문창선 역, 경기: 더메이커 2018) 80.

596) 이호택, 조명숙 『여기가 당신의 피난처입니다』 (파주: 창비, 2010), 16.

597) 도로티야 나지(Dorottya Nagy), "유럽의 난민 상황" 『난민, 이주민, 탈북민에 대한 선교책무』 (서울: 두란노, 2018), 380~381.

598) 레바논으로 피신한 시리아 난민들은 비정상적 가정생활과 레바논 현지 사람들의 대우 때문에 외상후 스트레스 장애를 경험하거나 극심한 고통의 상황에 놓여 있다고 증언하였다. 정마테, "레바논 난민촌의 시리아 아동교육 논평" 『난민, 이주민, 탈북민에 대한 선교책무』 (서울: 두란노, 2018), 285.

599) 2013년 당시 우즈베키스탄(270만명), 타지키스탄(120만명), 키르기스스탄(60만명) 순으로 러시아로 이주를 하였다. 조수아 아슬란벡(Joshua Aslanbek), "중앙아시아의 이주" 『난민, 이주민, 탈북민에 대한 선교책무』 (서울: 두란노, 2018), 387.

600) 제시 N.K. 무감비(Jesse N.K. Mugambi), "인류의 이주와 난민" 『난민, 이주민, 탈북민에 대한 선교책무』 (서울: 두란노, 2018), 77.

601) 제시 N.K. 무감비(Jesse N.K. Mugambi)는 아프리카의 이주와 난민의 유형에 대해서 세 그룹으로 나누어 설명하였다. 첫째 영구적이며 비가역적인 그룹(이주, 노예, 이민(합법적), 결혼. 둘째는 단기적이며 가역적인 그룹(외교관, 국제 NGO들, 사업, 이주노동자, 난민, 망명, 방문, 학생, 스포츠, 의료, 종교, 여행). 세 번째는 불분명한 그룹(생태적, 정치적, 밀입국, 망명신청자).제시 N.K. 무감비(Jesse N.K. Mugambi), "인류의 이주와 난민" 『난민, 이주민, 탈북민에 대한 선교책무』 79~80.

602) 문경란, 『우리곁의 난민』 (서울: 서울연구원, 2017), 36.

603) 김민철, 『국제 난민 이야기』 (파주: 살림출판사, 2012), 17~18.

604) 마리 미카엘(Mary Mikchael), "레바논 난민촌의 시리아 아동교육" 『난민, 이주민, 탈북민에 대한 선교책무』 (서울: 두란노, 2018), 273.

605) 마리 미카엘(Mary Mikchael), "레바논 난민촌의 시리아 아동교육" 276.

606) https://www.bbc.com/korean/international-59149045, '나는 바나나 살 돈도 없는데…' 2022년 6월 22일. 바나나 챌린지는 터키의 심각한 경제 상황에 대해 시리아인들과 터키인들 사이에 벌어진 말싸움을 담은 동영상이 인터넷에서 퍼지면서 촉발됐다. 터키는 360만 명의 시리아인들을 포함한 세계에서 가장 많은 난민을 수용하고 있다. 민족주의 성향의 많은 정치인이 더 엄격한 난민 규제를 요구하는 캠페인을 벌이는 등 반 이민 정서가 고조되고 있다.

607) https://www.donga.com/news/Inter/article/all/20210422/106533660/1, "미얀마, 쿠데타 이후 난민 25만명 발생…" "식량 부족 우려" 2022년 6월 15일.

608) 2차 세계대전 이후 최대 난민 사태에 직면한 유럽은 우크라이나에 이례적인 지원을 약속하고 나섰다. 유럽연합(EU)는 지난달 4일부터 난민들에게 일정 수준의 주거와 의료·교육 서비스를 보장하도록 하는 '임시보호명령'을 발동시켰다. 우크라이나 난민들이 망명 신청 없이도 최대 3년간 EU 회원국 어디에서든 머물 수 있게 보호막을 마련해준 것이다. 하지만 난민 수용으로 인한 경제·사회적 압박이 커지면서 유럽이 곧 이러한 환대의 동력을 잃게 될 것이란 우려도 나오고 있다. https://m.khan.co.kr/world/world-general/article/202204241541001#c2b, "난민 수용 한계에 달했다"… 점점 좁아지는 우크라이나 '피난처의 문' 2022년 6월 8일.

609) 문경란, 『우리곁의 난민』 38.

610) https://www.hankookilbo.com/News/Read/A202006241651000043, "예멘인들, 제주살이 3년차… 평범한 이웃으로 녹아들다." 2022년 6월 8일.

611) http://pnan.org/new/sub/info.html, "피난처" 2022년 6월 16일.

612) 이호택, "교회와 NGO의 난민사역 협력 방안" 사랑의 교회 국제회의실에서 열린 한국복음주의선교신학회 제 112차 정기학술대회 논문발표 교안, 2021년 12월 4일.

613) 이대흠, "한국에 있는 난민 선교의 책무" 『난민, 이주민, 탈북민에 대한 선교책무』 (서울: 두란노, 2018), 407.

614) 문경란, 『우리곁의 난민』 16.

615) Fernando Chang-Muy · Elanine P. Congress, 『이민자와 난민을 위한 사회복지』 김욱 외 5인 번역 (서울: 학지사, 2015), 178~179.

616) https://m.hankookilbo.com/News/Read/A2021092220450002179, "빗장 건 세계… 아프간 난민, 갈 곳이 없다" 2022년 6월 15일.

617) https://www.emerics.org:446/issueDetail.es?brdctsNo=273960&mid, "아프리카 난민 문제와 해결 방안" 2022년 6월 15일.

618) https://www.hankookilbo.com/News/Read/A202006241651000043, "예멘인들, 제주살이 3년차... 평범한 이웃으로 녹아들다." 2022년 6월8일.

619) 이대흠, "한국에 있는 난민 선교의 책무" 『난민, 이주민, 탈북민에 대한 선교책무』 (서울: 두란노, 2018), 407.

620) 이슬라모포비아(Islamophobia)는 이슬람 + 포보스(Phobos: 그리스어로 공포)가 합성되어 만들어진 단어로, 한국어로 풀이하면 '이슬람 공포증' 혹은 '이슬람 혐오증'이다.

621) 염운옥, 『낙인찍힌 몸』 (파주: 돌베개, 2019), 272.

622) 세스 케이퍼-데일(Seth Kaper-Dale), "난민과 이주민과 함께 시작되는 부활 선포" 『난민, 이주민, 탈북민에 대한 선교책무』 (서울: 두란노, 2018), 304.

623) https://www.hankookilbo.com/News/Read/A202006241651000043, "예멘인들, 제주살이 3년차... 평범한 이웃으로 녹아들다." 2022년 6월 8일.

624) 조나단 J. 봉크(Jonathan J. Bonk), 『난민, 이주민, 탈북민에 대한 선교책무』 (서울: 두란노, 2018), 454.

625) https://www.donga.com/news/Inter/article/all/20220611/113889017/1 "美, 2024년까지 미주 난민 2만 명 수용 … 정상들과 'LA 선언'" 2022년 6월 10일.

626) 정마테, "레바논 난민촌의 시리아 아동교육 논평", 289.

627) 이호택, "교회와 NGO의 난민사역 협력 방안"

628) 이호택, "교회와 NGO의 난민사역 협력 방안"

629) 이호택, "교회와 NGO의 난민사역 협력 방안"

630) 마리 미카엘(Mary Mikchael), "레바논 난민촌의 시리아 아동교육", 278.

631) 소윤정·정병훈, "레바논의 한인 선교사 시리아 난민 사역 현황과 선교적 전망" 『복음과 선교』 제 40집(2017) 3-144.

632) 마리 미카엘(Mary Mikchael), "레바논 난민촌의 시리아 아동교육", 282.

633) 통일연구원, 『해외 이주·난민 지원제도의 시사점』 (서울: 통일연구원, 2012), 10.

634) 통일연구원, 『해외 이주·난민 지원제도의 시사점』 11.

635) https://www.hankookilbo.com/News/Read/A202006241651000043, "예멘인들, 제주살이 3년차 … 평범한 이웃으로 녹아들다." 2022년 6월 8일.

636) 최윤필, "가만한 당신", 『조선일보』 2018년 10월 1일자, 28.

637) 처음에는 북한난민구출활동을 중심으로 하다가 2001.1 이라크 쿠르드난민들이 이메일로 도움을 요청하여 와 연결되면서 외국인난민지원활동이 시작되었고, 2001.6 버마난민지원 활동 시작, 2002.12 방글라데시 줌머난민지원 활동 시작, 2003.12 콩고난민지원 활동 등이 열리면서 외국인난민지원활동이 본격적으로 시작되었다. http://pnan.org/new/sub/info.html, "피난처" 2022년 6월 16일.

638) http://pnan.org/new/sub/info.html, "피난처" 2022년 6월 16일.

639) 이호택, "교회와 NGO 난민 사역 협력 방안"

참고문헌

강용원,『기독교교육 방법론』서울:기독학교, 2008.

구정화, 박윤경, 설규주,『다문화교육의 이해와 실천』서울: 동문사, 2010.

구은외 2인,『청소년복지론』서울: 동문사, 2010.

공자,『논어』도광순 역, 서울: 문예출판사,1977.

김재은, "구약 성서시대의 종교교육"『기독교교육사』서울:교육목회, 1992.

김미선, "아시아 이주민 현황과 교회의 응답"『외국인 노동자 선교와 신학』서울: 한들출판사, 2000.

김미영,『다문화사회전문가 2급 양성과정 교재』서울: 법무부 출입국·외국인정책본부 사회통합과, 2010.

김민경,『다문화가족의 이해』서울: 이담, 2000.

김민철,『국제 난민 이야기』파주: 살림출판사, 2012.

김영근, "가정과 갈등"『복음주의 가정 상담학』서울: CLC, 2006.

김병로,『북한, 조선으로 다시읽다』서울: 서울대학교출판문화원, 2016.

김병로, "평화통일과 북한복음화를 위한 한국교회의 과제"『성경과 신학』(서울: 기독교연 합신문사 출판국, 2005.

김은수,『비교종교학 개론』서울: 대한기독교서회, 2006.

김상인,『다문화 상담의 실제』서울: 만남과 치유, 2020.

김성재, "경기도 거주외국인 종합지원 시책"『경기도 다문화가족 지원과 지역 네트워크 구축 전략』경기: 평택대학교 다문화 가족센타, 2008.

김선화, "북한이탈주민 정착 모델에 대한 이해"『북한이탈주민 서비스 전문인력 양성 기초교육』서울: 한국사회복지사협회, 2008.

김명혁,『통일과 선교』서울: 성광문화사, 1993.

김창수,『다문화가정과 다문화사회를 위한 법률생활 길잡이』경기: 로앤비즈, 2014.

김춘경 외 4인,『상담의 이론과 실제』서울: 학지사, 2017.

김한옥,『기독교 사회봉사의 역사와 신학』부천: 실천신학연구소, 2006.

김해성, "외국 이주민 실태와 이주민 정책에 대한 제안"『경기도 다문화가족 지원과 지역 네트워크 구축 전략』경기: 평택대학교 다문화 가족센타, 2008.

김향은, "결혼 이민자 가정의 사회통합과 교회수용 - 결혼이민자 가정의 현황과 문제, 교회지원을 중심으로-"『다문화사회와 이주자 선교』서울: 기독교산업사회연구소 출판사, 2009.

김희수,『자기이해와 직업탐색』군포: 한세대학교출판부, 2011.

도로티야 나지(Dorottya Nagy), "유럽의 난민 상황"『난민, 이주민, 탈북민에 대한 선교책무』서울: 두란노, 2018.

마리 미카엘(Mary Mikchael), "레바논 난민촌의 시리아 아동교육"『난민, 이주민, 탈북민에 대한 선교책무』서울: 두란노, 2018.

문경란,『우리곁의 난민』서울: 서울연구원, 2017.

문성진 외 3인,『다문화 가정의 이해』서울: 이담, 2000.

박다니엘,『꽃제비들의 아바 아버지』인천: 쥬빌리, 2020.

박단, "프랑스: 알제리인의 이주와 정착"『현대 서양사회와 이주민』서울: 한성대학교 출판부, 2009

박상필,『NGO를 알면 세상이 보인다』서울: 한울, 2001.

박애리, "다문화상담학"『세계다문화진흥원 강의교안』안양: 세계다문화진흥원, 2000.

박지연 외 2인,『우리들의 직업 만들기』서울: 한국고용정보원, 2011.

박지영, "다문화가족 인권의 실제와 우리의 대안적 선택"『경기도 다문화가족 지원과 지역 네트워크 구축 전략』경기: 평택대학교 다문화 가족센타, 2008.

박재영, "유럽 다문화사회의 문화충돌 - 영국, 프랑스, 독일을 중심으로-『다문화의 이해』서울: 경진, 2009. .

박찬옥 외 6인,『유아 다문화 교육』서울: 창지사, 2011.

배정호외 3인,『한반도 평화·번영을 위한 외교안보 정책 거버넌스 활성화 방안』서울:통일연구원, 2007.

방기연,『다문화 상담』경기: 공동체, 2020.

변도윤,『국제결혼 전, 이것만은 꼭 알아 두세요』서울: 여성부 권익기획과, 2008.

설동훈,『외국인 노동자와 한국사회』서울: 서울대학교출판부, 2001.

세스 케이퍼-데일(Seth Kaper-Dale), "난민과 이주민과 함께 시작되는 부활 선포"『난민, 이주민, 탈북민에 대한 선교책무』서울: 두란노, 2018.

손병돈, "여성 이민자의 한국사회 적응 결정요인: 삶의 만족도를 중심으로"『경기도 다문화 가족 지원과 지역 네트워크 구축전략』경기: 평택대학교 다문화 가족쎈터, 2008.

손석원·김오복,『현대 사회복지선교의 이해』군포: 잠언, 2000.

송미경,『다문화가정 부모를 위한 집단상담 프로그램 개발』서울: 한국청소년상담원, 2008.

안승오,『선교사가 그린 선교사 바울의 생애』서울: 쿰란출판사, 2002.

안점식,『세계관을 분별하라』서울: 죠이선교회출판부, 1998.

안점식,『세계관과 영적전쟁』서울: 죠이선교회출판부, 1995.

염운옥,『낙인찍힌 몸』파주: 돌베개, 2019.

오영호,『미래의 중국과 통하라』서울: 매디치미디어, 2012.

오정선, "우리교회, 안산 원곡동에 다문화센터 건립"『순복음가족신문』2013년 8월 4일.

외국인정책본부,『2013. 출입국·외국인정책 연감』서울: 법무부, 2014.

유상현, "신약에 나타난 디아스포라, '하나님 경외자' 선교,『선교와 신학』서울: 장로회신학대학교 출판부, 2005.

윤춘식,『현대교회와 선교교육』서울:영문, 2000.

윤화석, "기독교교육의 역사적 기초"『기독교교육개론』서울: 대한기독교서회, 2006.

이대흠, "한국에 있는 난민 선교의 책무"『난민, 이주민, 탈북민에 대한 선교책무』서울: 두란노, 2018.

이동주,『아시아 종교와 기독교』서울: 기독교문서선교회, 1998.

이명근,『NGO와 함께 하는 선교』서울: 쿰란출판사, 2010.

이원숙,『가족복지론』서울: 학지사, 2012.

이영주 외 4인,『가족복지론』서울: 양서원, 2019.

이영탁,『아동선교』서울: 양서원, 2009.

이석철,『교육으로 목회를 보다』대전:침례신학대학교출판부, 2012.

이성순, "이주여성의 사회적응 지원과 교회의 역할,"『다문화사회와 이주자선교』서울: 기독교산업사회연구소 출판사, 2009.

이수환,『선교와 영적 전쟁』경기 파주: 한국학술정보, 2006.

이철우, "북한이탈주민에 대한 이해"『북한이탈주민 서비스 전문인력 양성 기초교육』서울: 한국사회복지사협회, 2008.

이태웅,『한국교회의 해외선교 그 이론과 실제』서울: 죠이선교회출판부, 2001.

이혁배, "기독교 NGO의 유형과 관제"『시민사회 속의 기독교회』서울: 예영커뮤니케이션, 2008.

이현정,『미래의 우리를 만드는 다문화교안』파주: 한국학술정보, 2011.

이형기,『종교개혁신학사상』서울: 장로회신학대학출판부, 1995.

이호택, 조명숙『여기가 당신의 피난처입니다』파주: 창비, 2010.

일중당 편집부,『가정의례 대보감』서울: 일중당,1988.

임희숙,『기독교 근본주의와 교육』서울: 동연, 2011.

장경문,『날마다 111 전도』서울: 두란노, 2018.

장화선, 김난예,『기독교 아동교육』서울: 한국기독교교육학회, 2011.

정노화, "한국의 다문화 현실과 선교,"『다문화사회와 이주자선교』서울: 기독교산업사회연구소 출판사, 2009.

전재희,『국제결혼 한국남성 배우자교육 프로그램 매뉴얼』서울: 보건복지가족부 다문화가족과, 2008.

전호진,『선교학』서울: 개혁주의신행협회, 2000.

전호진, 『아시아 기독교와 선교전략』 서울:영문, 1995.

전호진, 『이슬람, 종교인가? 이데올로기인가?』 서울: SFC, 2002.

전호진, 『문명충돌 시대의 선교』 서울: CLC, 2003.

정마태, "레바논 난민촌의 시리아 아동교육 논평" 『난민, 이주민, 탈북민에 대한 선교책무』 서울: 두란노, 2018.

정민자, 강정복, "여성결혼이민자의 삶의 만족도를 중심으로 한 한국사회 적응 결정오인 토론문" 『경기도 다문화가족 지원과 지역 네트워크 구축 전략』 경기: 평택대학교 다문화 가족센타, 2008.

정재각, 『이주정책론』 서울: 인간사랑, 2010.

정재민, 『직업진로설계』 서울: 한국사이버평생교육원, 2013.

정재영, "시민사회 참여를 통한 교회공공성의 회복" 『시민사회 속의 기독교회』 서울: 예영 커뮤니케이션, 2008.

정희라, "영국: 자유 방임식 다문화주의" 『현대 서양사회와 이주민』 서울: 한성대학교 출판부, 2009.

정흥호, 『상황화 선교신학』 서울: 한국로고스연구원, 1996.

조나단 J. 봉크(Jonathan J. Bonk), 『난민, 이주민, 탈북민에 대한 선교책무』 서울: 두란노, 2018.

제시 N.K. 무감비(Jesse N.K. Mugambi), "인류의 이주와 난민" 『난민, 이주민, 탈북민에 대한 선교책무』 서울: 두란노, 2018.

조귀삼, 『영산 조용기 목사의 교회성장학』 군포: 한세대학교말씀사, 2009.

조귀삼, 『바울과 선교신학』 서울: 은성사, 1995.

조귀삼, 『전략이 있는 선교』 안양: 세계로미디어, 2014.

조귀삼, 『복음주의 선교신학』 안양: 세계로미디어, 2014.

조귀삼, "교회의 선교 NGO 육성" 『교회와 성장』 서울: 교회성장연구소, 2010.

조수아 아슬란벡(Joshua Aslanbek), "중앙아시아의 이주" 『난민, 이주민, 탈북민에 대한 선교책무』 서울: 두란노, 2018.

조용기, 『사랑, 행복, 나눔』 서울: 서울말씀사, 2011.

조효제 편역, 『NGO의 시대』 서울: 창작과 비평사, 2000.

최무열, 『한국교회와 사회복지』 서울: 나눔의 집, 2004.

최성환, "다문화주의 개념과 전망" 『다문화의 이해』 서울: 경진, 2009.

최정만, 『비교종교학 개론』 서울: 이레서원, 2003.

천정웅 외 3인 공저, 『청소년복지론』 서울: 신정, 2012.

최한우, 『이슬람의 실체』 서울: KUIS Press, 2010.

최헌규, 『차이나 키워드』 서울: 더난출판, 2011.

최현미 외 5명,『다문화가족복지론』서울: 양서원, 2012.

추부길,『Family Ministry』서울: 한국가정상담연구소, 2005.

통일연구원,『해외 이주 · 난민 지원제도의 시사점』서울: 통일연구원, 2012.

한경구, "다문화사회란 무엇인가?"『다문화사회의 이해』서울: 동녘, 2008.

한국선교정보연구센터, "영적전쟁"『현대선교 제6호』서울: 도서출판 한국해외선교회 출판부, 1994.

한준상, "다문화 교육에 대한 호모노마식 접근"『다문화사회의 이해』서울: 동녘, 2008.

한철하,『기독교사상』서울: 기독교사상사, 1970.

황규명,『성경적 상담의 원리와 방법』서울: 바이블 리더스, 2016.

황홍렬, "고용 허가제 이후 이주 노동자 선교의 과제와 전망"『선교와 신학』서울: 장로회 신학대학교 출판부, 2008.

홍봉선 · 남미애,『청소년복지론』고양: 공동체, 2013.

홍성철, "태국 불교인도 '엘렝틱스'를 경험할 수 있는가?"『불교권 선교신학과 방법』서울: 기독교대한 성결교회 출판부, 1993.

홍성현,『민족통일과 선교에의 성서적 접근』서울: 한국장로교출판사, 1999.

홍인종,『결혼과 가족』서울: 도서출판 하늘향, 2014.

학술지

길강묵, "이민자 사회통합정책의 현황과 과제: 법무부의 이민정책 현황과 과제를 중심으로"『다문화사회연구』제 4권 2호(2011):139-168.

김승호, "통일 후 효과적인 북한선교를 위한 전략연구: 북한이탈주민을 통한 북한복음화 전략",『개혁논총』36집 (2015):239-270.

김현숙, "다문화주의 담론과 기독교 교육"『한국 기독교 신학 논총』제 86집 (2013, 4), 269-297.

김현진, "청소년 문제와 자아 존중감의 관계, 그리고 치유적 접근,"『개혁주의 교회성장』제2집 (2007. 2): 88-95.

로저 그린웨이, "도시선교 사역에로의 여정",『선교와 신학』제 10집 (2002) 120-141.

박보경, "로잔운동에 나타난 전도와 사회적 책임의 관계,"『복음과 선교』제24집 (2013. 6), 9-43.

소윤정 · 정병훈, "레바논의 한인 선교사 시리아 난민 사역 현황과 선교적 전망"『복음과 선교』제 40집(2017) 3-144.

송영섭, "디아스포라(Diaspora) 관점으로 본탈북민 이해와 선교적 의미"『개혁논총』37집 (2016):131-158.

앤드류 F. 월즈, "기독교 선교 500년"『선교와 신학』제 25집 (2010): 25-77.

오현선, "한국사회 여성 이주민의 삶의 자리와 기독교교육적 응답"『기독교교육 논총』제 15집(서울: 한국기독교교육학회, 2007): 247-281.

오현선, "다문화사회에서 '차이'를 '차별'화 하는 폭력성의 극복을 위한 기독교 평화 교육의 한 방향『기독교교육 논총』제 20집 (서울: 한국기독교교육학회, 2009):, 301-328.

손문, "다문화사회와 기독교 대학의 교양교육 "탈인습적 신앙 교육"을 중심으로―『기독교교육 논총』제 23집 (서울: 한국기독교교육학회, 2010), 325-352.

장성진, "한국 다문화 상황진단과 이를 위한 새로운 선교 패러다임 형성"『복음과 선교』제 13집 (서울: 한들출판사, 2008), 77-104.

장훈태, "지역사회와 선교,"『복음과 선교』제11집 (2009. 12): 239-277.

정미경, "다문화사회를 향한 한국기독교의 이주민선교"『복음과 선교』제16집 3호(2011. 12): 9-38.

정승현, "보쉬의 선교, 전도, 그리고 교회의 상관관계 연구,"『복음과 선교』제18집 (2012. 6): 228-254.

조귀삼, "NGO 선교 사역을 통한 영산의 희망 신학"『영산신학저널』통권4호(2005. 1):159-161.

조귀삼, "중간기 유대 교육을 통해본 한인 디아스포라정체성교육 연구"『기독교교육 논총』제 15집 (2007. 6): 283-324.

조귀삼, "유럽과 한국의 다문화인 유입에 따른 종교 갈등의 비교와 선교전략 연구,"『복음과 선교』제17집 (2012. 4): 175-209.

조귀삼, "재한 디아스포라 거류민의 신음에 대한 교회의 선교적 응답"『복음과 선교』제 9집 (2008. 6): 279-312.

조귀삼, "다문화 결혼 이주자의 세계관 분석을 통한 선교커뮤니케이션 연구"『복음과 선교』20집 (2012. 12): 311-345.

조귀삼, "다문화 청소년을 위한 복지선교 연구,"『복음과 선교』제27집 (2014. 9), 143-183.

천성문, 이영순, 이현림. "인지행동적 분노치료 모델 설정을 위한 탐색적 연구",『한국동서 정신과학회지』vol. No1, (1988): 120-132.

황흥렬, "고용 허가제 이후 이주 노동자 선교의 과제와 전망"『선교와 신학』21집 (2008): 221-265.

Gwi Sam Cho, "A Study on Wholistic Mission in Sharang Love and Happiness Foundation Ministry of Youngsan Dr. Yonggi Cho," Journal of Youngsan Theology, 22 (September 2011): 171-208.

Gwi Sam Cho, "Missiological Education to Overcome the Conflict of Civilization: Multi-Cultural Immigrant Women Married to Koreans" Journal of Christian Education & Information Technology,(20(October 2011): 141-170.

미간행 발표 논문

길강묵, "국제이주 심화에 따른 다문화정책 현황과 해외 사례"『교회의 시대적 사명: 다문 화사역과 기독교교육』2010년 8월 13일 평택대학교, 남부전원교회 공동주최, 제 1회 '현 장 사역자를 위한 선교교육아카데미" 교안.

김범수, "다문화사회와 사회복지" 성결대학교에서 열린 2010년 한국임상사회사업학회· 성결대복지발전연구소 추계공동학술대회 발표 논문, 2010년 11월 5일(미간행 본).

김안나, "현행 이민자 복지정책에 대한 평가 및 개선과제" 국회헌정기념관대강당에서 열 린 '함께 사는 세상, 이민자 복지와 사회통합의 길'의 발표 논문, 2012년 8월 23일(미간 행물)

나승필, "독일의 무슬림 현황과 선교사례" 영국 옥스포드 위클리프센터(The Wycliff Centre) 에서 열린 제4차 유로비전포럼 (Euro Vision Forum), 2010년 3월 15일-17일(교안)

박상진, "통전적 기독교교육의 필요와 교회의 역할"『교회의 시대적 사명: 다문화사역과 기독교교육』2010년 8월 13일 평택대학교, 남부전원교회 공동주최, 제 1회 '현장 사역자 를 위한 선교교육아카데미" 교안.

오경석, "입국초기 이주 청소년의 경험과 다문화 사회 복지의 과제,"『다문화 사회와 사회 복지』, 성결대학교 기념관 4층 국제 회의실에서 있었던 2010 한국임상사회사업학회 · 성결대 복지발전 연구소 추계학술대회, 2010년 11월 5일. 미간행물.

이성순, "여성 결혼 이민자에 대한 이해와 실천적 목회 방안"『교회의 시대적 사면: 다문 화사역과 기독교 교육』2010년 8월 13일-14일 평택대학교와 남부전원교회 주관의 제 1 회 현장 사역자를 위한 선교교육 아카데미 교안, 146.

이호택, "교회와 NGO의 난민사역 협력 방안" 사랑의 교회 국제회의실에서 열린 한국복 음주의선교신학회 제 112차 정기학술대회 논문발표 교안, 2021년 12월 4일.

전석재, "사이버 문화와 N 세대 전도전략"『제 37차 한국복음주의 선교신학회 발표』침례 신학대학교 발 논문, 2004년 11월 27일.

정명선, "영국의 이슬람과 무슬림 사역" 영국 옥스포드 위클리프 센터(The Wycliff Centre) 에서 열린 제4차 유로비전포럼 (Euro Vision Forum), 2010년 3월 15일-17일(교안)

최남규, "다문화사역과 해외선교의 연계 모델(사례발표)," 평택대학교에서 '교회의 시대 적 사면: 다문화사역과 기독교교육' 주제로 열린 아카데미 교재, 2010년 8월 13일-14일.

Kim-Kwong Chan, "Missiological Implication on Chinese Christian in Diaspora," *Global Diaspora Missiology Consultation,* Taylor University College & Seminary (Edmonton, Alberta, 2006, Nov.), 15-18.

Narry F. Santos *"Exploring the major dispersion terms and realities in the Bible"*

Global Diaspora Missiology Consultation meeting of November 16-18, 2006. Taylor University College & Seminary, Alberta in Canada.(Mimeographed).

학위논문

김광휘, "시민사회단체와 정부의 협력적 거버넌스의 생산성에 관한 연구", 행정학박사학위 논문, 국민대학교 대학원 행정학과 행정학 전공, 2011.

김미영, "결혼이주여성의 삶의 질, 자기효능감, 생활만족도를 위한 가정생활 교육 프로그램 개발", 사회복지학 박사학위 논문, 서울한영대학교 대학원, 2017.

김성금, "탈근대적 가치탐색을 통한 다문화교육의 방향성 설정에 관한 연구" 박사학위 논문, 인하대학교 대학원, 2015.

양영자, "한국 다문화교육의 개념 정립과 교육과정 개발 방향 탐색", 교육학 박사학위 논문, 이화여자대학교 대학원, 2008.

엄옥순, "성경적 상담의 선교적 활용 방안에 관한 연구", 철학박사 학위논문, 서울성경신학대학원대학교, 2017.

이강숙, "국제결혼 이주여성들의 실태조사 및 한국사회 적응을 위한 교육 프로그램 연구", 강원대학교대학원 교육학박사학위 논문, 2007.

이바울, "다문화사역을 통한 선교적 교회 모델 연구", 선교신학 박사학위논문, 한세대학교 대학원, 2013.

이영란, "다문화상담자 역량모형 개발", 교육학 박사학위 논문, 숙명여자대학교 대학원, 2019.

이용승, "다문화주의 정책유형 결정요인 분석: 미국과 캐나다를 중심으로", 정치학박사학위논문, 고려대학교대학원, 2009.

정미경, "다문화사회를 향한 한국 기독교 이주민선교의 방향과 과제", 선교학 박사학위 논문, 성결대학교, 2010.

조선경, "특수목적 한국어 교육 연구", 국어국문학과 박사학위 논문, 이화여자대학교 대학원, 2007.

장한업, "아세아방한성회를 통한 중화디아스포라 선교모델연구", 선교신학 박사학위논문, 한세대학교 대학원, 2014.

최옥순, "다문화가족 아동의 자기표현 및 자아존중감 증진을 위한 집단미술치료 프로그램 개발 및 효과", 사회복지학 박사학위논문, 대전대학교 대학원, 2008.

인터넷 사이트

http://yfgc.fgtv.com/pyungyang/photo_list.htm "'평양 조용기 심장전문병원", 2008
    년 8월 15일.
http://www.donga.com/ "다문화 가족 출산" 2011년 2월 23일.
http://search.daum.net/search?w=tot&DA=UMEF&t_nil_searchbox= "해외정보" 2012
    년 11월 9일.
http://vexen.co.uk/UK/religion.html#2001/ "Religion in the United Kingdom". 2012
    년 2월 28일.
http://news.bbc.co.uk/2/hi/business/3547374.stm/ "First Islamic bank to open in
    UK" 2012년 3월 13일.
http://news.bbc.co.uk/1/hi/business/3035292.stm/ "High street bank offers Islamic
    mortgage" 2012년 3월 13일
http://sea.christianitydaily.com/view.htm?code=mw&id=187634/ "한국내 무슬림 인구
    13만명" 2012년 3월 13일,
http://www.telegraph.co.uk/comment/personal-view/4700709/ "We must stop
    Muslem schools teaching that integration is a sin. html" 2012년 3월 14일.
http://news.khan.co.kr/kh_news/khan_art_view.html?artid=201203071614091&co
    de=970100/ "사르코지, 프랑스에는 이민자가 너무 많다" 2012년 3월 18일.
http://blog.daum.net/dkups/7610633/ "이슬람교 침투전략" 2012년 3월 18일
http://news.chosun.com/site/data/html_dir/ "혼혈가수 박일준, "흑인이 TV 나온다
    며..알콜중독 죽을뻔" 2012년 6월 6일.
http://www.kfhi.or.kr/KFHI/KFHIInfo.asp, "한국기아대책기구" 2013년 8월 6일.
http://cafe.daum.net/koreacan/ "세계다문화진흥원" 2013년 8월 7일.
http://www.worldcan.co.kr/new2/main/main.php, "세계다문화원격평생교육원",2013
    년 8월 7일.
http://cafe.daum.net/likeyeo/Mfv8/12?docid= "이슬람선교정보 한국 이슬람의 어제와
    오늘" 2013년 8월 7일.
http://www.koreaislam.org/intro/intro01.jsp "한국이슬람교중앙회" 2013년 8월 7일.
http://www.korean.go.kr/09_new/index.jsp, "국립국어원", 2013년 8월 12일.
http://www.unikorea.go.kr/2013uni/include/sprint.jsp, "북한이탈주민현황" 2014년 8
    월 7일.
https://www.facebook.com/CTSS2004/info?tab=page_info, EATS (East Asia
    Theological Seminary) 东亚细亚神学院 동아시아신학원 (구 CTSS), 2015년 5월 25일.

http://ko.wikipedia.org/wiki/%EC%9E%E%AD_%EB%A7%88, "잭 마", 2015년 5월 25일.

http://100.daum.net/encyclopedia/view/47XXXXXXXXd2, "아시아개발은행" (ADB, Asian Development Bank) 2015년 5월 25일.

http://thinkdifferent.tistory.com/8186, "수원토막살인사건," 2015년 5월 28일.

http://blog.naver.com/PostView.nhn?blogId=global_keb&logNo=13 0167174506, "외환은행, '제4회 국내 중국인 유학생 초청 Talk Concert' 개최," 2015년 5월 28일.

http://blog.daum.net/joobara/6688, "국내 체류 외국인 116만… 이단들의 집중표적," 2015년 5월 28일.

http://blog.naver.com/PostView.nhn?blogId=dasolsys01&logNo=20 199518820, "미국 내, 중국유학생 26만 5천 명으로 가장 많아," 2015년 5월 30일.

https://www.christiandaily.co.kr/news/107747#share, 임현수 목사 "북한 선교의 가장 실질적 방법은… '탈북자'", 2021년 11월 3일.

https://www.dbpia.co.kr/Journal/articleDetail?nodeId=NODE00756954 "최근 한국사회의 출산율 변화원인과 향후" 2022년 1월 6일.

https://www.unikorea.go.kr/unikorea/business/NKDefectorsPolicy/status/lately/ "통일부 탈북주민 현황"2022. 1.6.

https://m.khan.co.kr/politics/north-korea/article/ "철책 월북자는 탈북민…2010년 이후 재입북자 30명으로 파악돼" 2022년 1월 6일.

http://wooridulschool.org/"우리들학교" 2022년 5월 22일.

https://www.woosuk.ac.kr/boardView.do?bcode=B0166&pF=1&lgF=2&id=140489&pid=2,"다문화 사회통합 중심대학(Active Brain Tower) 재지정" 2022년 5월 25일.

https://m.khan.co.kr/world/world-general/article/202204241541001#c2b, "난민 수용 한계에 달했다"…점점 좁아지는 우크라이나 '피난처의 문'" 2022년 6월 8일.

https://www.hankookilbo.com/News/Read/A202006241651000043, "예멘인들, 제주살이 3년차… 평범한 이웃으로 녹아들다." 2022년 6월 8일.

https://www.donga.com/news/Inter/article/all/20220611/113889017/1 "美, 2024년까지 미주 난민 2만 명 수용…정상들과 'LA 선언'" 2022년 6월 10일

https://www.donga.com/news/Inter/article/all/20210422/106533660/1, "미얀마, 쿠데타 이후 난민 25만명 발생…"식량 부족 우려"" 2022년 6월 15일.

https://m.hankookilbo.com/News/Read/A2021092220450002179, "빗장 건 세계… 아프간 난민, 갈 곳이 없다" 2022년 6월 15일.

https://www.emerics.org:446/issueDetail.es?brdctsNo=273960&mid, "아프리카 난민 문제와 해결 방안" 2022년 6월 15일.

http://pnan.org/new/sub/info.html, "피난처" 2022년 6월 16일.

https://www.bokjitimes.com/news/articleView.html?idxno=31015 "다문화 가족, 진정한 의미의 '사회통합' 이루자" 2022년 7월 4일.

영문

Adams Jay E., *The use of the Scripture in Counseling*, New Jersey: Presbyterian and Reformed Pub., co, 1975.

Banks James A., *Cultural Diversity and Education*, Boston: Pearson Education, Inc.,2006.

Bennett Christine I., *Comprehensive Multicultural Education Theory and Practice*, Boston: Indiana University at Bloomington, 2003.

Bosch David J., *Transforming Mission Paradigm Shifts in Theology of Mission*, New York: Orbis Books, 2005.

Bright Bill, *Ten Basic Steps Toward Christian Matulity and the Handbook Christian Maturity*, California: Campus Crusare for Christ, 1989.

Dayton Edwrrd R. and David A. Fraser, *Planting Strategies for World Evangelization*, Michigan: Grand Rapids, 1990.

Elmer Duane H, *Cross-Cultural Conflict Building Relationships for Effective Ministry*, Illinois: InterVarsity Press, 1993.

Elmer Duane, *Cross-cultural Servanthood*, Downers Grove, II: InterVarsity Press, 2006.

Hedlund Roger E., *Mission to Man in the Bible*, Madras: The Diocesan Press, 1985.

Hibert Paul G. and Eloise Hibert Meneses, *Incarnational Ministry*, Grand Rapids: Baker Books, 1995.

Kane J. Herbert, *Christian Missions in Biblical Perspective*, Michigan: Baker Book House, 1989.

Kane J. Herbert, *Understanding Christian Missions*, Grand Rapids, Michigan: Baker Book House, 1986.

Mayes Clifford, Ramona Maile Cutri, P. Clint Rogers, Fidel.

Noll Mark A, *History of Christianity United States and Canada*, Michigan: William B. Eerdmans Publishing Company, 1992.

Richmond Garland, Diana R., "Church Social Work: An Introduction," *Church Social Work: Helping the whole person in the context of the church*, edited by Diana S. Richmond Garland , Kentucky: American Association of Christians in Social Work,

1992.

Slaughter Michael, *Out on the Edge* (Nashville,TN: Abingdon Press, 1998), 25.

Sulivan Jeremiah J., *The Future of Corporate Globalization: From the Extended Order to the Global*, West Port, CT: Quorum Books, 2002.

Surburg Raymonr F., *Introduction to the Intertestamental Period*, St. Louis, Missouri: Concordia Publishing House, 1975.

Wineburg Cnaan, Ram A., Robert J. and Stephanie C. Boddie, *The Newer Deal: Social Work and Religion in Partnership*, New York: Columbia University Press, 1999.

번역서

닐 엔더슨, 『이제 자유입니다』 서울: 죠이선교회, 2019.

데이비드 헤셀 그레이브, 『선교 커뮤니케이션론』 강승삼 역, 서울: 생명의말씀사, 2008.

데이빗 헤셀 그레이브, 『타문화 상담과 선교』 장훈태 역, 천안: 헤본, 2004.

로널드 T. 포터 에프론, 『욱하는 성질 죽이기』 전승로 역, 서울: 다연, 2007.

로버트 E. 웨버, 『그리스도교 커뮤니케이션』 정장복 역, 서울:대한기독교출판사, 1996.

로버트 J. 프리스트. 토마스 캠벨. 브래드포드 A. 몰랜, "선교학적 혼합주의: 새로운 정령신앙적 패러다임" 『영적 능력과 선교』, 서울: 목양, 1997.

론 젠슨. 짐 스티븐스, 『생동하는 교회 성장』 금병달 역, 서울: 순출판사, 1999.

루이스 W. 스피츠, 『종교개혁사』 서울:기독교문서선교회, 1997.

비벌리 엔젤, 『화의 심리학』, 김재홍 역, 서울: 용오름, 2007.

스테판 차녹, 『거듭남의 본질』 손성은 역, 서울: 지평서원 2012.

존 나이스비트, 『메가트랜드 차이나』, 안기순 역, 서울: 비즈니스북스, 201, 서울: 디모데, 2009.

존 웨슬리, 『중생』 박명수 역, 부천: 서울신학대학교 성결교회 역사연구소, 2009.

찰스 H. 크래프트 『기독교 문화 인류학』 안영권·이대현 역, 서울: CLC, 2005.

폴 히버트, 『선교와 문화 인류학』 김동화 · 이종도 · 이현모 · 정흥호 역, 서울: 죠이선교회 출판부, 2001.

필 파샬, 『무슬림 전도의 새로운 방향』 채슬기 역, 서울: 예루살렘, 2003.

Charles Wynn, 『가족치료와 목회사역』 서울: 솔로몬, 1998.

Christine E. Sleeter & Carl A. Grant, 『다문화교육의 탐구: 다섯 가지 방법들 6판』 문승호, 김영천, 정정훈 역, 서울: 아카데미프레스, 2009.

Danielle Martines, 『다문화사회의 학교심리학』 신현숙, 이승연, 이동형 공역, 서울: 학지사, 2011.

David G. Perry and Kay Bussey,『인간의 사회적 발달』, 최순영 역, 서울 : 성원사, 1989.

Fernando Chang-Muy · Elanine P. Congress,『이민자와 난민을 위한 사회복지』김욱 외 5인 번역, 서울: 학지사, 2015.

G. 브라이덴슈타인『기독교사상』서울: 기독교사상사, 1970.

Melvin E. Dieter, Anthony A. Hoekerma, Stanley M. Horton, J. Robertson McQuikin, John F. Walvoord,『성화에 대한 다섯가지 견해』김원주 역, 서울: IVP, 1997.

Neil T. Anderson,『내가 누구인지 이제 알았습니다』유화자 역, 서울: 죠이출판사, 2008

Paul Eggen & Don Kauchak,『교육심리학』신동호 외 6인 공역, 서울: 피어슨에듀케이션 코리아, 학지사, 1995.

R. 드보,『구약시대의 생활풍속』이양구 역, 서울: 대한기독교출판부, 1993.

Scott Moreau, "Evangelical Missions 1910-2010" Century of 1910 Edinburgh World Missionary Conference: Retrospect and Prospect of Mission and Ecumenism, 서울: 장로회신학대학교출판부, 2009.

Timothy M. Warner,「영적 전투」안점식 역, 서울: 죠이선교출판부, 1998.

Tira Sadiri Joy and Tetsunao Yamamori 편저 Scattered and Gathered A Gloval Compendium of Diaspora Missiology, Harry Kim,『디아스포라 선교학』문창선 역, 경기: 더메이커 2018.

기타

박상식 박사와의 면담, 인천시 송도, 예수비젼순복음교회, 2021년 12월 2일.

최윤필, "가만한 당신",『조선일보』2018년 10월 1일자, 28.